庐山旧事

马社香／著

当代中国出版社
Contemporary China Publishing House
2021年·北京

图书在版编目(CIP)数据

庐山旧事 / 马社香著 . -- 北京 : 当代中国出版社 , 2021.7

ISBN 978-7-5154-1109-5

Ⅰ . ①庐… Ⅱ . ①马… Ⅲ . ①名人—生平事迹—世界—现代②庐山—地方史 Ⅳ . ① K812.5 ② K928.3

中国版本图书馆 CIP 数据核字(2021)第 002822 号

出 版 人　曹宏举
责任编辑　隋　丹　吴　婕
责任校对　康　莹
印刷监制　刘艳平
封面设计　任晴清　马　骥
出版发行　当代中国出版社
地　　址　北京市地安门西大街旌勇里 8 号
网　　址　http://www.ddzg.net　邮箱：ddzgcbs@sina.com
邮政编码　100009
编 辑 部　(010)66572264　66572154　66572132　66572180
市 场 部　(010)66572281　66572161　66572157　83221785
印　　刷　北京润田金辉印刷有限公司
开　　本　720 毫米 × 1020 毫米　1/16
印　　张　25.5 印张　1 插页　插图 193 幅　365 千字
版　　次　2021 年 7 月第 1 版
印　　次　2021 年 7 月第 1 次印刷
定　　价　79.00 元

目　录

第一章　北伐时期两次牯岭会议

1. 邓演达一行被邀上山

1926年12月2日，南昌。

一身戎装的蒋介石乘快艇逆赣江而上，若有所思地注视前方——

是年7月1日，广州国民政府军事委员会颁布国民革命军三路北伐动员令。北伐军第一路第四军、第七军、第八军，军长李济深、李宗仁、唐生智，攻两湖，以消灭吴佩孚的主力为目标；第二路第二军、第三军、第六军，军长谭延闿、朱培德、程潜，攻江西，以消灭军阀孙传

1926年7月蒋介石等在韶关车站，前排左一张静江、左二蒋纬国，后排左一苏联顾问鲍罗廷、左三鲍罗廷妻子法尼亚、左四何香凝、左五陈洁如、左六苏联加仑将军、左七蒋介石

■ 北洋军阀吴佩孚、孙传芳、卢永祥（从上至下）

芳的主力为目标；第三路第一军，军长何应钦，从广东进入福建，向浙江进军，以消灭军阀卢永祥的主力为目标。7月9日，国民革命军总司令蒋介石在广州就职，誓师随第一路北上。

国民革命军各路所向披靡，7月11日，陈铭枢、张发奎、叶挺率领的第四军十一师、十二师、独立团下长沙；9月6日，李宗仁率第八军克汉阳，9月7日下汉口，吴佩孚退守孝感，留刘玉春、陈家谟率3万人死守武昌。武昌城攻坚战以国民革命军总政治部主任邓演达为攻城司令，整整打了1个月，10月10日攻克武昌城，歼敌2万余人，生俘北洋将领刘玉春、陈家谟。11月4日，贺耀祖独立第二师占领九江。11月8日，第二军、第六军占领南昌。孙传芳主力被歼，孙本人潜逃南京。12月2日晨，何应钦发来最新电报，第一军沿途战事顺利，将直捣福州。

形势很好，一片凯歌。蒋介石于10月22日向国民党中央提议迁都武汉。11月8日，国民党中央政治会议决定，国民政府和国民党中央党部近期内迁都武汉。11月17日，迁都调查委员宋庆龄、陈友仁、徐谦、孔祥熙、李烈钧、蒋作宾、孙科、苏联顾问鲍罗廷夫妇等人到达武汉。不久，他们同武汉其他要员一起受到蒋介石邀请来南昌。

委员们乘坐的小客轮顺江而来。蒋介石的快艇迎了上去。宋庆龄、何香凝、孙科等人站在甲板上，蒋介石热情地扬起右手，他看见身兼国民革命军总政治部主任、湖北省政务委员会主任、北伐军总司令部武汉行营主任等数职的邓演达谦虚地站在最后面。蒋介石登船，摘掉白手套，同所有来宾一一握手，殷切问候“宋夫人”“廖夫人”，当走到孙中山唯一的儿子孙科跟前时，蒋介石热情地说：“感谢运筹帷幄，鼎力相助！”

“不敢当，运筹帷幄的应该是总司令。”孙科个子不高，圆圆的脸闪着傲气，出口的话不知是奉承，还是讽刺。这位美国哥伦比亚大学经济学硕士，1921年出任广州市市长，是国民党一届、二届中央执行委员，年纪不大，资历不浅。1926年5月再次担任广州市市长并代理广东省省长，北伐的经费、广州国民政府财政部长宋子文那里的票子，哪一点没有孙科的支持？此时的孙科对如日中天的蒋介石，仍抱着“太子派”对他不以为然的态度。

蒋介石听懂了孙科的话外音，含蓄一笑，瞟了一眼邓演达。邓演达身材挺拔，器宇轩昂。他正在和国民党中央宣传部部长顾孟余说着话。蒋介石走上前去，问：“有什么好消息吗？”

顾孟余说：“你的电报不比我们嘴巴子快啊？”这位北大教授出身的宣传部部长，说话常像刀子一样锋快。

蒋介石微微一笑，目光直视邓演达。如果说，顾孟余的话语像刀子一样锋快，蒋介石的眼睛有时就像飞刀一样犀利，这是见过蒋介石本人的许多人的“共识”。

邓演达转脸迎向蒋介石，礼貌地回答：“报告总司令，中央迁都武汉的事正在紧张地进行。这次来赣开会有什么紧急事吗？”邓演达的直言说出了所有来访者的疑问。

“问得好，问得好！”蒋介石含笑望着邓演达没有直接回答。

当晚在赣全体委员聚餐，蒋介石举起酒杯，用当时流行的“请杯酒”一语开头，宣布：“兴师动众，舍近求远，这个请大家来赣，是想邀请大家，这个到一个神仙圣地——庐山开个会，好不好？”蒋介石说话宁波口音很重，几乎每句话都带有“这个”。

庐山，白居易的“桃花”、李白的“香炉”、苏东坡的“真面目”，对于刚刚目睹硝烟血影的人们来说是何等惬意之地。“好，太好了！”

一片赞许声，连何香凝也拍起手来。

当晚，据蒋介石日记记载，他召集叶楚伧（西山会议派著名笔杆子）、邓演达谈话，一直谈到12时。次日，委员们停留南昌一日。

12月4日，国民党要员驱车直达九江莲花洞，经九十九盘山路来到庐山山顶，时称牯岭，下榻牯岭牛津路仙岩饭店。

民国时期的牯岭，清一色的洋名路，沿着长冲河，依次为爱丁堡路（今中一路）、演厅路（今中二路）、爱普华氏路（今中三路）、剑桥路（今中四路）、牛津路（今中五路）、罗斯非尔路（今中六路）、哈佛路（今中七路）、雅礼路（今中八路）、克地佛路（今中九路）、宾夕瓦尼西路（今中十路）……（外文路名据庐山老人殷荫元2004年12月介绍）洋名路旁，形形色色的异国别墅，如同各色风情的明信片汇展，美不胜收，令人目不暇接。仙岩饭店则是众多别墅中颇为豪华的公寓式别墅。它于1910年由英国传教士都约翰修筑，坐北朝南，通栏阳台，外有欧洲文艺复兴风格的简洁明快，内持西洋家具浴具的时尚卫生。这种别具特色的豪华和舒适，在当时的中国堪称一流。

12月5日，没有开会。委员们三五成群地出行游玩。

邓演达陪同何香凝母女、顾孟余夫妇、戴季陶夫妇一起，前往花径。

花径，又称白司马花径，因白居易名诗《大林寺桃花》而得名。何香凝擅画、爱花。初冬的庐山，灿如云锦的桃花早无踪影，野菊花凄凉地垂着头。何香凝心疼地蹲下身，手抚着一朵白菊对女儿廖梦醒说："我和你父亲刚结婚那两年，住在你爷爷老房子顶层阁楼，很小，只能放一床一几一柜，但我们心灵的天地很大。我在顶楼种了不少花。月夜，晚风吹拂，花香四溢，你父亲吹箫，我轻声唱歌……"何香凝眯起了眼睛，那是她和廖仲恺醉人的新婚，花香犹存，郎君却被1925年8月20日那颗罪恶的子弹夺去了生命。廖仲恺时称孙中山"联俄联共扶助农工"三大政策最坚定的执行者、中国共产党人善意的朋友。斯人已逝，其魂安在？何香凝流下了泪水。

"妈""廖夫人"，迎着呼唤，何香凝扬起脸，惨然一笑，说："我不难过，我是在高兴。我在告诉仲恺，北伐取得很大的胜利……"

戴季陶是国民党高层著名的居士，此时双手合十，对何香凝说："我也要到菩萨面前，请菩萨告诉廖公，我们对他的思念、对现实的困惑。北伐取得了伟大的胜利，那是工农的胜利、共产党的胜利，还是国民党的胜利呢？"

"到底是理论家，看问题一针见血。不过，孙先生提倡的就是扶助农工、联俄联共。农工的胜利，共产党的胜利，难道就一定是国民党的失败吗？"顾孟余和戴季陶又针尖对麦芒地争论起来。虽说是争论，声音却抑扬顿挫。戴季陶祖籍浙江吴兴，出生地蜀中，说的是一口四川话。顾孟余是河北宛平人，一口京片子，两人均自诩学富五车，那场争论像是说对口相声，对垒中含有风趣，风趣中富有哲理，谁也不服谁。

戴季陶，清末日本大学法科留学生、老同盟会员。清末民初他曾以自己的号"天仇"为笔名，发表了大量进步时论，办过《中外日报》《光华报》《民权报》系列报刊，闻名遐迩。他当过孙中山的秘书、护法军政府法制委员会委员长、国民党一届中央宣传部部长、黄埔军校政治部第一任主任。孙中山去世后，戴季陶思想迅速右转。1925年5月，戴季陶在国民党一届三中全会上提出建立"纯正的三民主义"主张，他虽然没有参加国民党右翼召开的北京西山会议，但拥护西山会议派主张，和邵元冲、叶楚伧代表西山会议派中央执行委员会在上海办公。1925年11月，他的代表作《孙文主义之哲学基础》《国民革命与中国国民党》发表，宣传从孔子到孙中山的"孔孙道统"，认为只有继承这个道统的三民主义才是指导国民革命的最高原则。他反对工农运动。毛泽东1926年在《论中国社会各阶级的分析》一文中，特别提到这位先生的名言"举起你的左手打倒帝国主义，举起右手打倒共产党"。[①] 1926年1月国民党二大上他的宣传部部长职务虽被国民党左派罢免，却坐上了中山大学校长的交椅，不久又被蒋介石任命为北伐军总司令部总参议。

顾孟余正是国民党二届中央推举出来的宣传部部长。顾孟余，1906年赴柏林大学留学，1911年任北京大学教授，1918年任北京大学经

① 《毛泽东选集》第1卷，人民出版社1991年版，第4页。

1926 年 12 月戴季陶、顾孟余等人庐山合影，左一、左二顾孟余夫妇，左三何香凝，左四廖梦醒，左五邓演达，左六戴季陶

济系主任，是《新青年》杂志主要撰稿人之一，1926年春受北洋政府通缉，逃到广州，以国民党左派面目出现，常常与戴季陶唇枪舌剑。

何香凝见邓演达不吭一声，恍惚地望着远方，拍拍他的肩，关心地问："怎么了？择生。"

邓演达，字择生，1895年出生于广东惠阳，当时在国民党高层中年纪比较轻，资历也浅一些。邓演达先后就读于广东陆军小学、武昌陆军第二预备学校、保定陆军军官学校，在粤军中保卫元帅府、击败陈炯明，屡立奇功，先后任连长、营长、团长，是粤军十一师原师长邓铿最得力的助手。1924年1月，邓演达被孙中山指定为黄埔军校筹委会七名委员之一；1924年冬，曾去柏林学习军事。1925年孙中山去世后，邓演达赶回广州，1926年1月任黄埔军校教育长；不久因"中山舰事件"对蒋介石表示抗议，被软禁10天，后调往黄埔军校潮州分校任教育长兼第一军政治部主任；1926年6月，被国民党中央政治委员会任命为国民革命军总政治部主任。当时在国民党内部，邓演达被看作文武双全的后起之秀。邓演达了解蒋介石，“一张船票夺下粤军许崇智的军权”、一条“中山舰”的误航、夺下汪精卫国民党中央委员会主席的党权，进而在国民党内提出《整理党务案》，将枪杆子的作用凌驾于整个国民党组织之上。前天晚上蒋介石对叶楚伧那般亲近，无话不谈。西山会议派是国民党二届二次会议决议取缔的国民党极右派别。蒋介石和他们这么亲热，意味着什么？将会发生什么？令人忧心忡忡。

1926年12月邓演达和何香凝庐山合影

听见何香凝问话，邓演达沉吟道：“我想蒋司令邀请这么多人上庐山开会，不会单纯请大家散散心吧？”

“那会是什么，开会时就知道了。”这次上庐山，大多数委员都是第一次，人人兴致勃勃，何香凝打断邓演达的疑惑，笑着说：“庐山真美，我们照几张相留念吧。”

12月6日，白天仍没有会议。蒋介石日记记载偕各委员访黄龙寺。下午3时，回仙岩旅店。蒋介石和鲍罗廷交换了相关意见，接着发了几条电报，其中之一是发给第三军军长朱培德和国民革命军副总参谋长白崇禧，电文最后特别加上一句：“政府迁鄂，有益无损。勿念，中正。鱼。”[①]

① 参见中国第二历史档案馆编《蒋介石年谱初编》，档案出版社1992年版，第837页。

当晚开会，大会报告党务政治军事。第七军军长李宗仁列席了这次会议。12月7日上午10时，继续开会，主要议决了两件事：

一是决定远交近攻，毫不留情地消灭孙传芳部队，联络张作霖。二是对工人运动主张缓和，感到有的省市太激进了。戴季陶特别提到他在武汉看到工人的种种不理智，动辄罢工，有一点意见就找工会，马路上听到的口号是："工会万岁！"我们国民党是可以不要了。蒋介石特别提出农民运动要认真解决，说解决了农民问题，工人问题就可以同时解决。下午2时散会休息。

当天下午4时继续开会，主要讨论决定财政统一方案。蒋介石向会议报告，宋子文有电报来，说4天后到汉口，然后才能到庐山。大家继续畅所欲言。孙科提议取消主席制，获得鼓掌通过。以后国民政府财政重大问题，都要由委员们集体讨论，才能通过实行，取消了"一支笔"。在这次会上，蒋介石亲自提出，是否请国民党中央原主席汪精卫从法国回来，继续领导全党。何香凝带头鼓起掌来，大声说她准备写信给中央允许她和其他同志去法国接汪精卫归国。①

汪精卫是在1926年3月20日"中山舰事件"中受到蒋介石的排挤，负气出国的。据说他和胡汉民同乘一条船，互不搭理。胡汉民是因廖仲恺被刺受牵连，在党内受到汪精卫和蒋介石的合力打击排斥而出国的。此时蒋介石在会上亲口提出接回汪精卫，获得委员们赞许的目光，聚焦"大局为重"四个字。

会议结束了，委员们站起身来，何香凝放心地向邓演达看去。此时，邓演达的目光正在默默地打量蒋介石。蒋介石像突然想起什么，起身问大家："武汉的工人运动有点过火，国民政府在那里建都是不是没有南昌安全？"戴季陶等人立即呼应起来。其他委员面面相觑，国民政府从广州迁都武汉，是蒋介石总司令书面提议的，在庐山何以又提出建都南昌呢？不会是因为江西有个人见人爱的庐山吧？

蒋介石邀请大家上庐山，醉翁之意不在酒，犹如1926年"中山舰

① 参见尚明轩《何香凝传》，民族出版社2004年版，第366页；吴宗慈主修《庐山续志稿》，江西省庐山地方志办公室1992年印行，第14页。

事件”并非为了关押舰长李之龙一样，这才是蒋介石。邓演达站起来，长筒马靴在地板上一声闷响，大步走了出去。

蒋介石在电报中提出迁都武汉，实际是想迁都南昌；蒋介石口头提出请汪精卫回国，实际呢？邓演达感到国民党中央的麻烦要大起来了。

2. 戴季陶、顾孟余追古溯源

1926年12月8日，国民党中央执行委员和蒋介石一起恋恋不舍地下山，频频回望牯岭山顶之城，感慨颇多。

蒋介石特地驱车专程护送宋庆龄从九江机场乘坐小飞机到上海。其他委员被安排乘船，有的回武汉，有的由赣江到南昌。[①]戴季陶夫妇对邓演达说，他们武汉、南昌都不去，准备留在九江，看看山下的东林寺和西林寺。戴季陶妻子钮有恒信佛，去东晋名寺东林寺是必须磕头的。邓演达微笑颔首，顾孟余半挖苦半打趣地说：“择生那本牯岭英文书，天仇看不懂，怕露馅，只有留下拜佛。”

戴季陶装作赌气模样说：“我们不去拜佛。”拉起夫人上了江顺轮，走进大家聚集的客轮餐厅。[②]餐桌上摆好了茶水。戴季陶呷了一口茶，打趣道：“正要听听牯岭，下次去东林寺不迟。只要顾孟余不要将英文看成德文就行。”

江顺客轮缓缓离岸，顾孟余用标准京腔哂道：“尊敬的戴校长，您上当了。牯岭这本英文书，现在是德文版了。”

什么时候出了德文版？戴季陶糊涂了，英国人写的《牯岭》，1921年在汉口初版，之后就没有被人翻译过，也没有再版，不知这个顾孟余捣的什么鬼。“阁下不相信，就听在下讲一讲德文版的牯岭叙事，以使同志们在乘船空闲时间，了解我们下榻的仙岩饭店及庐山山顶之城兴起的秘密。”

顾孟余恢复北大教授的架势开讲，第一章第一节“俄商巧租九峰寺”。

---

① 参见中国第二历史档案馆编《蒋介石年谱初编》，档案出版社1992年版，第839页。

② 参见《包惠僧回忆录》，人民出版社1983年版，第323页。

戴季陶用四川话叫唤起来：“九峰寺在山上哪里，我们怎么没有看到？”

戴季陶夫人钮有恒拍拍戴季陶的肩，抚了一下丈夫的狐皮袍子，笑着说：“听讲听讲，九峰寺在哪里？”戴季陶望了妻子一眼，这才闭眼恭听。不少委员也坐了过来，廖梦醒的眼睛瞪得大大的，坐在前面，顾孟余到底是教授出身，讲起牯岭的历史就像讲一部《庐山新志》——

话说：一山飞峙大江边，跃上葱茏“三”百旋，到了庐山的龙山背，龙山背怀抱着一条像马尾巴似的瀑布。纤细幽幽，久远悠悠，被称为马尾水。马尾水旁，原有一座道观三圣宫，传说秦始皇当年祭祀泰山时路过，下旨修建，以保佑“吾皇长生不老”。马尾水旁，还有一座寺庙，它就是九峰寺。

九峰寺的前身叫九峰庵，以所在“山之尖峭者九”命名。南朝时建，毁于兵火。盛唐再建，改称九峰寺。香火渐渐盛于三圣宫。明末兵火，九峰寺、三圣宫一起化为废墟。

百年过去。1744年（清乾隆九年），九江府来了一位新官，是个状元，姓唐名英，腹有诗书，对当地历史文化自然多几分留意，带头捐资重修九峰寺，又在寺前修了一座清俸桥，被称为状元桥。桥长20米，宽5.3米，由1000块当地麻石拼接而成，也称得上是奇工奇迹。

重修的九峰寺金碧辉煌，香火旺盛。与不远处瓦楞狼藉的三圣宫旧址，好一个鲜明对比。唐英又捐资购置数十亩良田为庙产。九峰寺交

■ 今庐山马尾水复建的九峰寺和保存完好的清代状元桥（作者摄）

上了好运。

又是一个百年。19世纪中叶，清咸丰年间，九峰寺再次遭到兵火破坏，庙产散落。1876年（光绪二年），有位高僧，法号雪樵，来到九峰寺，四处化缘，在旧墟上修复了宝刹，收回了庙产，恢复了佛事。无奈世事变迁，香火与过去的鼎盛时期相比差得太远。不知是天主教风行，扰乱了人们对菩萨的崇拜，还是新的多重压迫，减少了百姓供奉菩萨的财力？雪樵带着几分忧郁、几分憧憬在九峰寺圆寂。他的继承人汇东没有雪樵那般大志、那般思索，更没有那般勤勉，九峰寺香火日衰，汇东等人坐吃山空，庙产数年典当殆尽。

九峰寺和尚的窘境，被觊觎"清凉世界"的外国商人看在眼里，在九江办厂的俄国茶商第一个掏出了大把的银子。

古老的九峰寺一下子被金钱打蒙了——山下世界怎么那么多外国商人，英国、美国、俄国、日本、荷兰、葡萄牙……外商利用两次鸦片战争中国战败签订的《南京条约》《天津条约》，沿海五口、内河十地自由通商，纷纷来到九江，掠夺、瓜分这块"肥肉"。

1861年3月25日，英国勘定九江府西门外，自龙开河沿大江往东，至西门口以西面积150亩作为"租界"。1862年正式设立英租界。1862年3月27日，美国旗昌洋行在九江开设第一家外轮公司，专门倾销鸦片，九江口岸成立了江西省鸦片进口总汇区。日商唯恐落后，一边开办专门出售鸦片的"戒毒所"，一边利用中国的廉价劳动力，在九江首建纱厂产洋布，周边的传统纺织业纷纷破产。俄国商人"扬长避短"，利用庐山、通远一带盛产优质绿茶，1875年在九江建立汉口新泰茶砖厂九江分厂，1882年又在九江设立顺丰砖茶厂，低价收购茶叶，廉价聘用破产的农民工，加工俄国人喜爱的新式砖茶，经水路到汉口，远销俄罗斯。

来自寒冷北国的俄罗斯商人，利用九江开埠发了大财，却难耐"浔阳式"的炎热，1884年夏率先登庐山。经九十九盘山路到达九峰寺，一见风光如画，清幽若诗，正是踏破铁鞋无觅处的避暑胜地。九峰寺的和尚无能无德，5400两白银送上去，寺庙山场便租了下来，约定租期40年。俄商迫不及待地在九峰寺山场建造10余栋洋房别墅，过了一个凉爽的夏季。第二年，27岁的英国传教士李德立闻风而来，向九峰寺和尚购地50亩。其他国家的商人及九江海关的外籍职员，也纷纷前来购买寺庙山地，建别墅，度酷暑，九峰寺呈现出别样的喧闹景象。

“和尚私自与外国人交易，外国人私自在山林建房，天理何在！”喧闹被山下德化县（清末九江府下辖德化、德安、瑞昌、湖口、彭泽五县）清末绅士何蕴章查实，1887年（光绪十三年）告到县衙，要求查办。县大人当即下令将以汇东为首的5名和尚抓起来，关进监狱，手脚上锈，罪名一加，众和尚惊恐之下集体自杀。寺庙与俄国商人签订的租地建屋协定，自然判为无效。九峰寺山地的俄国别墅迅速撤毁，建房材料变卖钱财，抵为俄商租地的赔偿金。官府这样一处理，李德立签约的50亩山地也随之搁浅。

顾孟余的话停了下来，戴季陶眼睛一睁，问：“还有呢？”

顾孟余用右中指弹了弹棉袍前襟，继续说道：

7年后的1894年，李德立再获机会。他组织龙·爱雷、亚几伯、班伯、施伯珩五人团体，“自山麓直至山巅，前后都视察了一遍，在山的背面，发现了许多有趣的地方，认为在这些处所，建筑别墅，极为合宜，便决定要在这山巅，得一块地皮……与官厅交涉，取得此地”。（参见李德立《牯岭开辟记》）这块地就是长冲一带，今天的牯岭主干。

五人团体下山后，李德立以个人名义直接写信给县、府两级官府，要求他们同意将长冲这块山巅荒地出售，信中已“带了警告的意思”。知县答复，经调查地主不同意。李德立声明此事“如无完满的答复，我要把这事及知县的文书呈报他的上司，并直上北京”。

李德立的要挟击中了地方官员的软肋。当时甲午战争犹酣，“清廷谕令全国加意保护外人，对于交涉事件，尤须慎重”。道台派来一个洋务员盛富怀（据当事人之一戴古臣早年回忆），告知李德立官府的底牌，只要当地老百姓不反对，买这块地没有问题，并点拨“须先与绅士磋商一切”。

李德立心领神会，请戴古臣联络当地秀才万和赓，以200银圆，购

李德立

地一方，不立界址，向德化县纳契税。县衙以为李德立是姓李的华人，也可能是盛富怀有意掩盖李德立的国籍，很快立了地契。不久李德立的真实身份暴露，县衙要追回这份地契，李德立早做了防备，已将它送进上海的保险柜。

不过，李德立本人对这段经历的回忆有所不同。他说官府知道他是外国人。他特设宴招待地方绅士，有三人愿负全责立契，其余愿做中人。契约的出笔人姓万，是一位在位做官的举人。契约写好后，李德立将它交给了洋务员，再转呈道台以下各级官员，莫不加以批阅，并差人到乡里调查，没有反对，由道台交与县知事，令其盖章，二府亲自将正式盖印的契约、税契手续费的条目寄交给他，他立即付清手续费，并取得收据。在李德立的笔下，德化县衙门办事作风已经完全近代化或西方化了。1895年上半年办妥了所有文件。“契约在领事府注册，认为一永久的租约，约文上面载明该地由英国人李德立承租，因该地原是荒土，为人所不用，且对于出租，他们并不反对。”（参见李德立《牯岭开辟记》）中国契约的专门格式和文言文，在这里被李德立巧妙地、随心所欲地自我化和殖民化了。这是一个非常重要而至今都被人忽略的细节。

有了这份受英国领事府注册保护的契约，李德立单方面将这片租借地赋予了无限的权力。

这片租借地原名牯牛岭，牯牛岭为庐山之一部，南界女儿城，北界大林寺，东至莲谷，西及芦林，宽3里，长4里，其谷称长冲谷。李德立不喜沿用原地名，便给牯牛岭取了一个新名“牯岭”，英译cooling，取“清凉”之意，又不失汉文的音义，算是一个最恰当的名称。牯岭二

■ 今庐山别墅展览中的李德立和万和赓蜡像

字问世后，有家报馆记者祝贺李德立，讲了一个小故事，说殖民海战时，也有一个叫李德立的人，驾一艘海船叫“牯岭者”，从事海战而失败；你这个李德立购置山地“牯岭战争”成功。名字一样，成败不同。老兄，发大财吧！两人一阵狂笑。

牯岭山地租借战也是一场你死我活的战争，结果英国人赢了。牯岭变为李德立自家的土地，他完全没把中国的主权放在眼中。李德立将牯岭租界地划成一小块一小块地出售，一手向中国租借庐山土地，一手向别国出卖庐山土地，从中赚了大量的钱。俄国、法国等国传教士也如法炮制，租借地偷梁换柱变为租界。外国人在牯岭盖起了一座座别墅。这里有不同文化的交融，但更多的是殖民主义者对中华民族的蹂躏！可是清朝政府、北洋政府都在为殖民主义者唱赞歌。

听到这里，戴季陶猛地站起来，一本正经地问北大教授：“这是英文书的原话吗？”

“不。”顾孟余拿出邓演达近来翻译的《牯岭》译稿，从英文翻译成德文，自然还加注了大量个人的看法。“择生是一个非常好学的年轻将军，自学了德文、英文等好几国文字，文思汹涌，我也难及，佩服。”顾孟余认真地说。

“是呀，后生可畏。”戴季陶怀着极复杂的心情加了一句。

“牯岭不可畏吗？外国人侵占了庐山，我们还要对殖民者的成就顶礼膜拜！”国民党左派顾孟余又和右派戴季陶抬起了杠，他们两人或许都有意避开昨晚会议上蒋介石留下的“迁都”难题。

邓演达没有在客轮餐厅，他一个人像雕塑一样伫立在船尾甲板，极目望去，初冬的天空灰蒙蒙的，连江水也映成灰色，唯有船尾翻起一层层白浪。

3. 陈洁如伴君海会拜佛

1926年12月8日这一天，蒋介石的心海也卷起一束束浪花。

陈洁如来了。这位如夫人接到蒋介石的电报，从上海赶到九江来了。陈洁如自参加北伐誓师典礼后，按照蒋介石的安排，回上海娘家小住，此时九江会面，21岁的陈洁如剪了新发型，黑色呢大衣衬着一张白净的笑脸，不算漂亮，但眉宇间若隐若现的那种婉约，就像蒋介石老家的黄酒，给人几分温和几分陶醉。蒋介石忍不住兴奋地说：“我带你到庐山玩一玩。”

据蒋介石日记记载，1926年12月9日，蒋介石偕陈洁如再登庐山，仍下榻仙岩饭店。下午起床后，游长冲东南的女儿城。陈洁如一见女儿城什么都没有，娇嗔道：“这哪里有城，还女儿城呢？”蒋介石到底是掌兵之人，很快发现此城在牯牛岭和屋脊岭之间，两山会合，山溪如门，娇弱神似，故曰“女儿城”。便对陈洁如如此这般解释，带着几分炫耀地说：“女儿城，传说是朱元璋练兵之处，这里既无城郭，也无平地，明太祖怎么在此地练兵？附会之说。阿凤，还是我的神似之说有些道理。”陈洁如捋了捋额前的刘海儿，温顺地点了点头。陈洁如在蒋介石身边最大的特点，就是温顺。

陈洁如原名陈阿凤，祖籍宁波镇海，和蒋介石的祖籍宁波溪口相隔不过几十里。父亲陈学方是个商人，在上海做纸生意。1918年，12岁的阿凤到蔡元培办的爱国女子学校上学，结交了校友朱逸民。朱逸民比陈阿凤年长5岁，二人成了闺中好友。不久，朱逸民嫁给张静江续弦。在张静江家里，阿凤认识了孙中山和蒋介石。孙中山夸奖陈阿凤的好学有志，蒋介石则对含苞初放的陈阿凤颇有好感。蒋介石那时在上海

1926年12月蒋介石和陈洁如在庐山

闲居，为陈阿凤的纯洁和婉约打动，于是请张静江做媒。历经一段坎坷，阿凤的家人终于同意了这门亲事。1921年12月5日，蒋介石和陈阿凤在上海永安大楼大东旅馆举行了婚礼。婚后，蒋介石为陈阿凤改名陈洁如。那一年，蒋介石34岁，陈洁如16岁。蒋介石私下里还是习惯叫陈洁如“阿凤”。最初几年，蒋介石并不得意，带着陈洁如辗转于南方诸省。直至任黄埔军校校长，蒋介石才在广州和陈洁如安下一个固定的家，过了两年好日子。北伐时蒋介石带兵出征，陈洁如韶关送行后，只身返回上海娘家。

仅5个月时间，老天爷把一个英姿勃发万人仰仗的总司令还给了自己。在从女儿城归来的路上，陈洁如感到幸福和骄傲宛如庐山的云彩，层层叠叠铺天而来。她想好好拜拜菩萨，求她保佑幸福、保佑爱情。入夜，蒋介石听了陈洁如拜佛的想法，满口答应。蒋介石的母亲王采玉信佛，年轻时曾入紫竹庵为尼；发妻毛福梅也信佛，据说早年他陪同母亲与妻子去普陀山，还曾闪过出家的念头。能在庐山名寺拜一拜，当然好啊！

12月10日，蒋介石穿长袍马褂，陈洁如着女式中装，外披时尚的海派大衣。夫妻俩装扮成一对富商大贾，坐两乘轿子，卫队换成便衣，经含鄱口下山，转五老峰脚下，傍晚来到海会寺。

海会寺坐落在今庐山市濂溪区海会镇西南隅，背倚五老，眼抚鄱阳，千泉万溪，在寺前百川汇海，故名海会。1618年（明万历四十六年）西来法师建立；1817年（清嘉庆二十三年）旦元法师重修；1853年，太平天国时兵燹，法师至善与徒弟惺吾重建；1866年（同治三年），晦印法师从黄岩洞来此修行40余年，募化复旧，佛殿宏伟，香火鼎盛，民国初年容纳众僧5000余人，远近闻名。

蒋介石偕陈洁如刚踏进山门，暮鼓响起，他俩赶紧双手合十，念念有声。走进大殿，跪在菩萨面前，男左女右，磕头拜佛。起身后，蒋介石亲自敬上一笔不菲的香火钱，小和尚敲磬收下，请出方丈。

“阿弥陀佛！”方丈双手合十，“请问施主贵姓？”

“鄙姓蒋。”

方丈垂下眼睛，又一声“阿弥陀佛”，继续问道：“施主大驾寒寺，求子求财求来生？”

“求随缘。”

随缘何用求，又怎么求？俗世有多少疑问，僧界就有多少缄默。

方丈亲自在菩萨面前念起佛经，请三界菩萨保佑这位蒋施主如愿以偿。当晚方丈请蒋介石和陈洁如留宿寺内，[①]观看寺中珍藏的寺宝：元代著名书法家赵孟頫书写的《华严经》、心月和尚手镌五百罗汉拓本、康有为1889年写的庐山即兴诗……

蒋介石对这些显然没有兴趣，方丈话到嘴边的有关康有为1918年二进、1926年三进海会的珍闻，也只好咽回去了。方丈百思不解，蒋施主花钱化缘，虔诚地住在寺庙，到底想求什么呢？真的求“随缘”吗？

12月11日晨曦初微，蒋介石夫妇随着法师们的早课声伏地拜佛。蒋介石闭着眼睛，双手合十，陈洁如默默地祷告着什么。起身走出大殿，只见蒋介石满目虔诚。陈洁如感动地问蒋介石，你祈祷的是什么？蒋介石含而不语，指着海会寺门匾“真面目”三个大字，那是康有为1918年第二次来庐山时写下的。陈洁如问，这三个字是说人在佛面前是真面目，还是佛提醒人在世间必须真面目？

蒋介石笑着说：“你是一个长不大的小女孩。”但始终没有告诉陈洁如他在祈祷什么。

那天，蒋介石一行经秀峰寺、归宗寺，走一路拜一路菩萨，有了

---

① 参见中国第二历史档案馆编《蒋介石年谱初编》，档案出版社1992年版，第839页。

海会寺的教训，陈洁如温顺地再也没有问蒋介石在菩萨面前祈祷什么。晚上9时回到牯岭仙岩饭店。[①]

12月12日上午，蒋介石处理公务。访客来来往往，宋子文、陈公博近日来庐山，两位都是留美高才生。他们特地来向蒋介石汇报相关工作，再次转达武汉方面最新意见，请总司令前往武汉参加会议，最终落实国民政府迁都武汉的决议。两位才子都是趾高气扬的辩才，说得蒋介石口头上答应将在合适的时候去武汉看一看，心情不由得郁闷起来。

下午，蒋介石前往小天池，为北伐阵亡将士墓奠基立标，深深鞠躬。"凭君莫话封侯事，一将功成万骨枯。"（引自唐·曹松《己亥岁》）北伐战争战果辉煌，但牺牲的将士也不计其数。攻克贺定桥，北伐军牺牲近万人，攻克武昌城，也前后牺牲万余人。革命先烈前仆后继的鲜血，奠基了各路军马的赫赫战功。

13日上午9时，蒋介石偕陈洁如坐轿下山，中午乘车回南昌。在车上，蒋介石摇头叹息："杂宾来之又来，各为身谋，无法麾之使去，奈何不厌之。"[②]这里面是否也包括宋子文、陈公博等劝说蒋介石"前往武汉"的人呢？

4. 蒋介石辗转武汉上庐山

就在蒋介石下庐山的同一天，回到武汉没几天的国民党大员孙科、徐谦、蒋作宾、柏文蔚、吴玉章、宋庆龄、陈友仁等及苏联顾问鲍罗廷在武昌举行了一次紧急会议，决定在国民党中央执行委员会政治会议未迁到武昌开会之前，由国民党中央执行委员会和国民政府委员组织临时联席会议，执行最高权力，处理决定各项重要问题，会议推举徐谦、孙科、宋庆龄、邓演达、吴玉章五人组成主席团，徐谦为联席会议主席，叶楚伧为秘书长。

徐谦，安徽歙县人，以年长和"三朝阁老"的资历获得了武汉委

① 参见《一个改写民国历史的女人——蒋介石第三夫人陈洁如自传》，北京师范大学出版社1992年版，第268—270页。

② 参见中国第二历史档案馆编《蒋介石年谱初编》，档案出版社1992年版，第841页。

梅开二度再度蜜月的陈友仁夫妇

员们的认同。1904年，徐谦33岁中进士，1908年任京师高等检察长，辛亥革命时，又以国民共进会的发起人在北京唐绍仪内阁中任司法部次长。1912年8月，参加国民党。先后任孙中山护法军政府秘书长、司法部部长等职。1926年1月，国民党二大被选为中央执行委员，连常委都不是，一跃成为党和政府联席会议主席，有没有驾驭全局的能力尚是个未知数。

联席会议主席团一成立，第一个就“寒”了蒋介石的心。他改变了庐山提议建都南昌的方式，一不做二不休，将广州北迁武汉的第二批委员全部留在了南昌。

1927年元旦，武昌联席会议明令国民政府定都武汉。1月3日，蒋介石针锋相对，召集留在南昌的国民党中央和国民政府另一部分委员开会，决定国民党中央党部暂驻南昌，另于武汉设立政治分会。对此，武汉这边自然不赞成。

1927年1月3日，武汉各界举行庆祝国民政府迁都武汉及北伐胜利大会，各界群众30万人集聚阅马场，大会由徐谦主持，会后举行了浩浩荡荡的庆祝游行。那天下午，受激情鼓舞的中央军事政治学校宣传队来到位于英租界边的武汉关钟楼旁码头空地讲演，武汉失业工人、市民一下子围了上来，呼喊口号：“打倒帝国主义！”“打倒军阀！打倒列强！”英租界如临大敌，慌忙调兵遣将，驱赶手无寸铁的群众，伤了30余人，多为武汉三轮车工会与码头工会的工人。群情激怒了，对租界英兵拿石块还击。英兵架起了机枪。千钧一发之际，湖北总工会和武汉临时政府出面，要求双方冷静。由武汉临时政府外交部部长陈友仁出面交涉。当时，全国总工会已迁到武汉和湖北省工会合署办公。1月5日，在总工会李立三、向忠发、刘少奇的领导下，武汉30万工人和市民举行反英示威，一举占领了英租界。英方紧急照会，同意与武汉临时国民政府代表陈友仁谈判。

陈友仁是一个只会说英语不会讲华语的华侨，跟随孙中山走南闯北，属于国民党左派。不过，陈友仁现任妻子是张静江的四女儿。传说张静江一提到陈友仁，就说是比自己只小一岁的女婿，颇有贬义。大革命时期，国民党左派和右派关系复杂而微妙，此为一斑。

武汉民众占领英租界的消息，当天便传到九江，九江这个受列强压榨太久的"爆破筒"随即爆炸。九江码头工会决定不给英国人干活，给武汉工人以坚决支持。

1月6日，一位英国人雇工搬运行李上船，工人纠察队吴宜三发现后，上前劝工友不要为英国人卖力。被雇人不服，发生口角，英国人大怒，呼唤英水兵登岸，以大棒殴打吴宜三。吴被打昏，受伤严重。在场工人和过路市民齐拥过来，高呼"不许洋人打中国人"，英人见状，立即招来十几个手执铁皮包头警棍的水兵，围殴工人，拳脚交加，致使几名工人重伤。在当年大革命风潮下，工人和市民们很快集合在一起，高呼"打倒英帝国主义"的口号，向英租界冲击。英军警巡捕倾巢出动，关闭租界铁门，租界口架起机枪，江上英舰脱掉炮衣。九江民众怒不可遏，高喊："冲进洋街去！"大批人马集合在英租界门口对峙，英国舰艇悍然向九江市区开炮，听见炮声，国民革命军独立第二师师长贺耀祖立马带领一个团冲到江边，九江码头工人和市民一见革命军来了，手持扁担、棍棒，拆除了英租界四周密布的铁刺网，撞开了租界铁门，呼啦啦拥进租界。

贺耀祖乃一介职业军人，受到民众反帝行动的鼓舞，既到医院看望受伤工人，又到英领事馆交涉："工人间发生争吵，本是小事，你们为何任意施放舰炮，致犯众怒？"英领事解释：群众围攻租界，故放信炮告警，不是有意挑衅。英领事歪曲事实的回答，激怒了九江民众，他们开始罢市罢工，英租界见无法维持正常秩序，次日邀请贺耀祖出兵保护。

贺耀祖，湖南宁乡人，与刘少奇同乡，比蒋介石小一岁，时年38岁，先后毕业于湖南陆军预备学校、湖北武备学校、日本陆军士官学校，1926年奉湖南军阀赵恒惕之命，任护湘军前线总指挥。临阵反戈一击，被蒋介石改编为国民革命军独立第二师，任师长。遇见这样的事，他一边派兵进驻英租界维持治安，一边向南昌总司令部和武汉临时政府汇报。

1月7日，邓演达率领一排宪兵到达九江，进入租界巡查。8日，邓演达在贺耀祖主持召开的各界联席会议上，听取意见，决定成立九江市民对英外交行动委员会，通电全国同胞，彰公理保国权。邓演达处理完英租界相关事宜，前往南昌，再次邀请蒋介石、张静江、谭延闿等人到汉。谭延闿1926年12月中旬以广州国民政府代主席的身份率领第二批委员北上，被留在南昌。张静江是蒋介石制造"中山舰事件"后由国民党二届二中全会新选出来的中央执行委员会常务委员会主席。北伐前夕，国民党中央执行委员会改选蒋介石为中央常务委员会主席，赴北伐前线后，其职由张静江代理。张早年是同盟会的财政部部长，又是蒋介石的拜把子二哥。他从广州动身略迟，刚到南昌不久，提出腿病加重，要在南昌休息一段时间。张是国民党高层有名的半瘫痪人，邓演达看到他瘦骨嶙峋的样子，一再表示请多保重。

谭延闿是国民党元老、辛亥革命时的湖南都督，在袁世凯、黎元洪、段祺瑞时期都是八面玲珑的人物，一见武汉代表来请，就主动做蒋介石的工作，动员蒋介石一起去一趟，以大局为重。谭延闿开了口，蒋介石沉吟片刻，答应去武汉，一来视察武汉行营，二来亲自要求武汉英租界事件不能扩大。蒋介石将有关事件与张静江、黄郛等谋划后，即和谭延闿、北伐军总司令部苏联军事顾问加仑将军等一起动身。动身前，蒋介石下令驻扎在南昌程潜第六军去九江，替换贺耀祖独立第二师警备英租界。[①]蒋介石显然对邓演达、贺耀祖英租界的处理方式不满意。

1月9日上午，蒋介石一行在邓演达等人陪同下，到达汉口码头上岸。迎面一看，大红横幅挂满街头。"热烈欢迎张主席！""热烈欢迎谭

① 参见中共九江市委党史工作办公室编《九江人民革命斗争史》，新华出版社2001年版，第105—107页。

主席！”“热烈欢迎蒋总司令！”蒋介石前面挂上两位高高在上的“傀儡”主席，打了蒋介石一闷棍，也让邓演达大吃一惊。邓演达思忖这些标语不是空穴来风，一定是自己缺席的联席会议上决定对付蒋介石的“软武器”。孙中山总结国民党依靠西南军阀与清朝、北洋军阀斗争的教训，察觉国民党吃亏在于没有自己的军队，建军队一定要建为党军。由于苏联的全力帮助，孙中山1924年1月筹建黄埔军校，1925年4月，决定在黄埔军校教导团的基础上建立党军，党军党代表为廖仲恺，司令官为蒋介石。党军设政治部，下属各团、营均设党代表，不少国民党党代表当时由跨党共产党员担任，这种体制对国民党党军的发展起到重要作用，当然，也对任何想通过掌握军队来实现个人野心的人，设立了一种牵制制度。1925年8月20日，国民党左派领袖、党军党代表廖仲恺被暗杀。1926年3月20日，蒋介石利用“中山舰事件”驱走了党军内所有共产党员，逼走了与共产党联系比较密切的汪精卫。5月，蒋介石等人又在国民党二届二中全会上抛出《整理党务案》，驱走了国民党内和国民政府内高层所有的中共党员。蒋介石利用共产党和国民党左派的退让，

■ 1927年武汉群众大会的场面

使他统率的军队很快成为服从他个人的有生力量。直到养虎成患，武汉联席会议才提出“党权高于一切”的口号，把张静江摆在了第一位，谭延闿放在第二位。蒋介石成了老三，严肃的斗争流于形式。蒋介石一见武汉这种架势，心知肚明，上岸平静地向迎接的来宾招手。跟在蒋介石后面的邓演达忧虑地感到，这种形式化的斗争方式也许会弄巧成拙。

当晚，邓演达向徐谦提出这个问题。徐谦回答，这是联席会议根据民众意见集体讨论的结果，他个人无权更改。

1月13日，30万名武汉市民在阅马场举行盛大的欢迎大会。现场人山人海，红旗招展。会场两边挂着横幅“欢迎张主席、谭主席、蒋总司令”，主席台上，武汉联席会议主席团成员徐谦、宋庆龄、孙科、鲍罗廷、谭延闿依顺而坐，蒋介石坐在谭旁边，蒋的旁边是原第八军军长唐生智，攻克武昌后，唐生智经蒋介石同意，一个军已发展为四个军，成为北伐中军事实力发展最快者。据包惠僧回忆：此时，会场西面突然挂起了一幅长标语，“欢迎劳苦功高的蒋总司令”，字写得很大、很醒目。蒋介石和谭延闿都看见了，两人头碰头讲起什么。一会儿，西面开始骚动，有人大声喊叫，声音越来越响，叫“扯下来”，最后标语真的被扯下来。1927年春天的武汉，是群众的世界，是百姓意见万岁的世界，也可能是有失策略的世界。

大会开始，先是例行公事的欢迎辞，各方代表一个接一个，气氛渐渐热烈起来。会议呼口号：“打倒帝国主义，打倒军阀！”“北伐战争万岁！”群情激动，口号声震天动地。蒋介石的眉头皱了起来，武汉联席会议成了共产党群众运动的推行者，谭延闿自言自语地说起他的口头禅“荒唐荒唐”。有人高呼口号：“拥护迁都武汉！”“坚决反对迁都南昌！”“党权高于一切！”蒋介石眉头紧皱，怎么把党内、军内的矛盾变成群众运动的口号，这是共产党的做法，完了，这样下去国民党等同于共产党，完了！蒋介石恨不得站起来离开会场，他要问邓演达，三番五次请他来武汉，就是要当众给他侮辱吗？定睛一看，邓演达站在主席台旁边，当全场都举手高呼时，他背着手忧郁地注视着！邓演达紧急传令不许乱呼口号。唐生智喝了一大口茶，嚼起喝进嘴里的茶叶来，湖南人是“吃茶”的。

在大会的欢呼声中，鲍罗廷站起来讲话，蒋介石注意听到新名词“要反对新军阀”，此话从苏联顾问口中说出，代表了武汉联席会议和共产党的集体意识……接下来鲍罗廷说了什么，蒋介石一句都听不下去了。他不能再受侮辱，他要立即离开武汉。侧脸一看，谭延闿像胖罗汉一样坐在那里，不卑不亢不颦不笑，那才是政治沙场的历练。

蒋介石心里翻江倒海，脸气得煞白，但仍挺直腰杆坐在主席台上。

这是一种痛苦的忍耐，也是一种仇恨的积聚。当然，也是政治沙场的磨砺。

1927年1月，蒋介石在武汉考察和出席各种会议大约13天。忍耐、积聚和“修炼”10余日，直至1月25日前夕，蒋介石实在忍不住了，再次和鲍罗廷公开冲突，随后怒气冲冲地离开武汉，经九江上庐山。

山上，张静江时已按照蒋介石离开南昌时定下的方案，1月20日，派出吴铁城作为蒋介石的代表前往日本紧急磋商。其他黄郛、张群等人而在庐山仙岩饭店等待蒋介石的火速到来。[①]

5. 张静江、黄郛仙岩饭店密谋

1927年元月25日，农历丙寅腊月二十二。庐山下着鹅毛大雪。蒋介石当天还会上来吗？还能上来吗？牯岭仙岩饭店一楼灯火辉煌，欧式壁炉闪着红红的火焰，温暖着张静江、黄郛两张清癯的脸，略微发福的张群坐在对面，听着他俩交谈各自的经历和与总司令蒋介石的交往。

黄郛和蒋介石交往较早。

黄郛，原来叫黄绍麟，号昭甫，字膺白。后易单名郛。祖上是安徽休宁人，几经迁徙才落户绍兴府上虞县百官镇。耕读行商，家道中兴。太平军起义，黄家受到冲击，家产尽失。1886年父亲黄友樵46岁病逝，黄郛年仅6岁，兄弟6人靠母亲陆氏做针线活来维持生计，生活艰难不言而喻。黄郛只好到杭州养正义塾读书。养正义塾由慈善机构主办，

---

① 参见《包惠僧回忆录》，人民出版社1983年版，第321页；参见郭沫若《纪念邓择生先生》，载《邓演达》，文史资料出版社1985年版。

免学费，提供膳宿，类似现在的孤儿院。

1896年（光绪二十二年），17岁的黄郛补为钱塘县学生员。不久，黄郛在杭州开馆授徒，收入贴补家用。两年后，母亲陆氏染伤寒病逝，黄郛更加发奋。1904年，黄郛以第一名的成绩考取浙江武备学堂，1905年被派往日本东京振武学校学习。同年8月，同盟会在东京成立。秋瑾8月入会成为浙江主盟人。黄郛随之入会，成为重要骨干。1906年，陈其美到达日本东京警监学校第三班学习，同年加入了同盟会，与黄郛一见如故。

清朝末年，中国留日学生比较多，据日本人实藤惠秀列表统计，1896年中国留日学生13人，1904年1400人，1905年8000人，1906年8000人，1907年7000人……[①]留日学生中，大部分人反清意识比较激进。1907年遵照黄兴的意见，由黄郛和留学日本士官学校的李烈钧出面，成立了一个同盟会外围组织“丈夫成城团”，简称“丈夫团”，黄郛是实际负责人。就在这一年春天，蒋介石由保定陆军速成学堂保送日本振武学堂，

■ 庐山仙岩饭店（作者摄）

① ［日］实藤惠秀：《中国人留学日本史》，谭汝谦、林启彦译，生活·读书·新知三联书店1983年版，第451页。

与黄郛成为前后期同学，同为浙江老乡，黄郛比蒋介石大8岁。蒋介石对黄郛言听计从，不久，两人合作在东京创办《武学杂志》，“阐革命之义，论军人职志”。1908年夏，黄郛毕业，进入日本参谋本部所设的陆军测量部地形科学习。蒋介石在1907年由同乡兼师友周淡游介绍，又认识了陈其美。1908年由陈其美、周淡游两人介绍加入同盟会，1909年蒋介石第一次见到孙中山。

1910年，黄郛翻译出版日本军人写的日俄战争著作《旅顺实战记》，这是一本宣传日本上下一心在辽东半岛打赢俄国的书籍。同年回国，黄郛以第一名的成绩考入清政府军谘府，准备从清廷内部策动革命。1911年辛亥革命爆发，黄郛听从陈其美的召唤，回到上海，成为陈其美的助手。

1912年1月，黄郛与陈其美、蒋介石三个浙江人在上海大铁浜45号蒋介石寓所结为金兰兄弟。蒋介石还打了两把宝剑，送给陈其美和黄郛，上刻陈其美所拟联语：“安危他日终须仗，甘苦来时要共尝。”

张静江听完黄郛的自述，连呼“了不得，民国元勋了不得”，然后说“陈、黄、蒋上海三结义，天下仰之。不过，兄弟有一个感觉，三位英雄相互吸引，还有一重要原因，三人父亲去世都较早，由慈母抚养，受尽磨难和世道白眼，更惺惺相惜”。

黄郛恂恂一笑，张静江在生意场上叱咤风云，到底有观人观世的独特之处。

陈其美比黄郛大两岁，13岁时因父病逝辍学到崇德县典当行做学徒。1903年25岁到上海在科学仪器馆研读科学，结识于右任、张静江、蔡元培等人，1906年留学日本，辛亥革命时任上海都督……

张静江意犹未尽：“陈、黄、蒋三结义还有一个不宣的骄人之处，三位当年都是翩翩美公子。”

这话就含有讨好的成分了，也可能张静江半途残疾之故。黄郛仍颔首一笑。

张静江还要继续问话，饭店“茶房”前来禀报：“蒋先生回来了。”北伐时期的蒋介石在朋友面前是不称自己职务的。

外面铺天盖地都是雪，从莲花洞到好汉坡，从好汉坡到山顶的

1913 年陈其美（后排右三）三兄弟与家人合影，前排右二陈果夫，右一陈立夫

1911 年 12 月率部攻下南京的黄郛（前排右四），右三为张群

九十九盘山路，蒋介石心急火燎，枪、钱并用，总算找到十几个轿工，一乘轿子，颇费艰难地于深夜到达牯岭仙岩饭店，跟随的卫士一个个雪皑皑、气喘喘，半天缓不过气来。

蒋介石从轿子上下来，步入张静江房间，第一句话是："我再也忍不下去了！"

黄郛不置可否地笑了笑。张静江问："怎么回事？慢慢说。"张群递上一杯热水。

蒋介石平静了一下心情，讲述了他在武汉的"奇耻大辱"——和鲍罗廷的那场争论。

1927年1月13日蒋介石参加完武昌欢迎大会，先后与唐生智及其他中央委员三次去汉口日租界同仁会医院看望陈铭枢。陈铭枢时任国民革命军刚刚扩编的第十一军军长兼武汉卫戍司令。接着在汉口参加了一系列会议。在一次会上，蒋介石谈到北伐军的胜利，言下之意是他的战略布局和指挥立了大功。有人拿话问蒋介石，有功不假，自恃有功就可以违抗国民党中央迁都武汉的决定？无理扣留国民党中央委员？蒋介石站起来反驳，谭延闿又做起了和事佬。

据参加会议的陈公博后来回忆，苏联顾问鲍罗廷接着讲话，说革命就是要依靠人民群众，反对个人独裁，提高党权，发扬民主。蒋介石问鲍罗廷：什么叫个人独裁？鲍罗廷回答，就是将个人的意志凌驾于中央和众人之上。蒋介石再问：您就是中央，就能代表众人？蒋介石显然是将这几天的积怨都射向了鲍罗廷。鲍罗廷显示出了很高的文化修养，他对蒋介石说，你想众人都不说话是不可能的。我告诉你一个俄罗斯的故事吧。古时西方有一个国王极讨厌大臣说话。有一天他对大臣们说："你们说话太多了，我不喜欢。"大臣们说："只有狗是不会说话的，陛下要我们不说话，只有找狗去。"①

蒋介石听懂了鲍罗廷的挖苦和谩骂。但一切回击在当时都失去了意义。他看见了大多数鄙视自己的目光。

正是感到这种芒刺在背的目光，蒋介石气势汹汹地赶到牯岭，对

① 参见陈公博《苦笑录》，香港中文大学出版社1981年版，第71页。

在座者说：“老子在前方卖命，被如此辱骂，老子不干了！”

“那正中武汉的下怀。你还记得当年我们的辞职正中袁世凯的下怀吗？当然，武汉不是袁世凯，我们也不能再犯当年的错误。”

辛亥革命时，黄郛辅助陈其美做了上海都督。1912年南京临时政府成立后，黄郛率领沪军第二师编为陆军第二十三师，黄郛仍为师长。第五团团长蒋介石因刺光复会领导人陶成章避往日本，由张群代任。南北和谈后，黄郛等一些同盟会员主动交出各自的兵权，当时江苏、上海联军有十一二万人，黄郛任参谋长，得到的是袁世凯陆军中将的一纸空文，不久南方革命党人的半壁江山被各个击破。

“我也知道，军权是不能放手的。吓吓他们，早点赶走鲍罗廷。”这是蒋介石的自信和不自信。

“问题不是那么简单。苏联顾问太专制了，共产党太可怕了，国民党必须离俄清党。武汉现在是不会听你摆布的，只要一提出驱鲍，就要准备和武汉决裂的最初几步棋。第一步，要有脱离武汉后的独立经费。对这一点，已经有一点准备。”黄郛俨然一个军师，侃侃而谈。蒋介石洗耳恭听，他费了九牛二虎之力，请来黄郛，要听的就是他的韬晦之计。

蒋介石兵下南昌后，于1926年11月22日给闲居天津的黄郛写了一封信：“二兄大鉴：久未会晤，渴望殊深，如有公暇，务乞驾来一叙为盼，弟中正手上。”

12月28日又写一函，派总司令部参议张群亲自送到天津。黄郛这才决定南下。他通过1924年冯玉祥北京政变组阁的老关系，与中国银行张公权透支100万大洋，带到南昌，解决了蒋介石的年关急需。另外黄郛又为蒋介石牵上上海大资本家虞洽卿借款6000万大洋，条件是必须“反共”。

黄郛此时一开口，蒋介石和张静江频频点头，忙问：“第二步呢？”

“我们应该有自己的地盘，利用地盘为武器。”

“这就是地盘上的用人权。”蒋介石颇有信心地回答。

“对。一石两鸟。现在南昌城是第三军朱培德的部队，九江是第六军程潜的部队。去年11月，江西省成立临时政务委员会发布朱培德任主任，你何不以辛亥元勋李烈钧为江西省正式主任，一来平衡了朱培德和程潜的关系，二来拉拢了国民党西山元老派和你的交情。李烈钧和滇军渊源深重，这步棋一走，你在国民党高层就变被动为主动了。在一定场合，你还可以公开为西山会议派平反。这样，元老派和中间派都会倒向你。大炮（指孙中山）的三大政策就会束之高阁。政治，表面看起来就是一种权力分配，这是贯彻政治路线的组织措施。”

蒋介石眯起眼睛，深为黄郛的这一步棋折服。当然，蒋介石知道黄郛和李烈钧1908年在日本组织反清“丈夫团”，情谊深重。国民党组织内用人奉行“公不忘私”，君子何不成人之美？蒋介石心中已有了主意。俄顷，蒋介石对两位“二兄”说：“我知道第三步了，尽快召开一次会议，以大多数与会者的名义提出驱鲍，在舆论上将不义还给武汉。”

张静江，这位国民党中央常委会主席，认真地聆听了黄郛和蒋介石的对话，决定于1927年2月上旬，春节过后邀请国民党中央的常务委员、执行委员，包括候补委员来庐山开会。被邀请的人数，恐怕达不到法定人数。有的人该来开会，又不让他参加。据包惠僧回忆，“邓演达到南昌，蒋介石认为他有赤化的嫌疑，把他扣留在南昌，没有出席这次会议。邓演达很敏感，他知道蒋介石在庐山举行会议不要他参加，必然是商量如何对付武汉的问题，他既然是武汉主要责任人，便不能落到蒋介石之手。蒋介石到庐山前，要邓演达在南昌等他回来商量河南进兵问题。邓演达看出了蒋介石的异心，设法溜回了武汉。当时武汉方面，已传闻邓演达被扣”。①郭沫若也在回忆文章中复述了邓演达化装脱险的情景。②邓演达从南昌脱险回汉，1927年2月9日，正月初八出席了武汉一次国民党高级干部会议，推举徐谦、吴玉章、邓演达、孙科、顾孟余5人成立行动委员会，提倡执行反对独裁、提高党权职责。

蒋介石一生对其属下，比较器重其才又时时防范的有两个人，一个是邓演达，另一个是白崇禧。

在武汉召开国民党高级干部会议的同时，蒋介石主持的牯岭二月

① 《包惠僧回忆录》，人民出版社1983年版，第315页。

② 参见郭沫若《纪念邓择生先生》，载《邓演达》，文史资料出版社1985年版，第8页。

会议也正在举行。与会代表仍被安排住在仙岩饭店，冬季的庐山气候潮湿，一降温，山上就下起纷纷扬扬的大雪，竟和蒋介石腊月上山时一样。“玉阶一夜留明月，金殿三春满落花。”武汉有些委员没有来庐山。

这次会议，谭延闿上来了，开会他不说话不谏言，像个活菩萨，在牯岭留下一张雪景一首诗。

牯 岭

苏黄朱陆不到处，涌现楼台忽此山。
无数峰尖云海里，岂知培楼在人间。

宋子文、何香凝、戴季陶、朱培德等也抱着善良的愿望上山开会了。会议“驱鲍”主题揭开后，给与会者的直觉是失望。据和黄郛一起上山的沈亦云（黄郛妻子）回忆：

■ 1927 年 2 月谭延闿在庐山

一日大雪纷飞，戴季陶对何香凝说：“你看，外面正下着大雪，国民党要亡了，老天爷在给国民党戴孝。蒋先生这样待我们，我只好殉友了。”何香凝当即反驳：“我们要殉国，不要殉友。我们不能驱走鲍罗廷。”对张静江、蒋介石提出的驱鲍提案，不少人是有看法的，但会议主流已定。

许多人对不是中央委员的黄郛滞留庐山，私下议论颇多。但黄郛风度翩翩，能说会道，举止从容，一望便知是十分干练的官僚。

有人说，黄郛在二次革命中和陈其美唱反调，但私谊不错。

有人回忆，护国战争爆发后，黄郛应革命党人的邀请从日本回国，参与策动浙江独立讨袁。袁世凯毙命后，黄郛决定在北京安家，撰写《欧战之教训与将来》《欧战后之新世界》。1918年，他又为新总统徐世昌捉刀《欧战后之中国》，拉近了与徐世昌的距离，此书由上海中华书局出版。徐世昌获法国巴黎大学名誉博士，黄郛得数万元稿费，欧美一游，并以中国代表团顾问名义参加华盛顿会议，中途受英美威胁而辞职，继续游历至1922年夏回国。

有人分析：1923年2月黄郛被张绍曾提名北洋政府外交总长，获得通过，即任教育总长。黄郛参与了冯玉祥秘密“倒直”的北京政变，当上了摄政总理，这样一位前期虽然是辛亥革命的英雄，但后期是北洋官僚的黄郛，他的所思所行哪里是三民主义，蒋总司令把他捧为座上宾，问题就复杂了。

1927年2月，庐山会议会下议论纷纷，会上却一边倒。

辛亥革命时就任江西都督的李烈钧也被邀请上山开会。会上，宣布了江西省政务委员会将于2月20日改组为江西省政府，李烈钧为江西省政府主席。面对会场热烈的掌声，李烈钧激动地解开风纪扣，说：“同志们欢迎我重主赣政，这种信任，我有说不完的感谢。辛亥革命时，我也是被同盟会派到九江来的；辛亥革命、二次革命有说不完的遗憾，不少老战友有的在二次革命中牺牲了，有的在护国、护法战争中牺牲了，有的虽然还活着，头上却戴着右的或‘左’的帽子不能来参加这次会议，如辛亥革命元老林森……”

第二章　李烈钧重主赣政钩沉

1. 林森、吴铁城牯岭奇遇

1927年2月仙岩饭店会议，李烈钧发言为西山会议派林森抱屈。一石激起千层浪，转移了会议对黄郛的视线。

散会后，戴季陶在仙岩饭店二楼客房找到李烈钧，说要为林森“鸣冤”，就要从辛亥革命鸣起。李烈钧说：好，那就从庐山开始。[①]

李烈钧随口问戴季陶：“你是一个大文人，你晓得国民党里第一个为革命上庐山的是谁？”当年的国民党员口口声声必称“革命”。

戴季陶“嘿嘿”一笑：“当然是你，庐山脚下江西武宁人，近在眼前嘛！”

“你说错了，是林森和吴铁城！”

“这是个好文章，你讲讲。”

“说来话就长了。你了解庐山的租借历史吗？”

“当然。”

“你也有不知道的地方。林森是哪一年上庐山的？我当江西都督时，林森、吴铁城告诉我。”李烈钧从壁橱里拿出一瓶洋酒和两个酒杯，斟满，拉开叙旧话匣——

1909年（宣统元年），九江海关职员林森第一次从火烧火燎的山下来到清凉世界牯岭。牯岭租借地时已第四次扩大，李德立扩充了草地坡、

---

① 参见《党人三督传·李烈钧自传》，上海书店2000年版。

■ 庐山第一座礼拜堂（今庐山恋电影院）

下冲、猴子岭、大林寺冲、医生洼，包括今东谷的主要地段，成立了市政议会，建立了高大的礼拜堂、牯岭第一座图书馆和第一座电影院。

走在满眼洋房洋文的牯岭街，林森的心情格外郁闷。鸦片战争打开了中国的大门，也打开了庐山九十九盘山路。在中国，凡是列强看上的地方，还有什么不能用强权“租借”呢？李德立以一个契约，租借牯岭999年，全部租金只有4500两银子。清政府腐败无能，吃子孙饭无知“无畏”到了什么地步！李德立“租”下牯岭地盘，化成小块，分别卖给其他外国人和中国有钱人盖别墅，一年卖地皮就有多少个4500两？李德立的钱包鼓了，又委托“公事房”不断扩大牯岭租借地，牯岭迅速成为他们赚钱的工具和纳凉的天堂。可山下呢？

1900年《辛丑条约》签订后，山河破碎，民不聊生。清廷被迫于1902年推行新政，民族资本主义企业开始兴起。九江在几年时间内建立了几十家纺织、加工、修理工厂，规模都不大，中国的经济命脉仍然由外国资本把持。列强和腐朽的清政府沆瀣一气，取缔一切反清爱国活动，同盟会在沿海一带领导的10次武装起义均告失败之后，他们吸取

■ 庐山第一座图书馆（作者摄）

教训，长江中部成为同盟会新的工作重点。为了配合同盟会工作重心转移，1909年初林森从上海江海关调到九江海关，担任常关文牍。酷热之季，林森被英国老板安排到牯岭九江海关的一座别墅（今庐山日照路6号前身）休息，这座别墅常常提供给海关职员避暑。从海关别墅走出20米，便是今庐山合面街邮局，当年有一道铁栏，由一门进出，铁栏南往河西路方向，就是公事房管理的"租界"；铁栏北沿正街从街心公园下去，就是苦力和当地贫民住的下街。清末时街心花园是一处破旧的寺庙，善男信女进进出出。

这一天，林森紧锁眉头穿过铁门。突然，迎着寺庙走过来一个穿着日式学生装的青年男子，他微笑着向林森鞠了一个躬。林森警觉地问："你是谁？"

年轻人一张笑脸，剑眉朗目，英气夺人。"林先生，我是九江同文书院学生吴铁城，久仰您的反清思想，从山下一直跟着您上了山。我就住在您的隔壁。"他指了指寺庙附近的"和昌"铺面，上面住着人家。

"你何以知道鄙人？"

"我们学校住过福建学生会同学。"吴铁城将"福建"两字说得很重，"您的反清、您的丰仪、您的独身主义已成为我的偶像。"吴铁城目光流露着景仰之情，激动不已。

吴铁城不同寻常的热情，引起了林森的好奇，也撬开了林森的话匣子。从知识界注目的《民报》和梁启超新办的《新民丛报》两军对垒，谈到光绪、慈禧死后的宫廷政局，袁世凯的被黜与活动，千年兴亡史，这位年轻人滔滔不绝。吴铁城对政治的关注，令以稳健著称的林森内心叫好，同盟会要发展年轻的中坚力量，真是踏破铁鞋无觅处，天生一个好人才。林森不同常人的见识、学识和阅历，也令吴铁城感叹颇多。

李烈钧停下话，同戴季陶碰了碰杯，笑着说："林森，字子超，号天波，天波和你的号天仇一字之差。"两个人心有灵犀地对视一笑。林森的履历对于他们来说是再熟悉不过的了。

林森，1868年2月11日出生在福建省闽侯县的一个商人家庭。8岁后在英国、美国教会创办的中小学校读书。16岁那年，马江之役，福建水师全军覆没，林森受到极大的震撼和刺激。次年中国取得了镇南关大捷，却仍签订了丧权辱国的《中法新约》，台湾府被从福建省划出去建为台湾省。1890年，22岁的林森从台湾西学堂毕业后进入电报学堂，被分配到台北电报局工作。他和新婚妻子共同生活仅3天，2年后爱妻在大陆去世。此后，林森终身未再娶。《马关条约》割让台湾，林森鼓动抵抗。在台湾加入兴中会，被日警追捕。回到福建建立兴中福建分会。1902年，34岁的林森考进上海海关工作，在上海组建福建学生会。1905年，率领全体会员集体加入同盟会。

吴铁城的经历很简单，他在九江出生，祖籍广东香山，与孙中山是小同乡。父亲吴玉田新婚后即来到九江，为广东一个富商做账房先生。几年后，积累了一笔钱，开了一个"洋货店"，取名"合昌"，吴铁城随之出生。清末"洋货"对中国市场的冲击力越来越大，吴玉田的生意越来越好，经营的品种越来越多，铺面从九江扩大到庐山，在今合面街附近，也就是林森、吴铁城相遇处，开办了一个"合昌分店"。

吴玉田是个新旧交接的人物，有钱不忘两件事，一件是跟从旧风俗捐官，大的捐不了，也舍不得，便捐了个五品同知。明清快垮台时，均可以用钱直接买到官，一等价钱一等官，公开交易。不过，这种官只是一种待遇、一种官衔，是没有实际职权的，如要“上岗”，还须继续上贡运作。这种官衔仅相当于一种身份。当然，利用这个身份比较容易谋取经济或政治利益。吴玉田即被推选为九江商会协理。

另一件是跟随新时尚，培养儿子接受中西合璧的文化教育。吴铁城从小读私塾，后从名儒徐庭兰攻读国学。吴玉田充分尊重儿子的爱好，给了他一定的自由空间，吴铁城得以读喜爱的书，临摹喜爱的字体，达到事半功倍的效果。17岁又随留美同乡郑雍鹏攻读英文，学了两年，竟能阅读英文版的西方政治历史文集。19岁进入美国教会创办的九江同文书院读书，学业轻松，如鱼得水。吴铁城对西方资产阶级民主学说很是神往，恰在这时，与林森牯岭相识。林森亦师亦友，很快便发展吴铁城为同盟会会员。

谈到这里，戴季陶情不自禁地插话：“1925年8月20日，廖仲恺被暗杀，胡汉民的哥哥胡毅生成了怀疑对象，吴铁城当时任广州市公安局局长，受到牵连被免职。我去看他，吴铁城感慨地说：‘古人云：益者三友。林森是我的益友，是一位平生风义兼师友的知己。我的思想，以及我以后的一点事业，都受着他当时切磋启发的益处。’原来渊源在庐山啊！”

2. 浔阳城辛亥惊雷

“是，渊源就在庐山。”仙岩饭店二楼客房，壁炉火热。李烈钧拉开欧式落地窗帘，窗外雪花飞舞，玉树瑶华。李烈钧又一声“请”，戴季陶举起酒杯，惬意地吟起白居易的诗句：

平生所心爱，爱火兼怜雪。
火是腊天春，雪为阴夜月。
鹅毛纷正堕，兽炭敲初折。
……

吟到最后两句，戴季陶笑着说：“不过我要将白居易的‘盈尺白盐寒，满炉红玉热’改成‘满口葡萄热’。”两人喝的是葡萄洋酒。

李烈钧淡然一笑，接着说——

那年深秋，甘棠湖畔，菊蕊盈枝，浔阳阅书报社在八角石成立，林森兼任该社社长，吴铁城被推为副社长，蒋群等人为干事。他们排演了一出话剧《浔阳江头》。剧本由林森执笔，吴铁城担任主要演员，公演轰动了全城，连庐山上的外国人士也下山观看。浔阳阅书报社一鼓作气，又组织了甘棠湖赛船、胭脂山赛菊活动，陶冶民情，凝聚人气，很快在书报社周围集结了一群爱国青年和反清志士，有商人、钱庄老板、教育界人士、缙绅、洋行职员、帮会、军人，等等。比较著名的有开办“慎染斋学会”被封的蔡公时、张华飞、徐子鸿，有为九江起义出钱出力的罗大佺、陈中瑞、李杏初、何瑞昌……

浔阳阅书报社总结“慎染斋学会”失败和徐子鸿日文速成班成功的经验，静悄悄地循序渐进达到目的。“静”与“渐”这两点对林森的一生都是一种可贵的政治感悟。

1910年阅书报社利用商团的名义办了一个军事训练班，聘用新军五十三标进步军官做教员，林森、吴铁城等一批反清志士参加了6个月军训，为起义集结了一批军事力量。

1911年10月10日晚，武昌打响了辛亥革命的第一枪。浔阳阅书报社干事蒋群正好从云南回九江在武昌中转，目睹起义军旗开得胜，赶回九江汇报所闻。林森立即决定在浔阳阅书报社门口贴上武昌首义的消息，用红笔圈画起义的目的“推翻帝制，创造民国”，一时全城震动，军心浮动。当时江西巡抚冯汝骙，从南昌抽调军队增援汉口。南昌军队心急火燎赶到九江准备坐船，途经阅书报社门前，宣传栏上写着“推翻帝制，创造民国”的醒目大字，同盟会员站在街头大声宣传“武昌起义的真相”，军心动摇，不愿登轮。兵危之际，冯汝骙不敢相逼，只好撤回南昌。

林森和吴铁城连夜定下两计，响应武昌起义。

第一计：兵不血刃。吴铁城的“美丰姿，擅辞令，善交际”，此时大派用场，他在九江驻军军官中四处鼓动，几天下来，管带（营长）、队官（连长）被他说服了七八个，他们再一一串联，连炮台司令徐公度也同意起义。中下级军官一下子都愿意“独立”，九江驻军五十三标都统马毓宝心不得不动。10月23日晚8时（农历九月初二），天上一片月牙，地下按照商定的计划，九江金鸡坡炮台开炮三响。各营立即鸣枪。起义官兵左臂上系一方白布，口令为“同心协力”。赵义军连夜占领全城要津，断绝交通。富商罗大佺带领九江商团也投入战斗。江西巡抚冯汝骙在九江安下的几个钉子官员一见形势不对，纷纷只身逃亡。当夜革命党兵不血刃占领了长江重镇九江。

第二计：剪辫定局。10月24日拂晓，九江战局像天空一样日趋了然。起义各方代表在原五十三标驻地召开紧急会议，决定成立九江军政分府，当场推举马毓宝为临时都督，因考虑到他军衔最高，又是老好人一个。但马毓宝死活不同意，会议一下子冷了场。

近代风云多变，国人处理大事小事渐趋两种心理：一种是从众。好事坏事，大多数人如此，他也如此，随大溜，不伸头。另一种是犹豫。遇事翻来覆去摇摆不定。这次马毓宝同意起义，本来见军心已如

1911年12月九江军政分府的吴铁城（左二）、林森（左四）

■ 1926 年吴铁城在九江

此，从众心理占了上风。但见武汉孤军作战，没有听说其他省呼应举起义旗（10月22日湖南、陕西已举义旗，消息尚未传过来），就不愿将临时都督的“金箍”套在头上。一看这局面，林森向吴铁城使了个眼色，吴何等机敏，站起来大声说：“各位志士，清朝丧尽民心，驱除鞑虏，建立民国系大势所趋。吾辈好汉做事好汉当，义无反顾。”林森、蒋群等革命党人高声附和，群情顿时激沸，呼叫绝不退缩。吴铁城借势高喊：“我们起义官兵还要脑后尾巴做什么，还准备投降清军吗？拿剪刀来！”带头一把剪去脑后的长辫。一呼百应，在场人你给我剪、我给你剪，誓死与清朝决裂。

清朝统治中原以后，有一条血规——“留发不留头”，强迫汉人剃去额上头发，像满人一样脑后留一根长辫。清初嘉定三屠，扬州十日，以这条血规屠杀了几十万反清之士。汉族男子脑后的辫子随后成为服从清廷的标志，没有辫子，就拿头来。太平天国失败后，清军在要塞判定是不是太平军，一见没有辫子的，格杀勿论，长江中下游一带血流成河。脑后那条辫子，在怕死者面前，简直就像贾宝玉那块“通灵宝玉”一样珍贵。吴铁城等人一口气剪了辫子，剪刀传到马毓宝手上。马毓宝不知所措，不剪，必激众怒；剪，心有所忌，于是闭上眼睛，由众人去吧。马毓宝的辫子由此被剪去，和与会者一起成了过河的卒子。这个九江临时都督，他不当也得当了。林森、吴铁城政治家的谋略与手腕此时已挥洒出一二。剪辫子后，九江军政分府大员很快安排妥当，主要成员不少都是同盟会员。初议蒋群任总参谋长，林森任政务部长，吴铁城任外交官。吴铁城八方联络，多在幕前，又口若悬河，善于交际，被时人

■ 20世纪20年代末期南京国民政府主席林森在庐山

赞为“驰马试剑比美周郎”，声名鹊起。

三国时，周瑜在甘棠湖边整兵出征，点将台成为浔阳千年一景；此时的吴铁城与之年纪相若，英姿勃勃，辛亥举事能不能成为千秋功业，当时尚未可知。

九江“光复”，周边未定。军政分府准备派兵安定附近城镇。江面却传来坏消息：清军长江舰队排山倒海而来。长江舰队是甲午海战后，清朝水军中战斗力最强的舰队。有海容、海琛两艘巡洋舰，楚同、楚有、楚谦、楚豫、楚泰、楚观、江元、江亨、江利、江真等十几艘炮舰，湖鹰、湖鹗两艘鱼雷艇，眼看已过马当要塞，向九江开来！长江舰队一开炮，九江危在旦夕。告急消息像发了疯的蝗虫飞遍了大街小巷，马毓宝六神无主，其他官员忧心如焚。金鸡坡炮台司令主张最后一搏，要先发制人开炮，请示都督，马毓宝双手一摊，叫“问天去”。

李烈钧突然停了下来，戴季陶知道其记忆犹新的时刻到了，他为李烈钧斟满酒，李用右手五个手指盖住酒杯，朗朗说道：“在这危险之际，我，原南昌新军五十四标一营管带于1911年10月26日到达九江。下船登岸，只见岸上迎接我的大小官员各方人士都剪了辫子，军政官员有的穿军服，有的穿长衫，多用军帽盖着齐肩短发。商团领袖和代表打扮更具特色，不少人身穿短衫，头上戴着像京戏短打武生戴的扎巾，额上插有三尖牌，耳边挂一个绒线球，类似豪侠黄天霸的装扮。这些大多是响应革命的青洪帮人士。其中还有女人，也剪了头发。有的梳着偏分式头，当时叫拿破仑式；有的梳着对分式头，当时叫华盛顿式，都是一些新知识青年。码头上一时异彩纷呈。马毓宝从人群中箭步上前，紧拉着我的手。林森和蒋群对视一笑，蒋群郑重地点了点头，他们和我握手时，提出请我就任总参谋长一职。我没有答应，表示自己到九江仅是路过而已。至于下一程是去老家武宁还是到南昌，还没有定。当晚，林森、吴铁城、蒋群等特到客栈来找我，介绍了九江起义的整个过程，特别是困难局面，再次提出请接任总参谋长一职，我想了想答应下来。一夜无话，一夜失眠。”

李烈钧喝了一大口酒，声音低沉许多，说：“你知道我是九江附近武宁县人，我比林森小15岁，比吴铁城、蒋群都要年长，与蔡公时同年。我的父亲李骏兴有兄弟四人，太平天国时弃儒从军，事败后回乡种田成亲。生育两子，哥哥李烈谟，好骑射，考武举人，骑马用力伤肝而死。我是老二，原名烈训，赴日本留学时改名烈钧，字协和。我小时候对父亲脸上和几个叔叔的手腕上的纹字很好奇。父亲便教我读‘太、平、天、国’。当年参加的人都要歃血纹字，以表忠心。父亲给我讲过湖口之战，太平天国天军和清军几年拉锯，双方都死了好几万人。血肉相融，生死难忘。我12岁那年，甲午海战爆发，我水师全军覆灭，父亲讲得双泪横流。从那天起，我立志长大投笔从戎，报仇雪耻。1902年（光绪二十八年），我被武宁县令选送江西武备学堂读书，1904年以学、术双优送往北京，复选优秀，被选派日本士官学校留学，在日本的这段经历，你是了解的。”

“我1908年回国，在江西混成旅五十四标第一营任管带，在新军中从事反清活动，被通缉，幸得友人通报并资助路费只身逃亡上海，经冯国璋与云贵总督李经义介绍去昆明，任云南讲武堂教官兼兵备提调，教了不少好学生。1915年蔡锷领导的护国军第一军、我率领的第二军，就有不少当年讲武堂的学生。（1909年李烈钧教授的云南讲武堂学生中还有后来红军总司令朱德）我不久又去接任云南陆军小学总办。蔡锷1911年初被广西陆军小学不明真相的学生驱赶，也来到云南。我则奉命北上，前往观摩清政府在天津马厂举办的秋操。10月13日途经武汉，才知武昌新军起义，成立了湖北军政府，我激奋地来到北京。第六统制吴禄贞等激进军官为我接风，挽留任北方起义军炮兵司令。九江适时‘光复’，打来电报。当时清廷接受袁世凯复出的六项条件，袁世凯调兵遣将，大兵压境。九江能否成为武昌江东屏障事关大局。我紧急起程赴浔，接下了总参谋长一职。”

辛亥革命时戴季陶在海外，1912年在上海办《民权报》，对这一段颇有兴趣，两眼凝神，听着李烈钧慢慢叙来——

“第二日我走马上任，在周瑜旧衙署设总参谋长办公处处理公务。第一天就处理了马献廷‘泄密大案’。马献廷被枪毙后，他的两个颇有姿色的女儿，被金鸡坡炮台司令徐公度看上收为姨太太。你看，有些人革命就是这个样子。这样革命，哪儿还有一点人味儿？！我要求依军法制裁徐公度。方方面面求情。我都没有答应。最后黎元洪开了口，徐公度与黎元洪曾在两江将弁学堂共过事，我只好同意徐公度原职去了湖北，起用戈克安继任金鸡坡炮台司令。”

李烈钧苦笑了一下，与戴季陶碰了一下杯，咽下一口酒。戴季陶想起携带的椒盐花生，便拿出来摆在李烈钧跟前。

“戈克安是个同盟会员，性格、心机在历史上都记有一笔。他见清朝长江舰队向金鸡坡开来，即命令炮台向舰队开炮。长江舰队司令黄钟瑛同情起义，没有命令舰队还击，打出‘合作’旗语。我得到通报，立即吩咐停止射击，考虑到舰队成员多福建人，便请林森、吴铁城、罗大佺等人前去洽谈，又在商会设宴，请黄钟瑛等官佐。欢宴时，黄钟瑛听报戈克安派人折下兵舰炮栓，放下酒杯勃然大怒，手颤颤地指着我，大骂：‘小人！’命令回舰。下炮栓之事是马毓宝叫戈克安干的，我不知道，但这时即使知道了也不能辩白，你说窝囊不窝囊，只好请林森等人站出来，以同乡情谊拉拉关系讲讲形势，九江独立的目的是什么，大家联合的目的是什么，一席话说得人热泪盈眶，举杯释疑。第二天一早，我令戈克安将炮栓悉数送还，亲自登舰赔礼道歉，化干戈为玉帛。九江联合海军成功，对进攻武昌的清军是致命一击。马毓宝下令，由我担任海陆军总司令，对九江所有兵马负全责。”

■ 江西都督李烈钧

不久，李烈钧由于安庆邀请他出兵平定安徽动荡局面，一度兼任安徽都督；又出兵南昌，“光复”全省；再出兵征伐武昌，彻底解决了革命军的外围之敌。1912年3月，江西改选李烈钧为江西都督。

李烈钧心情激动地收住了话音，瞧着戴季陶花生米吃得津津有味。

“协和（李烈钧字），你应该写一个自传，精彩至极，我好有一比。”李烈钧定睛看着戴季陶胖乎乎的圆脸摇晃起来：“俗话说，三个女子一台戏。这台戏多是女人性格之间的闹剧和怨剧。其实，三个好男人一起更有戏，在九江辛亥年是天翻地覆的造反戏，造反两字不好，是天翻地覆的英雄戏，如何？三英雄，林森、吴铁城、李烈钧也。”

3. 孙中山视察九江

戴季陶的话，是赞扬也好，是吹捧也罢，接下来是一阵沉默。辛亥革命用鲜血和生命换来的胜利成果，被革命党人捧在手上迫不及待地送人了，是谁送出的？15年后如何看革命党人对袁世凯的妥协？

两人嘴里嚼着椒盐花生，心里回味着那段颇费思索、“迫不及待”的往事——

李烈钧担任江西都督前后，同盟会代表人物胡汉民任广东都督，陈其美任上海都督，谭延闿任湖南都督，柏文蔚任安徽都督，程德全任江浙联军总司令，黄兴任联军大元帅，黄郛任联军参谋长。革命党人占有半壁江山和统一全国的先机。在此关键时刻，革命党内部开始分裂，迅速出现了主和、主战两派，主和派占了上风。汪精卫和黄郛当年都属于英气帅气神气“三气”逼人的主和派。1910年4月，汪精卫等三人行刺“摄政王”被捕。辛亥风暴动摇了清朝的牢底，1911年11月6日，汪精卫、黄树中、罗世勋被放出，交两广总督张鸣岐试用。袁世凯的心腹赵秉钧看出汪精卫是一个可利用的人物，力劝袁世凯留下汪精卫，与袁克定相晤相交；就在这一天，袁世凯派人在石家庄暗杀了北方反清燕晋联军总司令吴禄贞、参谋长张华飞等。11月15日，已和袁世凯建立亲密关系的汪精卫以民主立宪党人名义，与君主立宪党人杨度联合发起成立“国事共济会”，以调和南北、共济国事为宗旨。汪精卫的声音一时混淆了革命党人的视听，也助长了权势派主和的呼声和势力。南北议和，英国人最为积极，强力租借长冲谷为牯岭的李德立也穿行其中，充当中人。

战和未定。1911年12月25日，孙中山一行从海外归来，陪同者有胡汉民、谢良牧、李晓生、黄菊生等10人，以及美国军事专家郝门李夫妇等6人，在上海受到了黄兴、宋教仁、陈其美、汪精卫的热烈欢迎。在迎接的队伍中，还有孙中山的老朋友宋耀如和他的大女儿宋霭龄。不久，宋霭龄自告奋勇地做了孙中山的秘书。这是孙中山的第一个女秘书。孙中山在海外多年，胡汉民、廖仲恺、汪精卫都做过他的秘书。孙中山对宋耀如及家人的信任非同一般，宋

1912年孙中山全家和宋霭龄（后排右二）合影

孙中山 1912 年 3 月解任中华民国临时大总统时与同僚合影

霭龄的中英文能力也得到了孙中山的认可。

1912年元月1日，孙中山就任南京临时政府临时大总统。在主和空气的弥漫下，孙中山向袁世凯发电："暂时承乏，虚位以待之，终可大白于将来。"有了这样的承诺，袁世凯以革命党之威逼末代皇帝于2月12日退位，转而又以清廷逊位之功，逼孙中山2月14日到参议院辞临时大总统职，推荐袁世凯为临时大总统。孙中山的内心是不放心或不想辞职的。1912年元月11日，孙中山命革命军六路北伐。孙中山要求列强承认临时政府被拒绝。相反，立宪派要人梁士诒会见英使，探问袁世凯组织临时政府，英使表示："袁世凯拥有列强的信任。"17日、19日南方三次要求列强承认临时政府均被拒。元月22日，孙中山提出辞去临时政府总统五项条件。元月28日，林森被选为临时政府参议院议长。林森对共和的渐进思想与主和派似乎有一种天然联系。革命党内的主和风气更加浓厚了。2月15日，南京参议院选举袁世凯为临时大总统。袁世凯制造北京兵变，要求临时政府与参议院北迁。林森反对北迁，辞职回福建建立国民党福建支部。但袁世凯的提议，获得了立宪派和同盟会大多数人的同意。

3月31日，袁世凯任黄兴为南京留守，总辖两江军队。4月1日，孙中山到参议院正式解职。6月14日，南京留守政府被袁世凯解散，黄兴被解职。那时，革命党内部有人提出袁世凯不可靠，军队不能解散，但没有军费，袁世凯没有拨一分钱军饷给南方。9月9日，袁世凯授孙中山全权筹划全国铁路一闲职。

革命党浴血奋战建立的中央临时政权，不到一年时间，里里外外被袁世凯利用殆尽。这与革命党人追求的资产阶级共和目标越来越远，同盟会内部迅速分化蜕变。1912年8月25日在南京召开了会员大会，即国民党成立大会。会员意见分为左右两派，“右派以为武装革命已告终了，应改为公开之政党，从事于宪法国会之运动，立于代表国民监督政府之地位，不宜附带秘密之性质。左派则以革命之目的并未达到，让权袁氏，前途尤多危险，党中宜保存从来秘密工作，而更推广之，不宜倾重合法的政治竞争，而公开一切。讨论结果，右派占多数，竟通过汪精卫为总理的决议，理由是孙中山国事与党事不能兼顾”①。胡汉民气得退席，汪精卫表示谦让，没有就总理职。

沉默良久，沉思良久，李烈钧感叹地对戴季陶说：“总理领导我们奋斗了几十年，全党大会他竟落选。这说明了什么呢？”

戴季陶不好回答，便说：“赠君古诗一首自解。”

鸷鸟化为鸠，远窜江汉边。
遭遇风云会，托身鸾凤间。

（三国·王粲《诗》）

国民党内形形色色的投机者太多。国民党成立大会，同盟会联合了统一共和党、国民公党、国民共进会、共和实进党等四个党团改组为国民党。改组后的国民党比起同盟会来，更加软弱也具有更多的妥协性。对于当年党内外局势的变化，李烈钧有不少疑问，需要认真请教孙中山，便于10月上旬发了封电报，邀请孙总理前来江西视察。

孙中山接到电报，以考察全国10万里铁路的名义，1912年10月18日由张继、马君武、王正廷等人陪同，在上海登上“联鲸号”军舰（《民立报》当年10月19日报道为“联鲸号”，《李烈钧自述》回忆为“振鹰号”），经吴淞炮台沿长江西上，视察了江阴镇江、南京、芜湖、安

① 参见《党人三督传·胡汉民自传》，上海书店2000年版。

庆后，25日上午8时到达九江，停泊在招商局九江分局码头，只见各界代表早已等候。沿途年轻军人和学生们唱着：

从军乐，从军乐，剪了辫子，解放小脚，砸烂鸦片烟枪，去旧迎新真快乐！

从军乐，从军乐，推翻君主，扫除暴虐，千年皇帝打倒，民主共和真快乐！

……

当天孙中山一行换乘“西昌号”（据当年《申报》《李烈钧自述》，均为“西昌号”）经赣江到南昌，下榻百花洲行辕。李烈钧出面迎接，登楼分宾主坐下欢宴。李烈钧举起酒杯，热情洋溢地说：“中山先生，20余年艰苦备尝，坚持种族革命，锲而不舍，始有今日。英风伟度，倾慕素深，今幸驾临，一堂聚首，亲临丰教，快活如之。谨献杯酒，为先生祝健康，为国人祝幸福。请杯酒！”马君武致答谢词。接连两天，孙总理出席了南昌军政学联合会欢迎会、商会两广会馆欢迎会等各界欢迎会。第三天，是规模浩大的阅兵式。那时候没有敞篷汽车，孙总理在李烈钧的陪同下，骑着马，依次按辔徐行，南昌万人空巷，一睹英容。军乐队随后奏着共和歌曲，市中心检阅台高台新筑。孙总理登台，欢声雷动，在一阵阵欢呼声中，江西各师依次从检阅台通过，总理、张继、马君武、王正廷相继发表了演说，掌声一片。

1912年10月28日孙中山一行返程九江。李烈钧护送至浔。途中，孙中山与李烈钧进一步交谈，对江西各种改革措施，罗致人才担任领导、公开选拔公费留学、肃清匪患、整理财政、修筑河堤、裁编部队一一首肯，对李烈钧提出的疑惑推心置腹地进行了指点。李烈钧也向孙中山讲了第一次看见袁世凯的感觉。

李烈钧最早见到袁世凯，是在他1904年留学日本前夕，路过天津，袁世凯以直隶总督兼练兵大臣传见留学生，那天100多人整队立正等候多时，才听高声传过来：“宫保穿鞋。”宫保，是当时袁世凯部下对他的尊称。接着：“宫保升冠。”一声接一声传呼过来，声响如雷。李烈

1912年孙中山视察九江合影（第二排正中是孙中山先生，他右边第四人是李烈钧。）

钧从来未见过如此声势，正惊讶、愤慨时，只见一群随从，簇拥着一个矮墩墩的人，昂着头，迈着八字步而来。一双鹰目四射，犀利、凶狠。袁世凯那天讲话很短，毫无特色，但那不可一世的架势和目光，却令李烈钧及所有目击者终生难忘。

辛亥革命的果实就是被这个人篡夺了。历史跟革命党人开了一个天大的玩笑。孙中山和李烈钧交换了对袁世凯和革命党的看法……

窗外的雪越下越大，李烈钧想说的话越来越多，他对戴季陶转述孙中山当年给他讲的这样一番话：

同盟会在推翻清朝后迅速分化，这是由它的内部构成所决定的。同盟会是以知识阶级（留学生与内地学生）为主体；次则流氓无产阶级（会党与失业农民）、华侨之小资产阶级、工人阶级，一切都集中在知识阶级旗帜之下。这些知识阶级分子所受日本倒幕维新的影响比西方的资本国家要多，改良思想比较重，党人从来没有醒悟革命不彻底，革命党将一无所获。不以革命阶级为主治阶级，任反动势力之坐大，即同于革命之中道自杀。[①]同盟会的组织是松散的，组织纪律不严，凡此种种都是要改进的地方，也是封建势力要保护的地方。革命党人要建立的民国和袁世凯用枪杆子把持的民国是不一样的。对袁世凯的“觊觎非分”，革命党人要加强警惕。

秋高气爽，晨风徐徐。西昌轮返回九江，九江像节日一样沸腾起来，国旗高挂，锣鼓齐鸣。据当年10月31日《民权报》记载，孙中山登岸后到招商局休息片刻，参加了一个茶话会。12时由商会的舒法甲接到新安会馆，孙中山发表了简短的演说：“九江为通商大埠，须拆毁城墙，修筑马路，开辟商埠，振兴实业……”讲演毕，由广东同乡会接至广东会馆茶话，接着又到同文书院，男女学生唱歌欢迎，院主致欢迎词，请孙先生讲话。

孙中山颇有感情地说：“同志们，你们工作在庐山脚下，立志就要像庐山一样高远。我盼望下次能坐火车来九江，和大家一起去登庐山。”

随即，孙中山一行出城到招商局与在浔的革命党人、社会贤达合影留念。

戴季陶举起酒杯，问李烈钧：“九江总理的合影还在吗？”

“在武宁老家保存着。”

“那就好。”戴季陶站起身来辞行，没有再提到林森。林森在辛亥革命前和辛亥革命中都是坚定的革命党人，但当孙中山提出“联俄联共扶助农工”的三大政策，为三民主义注入新的内容和灵魂后，林森在思想上由盘桓走向对旧势力的妥协，组成国民党内反对孙中山“三大政策”的西山会议派。西山会议派大多是国民党内年高德劭的元老，国民党“二大”在汪精卫的领导下，简单化地对他们进行了“清理和处分”，在国民党内引起了思索或不满。蒋介石抓住这一点，起用辛亥革命、二次革命的功臣李烈钧，首先获得了国民党内西山派的支持和大多数中间

① 参见《党人三督传·胡汉民自传》，上海书店2000年版，第63页。

派的同情、理解。

在国民党元老对蒋介石倾注同情和自以为的理解之时，他们对蒋介石的下一步是一无所知的。

4. 湖口领衔二次革命

元老派的代表人物李烈钧就是其中最为典型的一个。那一天，李烈钧沉浸在雪夜叙旧、山中听松、人间雅事的情怀之中。

戴季陶走后，李烈钧畅游忆海，追溯着一朵朵昔日的浪花：

孙中山一行离开九江不久，袁世凯派一个叫余鸣皋的人到南昌游说李烈钧，叫他到北京拜见袁世凯，说会得到200万元大洋的奖赏，并晋勋一位。李烈钧不为所动。袁世凯又派人收买了九江镇守使戈克安，这个私自下清军起义军舰炮栓的人，愿意做内线加害李烈钧。不过李烈钧很快发现了，将戈克安驱逐出境，把九江庐山始终掌握在自己人手里。

1913年3月21日，呼吁建立责任内阁制的国民党代理理事长宋教仁在上海车站被暗杀，孙中山当时在日本为修建铁路借款，闻讯立即回到上海，邀集黄兴、陈其美、李烈钧、柏文蔚在家里开会。孙中山主张立即兴师讨袁，发动二次革命，陈、李、柏赞成，黄兴不同意，认为南方军力准备不够，袁世凯的假面具尚未完全除掉，一部分原来的革命军倒向袁，对起兵讨袁无信心，主张听候法律解决。据柏文蔚回忆，当时孙、黄二公争持甚烈。结果黄兴建议打电报给广东、湖南两省，征求谭、胡的意见，再行决定。电报发出后，很快就得到回音，两人都主张通过法律解决。谭延闿提出了暂时不可用兵等种种理由。起兵讨袁计划，就这样被搁置了。①

李烈钧、柏文蔚考虑了一夜，认为法律解决不可靠，第二天约了陈其美再见孙中山，提出目前虽不能立即讨袁，但军事准备不能放弃。关于经济筹划和械弹准备，柏文蔚都提出了很好的建议，并希望在上海建立统一机构，购买枪炮；在上海、安徽分期发行公债，筹备经

---

① 参见《党人三督传·柏文蔚自传》，上海书店2000年版。

费，由皖、赣两省先行发难，兴师讨贼。柏文蔚的建议陈其美不同意，孙中山先生也不重视。陈其美认为不必花钱，只要南京一发动，他就可立时占领上海。当时全党无统一决策，尤其湘、粤、闽、皖、赣五省联盟之福建都督孙道仁，患得患失，忽然以保境安民为借口，宣布退盟。

4月下旬，负责勘查公审宋案的江苏都督程德全宣布证据。主使暗杀者是国务总理赵秉钧。黄兴发电要求组织特别法庭，袁世凯回电，勘查的这些证据多为陷害，司法总长又以辞职相要挟，法律解决最终成为空话。一波未平，一波又起。4月27日，袁世凯未经国会和参议院，擅自决定向五国银行团借美元2500万，利息五厘，八三五折交付，不惜附带不少殖民条件，以穷兵黩武。这种公然蔑视宪法的行径引起国人震怒。孙中山、黄兴、参议院正副议长张继、王正廷先后通电阻止大借款；国民党议员集体反对。5月5日，湘、赣、皖、粤四省都督谭延闿、李烈钧、柏文蔚、胡汉民，联名通电反对北京政府违法借款。在全国各阶层的压力下，外国恐中国有政变，款储汇丰银行，尚未解交。孙中山先生与银行团交涉，不承认此项借款，请银行团保留勿交。银行团回答，可延缓一月，如有一省独立有军事行动时，即将借约取消，否则按约付款。国民党议员吴玉章建议："四督联合通电，反对袁世凯违法，并声明在合法政府成立以前，不接受违法政府的命令，以此先发制人。"孙中山深为赞同，始向福建、广东离袁世凯军队比较远的省份运作。福建、广东都督顾虑身边有图取代替者，不敢动。孙中山又请湖南都督谭延闿起兵，谭也以种种理由推托。江西都督李烈钧愿意及时起兵，但国民党高层意见不统一，黄兴等人分析湖北都督黎元洪因张振武案风潮早已投向袁世凯，江西一动，袁世凯很容易大兵压境，北军力量远远超过南军，不如等待通过法律解决。这种意见一时占了上风。

在国民党高层争论不休之时，五国银行团竟以借款签字一个月时间为计，5月下旬将全部借款拨划给了袁世凯。5月29日，以梁启超为实际领袖，以黎元洪为理事长的进步党宣告成立，支持袁世凯，支持大借款。有了权，有了钱，袁世凯一时要风有风，要雨有雨。袁世凯用这笔浩大借款，大肆收买粤、湘、赣、皖高级军官，如广东黄和顺、江西陈廷训、安徽胡万泰等，宣布由郑汝成担任上海镇守使，又重金收买派人烧毁了整个南方所恃的湖南军械库，大火持续五昼夜，所存械弹付之一炬。同时添购军械，收买议员，布置军队，赏奸细，联海军，陆续运兵南下，布置周全。旋即派李纯、段芝贵率兵南下，向江西进发，以示武力压迫国民党的不满和反抗。

6月9日，袁世凯宣布李烈钧被免职；6月14日，广东都督胡汉民被袁世凯免职；6月30日，安徽都督柏文蔚被袁世凯免职。紧接着，南方军队领导权大换血。

6月22日，《民立报》发表了这样一则消息《袁世凯处分三省计划消息》："闻总统府某秘书对其亲友谈及袁氏南省之处分，谓：'李烈钧既去，以欧阳武为护军使，陈廷训为九江总司令，黎元洪兼管江西都督，此亦表面上之事。若其内容，未发表而既定有办法者，则将由黎元洪保段芝贵为江西都督，再调欧阳武统兵征蒙，而南方军队不利北上，以另调北方军队之名撤销欧阳武军，归段芝贵统辖，而陈廷训则调部听候实用。则江西无腹心之患矣……'"袁世凯对广东、安徽的政策，也大体相当，一步步将国民党人的军队吃进北军肚子里。

国民党高层此时没有及时组织还击，仍举棋不定。他们考虑国会议员中有不少国民党精英，如林森等。一些省份的领导人还在争权夺位，闹意见，便指令三都督各自离职。6月15日，章太炎与吴兴才女汤国梨在上海哈同花园举行婚礼，孙中山、黄克强、陈其美等前往，蔡元培证婚。6月18日，孙中山因长女孙娫病危，乘"蒙古"轮抵澳门。一周后，长女去世。孙中山7月初才回到上海。

7月5日，北军段芝贵兵逼九江。国民党的妥协、退让导致袁世凯有恃无恐，孙中山、黄兴在上海举行讨袁会议。此时离刺宋案发生已经过去三个多月，错过了太多时机，袁世凯已在军事、经济、政治方面做好一切准备，国民党此时才决定起兵讨袁，重蹈了"宋人议论未定而金兵已渡河"的历史覆辙。7月5日，孙中山拨给黄兴军费5万元，由江西首先发动二次革命。国民党各省没有统一安排又仓促上阵。

7月7日，李烈钧回到九江布置，重新运作军队。吴铁城1912年后一直被孙中山留在身边，这时也回到九江，配合李烈钧。保定陆军学校的学生蒋光鼐、季方、吴艺五等30多人也赶来参加。

7月12日，江西宣布独立，二次革命爆发。江西省议会推举李烈钧为讨袁军总司令，李烈钧在庐山脚下的湖口成立讨袁军总司令部，召集原驻湖口及随行高级官员开紧急会议，众推省议员杨赓笙写讨袁檄文。杨赓笙挥笔而就。

民国肇建以来，凡吾国民莫不欲达真正共和目的。袁世凯乘时窃柄，帝制自为，灭绝人道而暗杀元勋，弁髦约法而擅借巨款。金钱有灵，即舆论公道可收买；禄位无限，任心腹爪牙之把持。近复盛暑兴师，蹂躏赣省，以兵威劫天下，视吾民若寇仇，实属有负国民之委托，我国民宜亟起自卫，与天下共击之。①

同时发出布告，讨袁军对外通电。7月15日，南京宣布独立，黄兴任江苏讨袁军总司令。7月17日，安徽宣布独立，柏文蔚任安徽讨袁军总司令。7月18日，上海宣布独立，陈其美以驻沪讨袁军总司令名义通电讨袁。但上海讨袁军事发动，久攻制造局不下，并不像陈其美当初表示的那么容易。同日，广东宣布独立。7月19日，福建宣布独立。7月22日，孙中山发表讨袁通电。致电袁世凯，敦促其辞职。次日，袁世凯下令撤销孙中山筹备全国铁路全权。7月25日，湖南都督谭延闿宣布独立，次日，又发电取消独立，要国民党员离湘。

谭延闿的反反复复，缘于7月25日这一天湖口发生了一场生死大战。江西从宣布独立的那一天起，北军的陆军、海军联袂而至。李烈钧手下的林虎军，初战虽获胜，但军械粮草不继，两个月都没有发饷，夺下的炮台又失去。江西新宣抚使段芝贵、左司令李纯、右司令王占元、海军次长汤芗铭等电称：湖口作战旅长马继率队由新港一带进攻，连夺要隘，占领灰山，于25日夺取湖口西炮台，旅长鲍贵卿由官牌夹渡兵至湖口东岸，经激战后，进驻钟山，当天夺取湖口东炮台，下午6时海陆

① 《党人三督传·李烈钧自传》，上海书店2000年版，第71页。

军会攻，克复湖口。袁世凯特先发犒赏10万元大洋，交宣抚使等量功发奖。

浔、湖之战陷入绝境，李烈钧只好率领部队退到吴城。欧阳武弃军而走。李烈钧只得退南昌，再退萍乡。其他几个省没有统一的布局和坚强的领导，也很快被袁世凯各个击破。

烈士徐秀钧

二次革命失败后，袁世凯下令解散国民党，取缔国民党议员，二次革命的主要人物孙中山、黄兴、胡汉民、李烈钧、柏文蔚等纷纷流亡海外，林森起初逃亡家乡，年底由孙中山派往美洲筹款。

九江革命党人徐秀钧，那位10年前在九江慎染斋学会讲学的志士却选择了留下以身许国。

徐秀钧时任国会议员，坚决反对大借款，提出议员南下参战，多次为李烈钧独立出谋划策，通风报信。二次革命失败后，徐秀钧被列为通缉犯。友人获知消息劝他外逃。他谢绝道："我将赴法庭听法律裁决，以身许国，祸至而逃，非丈夫也！"友人说："危在旦夕，岂容谈法律？"徐秀钧摇摇头，慨然道："共和国所恃以成立者，法律也。法律不存，虽生何为？"被捕后，徐秀钧被押解到九江锁江楼中，严刑拷打，体无完肤，天热蛆虫遍身，惨不忍睹。公审强令徐秀钧跪下，他顽强而立，慷慨陈词："我是国事犯，可杀不可辱。"同年9月1日，徐秀钧就义于九江岳师门外，头被割下，挂在西城门城墙上。

转眼14年过去了，辛亥革命、二次革命志士的英魂和形象在李烈钧的脑海中呼之欲出。任何革命，在自己人的阵营中必然会出现激进者、退却者、迂回者和背叛者。大浪淘沙，浪遏飞舟，历史的规律本来就是无情和"螺旋式上升"的。

李烈钧激动地站在落地窗前，窗外白雪皑皑。雪，洁白的雪；血，鲜红的血。眼前的大革命和辛亥革命一样，既然是革命，它就像窗外的那场大雪，一定在宣泄着什么、洗涤着什么、覆盖着什么。到红日高照时，才会露出真相。或许是继续激进，或许像辛亥革命一样，革命党人内部出现新的妥协？实行新的退却，造成新的失败？

一切的关键是什么呢？是共产党人的“痞子运动”造成国民党内的分裂，还是国民党高层对孙中山先生的三民主义政策阳奉阴违？李烈钧感到自己不能深入地想下去了，或者不愿深入地想下去了。

数日后，李烈钧和谭延闿等人一起下山去了南昌。

1927年2月18日，国民革命军何应钦率领第一军占领杭州，对上海取进攻之势。

2月26日，蒋介石在南昌以中央政治会议名义致电第三国际中央执行委员会，要求撤回苏联顾问鲍罗廷。

是月，戴季陶偕夫人钮有恒从牯岭下山来到东林寺还愿。至今，东、西林寺还流传着戴季陶夫妇的拜佛逸事。

第三章　宁汉分合庐山聚焦

1. 九江“三一七”惨案前后

李烈钧南昌上任第二天，即1927年2月21日，国民党中央联席会议在汉口举行扩大会议，决定结束临时联席会议；国民党中央党部和国民政府即日在武汉办公；3月在汉召开国民党中央二届三中全会。

2月24日，陈公博代表南昌方面来武汉视察，武汉方面当即将开会议决致蒋介石函一封，说明武汉立场、会议提案大纲。同时，派谢晋和陈铭枢带着此函，与陈公博一起到南昌和蒋介石商谈。当时武汉方面考虑到，谢晋是共产党员、国民党中央候补监察委员，代表左派，他和谭延闿关系很好，陈铭枢和蒋介石关系也不错，希望打消蒋介石的顾虑。陈和谢到达南昌，谢住在谭延闿家里，蒋介石先单独和陈铭枢谈话。陈向蒋表示：“现在正是北伐军事紧张时期，大家都希望总司令以大局为重，还是共同团结起来北伐为上策。”蒋却愤愤地把共产党和武汉国民党左派申斥了一顿，对陈训诫说：“今后怎么办？你要分清是非，不要忘记自己是国民党员。”陈铭枢迟疑了一会儿，回答说：“总司令对我说的话，我回去再考虑。我可以向总司令表白，我是不会跟共产党走的，不过部队的情况很复杂，我很苦闷。至于邓演达他们的行动怎样，我无法影响他们，但他们也不能影响我。唐生智是个野心家，确是总司令所说的准共产党那种人，我与他很少接触。在邓演达方面，我一定对他转告总司令交代的话。”[1]

---

① 《陈铭枢谈第一次国共合作时期武汉的军政大事》，《武汉文史资料》1983年第4辑。

■ 1927年3月武汉反蒋连以上军官动员会

陈铭枢在南昌拜访了谭延闿、张静江、李烈钧之后，3月3日回到武汉。滞留南昌的中央委员谭延闿、何香凝、李烈钧、丁惟汾、陈果夫等5人和谢晋7日启程赴汉，蒋介石、张静江、朱培德未随。

国民党中央二届三中全会于3月10日在汉口南洋大楼举行。会议开始由孙科主持。会议第一天，陈铭枢列席，他和李烈钧坐在一起。在这次会议上，共产党和国民党左派占了上风。会议猛烈地抨击了蒋介石的个人独裁，要求罢免其一切职务。

陈铭枢见此风向对自己不利，不到终场，就退席了。临分手时，李烈钧对陈铭枢说："这样下去，恐怕北伐完了。"陈铭枢回到军部，即召见副军长蒋光鼐，同他谈了会议情况，对他说："形势如此，我的处境不利，必须离开，否则可能发生意外。关于部队的事，以后请你负责。"随即登舟赴赣，向蒋介石汇报了一切。蒋介石问他："你是否与蒋光鼐取得联系，把部队拖出来？"陈铭枢认为条件不成熟，反而不利。蒋介石便留陈铭枢在身边，全力对付武汉，并给了陈3万元大洋，作为生活费和活动经费。陈铭枢立即给留守广州的李济深发了一个电报，

■ 北伐时第十一军军长陈铭枢

汇报了相关情况，请求采取一致行动。

这时，武汉方面会议还在继续进行，唐生智趾高气扬地向会议汇报陈铭枢已离汉的消息，李烈钧随之退席，渡江来到总司令部武汉行营。当时朱绍良任参谋长，询问开会情况，李烈钧回答：“所幸总司令未来。”当日乘长兴轮到九江换车到南昌与蒋介石见面。李烈钧回忆，蒋介石拉着他的手问：“如何？”李烈钧摇头叹息说：“请速作移节之计，南京本为总理指定国都，何不做迁往的准备呢？”①

李烈钧的考虑，正与蒋介石相合。蒋介石于3月15日晚乘船到九江。

3月16日，南昌AB团分子段锡朋等强行解散了国民党左派南昌市党部，随之率领打手冲击江西省政府、省党部，制造混乱，而留守南昌的张群，在背后给予种种支持。

3月17日，国民党中央执行委员会二届三中全会在汉口闭幕。这次会议改选了国民党中央常委和各中央机关：选汪精卫、谭延闿、蒋介石、顾孟余、孙科、谭平山、陈公博、徐谦、吴玉章9人为中央常委；中央政治委员除中央常委兼任外，宋子文、陈友仁、邓演达、林祖涵、王法勤、宋庆龄6人当选。此外还选出中央各部部长：组织部部长汪精卫（由吴玉章代）、宣传部部长顾孟余、农民部部长邓演达、工人部部长陈公博、商民部部长王法勤、妇女部部长何香凝、海外部部长彭泽民、青年部部长孙科。选蒋介石等15人为军事委员会委员，汪精卫、唐

① 参见《党人三督传·李烈钧自传》，上海书店2000年版。

生智、程潜、谭延闿、蒋介石、徐谦为军事委员会主席团成员。选汪精卫等28人为国民政府委员，孙科、徐谦、汪精卫、谭延闿、宋子文为国民政府常务委员。

三中全会的确切消息从武汉传来的当日，蒋介石已暗地布置并直接操纵了九江血案。据时任总政治部副主任的郭沫若回忆：1927年3月16日晨他从南昌行营出发，当天到达九江。17日早上，蒋介石命令郭沫若上庐山去视察阵亡烈士墓工程，即1926年12月蒋介石偕陈洁如海会寺拜佛回来在小天池标注的烈士墓工程。郭沫若于当天下午3时返回九江，刚巧碰见暴徒们把国民党九江党部砸烂，手拿武器在街上游行，长矛、大刀不一，尤其一种形如连枷的武器，上面纵横都是尖刀，也有的是竹头和尖钉。郭沫若走到总工会门首的时候，看见一位工友头破血流，并被告知市党部执行委员被打死打伤好几个。街上有些店铺已经罢市，郭沫若便跑到审判厅的总部行营里面去见蒋介石。在大门口看见参谋长朱一民正代表蒋介石向暴徒们演说，主要的意思是他们受了压迫，本总司令定秉公办理，务使他们不受压迫，望他们安心。

郭沫若见到蒋介石，赶紧报告外边情形，请他赶快派兵弹压暴徒，先解除他们的武装。不一会儿，朱一民进来，蒋介石当即命令朱一民派兵。但郭沫若万万没有想到，蒋介石派兵不是镇压暴徒，而是镇压工人群众，借保护为名，把九江市国民党党部和总工会占领了，同时掩护暴民安全离开九江市区。

天底下哪有这样认敌为友的北伐军呢？工友们痛心疾首，开会讨论对策，全场只是痛哭，那种凄怆的情景惨不忍睹。工友们要求"三一八"全体总罢工，蒋介石却同时下令，只要九江一举行罢工，即刻拘捕。工人们推选出代表向国民党九江市总部请愿，结果只搭救回来6位被打得半死的同志。打伤、打死工人的暴徒是谁，怎么处置，蒋介石没有任何说法。蒋介石对待工人和暴徒的态度截然不同。

郭沫若1927年3月31日在《请看今日之蒋介石》一文中愤怒地写道："蒋介石对待民众就是这样的态度！一方面雇用流氓地痞来强奸民意，把革命的民众打得一个落花流水了；他又实行用武力来镇压一切。这就是他对于我们民众的态度！赣州、南昌、九江的事变都出于他的指使，但我们还找不出他指使的真凭实据来。我们还替他原谅，就是说或者不是出于他的本心，只因为他的环境不良，他是被他周围的宵小误了，国民党内的人们可以说大多数都在这样地替他原谅，总要想出方法来救他。但是现在我把他的假面具揭穿了。……前天我到九江的时候，听说中央已经免了蒋介石的职，今天是3月31日，我在南昌写这篇檄文，愿我忠实的革命同志，愿我一切革命的民众迅速起来，迅速起来反蒋！打倒背叛革命、屠杀民众的蒋介石！”

3月28日，李宗仁抵达上海，看见蒋介石。蒋介石唉声叹气，说他的部队已被赤化，不听他的指挥了，怎么办？李宗仁出主意说：“那只有一步一步地来。我看先把我第七军调一部到南京附近，监视沪宁路上不稳的部队，使其不敢异动；然后大刀阔斧地把第一军第二师中不稳的军官全部调职。等第二师整理就绪，便把第二师调至沪杭线上，监视其他各师，如法炮制，必要时将薛岳、严重两师长撤换，以固军心。等军事部署就绪，共产党员只是釜底游魂而已。”[①]蒋介石首先在东路军以快刀斩乱麻的方式清党，把越轨的“左倾”幼稚分子镇压下去。3月底，江浙随处可见东路军总指挥部政治部的标语“拥护蒋总司令”“打倒共产党”“打倒吴玉章、邓演达”。独立第二师奉命包围了程潜所部第十七师，强行缴械，[②]巩固了宁沪杭一带。同时向留守广州大本营的李济深、广西的黄绍竑发出急电。

4月1日，汪精卫从法国经莫斯科、西伯利亚抵达上海。蒋介石、吴稚晖、蔡元培等前往拜访，蒋、吴试探性地提出“分共”而回避实质“清党”，想看看汪精卫的底牌。汪精卫表示希望暂能维持合作，自己愿负调和之责，没有对分共提出强烈反对。

但武汉政府直至4月初仍对蒋介石抱有某些幻想，1927年4月2日，国民党中央执行委员会仅训令蒋介石离沪赴宁“专任筹划军事。对于外交未得政府明令以前，切勿在沪发表任何主张……”[③]同日，鲍罗廷电文

① 《李宗仁回忆录》，广西文史资料研究委员会1980年版，第457页。

② 当事人张育康回忆：《邓演达先生与军队政治工作》，载《邓演达》，文史资料出版社1985年版，第85页。

③ 《武汉国民政府资料选编》，《武汉国民政府资料选编》编辑组1986年发行，第132页。

警告蒋介石："现在我们要他离开上海反革命重心，免他受包围走向反革命，如他真能接受中央训令，离开上海，而是最好了，如不然，他便甘心反抗中心，那中央还靠他做革命工作吗？！"①

4月2日同一天，李济深、黄绍竑联袂来沪。这个消息被邓演达知道了，他发电报给李济深和黄绍竑，大意是：你们是革命后方的方面大员，为什么不得到中央（指武汉中央）的允许，擅离职守私自去上海参加反动会议？劝两位迅速回两广，坚定革命立场，反对蒋介石。李济深和黄绍竑置之一笑，没有复电。当晚，蒋介石胸有成竹地召开全面"清党"秘密会议。参加者有李宗仁、黄绍竑、吴稚晖、李石曾、陈果夫等。②这是一次关键的会议，决定了全面"清党"的主攻方略和具体部署。4月3日，留沪国民党中执委、军政首领召开联席会议，包括邀请刚从法国归来的汪精卫参加，吴稚晖（"四二"秘密会议的参加者）竟当着众人的面再三恳请汪精卫留在上海，不惜下跪，欲盖弥彰的官样文章做到极致。更蛊惑人心的是，同一天，蒋介石发表拥汪通电。声称："自汪主席归来以后，所有军政、民政、财政、外交诸端，皆须在汪主席指挥之下，完全统一于中央，中正唯有统帅各军，一切服从。"说得比唱得还好听。4月5日，汪精卫和陈独秀发表联合声明，在当日上海道尹署座谈会上，遭到了吴稚晖的抨击。汪精卫如此辩解："声明仅言两党不可发生误会，未言两党共治中国。"③次日，汪精卫赴汉。4月12日，国民党右派血淋淋的"清党"以迅雷不及掩耳之势公开地在上海上演，史称"四一二"反革命政变。4月15日，两广全面"清党"。4月18日，南京国民政府成立，推选同盟会元老胡汉民为主席，与武汉国民政府公开唱起对台戏。

2. 李宗仁湖口策反朱培德

此时的武汉国民政府，被汪精卫牵着鼻子跑。

汪精卫于1927年4月10日抵达武汉。上海发生"四一二"反革命政

① 《武汉国民政府资料选编》，《武汉国民政府资料选编》编辑组1986年发行，第133页。
② 参见黄绍竑《五十回忆》，岳麓书社1999年版，第128—130页。
③ 《国闻周刊》第4卷第16期。

变的当天，汪精卫为武汉《中央副刊》题词："中国国民革命到了一个严重的时期了，革命的往左边来，不革命的快走开去。"4月15日，汪精卫手书："总理所定联俄、容共、农工三政策，是整个的，破坏一个政策，即是破坏整个政策，即是将改组本党的精神意义根本取消。"[①]4月17日，武汉国民党中央宣布免去蒋介石本兼各职令，并开除党籍。4月19日，武汉国民政府举行北伐誓师大会，第四军、第十一军沿铁路线进行北伐，以彻底歼灭孙传芳军队残余。4月23日，武汉30万民众集会讨伐蒋介石，汪精卫、谭延闿、孙科、徐谦、顾孟余等40名在汉的国民党中央委员和候补中央委员联名发表"讨蒋通电"。[②]在这些人中，有5名军长，即第二军军长谭延闿、第六军军长程潜、新编第四军军长张发奎（1927年李宗仁到武汉，曾做过张的工作，没有做通）、第三军军长朱培德、第八军军长唐生智。攻下武汉后，唐生智将一个军扩充为四个军。从表面上看起来，武汉方面的军事力量不能说不强大，但唐生智部尾大不掉，矛盾重重；谭延闿部脚踏两只船；朱培德刚刚被武汉国民政府任命兼江西省政府主席（李烈钧的江西省主席亲蒋，4月初被武汉国民政府撤换），屯兵要塞，正受到蒋介石等南京政府要员"挖墙脚"的影响。

朱培德当时陈兵于九江湖口一带，武汉国民政府东征讨伐蒋介石，朱培德部必为先锋。朱培德对蒋介石心有芥蒂，不久前曾给何应钦写了十几页的信，说到蒋介石种种心胸狭窄、处事不公、难做领袖之事。

朱培德怎么"挖"？政局犹如一盘棋，旗鼓相当先下手为强，都是摆兵布阵的精要。此时，地方实力派李宗仁为蒋介石立了一大功。

5月初，南京国民政府下令分三路北伐。出发前，第三路总指挥、原第七军军长李宗仁电约江西省政府主席兼国民革命军第三军军长朱培德一晤。朱培德时驻庐山脚下的湖口，提出在湖口见面。

5月11日，李宗仁自芜湖乘专轮西上，次日清晨至湖口，朱培德乘轮船离岸迎接。李宗仁跳上朱培德船，双手相握，倍感沉重。李宗仁打量着朱培德眉头紧皱的四方大脸，叫了一声"益之兄"。朱培德和蒋介

① 汉口《民国日报》1927年4月17日。

② 据《革命生活日刊》第61期。

石同年，39岁，比李宗仁大3岁，云南盐举人，早年跟随蔡锷，参加了辛亥革命，护国战争时任第二军中队长。第二军军长是李烈钧。1916年朱培德升任二十五团团长。护法战争时李烈钧带着这支部队驻扎在广东一带，改称为驻粤滇军，朱培德任第九混成旅旅长。1917年升任第四师师长兼广州警备司令。1921年5月，孙中山被非常国会选举为非常大总统，朱培德拥护孙中山，率部并入粤军。1924年升任建国军第一军军长。1926年北伐，任国民革命军第三军军长。他手中一直有一支部队，一直是跟着进步势力走的。在宁汉对峙中，朱培德一眼就认定蒋介石是错误的，拉着李宗仁的手，“痛诋蒋氏，力述南京另立中央的非计”[①]。

李宗仁一边点头，一边转移重心说：“眼下当务之急，不是辨是非，而是解决实际问题，如何避免宁汉双方的军事火并，然后再图彻底解决。我们不能做太平天国第二。今年一月我去武汉也对择生（邓演达字）、真如（陈铭枢字）、向华（张发奎字）这么说。在武汉我和鲍罗廷还有一场争论呢。”

朱培德显然没听说这事，洗耳恭听李宗仁徐徐道来。

“那是三四个月前的事。蒋总司令1月离开武汉后，我从鄂东去了一次武汉。武汉党政军三界领袖徐谦、顾孟余、唐生智、邓演达、张发奎、郭沫若、鲍罗廷都对我喋喋不休，动员我一起反蒋。条条理由听起来很充分，和您刚才说的大同小异。一是说蒋在制造军事独裁，他在广州已极尽纵横捭阖之能事，北伐集党政军大权于一身，已是一个新军阀，本党如不及时加以控制，必成为新袁世凯。再则说，蒋介石个性偏私狭隘，北伐各军待遇悬殊，以第一军装备最好，处处培植私人势力，于德于法，均不足以为全军主帅。还有蒋介石和旧军阀旧官僚有太多关系，互相勾结。必须打倒或撤换。我劝说临阵易帅，兵家之大忌；洪杨同室相戈，殷鉴不远。打倒蒋介石，会引起局势的混乱，不足取。我对他们说：蒋总司令固有缺点，我们党政军各界也有严重的错误。你看看，武汉到处都是幼稚和过火的群众运动，一搞就是几十万人开大会，一搞就是罢工，闹得市面冷冷清清。邓演达回答我：‘这是革命时期的

① 参见《李宗仁回忆录》，广西文史资料研究委员会1980年印行，第468—469页。

幼稚病，将来会逐步改正的。’鲍罗廷更有意思，他请我‘酒叙’。鲍罗廷一再抨击蒋介石的新军阀作风。我谈到群众运动的越轨，闹得人人恐慌，影响了革命的进展。鲍罗廷认为这些都是群众的幼稚病、革命过程中所不可避免的现象。他问我，你说妇女们想不想生儿女？我说，生育是妇女的天职，当然想。鲍罗廷笑了，那好，妇女生小孩痛苦不痛苦？岂止痛苦，还有生命危险。鲍罗廷回答：你们的今日革命就像妇女生孩子，由于幼稚病所引起的困难，也就是妇女生产时的痛苦，是避免不了的。”

朱培德听到这里，微微颔首。李宗仁问：“益之兄，你知道当时我说了一句什么？我说，顾问先生，你们就是革命中的产科医生，各种有效的措施就是科学的医药设备。要不，我们拜苏联为师干什么？鲍罗廷大笑，请我干一杯！武汉政府存在各种幼稚病吗？怎么弄？连鲍罗廷都认为不可避免，无能为力。益之兄，武汉政府前途在哪里？”李宗仁两眼流露出几分自得。

朱培德盯着李宗仁的国字形脸，振振有词地说：“德邻（李宗仁字），武汉政府虽然幼稚、激进，但没有像蒋介石那样蒙骗工人、杀民众！”

“益之兄，是的，武汉政府注意满足民众的要求，支持罢工、支持游行、支持示威，生产上不去，政府往哪里收税？军队又自行扩大队伍，唐生智一个军扩编成四个军，张发奎和陈铭枢两个师扩大为两个军，政府财政困难得很。听孙科说，（武汉）政府每月收入只有150万元大洋，支出倒有1300万元大洋，实在维持不了。听说武汉政府负债2000万元大洋。现在一定不止此数。国民政府迁到武汉后，发行了中央银行临时兑换券400万元大洋，再加中国交通银行和其他银行发行的兑换券已在市面流通八九百万元大洋，1927年1月再发行了一种新钞票在社会上流通，中央银行各种钞票达三四千万元大洋之多。听说4月以后，为了应付浩大的军费，大印特印钞票，纸币成灾，货币信用在哪里？这样的政府还来讨伐南京？”

李宗仁的话听起来确实有震撼力，朱培德一时不知怎么反驳对方了。武汉政府的入不敷出，他早就知道，但情况如此严重，是

■ 朱培德（左一）夫妇与友人游庐山

"四一二"反革命事变后，蒋介石发出布告，凡有汉口地名之中国、交通两银行钞票不得在他省兑现，对武汉实行经济封锁。4月21日，英国汇丰银行对武汉分行停兑，重重绞索加重了武汉经济的困境。武汉政府属下的军队表面上与南京政府不相上下，最初还略胜一筹，但军饷，武汉部队领的都是日益贬值的"新钞票"，而南京政府发给军队的是亮光光的大洋。如贺耀祖独立第二师（时编入李宗仁属下），1927年4月扩充为第四十军，每月军费由37万毫洋改为50万元大洋。①宁汉对峙，真理应该在武汉这一边，经济实力却又在南京这一边。朱培德不动声色地听着李宗仁的临桂话忽高忽低，仿佛耳闻苏东坡所记湖口石钟山余韵徐歇的声响。到底是向武汉，还是跟南京呢？朱培德自以为坚定的信念倏地动摇起来。

彤霞映照着湖水，轻波熠熠，石钟（山）澄鲜。湖口历来是兵家必争之地，元末至正二十三年（1363），朱元璋进兵湖口，与陈友谅鄱阳湖大战三天三夜，陈败，冒死冲出湖口，在鄱阳湖与长江相汇的泾江口，被飞箭射中眼睛、贯穿头颅而死。朱元璋以此为基一统江山。1855年初，曾国藩率领湘军水师，从湖南岳州反攻到江西九江，大有沿长江而下直捣天京之势。太平天国翼王石达开督军赴援，在湖口至九江江面，诱敌深入，湘军水师几乎全军覆没，曾国藩改衣换帽才捡回一命。随后，湖口双方重兵对峙，拉锯数年。1857年太平天国失去湖口，也就失去了长江中游的屏障，天京日渐局促一隅，直至覆没。1914年二

① 当事人张育康回忆：《邓演达先生与军队政治工作》，载《邓演达》，文史资料出版社1985年版，第86页。

次革命，国民党7月一失去湖口，全盘即输，不到两个月，国民党上层精英纷纷逃亡。这次朱培德的抉择，决定着武汉和南京两个政府的生死存亡。

李宗仁望着微波荡漾的湖水，话回到“火并”，说：“如果武汉方面真要‘东征’，从地理和军队位置说，当然以第三军为先锋，必然和驻守安徽的第七军互相残杀。益之兄，你觉得有制胜的把握吗？”1927年初，朱培德第三军下辖三个师，16000人；李宗仁第七军下辖八个师（原为旅，扩为师）。李宗仁这位以敢拼敢干迅速发展起来的青年将军，10年前参加护法战争，还是一位连长；在1921年至1924年短短三年平定广西战乱中，与黄绍竑、白崇禧屡建奇功，1925年秋统一了广西，成为广西全境最高军事长官，时年34岁。这次北伐出征，李宗仁又是亲到广东促动、请缨，带领第七军打了不少硬仗。第七军与第四军成为北伐军中的佼佼者，这是朱培德带领的第三军难以匹敌的。

李宗仁话锋一转，又说：“第三军第七军如火并两败俱伤，岂不是替北方军阀制造机会，使宁汉同归于尽吗？”

朱培德凝视着李宗仁滔滔不绝的嘴唇，问：“德邻兄，那你的意见如何？”

“很简单，为今之计，只有宁汉双方承认既成事实，将错就错，暂时相安，继续沿着津浦、京汉两条铁路同时北伐，直捣燕京，其他再协商解决，包括共产党问题。”朱培德认真地点头，答应报告武汉，促使宁汉暂缓冲突，分途北伐。[①]李宗仁最后又加上一句：“汪先生是个思想活跃的领袖，好好说一说。”朱培德再次颔首。

李宗仁成功“策反”朱培德后，告辞回船，返程芜湖。

3. 庐山分共东征座谈会

朱培德择日前往武汉，向以汪精卫为首的国民党武汉中央、武汉国民政府做了汇报。当时武汉北伐已兵下驻马店，邓演达率领总政治部

---

① 参见《李宗仁回忆录》，广西文史资料研究委员会1980年印行，第468—469页。

移驻前线，围攻许昌，战况激烈。冯玉祥于5月1日在西安就职国民革命联军总司令后，分兵六路向郑州、徐州靠拢，进展顺利。汪精卫了解朱培德传递的南京“和意”后，优雅一笑，说：“不用担心，我自有办法。”

朱培德打了一二十年仗，感到中国政治自鸦片战争以来对列强一直是求和、委屈、退让，对各地“诸侯”则除了打还是打，汪精卫一介文人有办法，就是调控武人。回到湖口，朱培德自然时时关注武汉，他发现5月中旬成为武汉国民政府对工农运动和共产党态度从“左”到右一条鲜明的分界线，汪精卫的调控主要是通过压迫和抵制工农运动，来向南京国民政府表示“交情”。

1927年5月14日，武汉国民政府发布《保护工商业者训令》，并决定组织特别行动委员会赴各地指导各级党部及各级政府机关切实执行。

5月17日，武汉国民政府所辖独立十四师夏斗寅在宜昌叛变，率部进攻武汉，被击溃，但政府高层惊慌失措，不少要员搬家躲到租界，对外国列强势力，特别是日本委曲求全，如对武汉“四三惨案”的处理就不了了之。

5月20日，国民党武汉中央发布《关于保护公正绅耆训令》。

5月21日，武汉驻长沙三十五师三十三团团长许克祥在何键支持下叛变，史称“马日事变”，屠杀工农群众和共产党百余人。武汉国民政府有人公然为许克祥说话，指责长沙的工农运动过火造成了激变。

5月24日，武汉国民政府发布《保护军人田产令》，限制农民运动，同时为许克祥叛变辩解。

朱培德看清了汪精卫“办法”的精要，很快跟进。5月29日，朱培德在江西将第三军全部政治工作人员142人遣送出境，不久下令停止工农运动。

此时的共产党策略，却由进攻转入退却，对汪精卫为代表的国民政府一味退让和屈从。轰轰烈烈的工农运动很快付诸东流。汪精卫砍断共产党的左右手后，6月5日，武汉政府解除鲍罗廷、加仑等苏联顾问的职务。6月12日汪精卫与冯玉祥在郑州举行联席会议，[①]武汉方面希望和冯玉

① 参见《革命文献·会师郑州及郑州会议》第15辑。

祥联手合围蒋介石，作为条件，拱手相送刚刚夺下的河南地盘。而冯玉祥地盘是要的，对蒋介石的合围则“漫应之”。6月19日，冯玉祥在黄郛的鼓动下，前往徐州与蒋介石会晤并联盟。黄郛在1924年北京政变中，与冯玉祥建立了非同一般的交情。这次徐州会晤，南京方面也提出要冯玉祥一起围攻武汉，每月供应冯的部队100万元大洋，当即提供50万元大洋的支票。冯玉祥的军队能打仗，就是没有军费。南京的礼物要比武汉的实用得多，冯玉祥欣然接受，但对要他围攻武汉的要求也是“漫应之”。

6月21日，冯玉祥来电称：“武汉地区的工农运动，阳冒国民革命之名，阴布全国恐怖之毒，以致社会根本动摇，国民无一安宁。补救之法，唯有使鲍罗廷归国，宁汉通力合作，携手北伐，庶我党国不致沦胥以亡。”[①]6月27日，鲍罗廷等140多名工作人员离汉，经河南回国。1927年7月初形势日趋危急。15日，汪精卫出面召集国民党中央委员会（武汉）在汉口南洋大楼举行重要会议。此时武汉政府内共产党员董必武已退出，改革派领袖邓演达已出走，徐谦在二期北伐后，已迅速离汉前往开封政治分会履职。当天到会的国民党中央委员不多，比较出名的有何香凝、顾孟余、陈公博、孙科、朱培德等，宋庆龄未到会。汪精卫此时已被蒋介石“四一二”反革命政变吓破了胆，在会上公开提出“宁可错杀一千，不能漏网一人”。会上通过取缔中国共产党组织案。该会由此被称“七一五”分共会议。也是宁汉正式合流的标志。至此，汪精卫的“七一五”分共、宁汉合流，条件完全成熟。朱培德参加了“七一五”分共会议，会上深深地舒了一口气。此时，共产党员吴玉章等已经退出，邓演达已经出走，徐谦在二期北伐后，任开封政治分会委员，已不在武汉。宋庆龄没有参加，何香凝、顾孟余、陈公博、孙科等出席。会议通过了《取缔共产党案》，旋即搜捕屠杀共产党人成了街头常景。善良的人们难以接受如此残酷的对比，1927年5月19日国际性质的太平洋劳动大会在汉口血花世界大舞台（今新民众乐园）开幕。6月19日，全国第四次劳动大会在汉口血花世界大舞台举行了400多人的代表会议，代表全国工会290余万名工人。几乎是刹那之间，最亲善的朋友露出了

① 《国闻周刊》第4卷第25期。

■ 张发奎（右四）等在庐山

狰狞，白色恐怖笼罩了神州大地。

7月28日，汪精卫偕陈公博、孙科、张发奎等离开武汉赴九江；次日，登庐山，在牯岭饭店，这座比仙岩饭店更为豪华的大旅馆，召开东征军师以上军官谈话会。据相关资料分析整理：参加此次会议的主要是军方人士，有第二方面军总指挥张发奎，第三方面军总指挥唐生智，第五方面军总指挥朱培德、总参谋长黄实，第三军军长王均，第九军军长兼九江卫戍司令金汉鼎，新任第四军军长黄琪翔，新任第八军军长李品仙，第二十五师师长李汉魂等。临时征用牯岭饭店舞厅作为会议厅，汪精卫一定要显示比蒋介石1926年12月在庐山更大的气派。在牯岭饭店临时会议厅，7月29日下午、30日全天，汪精卫向与会委员和军官报告了与共产党“分裂”的经过，接着大谈特谈东征讨伐蒋介石的必要性。汪精卫一袭香云纱长衫，锃亮的皮鞋，头发一尘不染，人到中年仍英俊不凡的脸上，挂着祥和的笑容。

他说，“分共”是由于中国共产党自绝于国民党，不愿与国民党合作。

他说，“分共”是由于苏联共产党“五月指示”已向整个国民党上层人士开刀。他们要吸收一些新的工农领导人加入国民党中央，更新国民党上层，动员2万名共产党员，加上两湖5万名革命工农，组成几个新军，组成革命军事法庭，惩办与蒋介石有联系的迫害工农的军官。

他说，东征是7月17日（武汉）国民政府军事委员会会议的决定。在座的唐生智、张发奎等人频频点头。“现在，蒋介石是党国、是国民革命军、是国民党唯一的敌人。为了打倒蒋介石，为了保卫国民政府的法统地位，为了保持国民党纪律的严肃性，我们必须东征。7月20日冯玉祥的调停通电，提出四项办法：（1）武汉所定之分共案，应明令宣示；（2）国民党应统一起来；（3）在开封召开各方领导人的预备会议；（4）宁汉停止军事行动。对此，7月24日，汪精卫、谭延闿、唐生智、孙科四人联名复电不同意所提四项办法。汪精卫个人另外致电冯玉祥，电文很简单：‘弟一生无武力，何劳与蒋并举，况弟于蒋只有公愤，别无私仇。前电（指7月18日对冯玉祥力争武汉国民政府法统的电文）拳拳，唯在中央党部及政府之统系不可失坠，此必以死争，无论如何，概不能破坏。若党国无恙，则弟个人或死或去，该无留恋。’”①

汪精卫如此“诚恳”的表述，获得了在座的热烈掌声。唐生智一边鼓掌，一边说了蒋介石的一则笑话：“去年北伐7月12日占领长沙城，14日蒋介石召集第七军、第八军在长沙的部队进行检阅。在长沙东门外大较场举行阅兵典礼。当时第七军参加检阅的部队共有两旅四团约7000余人，我第八军有两个师八个团，15000人。那天，蒋介石骑着一匹高大的枣红马，缓缓进入主帅位置，听取各单位报告人数，随即举行阅兵式。七、八两军排成横列，蒋介石自右向左，按辔徐行，李宗仁紧跟其后，我列在第三。首先检阅第七军。那些广西军多是龙州、百色一带招募而来，人生得矮小，衣服穿得又破，地方穷嘛，队伍很不雅观。我们第八军就不同了，士兵高个的都排在前面，军服整齐，军旗鲜艳，军乐队军乐响亮。蒋介石检阅了第七军，走到我军面前，正举手答礼，号兵队长一声口令，军乐队后面的号兵队动作划一，举号吹奏，号声大作，

① 《国闻周刊》第4卷第33期。

■ 北伐时的唐生智

尖锐刺耳。蒋介石的坐骑受惊，嘶叫扬蹄，突然向较场中心狂奔。蒋介石被掀了个屁股朝天。哈哈哈，总司令检阅军队被坐骑掀倒，天下奇丑！”

这件事在当年武汉早有流传，东征会上不少人仍像听新闻一样兴趣浓厚。张发奎大声问：“那马没有拖人跑？”

“这就要谢谢蒋介石脚下的马靴了。他没有系马靴带，经马一拖，马靴便从脚上脱落下来。蒋介石只被拖了两丈远，还是李宗仁下马上前把他扶起来，找马靴给他穿上。你们没有看见蒋介石当时的狼狈相，一身咔叽军服上满是泥污，军帽歪着，白手套成了黑手套。号兵们一个个停下吹奏，望着这边。蒋介石再也不愿上马，我和李宗仁只好下马，跟着这位一颠一跛的总司令好不容易完成了检阅。听完这个真实的笑话，感觉如何？”

“好，感觉好极了，就像喝了一杯白兰地。”孙科高叫，白兰地是当时最时尚的酒。

张发奎深深叹了一口气，说：“你们没有发现应该来开会的贺龙、叶挺、周士第都没有上山，这里面有情况。”

1927年的7月会有什么险情呢？在座的一个个都将目光投向这位31岁、北伐军最年轻的军长。张发奎是辛亥革命一手养大的“宠儿”。1910年，张发奎14岁，从广东始兴乡下跑到广州学染织。辛亥革命时，投广东模范团当兵。1912年春，考入广东陆军小学堂，经教官邓铿介绍加入同盟会。1914年升入武昌陆军中学。毕业后回粤参加了讨袁、护法、讨伐陈炯明、东征等历次战役。北伐初，任国民革命军第四军第十二师师长，沿途屡建战功。克武昌后，其部扩编为第四军，任军长。

第二期北伐后，张发奎任第二方面军总指挥，辖第四军、第十一军和贺龙的第二十军。张发奎受邓铿、邓演达影响，原属于国民革命军高层军官左派。汪精卫来汉后，又感到汪精卫见识深厚，跟随反蒋反共，7月初他已奉命对所在地区的共产党员进行了搜查杀害。

“这会儿共产党都逃命去了，哪里会有什么险情？”唐生智大大咧咧地说。他做梦都没有想到，共产党在数日前刚刚在九江和庐山开过准备南昌起义的重要会议，此时已到了千钧一发的时刻。

唐生智边说边向朱培德走去。朱培德一个人坐在角落，没有说话。唐生智问他在考虑什么。朱培德回答：我已经安排清理了庐山上上下下，包括山下的白鹿洞书院，不知汪主席是否愿意去看一看，他是一名雅士。

4. 汪精卫的“庐山初注”

朱培德这次想错了，汪精卫不准备去白鹿洞书院，他说1920年来庐山去过白鹿洞，庐山是他的再生地。

汪精卫这句话令朱培德大惑不解，他去请教陈公博，陈公博嘴角一翘，说：“汪主席当年在山上住了差不多一个夏天，写了一组《庐山杂诗》。你读懂了其诗，你就懂得了其人，也懂得了今天为什么要东征？”

陈公博对汪精卫的推崇，只是表达了陈公博对汪精卫的知遇之恩，并没有引起朱培德的读诗热情。陈公博比汪精卫小9岁，1920年陈公博与谭平山、谭直棠成立广东共产党早期组织，是中国共产党一大13名代表之一。1922年因陈炯明事件，陈公博被中共中央认为有通风报信之嫌，受到陈独秀的批评和退党处分。失意之时，陈公博得到汪精卫等人的资助，去日本和美国哥伦比亚大学留学。1925年2月回国，由廖仲恺介绍加入中国国民党。1925年7月国民政府在广州成立，陈公博由汪精卫、廖仲恺推荐，任军事委员会政治训练部主任、广东省政府农工厅厅长。廖仲恺被刺后，陈公博一直得到汪精卫的支持，先后任国民党中央农民部部长、国民党二届中央执行委员，国民党二届三中全会又被选为中央执行委员会常委等职。邓演达出走后，陈公博任国民革命军总政治部主任。

汪氏早年所作的《庐山杂诗》，当晚陈公博只好自己重新吟诵。

汪精卫诗首写有小引："余九年夏入庐山，感怀世事，郁郁寡欢，然山色水声接于耳目，亦得暂开怀抱。所为诗悲愉杂陈，称心而出，盖非以写庐山，特以写庐山中之一我而已。"一字一句，犹如汪精卫的轻轻"心语"：

空山朝气来扑人，清似初秋蔼似春。
残月曙星相映处，琼楼终古不生尘。
——《庐山杂诗·晓起》

汪精卫自诩为残月、曙星交替之时一座洁身自好的琼楼，陈公博咀嚼汪精卫自有他自傲的资本。

1897年10月15日重阳节。14岁的汪精卫游乐昌城西石岩曾赋诗一首：

笑将远响答清吟，叶在欹巾酒在襟。
天淡云霞自明媚，林空岩壑更深沉。

汪精卫18岁时县试、府试均得第一名，21岁时与胡汉民、朱执信、古应芬一同考取清廷选派留学日法政大学速成科50名留学生，同年秋天赴日。次年7月，汪精卫与朱执信等人前往拜会孙中山，与黄兴、陈天华、马君武等8人一起成为同盟会会章的起草者。不久，汪精卫被聘为《民报》主要撰稿人。1909年夏，汪精卫与黄复生、黎仲实、喻云纪、陈璧君、曾醒、方君瑛7人，组成一个暗杀小团体。1910年1月，汪精卫和喻云纪、黄复生、黎仲实、陈璧君5人携带炸弹进京。1910年4月16日，汪精卫、黄复生、罗世勋3人被逮捕。当时的汪精卫大义凛然，玉树临风，赋诗一首，其中被万人传唱的有这么八句：

慷慨歌燕市，从容作楚囚。

引刀成一快，不负少年头。
留得心魂在，残躯付劫灰。
青燐光不灭，夜夜照燕台。

汪精卫如此气概和才华，成为当年特大新闻。在清廷审讯面前，汪精卫更是毫不畏惧，口若悬河，书写供词，对暗杀之事供认不讳，对清廷立宪的欺骗和亡国，洋洋万言力加痛斥。其才气和坦荡，震惊了朝廷内外，得到各界的呼应，清廷恐怕社会矛盾再次激化，没有立斩汪精卫，而是将他和黄复生判处终身监禁，罗世勋被判监禁10年。

武昌首义后，汪精卫、黄复生、罗世勋被清廷释放。汪精卫顿时成为举国上下崇拜的反清英雄、各方哄抬的旷世才子。正可谓《庐山杂诗》中自叹的“残月曙星相映处，琼楼终古不生尘”。

汪精卫早期在庐山

陈公博闭上眼睛，仿佛看见了初上庐山的汪精卫，从居住的胡金芳旅馆沿花径向仙人洞方向走去。仙人洞，1905年以前多称佛手岩。古老的石洞犹如巨佛手掌指缝沁水，汇成一股清泉，浮空而落，滴而不竭，又称“一滴泉”。汪精卫用手捧起泉水吸了一口，凉意丝丝，引出一段难以忘怀，或迷惑、振新的心迹：

岩叶因风响碧廊，秋花络石意深长。
自惭肝肺无由热，尚为冰泉进一觞。
——《庐山杂诗·佛手岩饮泉水》

汪精卫的自惭、无由、冰泉指的是什么？11月6日，汪精卫被释放的当天，按规定是发往广东，交都督张鸣岐差委，但却被相关人士接到泰安客栈住下，先是袁克定专程拜访，后又与袁世凯见了面。一个28岁的青年，从叛逆者一步登天，窥见政治高层种种风光和奥秘，对过去自然“自惭肝肺无由热，尚为冰泉进一觞”。“自惭”“无由”是汪精卫对过去之否定，“冰泉”则是对旧势力对他拉拢的悦服，或他在新旧两种势力之间寻求第三种势力萌芽的希冀。

1911年11月15日，汪精卫以民主立宪党人名义与君主立宪党人杨度联合发起成立“国事共济会”，以调和南北、共济国事为宗旨。11月29日，汪精卫通过袁克定派朱芾煌送信到武昌，交给两军对垒的黎元洪，密约南北停战议和诸事宜。12月11日以后，汪精卫随北方议和代表团抵汉口、南京、上海，极力鼓动议和。当年南方临时政府提出的清室优待条件，就是汪精卫写的。

在汪精卫等调和派的鼓动下，袁世凯代总统、总统、北京定都，一步步如愿以偿。也许是投桃报李，也许是过河拆桥，1912年4月16日，大权独揽的袁世凯将汪精卫、胡汉民同聘为北京政府高级顾问。同月，广东省正式议会选举胡汉民为都督，汪精卫为都督府参谋。而在1911年12月、1912年1月，广东临时议会曾几次来电，请汪精卫就任广东都督，汪精卫力辞不就。2月23日，汪精卫受孙中山委任，接受了广东都督。不到两个月，汪精卫的都督梦结束。汪精卫有一个感觉，他被袁世凯和广东时局要弄了。这种失落感深深地烙在了汪精卫的心底，很自然地，汪精卫在庐山登天池山寻找王阳明先生刻石诗，看到、感到的却是自己的政治挫折。诗云：

拄杖撞天志不回，断碑一角卧荒台。
依然风雨霾山下，手剔莓苔只自哀。

1912年夏，汪精卫夫妇出游，在法国一待就是5年，有时也回国“调和”呼吁一下。1917年12月，担任北京大学要职的蔡元培来函，邀请汪精卫到北大“主持国文类教科，以真正之国粹，唤起青年之精神”。

汪精卫被打动起程，经北欧、俄罗斯归国，又很快被上层政治的光环吸引，投身其中。

1917年，张勋复辟，解散国会，段祺瑞重新组织内阁，仍不愿按临时约法恢复国会，孙中山带领中华革命党在广州重新举起“护法”旗帜，不少国会议员来到南方，9月召开会议，由于不够法定人数，起名为国会非常会议，选举孙中山为陆海军大元帅，成立了护法军政府。孙中山任命汪精卫为大元帅府代理秘书长，汪精卫没有接受。次年7月，军政府请汪精卫正式出任秘书长，汪精卫仍不接受。那时的中国，分为北方的北京政府和南方国民党与军阀分分合合的军政府。汪精卫虽不愿意任职，却参加了军政府一些上层外交活动，包括出席1919年的巴黎和会。

护法战争失败后，孙中山于1919年10月10日在上海改组中华革命党为中国国民党。汪精卫11月从巴黎回来时，政局越发混乱。北洋军阀直系和皖系水火不容，南方非常国会内部制宪纷争，广西和云南矛盾重重，使汪精卫感到“各执是非”，更坚信自己的“中枢论着手”的正确。旅法多年，汪精卫对中国政坛既依依不舍，又若即若离。

自信也罢，无奈也罢，汪精卫从佛手岩到达天池峰，清风月夜，与奇石、星星做伴，写下一首《自神龙宫还天池峰顶宿》：

抵死潜虬不起渊，松根抉石出飞泉。
星繁风紧萧萧夜，独傍天池望铁船。[①]

铁船峰就在天池峰对面，“独傍天池望铁船”，写活了汪精卫对1920年时政的心态。

这是否是1927年夏汪精卫新的写照呢？对汪精卫有几分敬意又有几分讨好的陈公博如此猜测。

青年时期的阅历和思考，或许是一个人的重要标尺。汪精卫如此，陈公博亦如此。

---

① 汪精卫《庐山杂诗》均引自汪精卫《双照楼诗词选》，大北京社民国三十年发行。

5. 汪李联手牯岭善后

在陈公博细心品味汪精卫《庐山杂诗》之时，中国共产党领导的八一起义在200里地之外的南昌爆发。张发奎等纷纷指挥其部进行“围剿”追堵。

1927年8月2日，汪精卫、孙科、朱培德、陈公博等从九江乘船回汉。途中，朱培德因势利导大谈共产党策动起义的心腹之痛及宁汉合作的切要。汪精卫一行深有感触地点头。一回到武汉，汪精卫即与谭延闿、唐生智、孙科、朱培德等联名致电冯玉祥，语气与7月24日开庐山东征会议前的复电相比要缓和、退让得多，谓：

> 我公所主张之开执监大会一节，中央已通知于一个月内开第四次执监会议，至于政府移宁，在汉设政治分会，弟等无成见，未知宁方如何答复？果能尊重中央，南讨共贼，北伐奉鲁，革命成功可必，个人问题无关轻重。[①]

在冯玉祥的斡旋下，8月8日，李宗仁、白崇禧、何应钦等南京国民政府要人致电汪精卫、谭延闿等人，谓：

> 自武汉分共以后，国民党只有整个善后，并无两派争执。提出开一中央全会，以促大会之进行，早望彻底整理。翘请汉方同志及早莅临。

8月12日，蒋介石因徐州兵败指挥错误等诸多问题，引起南京军界各方不满，被迫引咎下野。南京国民政府暂时由李宗仁、白崇禧等人联合主持日常工作。武汉东征军停止东进军事行动。8月16日，李宗仁来电，提议速将国民政府迁往南京。8月19日，汪精卫代表武汉国民政府回电，告知已经决定迁都南京。同时邀请李宗仁等赴九江商谈宁汉合作事宜。

---

① 《国闻周刊》第4卷第33期。

■ 庐山召开多次重要会议的牯岭饭店（作者摄）

李宗仁接受了邀请，于8月22日中午乘专轮到达九江，与到达庐山的汪精卫通了电话，山上热情地说，武汉委员于昨日已到达牯岭，正在“等待德邻同志上山”。李宗仁于当天下午到达牯岭饭店。果然“武汉诸领袖都在庐山，遂由汪精卫召集开会，到会者有：谭延闿、孙科、宋子文、陈公博、顾孟余、程潜、唐生智、朱培德、张发奎等十余人”。

会上，汪精卫请李宗仁报告南京方面的情形。李宗仁取下军帽，认真地说：“今宁汉最大的隔阂共产党已经被清剿，双方合作继续北伐，大势所趋。再者，武汉方面对南京同志误解最深的蒋总司令，今为促使宁汉统一已自动辞职下野。所以，南京方面特地派本人为代表，迎接诸同志东下，共商大计。”李宗仁以驰骋疆场名世，言辞练达，令在座者刮目相看。

顾孟余显然注意到了李宗仁话中关于武汉方面对蒋介石的“误解”二字，旁敲侧击问道：“蒋总司令这次下野，听说也有徐州战役失败的‘误解’？真相不知如何？”他说“误解”二字时，京腔很重。

李宗仁不得不以实情相告：“7月24日，直鲁军许琨等部攻陷徐州。南京方面前敌总指挥王天培退守安徽宿州。败讯传到南京，蒋总司令7

月25日北上，执意亲自指挥收复徐州。8月初发动反攻，蒋总司令亲自指挥第十军、第二十七军、第三十二军、第四十军，另加第一军两师，会同陇海路东段以南、白崇禧所指挥的第三十七军、第四十四等军，与孙传芳、徐源泉等部鏖战于淮河、徐、蚌之间。战斗开始，津浦路正面敌人，佯作不支退却，我军进展迅速。临近徐州，敌军开始顽强抵抗。蒋总司令此时亲赴前线督师，见徐州克复在即，不想有诈，将所有预备队调入第一线作战，犯了军家之大忌。到了战事进入胶着状态，敌人突由右翼派出精锐向我左翼包抄袭击。我军首尾不能相顾，正面敌人乘势出击，我军全线溃败，敌跟踪追击，我军溃败之惨，实前所未有。这件事令蒋总司令很自责。"

■ 李宗仁时照

"哪里，哪里，他不是枪毙了前敌总指挥王天培作替死鬼吗？"孙科显然听说不少。

"有传言，蒋介石并不愿意辞职，而是桂系'逼宫'，因徐州战役蒋介石指挥的无能，何应钦也不愿意帮他说话，他只有下台。"顾孟余咄咄逼人。[1]

"你们显然听了不负责任的传言。陈铭枢是与蒋总司令一起坐火车后撤的，他亲眼看见蒋在火车上草拟了下野通电。"

李宗仁一本正经的辩解，令在座者哈哈大笑。张发奎善意地亮出底牌："德邻兄，武汉方面都是盼望和支持你逼宫的。"

李宗仁憨厚地一笑，接着表示希望武汉方面即刻出兵，援助南京方面抵御孙传芳南侵之师。具体地说，武汉的军队不要到芜湖，而由安

① 参见《李宗仁回忆录》，广西文史资料研究委员会1980年印行，第494—496页。

庆斜出合肥，腰击北面来犯的军队。唐生智等当场表示不同意见，认为武汉的军队不到芜湖，将难以集中，也无法解决给养问题，坚持必去芜湖。芜湖是南京政府长江上的军事屏障，可见宁汉双方在军事上互有疑忌，互相戒备，当日讨论没有取得一致意见。

据陈公博后来回忆：当晚，他与李宗仁在牯岭饭店同寝一室，在交谈中突然想出一“极妙”之法。他问李宗仁反对武汉军队去芜湖，是不相信唐生智，怕他占安徽，威胁南京罢了。“你不相信唐生智，难道也不相信我们？我提议一个折中方案，你尽管让他到芜湖，而我们明日都和你去南京，我真不相信孟潇（唐生智字）连我们都打。如果他不恤公意，我也和你们合起来打他。这样你总可以相信了吧？”

让武汉政府要员做“人质”，换取南京方面在军事进攻路线上的让步，这在当时的情况下是没有办法的办法，第二天会上为各方所接受，决定谭延闿、孙科以汉方代表与李宗仁一起赴宁，进一步协商宁汉合作问题。

宁汉善后会取得了比较圆满的成果。8月24日，汪精卫一行陪同李宗仁前往白鹿洞游玩。中共刘少奇当时正隐藏在白鹿洞书院养病，一听说汪精卫等要员要来，连夜被中共地下党组织安排到星子县（今庐山市）一个工人家中去了。[①]

白鹿洞书院位于五老峰下的后屏峰南面，前峙卓尔山，侧倚左翼山，四山环合，涧水汩流。居此无市井之喧，享清泉奇石之胜。顾孟余兴致勃勃地向李宗仁等人介绍白鹿洞的典故：唐贞元年间（785—804），洛阳人李渤、李涉两兄弟来到庐山避乱，李渤养了一只白鹿，很听话，依伴着主人静静地读书。李渤读书的地方，四面山峦回合似洞，故称白鹿洞。李渤20年后被唐敬宗迁为江州刺史，便在庐山读书处修建了台榭，种植了花木，白鹿洞初具规模，在晚唐已有盛名。南唐时又办了个庐山国学。朱熹执政南康军，也就是今天的星子县，在白鹿洞恢复了书院，办成了我国古代四大书院之首。李宗仁等频频点头，连说了不得。

① 参见方志纯《难忘的一天》，载方志纯《回首当年》，江西人民出版社1987年版，第329页。

在白鹿洞朱子祠前，汪精卫欣然背诵起朱熹的《白鹿洞书院》诗句：

昔人读书处，町疃白鹿场。
世道有升降，兹焉更表章。

顾孟余和陈公博也随之和了上去：

问俗良垦恻，怀贤增慨慷。
雅歌有余韵，绝学何能忘。

李宗仁看着几个文人志得意满的样子，感情复杂地问朱培德：去年12月庐山会议，宋庆龄、邓择生（邓演达字）、何香凝都来了。你知道他们现在到哪里去了？

朱培德揣摩着此话的用意，带着几分不安地说道：宋庆龄和邓择生听说到苏联去了，何香凝数日前还在庐山。

第四章　宋氏姐弟故旧庐山行

1. 何香凝牯岭小住

在汪精卫、李宗仁召开庐山善后会时，何香凝住在牯岭，她上山快一个月了。庐山的夏日，白云浮远，清凉宜人。何香凝却日不思食，夜不能寐。

自7月15日参加国民党中央执委会第二届常委会第二十次扩大会议——正式“分共”会议后，何香凝就像大病了一场。

7月15日的会议，宋庆龄断然拒绝出席，她派只会说英语的陈友仁在会上宣读了她的严正立场：“孙夫人反对分共。因为联俄、联共和扶助农工三大政策是总理手定的。有了三大政策，革命才能够发展成今天的局面，抛弃三大政策就必然要向帝国主义和蒋介石屈服。”陈友仁的发言，遭到了会场的围攻，那些数月前以“左”为荣的委员，现在一个个比南京方面还要右。孙科甚至用英语和陈友仁大吵大闹起来。

那次会上何香凝共有两次发言。根据《中国国民党中央执行委员会第二届常务委员会第二十次扩大会议速记录》未刊件记载：在会议讨论“派遣重要同志赴苏俄，讨论切实联合办法”的人选时，她提出“似乎应由中央执行委员决定”；在会议议决下令说明“不因限制共产分子而停止农工政策之活动”问题。她说：“农工分子现在很恐慌，应该组织宣传部向一般人说明。”会议中汪精卫提出：“对于本党内的共产党，应有处置的方法。在第四次中央执行委员会全体会议开会以前，中央党部应制裁一切违反本党主义、政策之言论行动。”会议讨论这个问题时，

■ 1927 年宋庆龄在武汉

何香凝、谢晋等沉默不语，没有发言；表决结果，参加这次“分共”会议的17人，有表决权的中央执行委员12人，3个议案表决的结果都是10人举手通过、2票弃权。

7月18日，汉口英文版《人民论坛报》、上海《密勒氏评论》发表了宋庆龄“七一四”《为抗议违反孙中山的革命原则和政策的声明》，接着声明的中文稿被印成传单，遍贴在武汉的大街小巷，刊登在7月24日《晨报》上。

宋庆龄的声明给何香凝带来了极大震动。在武汉和庐山，何香凝多次读着“七一四”声明，宋庆龄那秀美的面孔、轻柔的声音仿佛来到跟前：“我决定退出国民党中央执行委员会，对于本党新政策的执行，我将不再参加。”“如果党内领袖不能贯彻他的政策，他们便不再是孙中山的真实信徒；党也就不再是革命的党，而不过是这个或那个军阀的工具而已。党就不成为一种为中国人民谋未来幸福的生气勃勃的力量，而会变为一部机器，一种压迫人民的工具，一条利用现在的奴隶制度以自肥的寄生虫。”

轰轰烈烈的大革命为什么会出现这样的悲剧，为什么又像辛亥革命、二次革命、护法战争一样虎头蛇尾，关键时刻，以领导者走向“妥协”、妥协者走向叛变从而迅速失败呢？这是每一个有良知的革命者当时必须面对的问题。

宋庆龄在1927年7月14日的严正声明中深刻分析道：归根到底，一切革命都必须是社会的革命，以社会的基本变革为基础；否则便不称为革命，只有改换政府而已……现在有许多关于政策的讨论。孙中山曾明确地说明，他的三大政策是实行三民主义的唯一方法。但是现在有人说政策必须按照时代的需要而改变，这种说法虽然有一部分道理，但是政策绝不应改变到如此地步，以致成为相反的政策，使革命政党丧失了革命性，变为虽然扯起革命旗帜而实际上却是拥护旧社会制度的机关；而本党就是为了改变这种制度才建立起来的。①

宋庆龄揭穿了三大政策的背叛者打着三民主义旗号的狰狞嘴脸，同时表达了她的信念、态度和方法。宋庆龄清醒地看到，要进行社会革命就离不开工农主体，甚至离不开工农运动。孙中山三民主义三大政策的背叛者正是以纠正这些错误为幌子，在中国革命何去何从的危急关头阉割了孙中山三民主义的民生主义，将孙中山学说的灵魂随之抛弃。

何香凝脑海中又出现了夫君廖仲恺的身影，他被刺前三个月发表在《革命周刊》上的《革命派与反革命派》一文里有这样的话："现在吾党中所有反革命者皆自诩为老革命党……不知革命派不是一个虚名，那个人无论从前何时何地，立过何等功绩，苟一时不续行革命，便不是革命派，反而言之何时有反革命的行动，便立即变为反革命派。""哪一派反对较多数人民的利益，便是反革命派。""占我国人口最多的是农工阶级，哪一派人替农工阶级打消压迫他们的力量，便是革命派。反而言之，凡与军阀帝国主义者妥协，并压抑农工的人们，便是反革命派。"

蒋介石集团血腥镇压工农，在南京、济南血案中与帝国主义妥协，是反革命派，这是国民党左派的共识。那么，汪精卫呢？"七一五"分共以来，又杀害了多少工农？多少共产党员？"宁可错杀三千，不可漏网一个"，汪精卫甚至提出比蒋介石对共产党人还要血腥的政策。他及其同伙已经从革命派转向反革命派！宋庆龄得出了这样的结论。可是，随着"分共"汪精卫又提出了在新的历史条件下，整顿和改组国民党，自诩为更新的旗帜，说中国的革命似乎应该有比扶助农工更宽阔、更有秩序的内容。历史是不断发展的，革命的内容不断扩充和更新，但革命的原则和宗旨如果改变了，革命的依靠力量如果成为镇压和盘剥的对

① 参见宋庆龄《为新中国奋斗》，人民出版社1952年版，第3—4页。

象，那还能称其为革命吗？国民党这个过去的革命党，国民革命军这个北伐中所向披靡的革命军队，当它们的中枢领导背叛革命的初衷时，也可能整体投向反革命吗？何香凝再次彷徨和迟疑起来。正是怀着这种心情，何香凝上了庐山。

庐山夏日的风光就像一位身穿绿衫的俊姑娘，怎么看怎么清秀，清秀中又带那么一点儿妩媚。何香凝徐徐走在花径途中，去冬游玩花径的嬉闹宛如昨天。一起照相的戴季陶早跑到南京去了。顾孟余成了汪精卫的左膀右臂。徐谦在汪精卫分共后，发表公开声明退出政治活动，听说去了香港九龙。唯有邓演达与蒋介石的独裁、汪精卫的分共作了不调和的斗争。何香凝突然想起，就在这条路上，邓演达向自己讲过一个政治笑话。

去年冬天的庐山会议午休期间，邓演达、李宗仁、陈铭枢、陈公博四人一起闲谈。李宗仁兴奋地说，他向蒋介石提了一个建议，总司令身在前线，责任重大，远在广州的黄埔军校是否另外物色一个校长为宜，以免军中加深门户之见。邓演达听了，不觉失笑，问："你和总司令说了吗？"李宗仁点头。邓演达笑着说："糟了糟了！你所要避免的，正是蒋总司令要制造的，他故意把军队系统化，造成他个人的军队，你要他不兼校长，岂不是与虎谋皮吗？"

陈铭枢、陈公博二人也认为邓演达分析得对。但他俩是绝不会此时公开表示个人看法的。这可能也是中国社会陈陈相因的官场特色之一。

邓演达敢说他人不敢说之话，敢拒他人不愿或不敢拒之事。武汉国民政府上层传播着蒋介石收买邓演达被拒之事。1927年3月蒋介石到达上海后，曾派黄埔军校一期学生曾扩情和余洒度（其人1927年9月率部参加秋收起义，被推举为师长，"三湾改编"后脱离红军）于3月17日晚到武昌见邓演达。曾、余两人首先表达自己的意愿，请邓与蒋同心协力地领导全体同学，为伟大的革命事业而奋斗。如果领导人互不相谋，黄埔同学就难免分化成各种各样的私人团体，争权夺利，自相残杀，有负孙总理创办黄埔军校的苦心，更说不上担当革命的大业，云云。然后，他们代表蒋介石欢迎他担任总司令部参谋长，为国家大计的决策人。邓演达表示："本人对校长并无别意，唯照他那样地领导革命，永久不会成功，只有照我们主张贯彻的三大政策执行，与一切老朽昏庸和官僚政客划清界限，严整革命阵容，才能取得革命的胜利，如校长能达到这点，我仍当受他的领导，当与不当参谋长，无关轻重得失。”曾、余请他写一封信给蒋，说明上述情由，他说：“今已夜深了，可明日来取信。”后曾、余二人去取信，他辞以因病不见而作罢。[①]

邓演达是国民党左派中最为坚定的代表人物。何香凝身栖庐山，每当皓月当空，就仿佛看见了邓演达那坚毅的目光。满天的星星，犹如邓演达出走前写给国民党中央的那封公开信，字字珠玑。在信中，邓演达沉重地指出：

……我始终认为三民主义如果受了曲解，农工如果受了摧残，革命分子如果被摈斥，政治工作如果被威胁，则不独党的革命意义和权威消灭，而且必然招致反革命的结果。讨伐蒋介石，如果不认为讨伐他的纲领，他的反革命的封建行动，而只着眼在私人关系，结果只有循环不已的军阀私人争斗或某种领袖的私人争斗。我们的党如果不决定而且承认农工政策及有决心解决土地问题，则革命的意义完全消失，结果必难免第二次辛亥年的失败。我因为这个，所以离开了目前

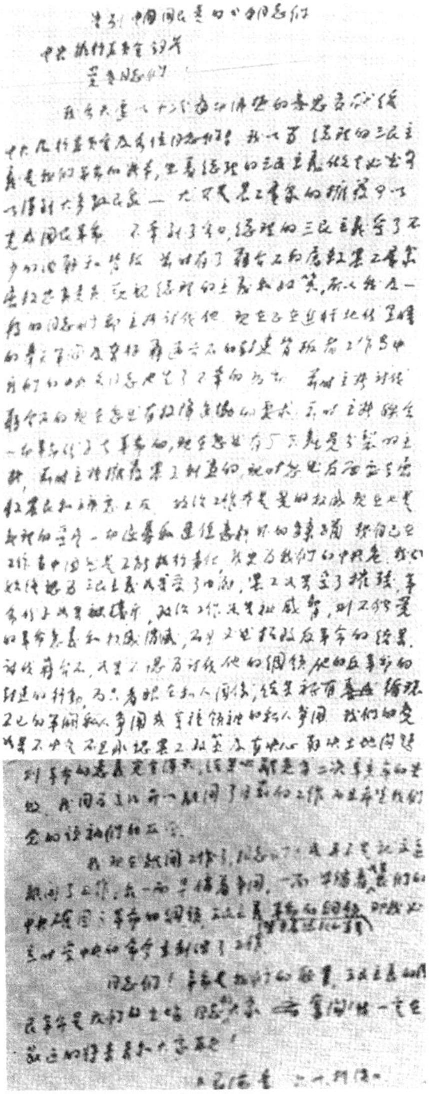

邓演达公开信手迹

① 曾扩情：《黄埔同学会始末》，《文史资料选辑》第19辑。

的工作，而且希望我们党的领袖们的反省。……[①]

邓演达仿佛看见了宁汉合流后新的背叛，看到了新的丑剧……

何香凝伫立牯岭，遥望星空，弯弯的月亮，淡淡的忧伤。她又想起了新婚后和廖仲恺住在双清楼的日子。如果夫君还活着，他会怎么说，怎么做……

邓演达是1927年6月28日化装成铁路工人出走的。在河南，他追赶上了6月27日第一批由苏联回国的援华人员。

轰轰烈烈的大革命被枪杆子镇压下去，四处一片沉寂。中国的道路将怎么走？何香凝看见了前面邓演达、宋庆龄坚定的脚印，但又感到事情并不那么简单。她还需要继续观望一段时间，当时她寄希望于国民党内的一股革新力量。

■ 廖仲恺（前右一）、何香凝（第二排左一）和亲友在双清楼前合影

① 《邓演达历史资料》，华中理工大学出版社1988年版，第144页。

何香凝于9月初离开庐山，被汪精卫拉去了南京。

据报载，汪精卫、顾孟余、何香凝等人一起于9月4日登“楚振号”军舰自九江赴南京，[①]出席汉、宁、沪（西山会议派中央）三方座谈会。8月底，龙潭大战第七军、第一军、第十三军联合作战，取得了胜利，形势骄人。桂系周旋于宁、汉、沪三方，9月12日，第二次三方座谈会推定特别委员会委员32人，代行中央执监委员会职权，西山会议派和宁派占有半数之多。汉派的核心人物除汪精卫外，陈公博、顾孟余等均被排除在外。9月13日，汪精卫召集汉方要员在上海宋子文寓所开秘密会议，商讨对待特别委员会的态度。会后，分别致电国民党中央执行委员会及中国国民党各同志，声明引退。汪精卫当夜乘船离上海赴九江，旋即上了庐山，他在庐山买下医生洼别墅，似乎准备长住。

庐山的夏夜，“寥天如碧玉，历历缀繁星”。耀眼的星星一闪一闪，好似当年瞬息万变的政局。

2. 张远西做媒宋子文

不过政坛也有不变的“政治明星”，当年的宋子文算得上一个。

宋子文在一般人心目中，是一个靠蒋介石的裙带关系遨游中国财坛的“大腕”。其实早在孙中山在世时，宋子文就以父亲宋耀如、姐姐宋庆龄与孙中山的关系，凭财经专长得到重用，1923年底接任两广税务稽核所经理。1924年8月，孙中山任命宋子文为新成立的中央银行行长。1925年7月，出任广东省商务厅长。廖仲恺被刺身亡后，被任命为广州国民政府财政部部长和广东省财政厅长，保留中央银行行长兼职。1927年春又和孙科、徐谦、汪精卫、谭延闿一起被推选为武汉国民政府五名常委之一，时年33岁。4月18日，南京国民政府成立，蒋介石又向宋子文抛出了财政部部长的橄榄枝。

宁汉对峙不久，鼓噪合流，宋子文成为宁汉双方都极力拉拢、给

---

① 汉口《民国日报》1927年9月8日；《李宗仁回忆录》，广西文史资料研究委员会1980年印行，第522页。

予信赖的重要人士。1927年9月，汪精卫“引退”，住在牯岭时，宋子文不得不代表官私多方穿针引线，劝导其早日复职。

据宋子文夫人张乐意的堂侄张宗德近年向笔者介绍，1927年9月，宋子文乘坐上海到汉口的大客轮特等舱去九江，路途烦闷，拿躺椅上甲板休闲。张远西正好在甲板上观江景。一声“哈喽”，两位西装革履的年轻人用英语对起话来。20世纪二三十年代，社会上层多以说英语为时尚和身份的象征。张远西流畅的英语、英俊的仪表、儒雅的风度，赢得宋子文的好感，加之路途寂寞、两人年岁相当，从天气饮食渐渐谈到各自的家庭和学历。

宋子文眼望着一群江鸥上下翱翔，尾随着轮船后舱，深有感触地说：“我的父亲宋耀如出生在一个有大海的地方——海南岛文昌县（今文昌市），海瑞的故乡，本姓韩，9岁随舅父姓宋去美国，后来学做生意，因热爱读书，得到教会学校的资助，受完大学教育，1886年20岁回到上海传教。21岁结婚，28岁生的我。我上面有两个姐姐。在我二姐宋庆龄

■ 宋子文岳父张谋智在庐山的别墅（作者摄）

出生前的1892年，父亲辞去教职，开始从事实业。中国基督教青年会就是他协助组建的。我出生的那一年孙中山北上，上书李鸿章，途经上海，与父亲相遇，两人意气相投，父亲参加了同盟会的前身兴中会。”

张远西的眼睛闪着钦佩的光，连呼：“英雄世家，英雄世家！”

宋子文一耸肩，说了句“No”，侧过头，无言地看着对方。

张远西不好意思地把手一扬，自问自答：“我能说什么呢？我的父亲张谋智是九江一个普通的营造商。当然，我家也不是当地土著，爷爷张贻宝是从吉安迁到九江东郊十里垅的，生下三个儿子谋礼、谋智、谋信。老二谋智就是我的父亲。我奶奶在英国教会传教士家做保姆。传教士是个好人，帮助我父亲免费进入英国教会学校读书。父亲读书很刻苦，英文学得很好，后考入九江同文书院营造专业，继续得到传教士的帮助。一家人都入了教。父亲毕业后，办了一个营造厂，九江不少好房子都是他设计修造的。1915年，他买了4辆福特汽车，开辟了从九江码头到庐山莲花洞的第一条公共汽车线路，汽车票价开始1元，5年后涨到2元。父亲就用这些做生意赚来的钱，·是扩大再生产，二是供养6个儿子、5个女儿读书。”

宋子文的英美作风无处不在，他问：“你家这么多孩子是一个母亲生的吗？”

“那当然。我家虽不是世家大户，却有严格的家训：男子富不纳妾，女子穷不做妾。”

两人交谈于此，自然相互兴趣更浓。名人也好，显要也罢，话到投机处往往流露出儿童般的天真和真诚。

宋子文告诉张远西，他18岁从上海圣约翰大学毕业后到哈佛大学留学，1915年21岁获哈佛经济学硕士，进入国际银行工作，同时在哥伦比亚大学攻读博士学位。拿到

青年时代的宋子文

博士学位后，与刚从美国韦尔斯利文理学院毕业的小妹宋美龄一起回国。开始也是到处乱撞，担任汉冶萍公司秘书，与盛宣怀之女盛谨如恋爱，遭到盛家反对而辞职，后到华义银行任总经理。1923年10月南下广州才开辟了一片新天地。

张远西也恨不得剖露心扉，告诉宋子文，他和哥哥张远东都毕业于英国剑桥大学，张远东学的是桥梁，自己学的是金融。闯荡多年，事事不顺……

孤轮晓月，相见恨晚。船到九江码头，宋子文对张远西顿生惺惺相惜之慨。张远西邀请宋到寒舍小憩，宋子文欣然前往。

张家是个中西教育合璧之家，张谋智一见意想不到的贵客驾临，立设家宴款待。全家老少在家的都上前敬酒。张远西5个妹妹如意、满意、乐意、德意、安意，那天恰恰只有乐意一人从同文中学归来。一听说国民革命的大能人同席，不卑不亢，大方敬酒，文静布菜。当张远西用英文说倒白酒时，下人紧张出错，倒成了红酒，张远西皱眉责怪，张乐意则盈盈一笑，说："哥哥，这不能怪别人的，我来吧。"张乐意轻扶着下人的肩膀，小声说对不起，转头为客人和哥哥斟满白酒。宋子文跨洋过海，见过的美女、才女不少，但如此清纯、自然、明理、贤惠的娇人，犹如天上掉下来一个林妹妹。这顿饭，张乐意那一对迷人的小酒窝，在宋子文的脑海里怎么也挥之不去。

张乐意时照

翌日，宋子文向张远西提出，希望与乐意妹妹"先交友，如有缘想成亲"。张远西大吃一惊，告诉宋子文：我妹妹只有18岁，还有一年中学才毕业。你的家世、你的地位、你的文化，她怎么能配得上呢？

宋子文取下眼镜，很认真地用英文说："剑桥教育你，发自肺腑的爱，是讲条件的吗？”宋子文的恋爱也是英美派的。

之后，一切顺理成章。在张家人巧妙的安排下，张乐意陪同宋子文上庐山，公私兼顾，为宋母选购一处房屋作为宋美龄的嫁妆。在风含笑语的山水间，宋子文和张乐意的恋情犹如三叠泉的泉水一样，自然、清纯、甘美。

3. 美龄、精卫两别墅

宋子文、张乐意这对恋人，会为宋美龄陪嫁选购一座什么样的别墅？

1927年，庐山租借地各国别墅据记载有712栋。一场大革命，不少房主受惊吓，纷纷贱卖别墅。15D2号（今脂红路210号）别墅就是其中的一栋。1927年11月，宋子文带上女朋友张乐意上庐山，自然将这座别墅的房前屋后和相关资料都进行了详细察看和了解。

15D2号别墅东倚城墙山，西向长冲山谷，海拔约1095米。原房主是美国基督教北长老会女传教士马妞瑟塔·第·牧登姐妹二人，修建于1912年前后。别墅修建在石垒驳坎之上，别有一番险趣。面积约236平方米。廊柱用不规则的石块垒成。宋子文一见，连声叫好。张乐意不解地问：“这别墅道路崎岖，上下台阶又多又陡，太不方便。”

宋子文忍不住刮了刮张乐意的小鼻梁，说：“你这个小娃娃就不懂了。你要知道这个妹夫是怎样的人，就非要选这座别墅不可。”

对不懂的事，张乐意谦和地笑了笑。蒋介石真的会喜欢这栋别墅吗？宋子文在心里其实也没有把握。

宋美龄选择蒋介石，宋子文从内心是不同意的。他能口头上答应这件事，多亏了谭延闿的规劝。谭延闿是宋耀如的老朋友，在孙中山提携宋子文的过程中，不少元老觉得宋子文磨砺太少，提拔太快，每每都是谭延闿多方协调。宋子文对谭延闿历来很敬重。谭延闿到宋府为宋美龄的婚事做工作，自然是最合适的人选。

谭延闿的话题是从自己的“三不主义”谈起的。他问宋子文：“你听说同僚和下属对我谭某的评价没有？”宋子文一时不知如何回答。谭延闿说，

■ 宋美龄陪嫁的庐山别墅（作者摄）

有人指责他“三不主义”，说他一不负责，二不谏言，三不得罪人。宋子文笑了，凝重的空气开始轻松起来。谭延闿续言：“你想过我这‘三不主义’为什么行得通？中国人都认为自己行，我就尊重他们，说大点是民主，说小点是将机会给他人。国事如此，家事如此，儿女弟妹的婚事更是如此。婚姻大事，要讲民主。”

宋子文笑了。这个笑罗汉、和事佬的规劝可不简单。在家事上可以一通百通，在国事上就要误事了。

此时，宋子文站在宋美龄嫁妆别墅门前，回想着谭延闿的规劝，俯视着下面医生洼的汪精卫别墅，不禁默默思忖起来。

谭延闿斡旋不过数月，蒋介石8月13日下野回溪口老家。8月22日，蒋介石在老家祖庙请太虚法师讲佛经，以超然之态看着宁、汉、沪三方斗进斗出，延至9月22日，蒋介石还在奉化。

汪精卫于9月14日回到庐山，愤慨难平。回顾宁、沪之行，汪精卫以筹备国民党二届四中全会的目的而去，在上海首先受到张继、张静江对武汉1927年3月召开的二届三中全会的攻击，不承认联共的二届三中全会，哪能召开四中全会。一年前国民党高层人人争戴的红帽子，此时成了千矢齐发的靶子。二届二中全会，集体通过坚决取缔的西山会议派，现在成了党内及时反共的“先知”，国民党内从一年前以“左”为时尚，转为以右为正确，更可怕的是似乎越右越正确，谁先右谁正确。

6月10日，南京国民党中央执行委员会通过张静江提议，恢复国民党二届二中全会开除的张继、谢持、林森、邹鲁、居正等国民党元老派的党籍。以蒋介石为首的南京政府和国民党元老派联合起来，对汪精卫所谓的汉方暗藏杀机。汉方的孙科和谭延闿被拉了过去，谭延闿早就为宁方效劳，此时更是为宁、沪出谋划策，孙科提出成立中央特别委员会代行中央权限的建议，受到三方赞成。谁知选出来的代表，西山会议派和宁派占据重要位置，夺去了汪精卫问鼎的可能。汪精卫顿时有了再次上当的感觉。于此，汪精卫回到庐山看云，但身在庐山心在中枢。9月17日、18日分别得知自己被推为国民政府常务委员兼军事委员会主席、中央常务委员兼组织委员，21日便下山赴汉口，组织成立武汉政治分会，与南京抗衡。27日再上庐山，住在医生洼别墅。汪精卫纵览云飞，写就《庐山望云得一绝句》：

两山缺处聚遥峰，翠黛含晖色万重。
玉宇琼楼原在望，只须身入白云中。

汪精卫眼望庐山烟云上下飘忽，蒋介石在奉化也耐不住“寂寞”。

1927年9月23日，蒋介石自宁波抵上海，与胡汉民、吴稚晖等会晤、商谈。9月27日，蒋介石在报纸上发表出访日本宣言：“此行与政治无关，唯在获宋氏家族对美龄女士婚事之同意。如获同意，则将在上海结婚，然后偕游海外。”9月28日，蒋介石在张群等人的陪同下离沪去日本，9月29日抵达长崎，10月3日抵达神户，由宋子文带领前往有马温泉大旅社下榻宋母倪桂珍隔壁。10月4日蒋介石求婚成功，接着在日本进行频繁的政治活动，拜访了日本黑龙会首领头山满，与日本首相田中义一、陆军大臣向川义则、参谋总长金井范三等权要秘密商谈，借下了附加条件的4000万日元贷款。这个附加条件在之后的中国政坛掀起了轩然大波。蒋介石10月23日在东京发表《告日本国民书》，呼吁“中日亲善”。

1927年秋，汪精卫在庐山的日子比蒋介石在日本要难过得多。

10月3日，汪精卫在庐山收到李济深、张发奎的广州来电。电文对南京特别委员会及西山会议派大为不满，并催其即回广州，商量对策。

■ 汪精卫医生洼别墅和小院（由曾仲鸣购得，汪精卫常住，今白云观路1号）（作者摄）

10月4日，汪精卫在庐山又迎来孙科、伍朝枢、居正、许崇智等特别委员会的代表，他们要与汪商讨中央特别委员会与武汉政治分会的关系问题。这几个人中，居正年纪最大，比汪精卫还要大7岁，资历也不相上下。1905年留学日本，参加同盟会，1911年与宋教仁、谭人凤等创设同盟会中部总部，武昌首义立下汗马功劳。其后，在北方政府中任参议院议员，在南方政府中任内务部要职，是西山会议的主持人之一。伍朝枢是伍廷芳之子，伍廷芳本来是李鸿章的外交法律幕僚，辛亥革命时因多次致函清廷劝其退位，被推为1912年南京临时政府司法总长，南北议和的南方代表，先后出任过南方和北方政府的外交部部长等职。伍朝枢子承父业，学的也是法律。广州国民政府成立时，任司法委员会主席，与西山会议派观点一致。许崇智本来是粤军总司令，是粤军参谋长蒋介石的顶头上司。后蒋介石、汪精卫说他与“刺杀廖仲恺”案有牵连，大做文章，将怀疑的矛头指向许崇智，利用黄埔军校左翼力量包围了许宅。蒋介石仅派十一师的陈铭枢拿着一张船票就将这位拜把子的大哥赶到了上海。这几位和汪精卫、蒋介石素有恩怨的人，一起来到汪精卫庐山别墅，使汪精卫的面子大为增光。稍经说和，汪精卫第二天即答应回南京，行期待定。

在庐山汪精卫别墅中，这几位资深要员商定以下几条：

1．于11月1日在南京召开二届四中全会，恢复中央执行、监察两委员会；

2．南京特别委员会可以继续存在，但需重新规定其权限；

3. 武汉政治分会暂不取消，但应厘定中央与分会及分会与各党部的权限；

4. 设立国民政府主席，由特别委员会从常务委员中推任；

5. 军事委员会主席团设常务委员三人，以现不带兵者任之；

6. 统一各地兵工厂，厘定各军兵额。

脱下军装的许崇智

10月9日，汪精卫下庐山，偕孙科、伍朝枢等前往汉口。10月11日，汪精卫、孙科、伍朝枢在汉口唐生智家开会讨论庐山拟定的六条，获得一致同意。10月17日，谭延闿、孙科、程潜、伍朝枢、何应钦、李宗仁等联名通电各方，表示赞成汪精卫代表汉方提出11月1日召开二届四中全会，希望各委员一致赞同，来宁开会。

但汪精卫想领衔的二届四中全会实在是画饼充饥。汉方唐生智的部队与宁方李宗仁的部队早已剑拔弩张。1927年7月，唐生智借东征和孙传芳南下、第七军精锐从安徽调出大战龙潭之机，移师安庆、芜湖。八一南昌起义后，张发奎部队随之镇压起义军并移师广东，唐生智踌躇满志，独自控制了两湖和安徽主要地区。9月21日，汪精卫从庐山下来去汉口成立“武汉政治分会”，唐生智更是如虎添翼，打起护党旗号。宁方不能容忍，10月19日下令讨伐，李宗仁任西征军总指挥，程潜军充当中坚，分三路势如破竹。11月11日，唐生智通电下野，退师湖南。

在唐生智部队显败之即，汪精卫已于10月29日抵达广州，准备依靠张发奎回师广州的第二方面军几万人发难，以两广为根据地，与南京政府再争雌雄。两广资深权要李济深和桂系留守广西的黄绍竑成为首要障碍。怎么排除呢？

11月10日，蒋介石从日本归来，向汪精卫发电文称：“欲使本党从破

第四军第一任军长李济深

碎归于完整，非互相谅解，从速恢复中央执行委员会不可。”基本赞同了汪精卫不承认南京特别委员会的态度。当晚，汪精卫和何香凝两人一起去黄埔中央军事政治学校，对学生训话。汪精卫对中山舰事件重新评价说：“去年3月20日之变，全系共产党挑拨离间。4月间蒋介石反共并非操之过急，乃是本人操之过急。现在本人对蒋同志非常原谅，本人深悔当时之过举，但本人勇于改过，以后仍当与蒋同志善加团结。”[①]以此对蒋介石投桃报李。政治和立场在汪精卫的舞弄下成了一种工具。

11月15日，蒋介石再次来电，催行到沪开四中预备会议。11月16日，汪精卫、李济深作为代表起程。17日，张发奎等在广州政变，包围了李济深、黄绍竑住处，黄侥幸逃脱。

11月18日，李济深到上海听说此消息，感到中了汪精卫调虎离山计。汪精卫极力洗刷自己未竟，12月17日，共产党又在广州领导了广州起义，汪精卫立即陷入了新桂系、李济深、西山派群攻之中。各派都需要蒋介石送暖解困。蒋介石复出的时机随着他与宋美龄的婚礼举行遽然来到。

1927年12月1日，蒋介石与宋美龄在上海举行了隆重的婚礼。新居设在上海拉都路311号。12月3日，国民党二届四中全会预备会也在蒋宋这座新居里举行，议决所谓参与11月22日南京惨案的西山会议派成员停职监视。汪精卫也受到围攻，蒋介石成了独摘桃子的唯一胜利者。

汪精卫不得不于1927年12月16日离开上海，亡命法国。在海轮上，他怀着复杂的心情写下《海上观月》：

① 蔡德金、王升编著：《汪精卫生平纪事》，中国文史出版社1993年版，第115页。

海风吹出月如如，一片清光不可濡。
上下翻飞何所似，渌波荡漾白芙蕖。

胡汉民、孙科、伍朝枢等于1928年1月25日离开上海远游西洋。

在新婚大喜的日子里，蒋介石怜香惜玉地对宋美龄戏语："听说母亲送给我们的庐山别墅建在峭壁上，依山傍石，无坚不摧。汪精卫的庐山别墅，听说在牯岭山洼（医生洼）里，成了坎井之蛙！我真要谢谢母亲，谢谢你和子文。"

宋美龄是不太相信这些风水之说的，嫣然问道："妈妈的庐山别墅比得上你从日本带回来的几千万日元的借款吗？"

蒋介石"这个"口头禅又出现了，他怎么说出实情呢？

据说，蒋介石为了得到这笔借款和日本支持，1927年10月与日本首相田中义一及部属秘密议定了四条：

1. 蒋氏承认日本在满洲有特殊权益；

2. 蒋决定反共到底；

3. 日本支持蒋介石政权；

4. 日本借予蒋4000万日元，以助蒋安定中国后，中日两国进行经济合作等项。[①]

蒋介石、宋美龄早期庐山合影

田中义一，日本政友会总裁。1927年4月17日日

① 参见《李宗仁回忆录》，广西文史资料研究委员会1980年印行，第546—547页。此说在新中国成立前传播很广，不少老人和国民党人士都知道。笔者小时候也从父亲口中听说过此事。

本若槻内阁倒台，他出任首相兼外相，在当年6月召开的“东方会议”上，他公开提出“欲征服世界，必先征服中国，欲征服中国，必先征服满蒙”的侵略方针。蒋介石掩盖了这一切，几分虔诚几分讨好地对宋美龄说：“比得上。我这次成功复出，完全是庐山和这座别墅带来的福音。”蒋介石的这种说法，在庐山绘声绘色地传开了。

4. 宋庆龄下榻河西路

1927年12月，宋美龄带着庐山别墅的嫁妆和蒋介石结婚了。婚前，两位新人给何香凝送了一笔厚礼，请她做证婚人。何香凝拒绝了。[①]1928年夏，何香凝上庐山作画，还开了一次个人画展。朱培德花了1000元大洋买了何香凝画的老虎，在江西省府办公室里挂了起来，称赞不已。何香凝的画作引来了江西省府委员们的争相购买，九军军长金汉鼎用500元大洋购得一幅梅花。何香凝用卖画的钱来维持生活和筹集出国的费用。

1928年秋，南京国民政府财政部长宋子文和张乐意结婚了。张乐意改名为张乐怡，夫妻二人被人称为“神仙眷属”。宋子文与张家兄弟关系一直很友善。1928年，张远西被南京政府任命为九江市第一任市长，当地不少人说，这是宋子文酬谢张远西做红娘的一份厚礼。1928年11月1日，中央银行在沪正式成立，资金2000万元大洋，宋子文为总裁。

宋霭龄的夫君孔祥熙在南京国民政府中任职实业部部长，这是孔祥熙一生中第一个中央一级要职。

1927年8月至1929年4月，正是宋庆龄流亡海外之时，而其兄妹正各自惬意。

其间，宋母多次发电报盼望宋庆龄回来兄妹团聚和解，蒋介石派出各种势力想渗透、瓦解宋庆龄的斗志，宋庆龄都未被所动。1929年4月，蒋介石以“国葬孙先生”的名义，动员宋家唯一没有与宋庆龄脱离关系的宋子良，前往柏林邀请宋庆龄回国。那时，以蒋介石为核心

①《胡兰畦回忆录》，四川人民出版社1985年版，第211页、213页。

的国民政府花费100多万银圆用8万平方米大理石修建孙中山陵墓，请宋庆龄率领“总理的信徒”将孙中山的遗体从北京西山墓地移往南京紫金山。4月底，宋庆龄离开柏林前发表《关于不参与国民党任何工作的声明》，向各界宣布：基于孙中山生前确有安葬于南京紫金山的遗愿，她同意回国。本人坚持1927年7月14日汉口声明的立场，不参与国民党的任何工作。宋庆龄的再次声明，把宋子良吓坏了，说二姐是个傻女人。宋庆龄驳斥道：“我傻不傻，全在于宋家应为中国而存，而不能中国为宋家而存。”

1929年5月16日，宋庆龄在胡兰畦的陪同下回国。

宋庆龄在国内再次发表了不参与国民党任何工作的声明。5月18日，宋庆龄率领孙科、宋子良、宋子安以及国民党政府的迎接专员林森、吴铁城等迁葬行列到达北平。6月1日，宋庆龄亲自护灵到南京中山陵。

1929年5月宋庆龄参加孙中山奉安大典，左一为孙科夫人

孙中山奉安大典完毕后，宋庆龄第二天即返回上海，住进孙中山留给她的莫里哀路的别墅。新闻记者络绎不绝地登门采访，宋庆龄派秘书一概挡驾。宋美龄亲自上门，请宋庆龄前往南京参加国民党三届二中全会，宋庆龄断然回绝。为了避免更多的纠缠和干扰，1929年7月，宋庆龄上了庐山，下榻于河西路51A号别墅。

这座别墅也可以说是宋耀如留给女儿宋庆龄的唯一遗产。1905年后，李德立经常往返于上海和九江、汉口，宋耀如便从他手中购买了租界地51号西北的一块地皮，兴建了一座两层的石构别墅。1918年宋耀如去世，其别墅由妻子倪桂珍继承。1927年8月宋庆龄没有要家中一分钱遗产出国后，倪桂珍心力交瘁，便决定将这座别墅送给二女儿庆龄以使自己心安，为小女儿美龄另购一处别墅作陪嫁。

7月的庐山，时有阵雨。宋庆龄常常站在河西路别墅窗前，那如笙如箫的雨声，勾起近年国外生活的段段回忆。

宋庆龄发表“七一四”声明后，当夜化装乘船到上海，8月22日发表《赴莫斯科前的声明》，次日和陈友仁等一行人乘坐苏联轮船到达海参崴，再转乘火车，经西伯利亚于1927年9月6日到达莫斯科。邓演达已先期到达那里。苏联领导人对宋庆龄的到来盛情备至，十月革命10周年纪念日，宋庆龄和斯大林一起站在主席台上。宋庆龄被邀请到苏联领导人的乡村别墅休养，由加里宁夫人陪同她一起散步。在苏联，宋庆龄在政治上受人尊重，但苏联党内正在进行的争论和反对托洛茨基反对派的斗争又使她忧心忡忡，左右为难。

更叫宋庆龄难过的是，邓演达独立的正确立场在苏联亦受到冲击。邓演达作为一名激进的资产阶级民主主义者，在莫斯科中山大学作报告说：“中国民族自求解放，第三国际只可作友谊上的赞助，断不能将中国解放的任务，完全任第三国际摆布。这种民族自决的精神，在任何环境中，皆应该存在的。”邓演达严厉谴责蒋介石和武汉领导集团，同时也指责共产党的过“左”行动。当中国共产党旅莫支部派人争取邓演达参加共产党时，他拒绝了。他与宋庆龄、陈友仁一起于1927年11月积极发起成立“中国国民党临时行动委员会”。邓演达和宋庆龄希望能以真正的三民主义拯救中国。

1928年初夏，宋庆龄在柏林和邓演达等人一起参加了国际反帝大同盟活动，被连续推选为两任“名誉主席”。在海外，宋庆龄抨击蒋介石政府腐败透顶，连继子孙科，宋庆龄也不留情，批评他们靠政治投机发家。宋庆龄在国外一身傲骨，衣食清寒。美国曾拟请她作30次演讲，每次的报酬为500美元，但世上没有免费的午餐，这样的演讲必然有他们需要的内容。对此，宋庆龄铮铮铁骨，不予搭理。

1928年8月，叶挺和黄琪翔先后来到柏林，详述了南昌起义和广州起义的前前后后，使宋庆龄看到了人民和共产党仍在奋斗，国民党左派仍在奋斗。在全国范围内成立“中国国民党临时行动委员会”的时候到了！团结一切真心把孙中山的三大政策贯彻到底的同志，是宋庆龄回到国内新的任务。前进的路永远靠自己，正确的思想往往是在“夹缝”中萌芽生存的。

窗外的雨淅淅沥沥，犹如宋庆龄此刻的心情。

1929年夏宋庆龄上庐山，在父亲留下来的别墅认真梳理了近年来的国外斗争，于7月底下山回到上海，投入8月1日“国际反战日”的斗争之中。

第五章　名士名僧庐山游踪

1. 胡适之游山讲学

庐山是历史的一面镜子，它映照着宋庆龄下榻河西路别墅的忧郁，也折射了大革命前后一些文化名人对政治或“超脱”或投入或游离或寻觅的心态。

胡适第一次上庐山是大革命失败的第二年，也就是1928年4月7日。那时，胡适刚刚担任上海中国公学校长兼文理学院院长。胡适自1917年9月留学美国归来，在北京大学任教10年，1926年下半年到欧洲参加学术会议并考察，1927年4月经日本归来，留在上海，住进静安寺附近一楼一底的小洋房。胡适一边在上海光华大学教书，一边与徐志摩、梁实秋、叶公超等人筹备《新月》杂志和新月书店。新月书店于1927年由孟春在上海创立，资本为2000元大洋左右。业务股东有：胡适、徐志摩、罗隆基、闻一多、梁实秋等，推胡适为董事长、梁实秋为编辑。蒋介石最初掌握政权，为了安定人心，教育经费照发了，大学教授的欠薪补发了，工资也提高了，特别是名教授的月薪提高到600元大洋，还可以兼课兼薪，很快便获得了中上层知识分子的拥护。《新月》对南京政权自然持合作态度。

1928年3月10日，《新月》月刊第1卷第1期出版，由上海新月书店发行。胡适轻轻地松了一口气。上海中国公学适时发生风潮，校长何鲁辞职，校董会推举胡适任中国公学校长。胡适新官上任，忙中偷闲，4月4日晚，他和高梦旦、蒋竹庄、沈昆三、长子胡祖望乘坐“吴淞号”从上海出发，7日下午1时15分船到九江，只见市区主要地方都挂了青天白日旗，女同胞剪了短发。一行坐轿上山，当晚胡适点名要下榻胡金芳旅馆。高梦旦问为什么，胡适笑言：这里有精彩故事，走时相告。

高梦旦比胡适大21岁，时任商务印书馆出版所所长。两人之间一直以朋友相处，说话办事很投契，自然也随便，便笑着说道：该不是烟霞洞曹诚英韵事准备重演吧？

胡适的忘年交高梦旦

胡适在家里是个好脾气的丈夫，在朋友面前，是个好说话的名士，即使有些话令他面子挂不住，他也不愠不恼。他掏出听装的“大炮台”，敬老友一支堵口。据说胡适烟瘾不大，吸进口好烟，嗜吃老家徽州菜。

曹诚英，字佩声，小名行娟，徽州人，胡适三嫂的妹妹，比胡适小11岁。1917年12月30日，胡适与江冬秀按照旧约在安徽绩溪老家结婚。女方4位伴娘中，16岁少女曹诚英最为出众，令胡适印象深刻。次年，曹诚英与邻村大户子弟胡冠英完婚，考入杭州第一女子师范学校读书，与胡适偶有书信来往。1922年胡冠英与曹诚英感情不和，也没有小孩，便娶了妾，曹诚英断然解除婚约。1923年4月底，胡适到杭州，在烟霞洞金复三居士处养病，与离婚不久的曹诚英见面，二人同游西湖，双双坠入情网。

那年6月8日至10月初，胡适借患痔瘤，又来到杭州烟霞洞小病大养。烟霞洞在西湖南山南峰下，洞中有精雕细琢的石刻，洞旁有金复三居士数楹小屋，洞前又是微波荡漾的西湖，在此养病，身旁有如花似玉的才女曹诚英相伴，胡适过起了神仙般的日子。那年夏日，来烟霞洞探望胡适的人络绎不绝，高梦旦带着儿子仲洽也来了，胡适写了一首《送高梦旦先生

■ 青年时代的曹诚英（右一）和胡适（右二）等

诗为仲洽书扇》表述这一对父子“像两个最知心的小朋友一样”，用福建话背诗、背文章、说笑话，“全不管他们旁边还有两个从小没有父亲的人，望着他们，都在心头，泪在眼里”，这两个人就是曹诚英和胡适。惺惺相惜，又爱又怜，自然被过来人高梦旦一一看在眼里。

高梦旦不由得想起1921年8月30日上午他同胡适去沧州旅馆看赵元任夫妇之事。那时，4人去消闲别墅吃饭。饭桌上高梦旦说，许多旧人都恭维胡适不背旧婚约是一件最可佩服的事。胡适回答：“我生平做的事，没有一件比这件事最讨便宜的了……其实我家庭里并没有什么太过不去的地方。这已是占便宜了。最占便宜的，是社会上对于此事的过分赞许，这种精神上的反应，真是意外的便宜。我是不怕人骂的，我也不曾求人赞许，我不过行吾心之所安罢了。而竟得这种意外的过分报酬，岂不是最便宜的事吗？”①

看样子，胡适是准备打破这种赞许了。在1923年8月的烟霞洞，高梦旦曾如此想，但打又打不破。1928年4月在胡金芳旅馆，高梦旦又这样想。

在庐山胡金芳旅馆住下的第二天，1928年4月8日，胡适一行坐轿游览御碑亭、仙人洞、大天池，周颠和尚一事被胡适轿中批为朱元璋

① 参见曹伯言、季维龙编著《胡适年谱》，安徽教育出版社1986年版，第212页。

“那位‘流氓皇帝’欺骗世人的最下流的大文章”。下午游五老峰、三叠泉、海会寺，下榻海会寺，似乎没有受到康有为当年的礼遇。胡适不酸不楚地在《庐山游记》中写道：“寺中藏有赵子昂写画的《法华经》，很有名；我们不很热心去看，寺僧也就不拿出来请我们看。”不过，胡适看到了“寺中有康有为先生光绪己丑（1889）题赠至善诗的真迹，署名尚是‘长素康祖诒’。书法比后来平易多了”。

4月9日，胡适一行主要是游白鹿洞和归宗寺。一夜大雨，松涛滚滚，晨起雨霁，满山满谷都是大红和淡紫的杜鹃花。胡适兴奋之余，得一绝句：

长松鼓吹寻常事，最喜山花满眼开。
嫩紫鲜红都可爱，此行应为杜鹃来。

此诗押白居易《大林寺桃花》韵，不过意境要浅显平白得多，远不如面对白鹿洞，胡适画龙点睛的分析：“白鹿洞在历史上占一个特殊地位。有两个原因：一是白鹿洞书院的前身——庐山国学是我国最早的一个书院。二是朱熹重建白鹿洞书院，明定学规，开创了以后几百年讲学式书院的规模。朱熹定的《白鹿洞规》简要明白，遂成为后世七百年的教育宗旨。”

胡适到底是大学者，坐轿庐山一转悠，即从白鹿洞书院引申了庐山三处史迹代表的三大趋势：（1）慧远的东林寺，代表中国“佛教化”与佛教“中国化”的大趋势。东林寺，胡适这次上庐山，一直没有来得及去，仅是从高梦旦带来的庐山史志中了解了一番。（2）白鹿洞，代表中国近世700年的宋学大趋势。（3）牯岭，代表西方文化侵入中国的大趋势。

胡适概括的庐山这三大趋势，点化了庐山中西文化交融的三大支点。

4月10日，胡适一行游观音桥、含鄱口、黄龙寺一带。人到哪儿，就考据到哪儿，发现了庐山不少古迹很可疑。有些甚至是捏造的，胡适心里实在忍不住，便不觉在《庐山游记》一文中写了不少考据，包括归宗寺背后金轮峰上的舍利塔，特别写了几千字的考证。为什么要这样呢？

胡适最后写下一段比较精彩的文字："我要教人一个思想学问的方法。我要教人知道学问是平等的，思想是一贯的，一部小说同一部圣贤经传有同等的学问上的地位。一个塔的真伪同孙中山的遗嘱的真伪有同等的考虑价值。肯疑问佛陀耶舍究竟到过庐山没有的人，方才肯疑问夏禹是神是人。有了不肯放过一个塔的真伪的思想习惯，方才敢疑上帝的有无。"

胡适用这种存疑的治学方法在学术方面获得了骄人的成就，但他在政坛上施展手脚时却忘记了这种方法，特别是对新的统治者。如蒋介石1927年4月18日与武汉国民政府分庭抗礼，建都南京，胡适即在日本发表评论，说"蒋介石将军清党反共的举动能得着一班元老的支持，是可以站得住的"，"是可以得着我的同情的"。正是这种理解或同情，使胡适从海外归来一年余，辗转于南京政府附近，迟迟没有北归。令人想起胡适质疑陶渊明不肯折腰，为什么却爱那最会折腰的柳树，在庐山归宗寺，胡适写了一首诗《陶渊明同他的五柳》：

当年有个陶渊明，不惜性命只贪酒。
骨硬不能深折腰，弃官回来空两手。
瓮中无米琴无弦，老妻娇儿赤脚走。
先生吟诗自嘲讽，笑指篱边五株柳：
"看他风里尽低昂！这样腰肢我无有。"

这首打油诗也形象地勾画出胡适政治行为和学养的内心矛盾，就像他心里虽爱曹诚英，实际上又在乎俗世的道德形象一样。胡适不心仪陶渊明，自然也不会做陶公。

2. 康有为三访庐山

胡适的《庐山游记》，1928年6月由新月书店出单行本发行。这本小册子传到当时刚刚崭露头角的画家刘海粟手上，他看到胡适到海会寺所写的："寺中有康有为先生光绪己丑（1889）题赠至善诗的真迹，署

20世纪20年代徐志摩为胡适题照

名尚是‘长素康祖诒’。书法比后来平易多了。”

刘海粟不禁恂恂一笑，他想起康有为生前曾对他讲起三次上庐山之事。

康有为第一次到庐山是1889年。1888年（光绪十四年），康有为参加顺天应试，第一次向光绪皇帝上疏被阻；次年秋，返回故里途中特到庐山一游。那一次上庐山，年轻气盛的康有为对庐山印象最深的是五老峰：

紫汉吹落青芙蓉，随风飘堕江之东；瓣开四面花玲珑，化作碧玉千百峰。倒影翻湖黛色浓，突兀万丈绚青红；层峦重阜筑为宫，五老拄杖碧云中。子孙诸峰咸侍从，尔来一万四千岁，白头昂首啸鸿蒙。[①]

令康有为印象最深的人则是至善和尚。至善是江苏东台人，从小倾慕慧远高僧遗风，出家来到庐山海会寺研修佛法。40余年过去了，至善从一位少年变为垂垂老僧、一大丛林住持。佛学世界博大，人间弟子众多，但能理解他心迹的人稀少，康有为当年踏进海会寺求宿，至善和尚立即被这位年轻人不凡的气质所吸引，像好友一样以诚相待。出家住

① 康有为：《庐山谣》，载《康有为诗选》，人民文学出版社1958年版，第167页。

持的盛情非同世俗，至善一一展示寺庙珍藏的元代著名书法家赵孟頫书写的《华严经》和心月和尚手镌五百罗汉拓本，康有为一张张奉读，心旷神怡，不可自抑，即兴作诗一首相赠：

开士诛茅五老峰，手植匡山百万松。
荡云尽吸明湖水，招月来听海会钟。
初地雨花驯白牯，阴崖石气郁苍龙。
读书无处归来晚，桂树幽幽烟雾重。

可惜，戊戌变法昙花一现。康有为、梁启超被迫流亡海外。1913年秋，康有为脑后拖着一条又枯又细的长辫悄然回到故国。“维新百日，出亡十六年，周游大地，遍四洲，经三十一国，行六十万里。”（吴昌硕为康有为治印文）回国一看，国内虽发生了天翻地覆的变化，清朝皇帝被推翻了，帝王思想和体制余毒却很难被推翻。袁世凯的复辟帝制和北洋头目的独裁都是一种回答。康有为骨子里最看不起的人就是袁世凯，认为他是不忠不孝不仁不义的小人。对弟子梁启超组织的进步党和研究系，康有为也嗤之以鼻。袁世凯1915年称帝，是梁启超和蔡锷密谋，一个以文韬，八方奔走呼吁，一个以武略，潜入云南率护国军出征，泸州腥风血雨数十日，最终赢得全国的声援和支持。梁启超再以三寸不烂之舌，说动广西都督陆荣廷宣布“独立”，逼得袁世凯只做了83天皇帝梦，便一命呜呼。清朝皇帝真要退出历史舞台了，在海外和革命党长期论战的保皇宗旨，真的行不通了，梁启超可以改换门庭另树旗帜，做“名人内阁”“人才内阁”的“总长”，只有康有为忠君保皇到底。因此1917年张勋复辟，康有为“奉旨”进宫，仅仅十几天就被通缉……

秋风吹枫叶，还似鄱阳波。1918年秋，康有为怀着愤愤不平的心情再次来到庐山。与常人喜欢坐轿经九十九盘山路上山不同，康有为是从海会“五老峰”上去的。他第一个重访地自然仍是海会寺，仍然轻车简从来到寺前。辛亥革命的风暴似乎没有刮到此处，这座建于1618年（明万历四十六年）的寺庙，佛殿依旧，香坛依旧。至善住持还在吗？康有为怀着急切的心情步下轿来，29年前第一次来到此地的往事乘着法轮从寺庙里飘转而出——

一片豪情跃然。29年过去，其诗安在？康有为刚刚踏进寺庙，一报姓名，至善弟子新住持合十前来，他将康有为引向修行内室，像当年至善展示法宝一样，将康有为旧作双手奉上，凄凄相告：“师父已圆寂。”

康有为愣在那里，一瞬间，如许的等待化为烟云，美好的期盼化为思念。那一夜康有为仍住在海会寺，辗转难眠，他突然感悟，等待、期盼，一切似乎都是他的政治宿命。轰轰烈烈的戊戌变法如此，对光绪皇帝的一腔热血如此，即使去年张勋请他到皇宫策划溥仪重新登基，也是如此。

1917年，总统黎元洪与内阁总理兼陆军总长段祺瑞为争权闹得不亦乐乎。5月23日，黎元洪免去段祺瑞一切职务，段祺瑞在天津发电不承认免职令。张勋，这个以镇压南京二次革命，先后任江苏都督、长江巡按使、徐州北洋大员，代表参加徐州会议的督军团13省督军也不承认。紧接着，段祺瑞策动安徽、河南、浙江等省独立。黎元洪一看，这不是办法，便召张勋进京调解。一直寻找机会恢复清朝统治的张勋，感到机会来了。他一面派人到段祺瑞、陆荣廷、冯国璋、黎元洪处做最后试探，但谁也没有把心里话告诉他。做官久了，政治上的不置可否和看风使舵自然学会了。张勋却以为摸到了这些人的底牌，赶忙率领辫子军登上火车，6月8日到达天津，亲自与段祺瑞接触，遂向大总统提出解散国会，黎元洪言听计从。辫子军被安排为京城御林军。在权力真空下，张勋6月14日抵京，黎元洪吩咐开中华门迎接。民国建立以后，中华门只开过三次：第一次是袁世凯迎接南京临时政府派来接他南下的五专使；第二次是迎接正式辞去临时大总统的孙中山；第三次就是这一次，黎元洪迎接张勋。张勋那天头戴瓜皮小帽，帽子前中央嵌有一块宝石，脑后垂一条小辫，身穿纱袍，外套韦陀金边的玄色大马褂，脚穿黑缎鞋，不伦不类。进京的第三个晚上，张勋头戴红顶花翎，同定武军的四个统领乘汽车到神武门换乘大轿进清宫觐见溥仪。

康有为觐见溥仪的时间则是14天以后。张勋身边的机要秘书潘博，原是康有为的一个门生，由他通知在上海租界的康有为化装成一个乡下老农，由沈曾植和王乃徵陪同，从津浦铁路北上，经天津到达北京站，张勋早已派4个辫子兵恭候，乘马车到达张宅密谈。6月30日晚，在张勋的全力策划下，康有为以辅佐大臣的身份被邀请参加了清宫溥仪的御前会议。7月1日，清溥仪宣告复辟。第七道伪谕，授徐世昌为“弼德院院长”，康有为为“弼德院副院长”。

次日，黎元洪在避难的日本使馆，任段祺瑞为国务总理，冯国璋代理大总统，各省纷纷通电反对复辟。原表示对溥仪复辟默认的段祺瑞，改变主意，标榜自己一贯反对帝制，在天津宣布就职，利用天津附近马厂组织讨逆军，在廊坊打败了辫子军。

梁启超亲自为段祺瑞起草讨逆宣言，矛头毫不客气地指向张勋和康有为，“此次首造逆谋之人，非贪黠无厌之武夫，即大言不惭之书生”。这是中国近代史令人感叹和值得咀嚼的一页。康梁戊戌变法的一对巨星，一个被张勋拉来为清帝复辟写伪谕，一个依附独裁军阀写讨逆宣言。马君武当时对此有说法，梁启超理直气壮地回答：“师弟自师弟，政治主张则不妨各异，吾不能与吾师共为国家罪人也。”此话令康有为伤透了心。

张勋复辟本来就是段祺瑞一伙布置的一个圈套，利用张勋出面逼迫黎元洪解散了国会，驱走了总统，为段祺瑞组织第二任“责任内阁”铺平了道路。很自然列强这时出面了，要求解除张勋的武装。值得思索的是，列强的意识总是和中国的掌权者高度吻合。中国的政治舞台总是叠见列强的身影。讨逆军将俘虏的辫子军的辫子剪下来缠在一处，一串串地在京城标榜示众。康有为只有逃亡。令人庆幸或更悲哀的是，北洋政府并没有把通缉康有为当回事儿，他安全地回到租界。

1918年大赦政治犯后，康有为脑后仍然垂着一条又枯又细的长辫再来庐山。江山依旧，心情全非。翌日，康有为仍然像29年前一样从海会重登五老峰，过去“瓣开四面花玲珑，化作碧玉千百峰”豪情远去，发现“柳公权书写的复东林寺碑”的探究精神也似乎忘却，笔下低吟的是：

五老排云待我回，似曾相识客重来。
莲社远公园塔出，只园须达化城开。
山色湖光尚清净，竹林松径再徘徊。
追思三十年前事，旧黑笼纱只自哀。

二上庐山的康有为，情绪低落，对古刹名寺倒幽情忡忡。他来到山南归宗寺，相传我国晋代大书法家王羲之任浔阳郡守时，迷恋此处风光，在寺旁盖了一个茅屋。天天和归宗寺的和尚做交易，用他抄写的经书换寺庙养的白鹅，每天一边放鹅一边抄经书。寺庙周围留下诸多遗迹。寺左有王羲之的洗墨池。寺北石镜峰下玉帘泉瀑布下的临深潭，又称“鹅池”，传说王羲之常在此放鹅，潭边有一个可容百人的大石洞，人称羲之洞，王羲之放鹅时就在洞中读书写字。好一个读书人的“极乐天地”。虽属讹传，却咀嚼有味。可康有为的极乐天地又在哪里呢？康有为向寺后的金轮峰望去，峰顶金利铁塔古朴昂然，它代表什么？象征什么呢？康有为久久地望着它，吟出了自己的诗句：

千年铁塔抗金轮，云气光明护此城。
风雷万劫不动转，烟霄百仗矗飞惊。
墨池犹在风流远，栗里为邻基址平。
只有鸾溪清净水，卅年又复听泉声。

康有为写这首诗时，辛亥革命已经过去7年，帝制在国人心目中早已被唾弃，但康有为仍希望保皇精神像“铁塔”一样矗立，“千年铁塔抗金轮”，这是一位书生政治家思想僵化的悲剧。

康有为在去世前一年的1926年春，在上海愚园路住宅开设了天游学院，报名者不过20余人，他自慰地说道：“上海各大学人数动辄千百，我院只有二三十人并不为少。耶稣有门徒12人，尚有一匪徒在内。今其教遍于天下，岂在多乎？”

这年初夏，康有为在两个儿子的陪同下，最后一次去了庐山。诗文黄叶泪满痕。买地十亩，交海会寺收管，作为香火钱，就是这一次所为。刘海粟后来多次到庐山，自然传开了康有为三访庐山之事。

3. 徐志摩黄龙疗伤

胡适《庐山游记》的出版发行，引起了刘海粟一段回忆；同时，也重新引发了高梦旦对胡适的追问：在庐山非住胡金芳旅馆不可，到底有什么故事？

胡适这才笑着说：徐志摩1924年来庐山，就住在胡金芳旅馆，还和别人打了一架。

有这回事？文质彬彬的徐志摩？高梦旦年纪虽大，也是性情中人，摇头不信。

胡适指点迷津道：1924年，印度著名诗人泰戈尔受北京讲学社邀请，一行5人乘坐“热田丸”号轮船于4月12日到达上海。徐志摩作为翻译和陪同人员，参加了泰戈尔访华全程活动。高梦旦这时才回忆起来——

1924年5月8日是泰戈尔64岁生日，徐志摩出主意要由北京学界，主要是留学归来“精英”组成的新月社用英语演出一幕泰戈尔的戏剧《齐德拉》。徐志摩新的爱情悲喜剧也随之拉开序幕。

祝寿会在北京协和医学校礼堂举行，胡适任主席。赠送的寿礼是19张名画和1件名瓷。紧接着由梁启超主持赠名典礼。1924年的梁启超已经脱离了政界，以中国文化名流和北京图书馆馆长的双重身份主持“竺—震旦”赠名典礼。

最后一项余兴是公演泰戈尔的戏剧《齐德拉》，由张彭春导演，梁思成绘景，林徽音（因与同时代诗人林徽音同名，1934年改为林徽因）饰公主齐德拉，张歆海饰王子阿俊那，徐志摩饰爱神，林长民（林徽因父亲）饰四季之神阳春。林徽因和徐志摩在演出中出神入化地传递着两人爱的心声。演得太感人了！观众对剧中扮演者的男才女貌报以难以言

■ 民国时期的牯岭街和胡金芳旅馆侧面（今庐山志豪超市和云天别墅）（作者摄）

表的期待。

■ 1924年林徽因、徐志摩与来华的泰戈尔合影

排练中，徐志摩和林徽因频频接触，在英国康桥那段萌动的恋情重新燃烧。徐志摩少年才子，17岁考入北京大学预科读书，18岁与张君劢的妹妹张幼仪结婚，升入本科。21岁由张君劢介绍，拜梁启超为师。当年赴美，入克拉克大学历史系。次年毕业，入哥伦比亚大学经济系。仅学一年，便获硕士学位。1920年9月赴英，10月入伦敦大学。那时候，林徽因与在英讲学的父亲林长民已来英国半年多，在圣玛丽学院读书，与在伦敦经济学院上学的徐志摩路上相遇。徐志摩深深地被16岁林徽因的才貌所吸引。年底，徐志摩的妻子张幼仪来英。1921年，徐志摩与林徽因热恋，林徽因提出徐志摩必须与张幼仪离婚方可。10月，林徽因随父归国。1922年3月，徐志摩与张幼仪离婚，9月徐志摩回国。不到一年时间，林徽因已与梁启超的大公子梁思成恋爱进入订婚阶段。徐志摩成了世界上最可怜的失恋者。他只有在演戏中，渲染剧情伸开双臂呼唤自己的意中人。林徽因在剧中也不断地回应。

现实中，两人的相悦和心情萌动会像《齐德拉》一样圆满吗？5月20日，徐志摩陪同泰戈尔到太原，离京前夕，林徽因期期艾艾地告诉了徐志摩自己的最后决定，她已考上了半官费生，下个月将和梁思成一起赴美。一切自明。

5月20日，徐志摩在前往太原的火车上激愤地写了一首诗《去罢》：

去罢，人间，去罢！
我独立在高山的峰上；

去罢，人间，去罢！

我面对着无极的穹苍……

徐志摩形容此时的自己是在俄国吃了大败仗的拿破仑，天茫茫，地茫茫，心更是茫茫……

5月23日徐志摩陪同泰戈尔离开太原，经石家庄，南下汉口，取道长江直达上海，7月中旬泰戈尔去了日本，徐志摩和扮演《齐德拉》王子阿俊那的张歆海于7月17日一起来到庐山[①]，准备在这清凉世界翻译和整理泰戈尔在中国活动的所有讲话稿，也准备用庐山的清泉疗一疗心伤，看一看太虚提到的大林寺。

徐志摩和张歆海在胡金芳旅馆住下。那是庐山上第一家比较豪华的华人旅馆。他俩第一天在牯岭街散步，看见一家英文招牌的“都约翰食品店”挂着卖冰激凌的广告，店面很洁净，便走进去坐下来，向茶房要了两份冰激凌。茶房说没有，徐志摩心中本来就不舒坦，便较真起来：“你们门口明明写了广告，为什么说没有？”

茶房爱搭不理地回答：“正好卖完了。”

问还有什么卖的，答：只有汽水。徐便要汽水。正在喝时，两个外国人趾高气扬地走进来，茶房躬身向前问候。外国人说要冰激凌，茶房立刻端了两杯送到他们桌上，恭敬地用英文说：“您请用。”

徐志摩生气地用英文问茶房怎么回事？茶房面露窘态，想了一会儿说：“这两杯冰激凌是打电话订好的。”

在中国的庐山，竟然是外国人的钱大脸大！徐志摩和张歆海气愤地发了几句牢骚，转身买了一些饼干糖果离去。刚刚走到今街心花园，这里离胡金芳旅馆不到50米，“都约翰”经理已叫了十几个苦力拿着棍棒追来，拦住他俩找碴儿。幸亏张歆海会几下武功，徐志摩爱情不顺心，无名火大，一副天不怕地不怕的样子，吓退了这群“程咬金”。

徐志摩两人怒打“西仔”的轶事，当晚被添油加醋地传遍了牯岭，一位叫郭子雄的文学青年慕名到胡金芳旅馆拜访。徐志摩是个热情奔放

① 郭子雄：《忆志摩》，《文艺月刊》1936年第8卷第3期。

的人，毫无架子，请郭子雄明日带他到大林寺看一看。郭子雄说：7月13日至15日大林寺世界佛教联合会太虚法师讲经已结束，太虚法师已下山。不如到黄龙寺看看，下面还有三宝树和黄龙潭。三人便约定结伴游黄龙寺。

翌日清晨，一人一乘轿子出发了。郭子雄注意到徐志摩手里捧着一本线装书看，问是什么书，徐志摩手一扬，说："在如此名山读读《老子》，是一件乐事。"黄龙寺以黄龙潭得名，寺建黄龙山中，群峦怀抱，松杉碧绕。寺前的两株古杉、一株白果树格外高大。三人下轿信步到黄龙潭看瀑布，远远看去，只见一道白光在黑暗中闪动。徐志摩和张歆海从旁边岩石攀到瀑布顶端，兴致勃发，又特地在黄龙潭溪水旁解衣下水。水太浅不能游泳，徐志摩在水里划拉了几下，从水里跳出来，采了草、花和树叶，围在腰间，颇有几分诗意地说："我已回到亚当与夏娃的时代了。""可惜没有夏娃。"不明就里的郭子雄打趣道。

"正是缺少了一个夏娃。"徐志摩可能又想到了林徽因，情绪低落下来。诗人的意境，诗人的遗憾。[①]

徐志摩在庐山上还写了《五老峰》《庐山石工歌》《庐山小诗两首》等诗作。

小诗其二是《山中大雾看景》，意境非同一般：

这一瞬息的展露——
是山雾，
是台幕！
这一转瞬的沉闷，
是云蒸，
是人生，
那分明是山水田庐，
又分明是悲欢喜怒，
啊，这眼前刹那间的开朗——

① 郭子雄：《忆志摩》，《文艺月刊》1936年第8卷第3期。

我仿佛感悟了造化的无常！

一九二五年三月前作

汪精卫的《双照楼》诗曰："远山如美人，盈盈此一顾。"徐志摩的山雾台幕，何处不见林徽因的倩影！这也是徐志摩一生情感或生命之"瓶颈"。

4. 大林寺太虚讲经

徐志摩1924年上庐山，细说起来有两件公干，一件是翻译整理泰戈尔的讲演稿，另一件是太虚汉口送别泰戈尔时徐志摩说的一句话。

1924年4月26日，泰戈尔一行在京文化交流时，受到佛化新青年会的邀请，曾到法源寺赏丁香花。徐志摩陪同前往并做翻译。那年春天，太虚法师应泰东图书局邀请撰写《王阳明全集》"序"来到北京，下榻法源寺，正好相遇。印度诗哲泰戈尔对太虚法师大乘新论已有所了解，大加赞美。太虚则亲切地表示："希望老诗人泰戈尔变为佛化的新青年。"（《佛化新青年月刊·泰戈尔专号》）惜别后，泰戈尔向徐志摩提出一个小小的要求，请他收集一点太虚法师的"故事"。

太虚，原来是徐志摩的老乡，浙江海宁人，1889年出生，比徐志摩大8岁，祖上世代务农，与徐志摩出身的富豪世家是两个世界。1904年，太虚16岁出家，从小家穷，没有读什么书，佛教经文一读，文化大进，18岁学写诗，诗名渐盛。辛亥革命时，23岁的太虚在佛教界试图谋划一场宗教改革，一时赞成的、反对的闹翻了天。1914年，太虚只好"闭关"于普陀山锡麟禅院，在封闭的禅房门上写上"昧盦"，还写了一首"梅岑答友"诗，以谢各位俗缘。随后三年，太虚只能在这所禅房坐禅、礼佛、阅读、写作，日有常课，不能出来。

1916年8月25日，孙中山视察舟山群岛，偕胡汉民等人来到普陀山，山上长老陪游。孙中山提出想见太虚，告知闭关不得见，孙中山倍感遗憾，为太虚题写了"昧盦诗录"。

太虚知道后，特奉诗一首：

中山先生游普陀作此，即呈道正：

卓荦风云万里身，廿年关系国精神！
舒来日月光同化，洗出湖山看又新。
佛法指归平等性，市民终见自由人。
林钟送到欢声壮，一蕙豪吟起比邻。
五年孟秋之杪，昧盦太虚未是草。

在中国佛教界，对孙中山以诗词迎送的，可能只有太虚法师。徐志摩对太虚的爱国精神和关心时政不得不刮目相看。辛亥革命时，南方不少大寺庙都组织了僧军参加“光复”战斗，绍兴戒珠寺住持担任过革命军的统领，太虚还参加过早期国民党的一些活动。

7月上旬，徐志摩陪同泰戈尔一行坐火车来到汉口，这位对太虚和佛学颇有兴趣的诗哲，听说太虚在武昌办了一个佛学院，便执意要过江。徐志摩正准备联系，就见武汉佛化新青年会特来迎接。次日，武汉佛化新青年会在武昌洪山宝通寺举行了热烈欢迎泰戈尔的大会。会上，人们对泰戈尔的热情、对太虚法师的尊重和爱戴，徐志摩一一看在眼里。会后，太虚邀请参观寺中举办的武昌佛学院——中国佛教界第一所佛学院。武昌佛学院于1923年9月1日正式开学，僧俗兼收，目的在于造就师范人才，出家者整理僧制，在家者组织正信会，推动佛教于广大人间。学生有六七十人，还有专门从北京平民大学转过来的学生。武昌佛学院管理参照禅林规则，早晚禅诵，念弥勒佛。佛学院课程集千年佛学和当代社会知识于一体，使徐志摩不得不对年仅36岁、立志改革中国佛教的太虚法师肃然起敬。泰戈尔一行请教了太虚“人间佛学理论”，太虚也一一做了回答。回答之精妙，令徐志摩更想了解他的经历。太虚笑了笑，双手合十，未予回答。再问，太虚说，庐山有个大林寺，你去看一看就知道了。

徐志摩上庐山后的第三天，专程去找大林寺，可惜只见新修的大林寺讲经台和尚未修复的大林寺遗址。[①]

---

① 吴宗慈：《庐山志》，江西人民出版社1996年版，第187页。

大林寺遗址离佛手岩两里路，初建于公元390年，东晋孝武帝的时候。那时庐山脚下东林寺18位高贤组成了一个“莲社”，探索和传播佛教文化。莲社中有一位叫昙诜的高贤，一天从山下赛阳步行到牯岭。见今庐山如琴湖的下方，古木参天，流水潺潺，俯视山下谷地犹如含苞欲放的莲花，便化缘在此修建了一座寺庙日修佛法，它就是大林寺。隋唐时，这里高僧辈出，唐武德年间，禅宗四祖道信携五祖弘忍来此修炼，大林寺走向鼎盛。其后迭遭灾祸，屡毁屡建。清光绪时由僧人清源重建，不久又遇火灾，民国初年一片沉寂。

1922年8月，太虚到安庆迎江寺讲学，被邀请游庐山，下榻天池寺，坦山法师来访，叹息匡庐佛地，今天盛传基督教，有耶稣升天堂、大礼拜堂、小礼拜堂、东正教堂，就是听不到三宝之音。太虚本来将爱国列为人生佛教的重要内容，一听此话，第一个念头就是要用中国化佛教和西方基督教在庐山唱唱对台戏，当即请人带路前往离牯岭街最近的名寺大林寺，很快便在划界桥北茅屋草坪间找到遗址，读碑，甚为叹息，即兴写下《牯岭杂感》诗一首：

云顶一峰昙诜迹，大林三寺白香诗。
夕阳何处遗踪觅，烟录尘红总可悲！

8月下旬，太虚回武昌。正值佛学院董事会开成立会，选举梁启超为院董长（陈元白代），李隐尘为院护。太虚乘机建议：于庐山大林寺遗址，修建讲堂以供暑期讲学。此议得到梁、李等人的赞同，太虚即以世界佛教会的名义写信给庐山清丈局局长万中祯，呈请同意修复大林寺为每年暑期讲演佛学之用。1923年 2 月，清丈局复信，大林寺遗址早在1914年已被私人租定，并立有界石。只得在寺基前右方，暂时划定未经立界之地四十方，作为临时建设讲演之用，等将来再与租定者协商恢复大林寺故址云云。[①]

1923年春，在大林寺遗址附近修建了一座仿西式样子的讲经台，

---

① 吴宗慈：《庐山志》，江西人民出版社1996年版，第187页。

■ 民国大林寺

旁边盖了几座房子。万事俱备，东风劲吹。

1923年7月10日（农历五月二十八），太虚法师等人上山，协调安排庐山暑期第一次讲习会准备工作。山上山下四面八方的佛教徒接踵而来，有的是为了一睹尊容，有的是为了聆听佛经，还有的是为了壮大中国佛教与西方基督教第一次“打擂台”的声势。自辛亥革命后，太虚一直提倡佛教改革，提倡东洋宗与西洋宗教的优越性，诗文流传，闻名遐迩。

“有朋自远方来，不亦乐乎！”8月11日（农历六月二十九）暑期讲习会正式开讲，由太虚法师讲《佛法略释》，陈维东与程圣功两人做记录。太虚从“佛法与科学”讲起，角度新颖、时尚，令与会者震惊。消息传到牯岭教堂，吸引一些基督教徒也流连于大林寺讲经台。下午，太虚的“佛法与哲学”“佛法悟入渐次”，吸引了越来越多的听众。那种声势和效果，“令华洋神教徒为之惊异”，连老天爷也震动了。

李隐尘当时记载：大师开讲日，入晚风雷大作，诗以纪庆：

大林峰畔讲经台，千载松阴冷碧苔。
祇树孤园原未散，莲华庐社此重开。

曼陀天雨纷灊采，般若灵源助辩才。
十万魔宫齐震动，夜深岩壑吼风雷！

就是在庐山这次暑期讲经会上，日本大谷大学教授稻田圆成专程到武汉拜见太虚不遇，特转道来庐山，谈及成立世界佛教联合会事，并定下互派佛学留学生。日本领事江户，以日本佛徒名义来参加，并电告日本，派代表明年来会。

中国近现代第一次庐山佛学讲经会后，太虚立即投入来年夏季将在庐山召开的第一次世界佛教联合会的筹备工作，打报告由地方转呈北京政府备案。

1924年6月，庐山正式成立世界佛化新青年会。未成立前，此项工作曾先后由汉口和北京宣内象坊桥观音寺主持。（《武汉癸亥佛教年鉴》）由于胡瑞霖等向各学校介绍，京津沪各大学都有佛化新青年会成员。当时中国加入世界佛教运动者，仅北京就达3000余人。

■ 太虚（前排左四）与中外佛教徒在庐山

1924年7月13—15日，世界佛教联合会如期在庐山大林寺讲经台召开。中国佛教界到会的各省代表有浙江太虚、武汉缁素、湖北了尘、湖南性修、江苏常惺、安徽竺庵、江西李政纲、四川王肃方等10余人；日本推法相宗长佐伯定胤、帝大教授木村泰贤；英、德、芬、法国佛教徒也派来代表数人。史维焕任翻译。会议商讨了中日两国佛教界交换教授学生，唤起与缅甸、泰国等联合；议决来年在日本开“东亚佛教大会”。会上，常惺、木村泰贤、黄季刚、李政纲均有演讲。太虚在庐山讲经台讲演《西洋文化与东洋文化》《大乘与人间两般文化》，针对当时各界物质文明、精神文明之争而作，认为“西洋文化乃造作工具之文化，东洋文化乃进善人性之文化”，中国佛学应该是人间佛学，是人人可以参加的佛化运动。这个运动，不仅属于职业宗教僧侣，也出于全民族的护法精神，能救济世界之人心。

1925年8月4日，太虚抵庐山。10日至12日，庐山暑期讲演会开讲。太虚讲《世俗的人生观》《中国人用中国法之自救》，北大教授张怡荪、台湾法师善慧也参加了这次讲演会。这一年太虚在庐山待的时间比较长，由太虚代表大林寺出面以700元大洋购买了张炳记所领大林寺南山地210平方米，计地2块，前齐马路，后齐山脚，左齐庙基，右齐荷花池，9月19日由庐山清丈局局长毛仪批准过户。[①]10月上旬太虚才下庐山，经南京到上海，与26位高僧组成东亚佛教大会中华佛教代表团，任团长，10月27日前往日本，11月21日离日返国。

1926年、1927年夏天，南国风起云涌，北伐军所向披靡，武汉、九江先后处在战争之中，太虚的暑期讲演会没有举行。不过，1927年9月，下野闲居老家的蒋介石听了黄郛对太虚佛学的称许，电邀太虚去奉化雪窦寺一游。9月9日，太虚抵达雪窦山。蒋介石和蒋经国的母亲毛福梅（蒋当时还未与毛正式离婚）一起在寺前恭候。太虚与蒋介石、吴稚晖、张治中长谈甚得，一起游览了千丈岩。9月10日是中秋节，蒋介石又请太虚在溪口文昌阁说“心经”。聆听者有蒋介石夫妇、吴稚晖、张治中等。太虚即景赋诗一首，其中两句尤被蒋介石欣赏，“千古相知有

---

① 吴宗慈：《庐山志》，江西人民出版社1996年版，第188页。

明月，一生难忘是中秋”。次日太虚返宁波，致函申谢，并告以准备赴欧美游化传播佛学。蒋介石吩咐身旁的陈果夫，以3000元大洋为助，自然是好大一笔善款。

在准备出国时，太虚和胡适在斋席上相遇，谈及此事。胡适感到言犹未尽，于1927年10月8日给太虚写了一封信，对太虚出游列国的想法予以劝阻：“鄙意以为先生到欧美，不如到日本；去讲演，不如去考察；去宣传教育，不如去做学生。”太虚于1927年10月19日给胡适回了一封信，对胡适的看法颇不以为然。①

1928年6月23日，蒋介石给太虚拍了一份电报，告知一切如1927年中秋节太虚所预测，重柄大权并完成了统一大业，邀请大师来南京一游。原来1927年底蒋介石重新上台，1928年第二期北伐虽然在济南与日本人发生冲突，交际员蔡公时被日本人惨无人道割鼻挖眼杀死，军队也被打死打伤不少，但蒋介石以退让济南改道北伐换得了日本对蒋介石政权的默认。6月3日，张作霖被迫退出北平回沈阳，次日在皇姑屯被日本人炸死。6月15日，国民政府发表宣言，“统一告成”。接到蒋介石的电报，太虚立即从上海赶到南京，到总司令部拜访了蒋介石。第二天，二人一起游汤山，相谈甚欢。蒋介石亲自作函介绍太虚给前去探望在宁的国民政府要人谭延闿、蔡元培、李烈钧、张静江等，获得了一些资助，得以在南京成立中国佛学会筹备处。当年8月中旬太虚出国，沿途访问了西贡、星洲、锡兰、开罗、马赛、伦敦、柏林、华盛顿、耶鲁、芝加哥、纽约、旧金山、檀香山，于1929年4月回国，历时8个月。

1929年11月中旬，太虚从汉口到南京，中途特别上庐山在大林寺住了一夜，翌日晨起下山。

5. 陈三立、徐悲鸿诗画会友

1929年11月21日（旧历十月二十一），佛学大师太虚下山数日后，诗界名流陈三立由次子陈隆恪随伺，从上海溯江而上至九江，上庐山，

---

① 《胡适来往书信选》（上），中华书局1987年版，第433、446页。

在林肯路（今柏树路）陈隆恪1928年5月租下的一栋别墅住了下来。

陈三立，因其中年筑散原精舍于金陵，时称散原先生。陈三立的父亲陈宝箴素有盛名。陈宝箴本来是个没有做官的举人，太平天国军兴起，他组织江西义宁团练，和石达开打过几仗。1870年，陈宝箴第一次游庐山，题诗“匡庐五老绕乡思，真面何人写照来”。他后来官至湖南巡抚。光绪新政，陈宝箴父子南北呼应，支持戊戌变法。当时，陈三立、谭嗣同、徐仁铸、陶菊存被誉为维新四公子。陈三立1889年考中进士，授吏部主事考功司行走，带职前往襄助父亲，以推行新政。变法失败，陈宝箴、陈三立父子被革职，永不叙用。次年，陈宝箴“以微疾卒”（当今出现一种陈宝箴被慈禧太后赐死之说，为此请教陈三立孙女陈小从先生，回复：先曾祖陈宝箴之死，在先祖所撰“行状”中所述为“以微疾卒”，家人及亲友也一致认同。至于“赐死”一说，惜迄今为止未获任何旁证，故现尚不宜引用）。陈三立此后远离政界，立下“祖训”。随后闲居南昌、南京、杭州的日子里，陈三立以诗文自娱，以气节自励，成为近代同光体诗派代表。

陈三立很喜欢庐山，早在1885年、1886年、1889年，独自三次游庐山，1893年5月27日（旧历四月十二），应好友易顺鼎之约，与范仲林、罗运崃再上庐山，山上山下盘桓多日，陈三立得诗55首，范仲林50首，易顺鼎47首，罗运崃30首。下山后，陈三立将四人诗作编汇刻成4卷《庐山诗录》。有了这段渊源，陈三立年老时很希望在庐山常住。

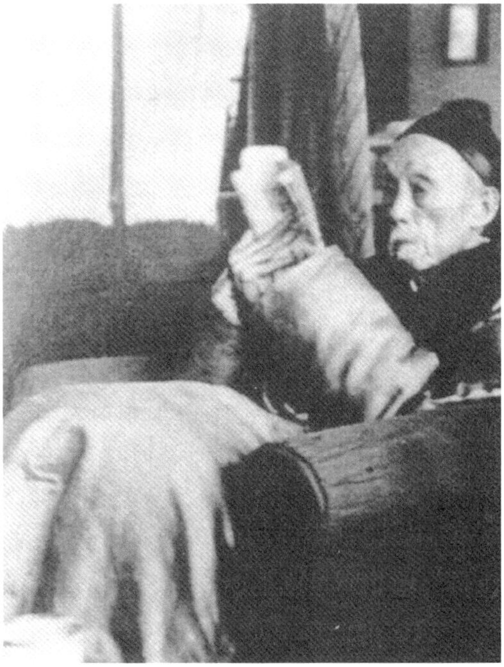
陈三立在庐山松门别墅

庐山当时有别墅700余栋，适逢大革命后大批传教士纷纷回国，别墅多廉价出售，200多栋别墅转为中国户主，尚有大批别墅待售。当时庐山有两个外国人房屋经纪，一个叫约翰，另一个叫李博德（德国人）。据传李博德的华语说得不错，由他作中介售出的别墅比较多。于是陈隆恪通过李博德，购置了一栋挪威人留下的别墅。别墅始建于何年，原房主姓氏、身份、职业等情况，现已不可考。只知陈三立购置的别墅今为河南路602号。

这栋别墅当时售价4000元大洋，屋内家具、厨房用具齐备。同时期商务印书馆董事长张元济也用4000元大洋购下东谷一栋别墅。当时庐山房屋供过于求，故房价低廉。购屋时，陈隆恪的连襟贺鹏武（字逊飞，萍乡人，举人出身，能诗）由九江携家来庐山定居，两家遂同住两年多。这就是吴宗慈《庐山志·山政·地区域房屋业主详表》载1129号产权户主为陈、贺两人名字的原因。购置这栋别墅的经费来源，主要是江西省教育厅偿还三子陈寅恪留德时欠寄的官费款。可见，南京国民政府初期尚能注意“落实知识分子政策”，特别是对知名知识分子是比较关心的。江西省教育厅才能够偿还北洋军阀时期欠寄的官费款，对陈三立和陈门之子都表示了尊重或笼络。

陈三立有5个儿子。长子陈衡恪是个很有名的画家，曾留学日本学博物，归国后在北京美术学校任国画教授，可惜于1923年48岁时去世。次子陈隆恪，留学日本习财商专业，归国后先后在汉口和江西财经部门任职。三子就是在国外求学近20年的陈寅恪，当时在清华大学教书。四子陈方恪，复旦大学毕业，曾任大学教职。五子陈登恪留学巴黎，归国后在武汉大学任教。

陈隆恪购下此屋后，尊重父亲的意见对其进行了修整。将原有的凉台扩大改建，砌了坡坳，在坡坳的台地上修了一个小花园。这栋别墅依山而建，二层半的房子，均可从屋外进入。朝南的一半原为一层，有敞开式外廊、石柱。朝北为两层，经过修整后，朝南的一半也改成了两层，全为红色油淋板封闭，成了一栋造型格局颇有个性的别墅。陈三立在别墅前的巨石上题刻了“虎守松门”四个大字。此后，人们常称此为“松门别墅”。

1930年农历四月，陈三立与陈隆恪一家移居此别墅。特写《首夏移居松树林新宅》以贺。诗情如画：

…………

怪石瞰门间，远水漏氛翳。

咫尺万松林，飞影散浓翠。

风起满涛声，笳管半天沸。

憩彼木末台，千里纳凉吹。

…………

松门别墅很快成为文化名流庐山小住之处。徐悲鸿就是其中的常客。1925年徐悲鸿从欧洲留学回国度假，第一次游庐山。1927年秋回国后徐悲鸿分别在上海光华大学艺术系和南京中央大学艺术系任主任。为了培养学生观赏临摹山水的基本功，徐悲鸿不惜宁沪两地奔波，每年都带几个学生上庐山实地写生。20世纪30年代初，徐悲鸿多次下榻松门别墅。徐悲鸿与陈家两代人关系甚好。早在1918年，徐悲鸿与陈三立的长子陈衡恪都是北京大学画法研究会的成员。1919年，徐悲鸿赴法国留学，北大画法研究会举行欢送会，陈衡恪在会上热情洋溢地发表演说，并赠印章一枚。后来五子陈登恪到法国，与徐悲鸿、张道藩、谢寿康、蒋碧薇等人都是“天狗会”会员。徐悲鸿后又在柏林与三子陈寅恪结识。徐悲鸿回国后，又与在南京东南大学任教的五子陈登恪常相过从。1930年夏，徐悲鸿偕夫人蒋碧薇上庐山，陈三立及二子全家自然举双手迎接他们住进松门别墅。陈三立、徐悲鸿这一对著名的诗人和画家立即用各自的专长畅谈对庐山独特的感悟。

陈三立吟诗谈云：

雨余吐日拥登危，倚石为收一段奇。

粉本画图光皑皑，兜罗世界影离离。

混茫孤涌蓬莱岛，澄碧低围菡萏池。

老去坡公观海市，伸眉一笑尚能追。

徐悲鸿从诗中看画，将陈三立的诗意演绎为一张张云海世界的彩图。陈三立即兴作诗《徐悲鸿画师来游牯岭相与登鹞鹰嘴下瞰州渚作莲花形叹为奇景戏赠一诗》：

秘泄瀛寰亦一奇，龙锺为显古须眉。
来师造化寻穷壑，散落天花写与谁？

这次上庐山，徐悲鸿为散原老人画了一幅炭笔素描肖像画。1931年夏，徐悲鸿再度上庐山。这时留法同学陈登恪、谢寿康均在山上。三人在“松门别墅”相聚。徐悲鸿在松门别墅住了1个月，为陈家每人都作画留赠。在陈三立及其子盛情接待徐悲鸿的前后，蒋介石也在山上。据说他曾派张群到松门别墅表示委员长准备来探望散原老人，陈三立以身体不佳婉拒。

陈三立（后排左二）、徐悲鸿（后排左四）在庐山

第六章　先安内后攘外风源

1. 胡汉民的庐山绝照

蒋介石的“礼贤下士”，在陈三立面前碰了一个软钉子。他这几年南征北战，却在1929年12月、1930年12月数次庐山“剿匪”会议上露了“脸面”。

自北伐时期两次牯岭会议后，蒋介石二年时间打了数次恶仗。第一次是1927年春夏的“清共”，蒋介石利用李宗仁、白崇禧的军队在南京、上海用血腥镇压手段将国民党内的“心腹之患”共产党清理干净。第二次是1929年春的蒋桂战争。3月21日，蒋介石扣留两广核心人物李济深于南京汤山，再用其位利诱广东陈济棠和陈铭枢出兵支持讨桂，然后下令讨伐桂系，免去李济深、李宗仁、白崇禧本兼各职，将他们永远开除出党。蒋介石亲临九江督师指挥，以海陆空军的压倒优势4月4日攻占汉口。4月5日，蒋介石抵汉，委任鲁涤平为武汉卫戍司令，很快把李宗仁、白崇禧新桂系伸到中原的手“砍”回了广西。第三次就是在1929年蒋桂战争后，1930年历时半年的中原大战。3月20日，蒋、冯两军开火，阎锡山、冯玉祥、李宗仁、张发奎纠集了几十万兵力发难，旗开得胜。蒋介石两次陷于几乎被活捉的险境。蒋介石化险为夷的战事可以说上几天几夜，他转败为胜的关键，可以用几句话概括：用金钱收买了冯玉祥的部下，令曾是陈铭枢部下的蒋光鼐率军占领衡阳，断了兵达长沙、岳阳的李宗仁、白崇禧的后路；再用“礼义”敦促了张学良9月18日率12万兵入关，表示拥护中央，大势由此锁定。当然国民政府9月13

■ 蒋介石到达九江

日拨给了东北军入关开拔费2400万元大洋。东北出兵的整个“礼义”过程，代表了中国权谋应变的典型。冯玉祥苦心经营20余年的40余万人马在中原大战中分别被蒋介石收买、收拾。后来英勇抗日彪炳史册的吉鸿昌部、张自忠部以及宋哲元部，都是当时被蒋介石收纳的冯玉祥原部下。

中原大战胜利后的1930年12月12日，蒋介石偕邵力子、周佛海等乘坐兵舰到达九江上庐山。

就在同一天，蒋介石发表“江电”，主张四点：（1）提前开第四次全国代表大会；（2）速开国民会议；（3）议定训政时期之约法；（4）赦免政治军事犯。此举将他与胡汉民的矛盾装扮一番公开化。

12月13日、14日，湖南何键，山东马福祥，广东范石生，安徽、湖北、河南的徐源泉、夏斗寅、肖之楚、谢彬等“剿匪”将领纷纷上山，15日，蒋介石在牯岭召开了三省“剿匪”会议，分别听取和认真研究了皖鄂豫防务及各省协助“剿匪”情况。[1]同时，“财政部长宋子文、中央

① 据《中央日报》1930年12月13日、12月16日。

党部秘书长陈立夫、教育部次长陈布雷、中委吴稚晖等，奉蒋主席电召，由京乘坐飞机赴赣，转往庐山与蒋主席会商一切。现吴稚晖氏曾须有少有耽搁外，宋子文、陈布雷、陈立夫三氏，铣（16日）已乘舰返京”。

“蒋主席铣（16日）晨出发游白鹿洞，邵力子同行，周佛海留牯岭。”

今日很少有人注意到，蒋介石在执掌重权的年代，第一个欣赏的“文胆”是邵力子，而非陈布雷。

邵力子时任国民党中央政治会议委员，海陆空总司令部秘书长，主要工作是为蒋介石起草文稿。

1930 年蒋介石与吴稚晖在庐山

那天，邵力子跟随志得意满的蒋介石前往白鹿洞，脑海里不由得想起去年今日与胡汉民、陈布雷、陈立夫四人的庐山行。

1929年冬，国民政府立法院院长胡汉民第一次上庐山，也是其一生唯一一次庐山行，当时胡汉民刚过50岁生日，想起半个世纪的坎坷，感慨尤多，可惜比较谈得来的国民党元老张继、古应芬没有上山，胡汉民便邀请邵力子一起游山。

邵力子，学名闻泰，字仲辉，力子是他办《民立报》时所用的笔名，取义于《后汉书》“游子天所弃，力子天所富”之句。

邵力子在国民党和共产党内都是元老，也是一个颇受欢迎的人物，性格比较随和。他比胡汉民小3岁，一见胡汉民邀请，“欣诺”，还特别邀上两个人，一个是40岁的陈布雷，另一个是30岁的陈立夫。陈布雷当时还在国民政府教育部任常务次长，陈立夫则在国民党中央执行委员会任秘书长。

“两陈”对胡汉民、邵力子毕恭毕敬，请两位先生走在前面。邵力子是中国知识分子中从激进转向“中庸”，走向和平道路的典型人物，身世颇具特点。1902年邵力子20岁考取杭州府第67名举人，但他却反对科举。1905年到上海震旦公学求学，被清廷通缉，与从陕西来沪就读的于右任相交，结成一生莫逆。1907年，他与于右任等人同去日本学新闻，加入了同盟会。辛亥革命前后在上海协助于右任相继创办了6份著名报纸：《神州日报》《民呼报》《民吁报》《民立报》《生活日报》《民国日报》，闻名遐迩。1920年，邵力子又与陈独秀、陈望道、李达等6人组成上海共产党早期组织。1921年上海召开中国共产党一大，邵力子做了不少筹备工作，但没有作为代表正式出席。1925年5月，受蒋介石之邀，邵力子受命为黄埔军校秘书长，7月22日到达广州，公开了共产党员身份，经常为蒋介石起草文稿。1926年8月，邵力子作为国民党代表赴苏参加共产国际第七次扩大会议，按照中共中央的吩咐，退出共产党。同时推荐上海《商报》“神笔”陈布雷接替自己。邵力子回来后，陈布雷从蒋介石身边回到浙江省教育厅担任过数月厅长，不久又被蒋介石以教育部常务次长的名义调到南京。

此时游山，邵力子请胡汉民领先。胡汉民用右手推了推眼镜，笑着说：“不用客气，我们四人都是秘书出身嘛。”

陈立夫的脑筋转得好快，接口就说：“不过胡先生是总理的大秘书，是我们的老师和前辈，不是一般秘书可以相比的。用恒老（吴稚晖，字有恒）的话赞：征桂功超言论之外；对待阎冯，功居后防之先。”邵力子在一旁谦虚地连连点头。

胡汉民的自尊心得到几分满足，大步领前，几分倚老卖老地说：“是呀，20多年前在日本，我就在总理手下做秘书工作。一秘带十杂，连钱袋都管。你们都知道，总理还有一个秘书。”暗指汪兆铭。“今年他和阎锡山、冯玉祥搅在一起不服蒋中正。”胡汉民在他人面前，对蒋介石从来直呼其名。“汪兆铭是个只会唱高调、别有用心的人，冯玉祥只会打仗，对政治完全外行；治军听说也是过去的老一套，手下的要升官，即使是团长升师长，也要当着士兵打一顿屁股，脱下裤子打。打完了后面升官的佳音就来了。现在的社会，谁还吃这一套。他的军队又没有军饷，没有好地盘。据说阎锡山活像一个钱铺老板，只会算小账，对冯玉祥、汪兆铭、李宗仁都不能吃一点亏，哪里能成什么大事？”

陈布雷点头，友善地看了胡汉民一眼。这几年胡汉民鞍前马后为南京国民政府效力，是立下大功的，这和他的辛亥建树既紧密联系又泾渭分明。

胡汉民，1902年和吴稚晖等人东渡日本。1905年秋加入同盟会，先后任评议部书记、南方支部长等重要职务，那时与汪精卫极为相投。汪精卫1910年初前往北京行刺，曾破指写血书与胡汉民：“我今为薪，兄当为釜。”辛亥革命后，胡汉民曾任广东都督，南京临时政府总统府秘书长，随侍孙中山左右，始与汪精卫有隙。1924年底孙中山上京，胡汉民留在广东代理大元帅。1925年3月孙中山去世，大元帅府改为广州国民政府，汪精卫以苏联顾问的支持攫取了政府主席和党的主席职务。8月20日，廖仲恺被刺，胡汉民堂兄胡毅生涉嫌逃走，胡汉民受到牵连，被汪精卫、蒋介石联手打击，家被抄，人被劫往黄埔软禁一星期，被迫离职赴苏考察。1926年4月胡汉民从苏联回来，提出“党外无党，党内无派”的主张，继续诋毁共产党和新三民主义。1927年4月5日，胡汉民被邀请参加“清党”会议，他提出“非以壮士断腕的决心，反共清党不可”，受到蒋介石的推戴。1927年4月18日，出任南京国民政府主席等要职。其后发表了《清党之意义》《三民主义之认识》《三民主义与世界革命》《三民主义是世界革命的最高原则》《三民主义的精神》等一系列要文，按照南京国民政府统治的新需要，歪曲和否认了孙中山的三大政策。1927年8月蒋介石被迫第一次下野时，胡汉民随之辞职。

1928年1月蒋介石复出不久，以“南京事件”打压元老派，胡汉民只好赴欧考察以避其锋。1928年8月下旬返抵香港。当时，北伐战争已结束，围绕战后裁军问题，地方军阀与蒋介石之间激烈交锋，大有联合反蒋之势。为此，第十一军总指挥陈铭枢、第四军总指挥陈济棠至港，请胡汉民到广州主持广东政务，胡汉民没有同意。胡汉民由香港抵达上海，许崇智、居正、谢持等又劝他不要去南京帮助蒋介石，但胡汉民仍执意前往南京，很快成为国民党中常委，立法院院长，负责制定《训政纲领》，鼓吹“以党治国”和五院分立。胡汉民在南京的这段时间，正是蒋桂战争、粤桂战争、蒋冯战争时期，胡汉民积极制定了民法、刑法、土地法等多种法典，希望通过制定法律而使立法院成为国民政府的最高立法机关——“议院”，既以党治国，又抑制独裁。

陈布雷对胡汉民的想法是尊重的，但仅仅是尊重而已。

沿着花径山道，四人来到大林寺西刚刚修建不久的游泳池。

当年庐山有三个游泳池，一个是牯岭租借地内（今体育宾馆）填平的小游泳池，由英国人所修，主要是驻地外国人收费使用；一个是芦林俄国人修的游泳池，大致方位就在今芦林湖内；还有一个是1929年由邓青山、应兴华、黄志暌等人募捐，专门为国人修建的游泳池。游泳池利用了原大林寺荷花池旧址，当年就修筑成功了。冬天，游泳池的池水放尽，光碌碌的水泥底面泛着银灰色的青光。陈立夫叫唤着：“天底下还有这么笨的人，山上四处都有泉水，怎么不接一处，还有让游泳池干的吗？”

陈布雷没有说话。在人前，这位大秘书很少开口，也可能他感到陈立夫的个性太过于张扬。冬天的游泳池不蓄水，中国的政治，也不注重蓄人气。岂不是一样的症候？

邵力子心有灵犀，忍不住说：“游泳池不蓄水不可怕，社会年年打

■ 1930 年周佛海、邵力子、陈立夫、陈布雷在庐山仙人洞（从左至右）

仗就可怕了。什么时候能不打呢？”

陈立夫胸有成竹地说：“快了，中央军横扫剩余的‘共匪’，最多半年还不完结？”

邵力子事后分析道：蒋介石实际上是希望以他为中心建立一个维护大地主大官僚资产阶级利益，以军人占主导地位的政府。胡汉民书呆子气十足，他是希望以孙中山旧三民主义为主导，建立一个资产阶级共和政府。殊不知，孙中山在世时，这条路由于帝国主义在中国盘根错节的势力尚且走不通，孙中山晚年才寻觅“联俄联共扶助农工”的新路径，南京国民政府抛弃或背叛了这条新路径，胡汉民的愿望不是与虎谋皮吗？想到这里，一年后再上庐山的邵力子不禁一栗。

1930年12月21日，蒋介石、邵力子下山前往汉口。[①]随后，国民政府公布了《国民会议代表选举法》，宣布1931年5月5日召开国民会议，选举国民政府主席。蒋介石立即命令陈果夫、陈立夫兄弟通过中央组织部派出20多人奔赴各省市，以视察党务的名义为其拉选票，同时处置共产党活动。1931年1月17日，共产党员作家柔石、胡也频、殷夫、李伟森、冯铿在上海被国民党特务逮捕，丁玲曾专程去南京以探望旧日老师的名义，找邵力子写了一封信给上海市市长张群，但还未来得及递出，2月7日，这5位热血青年就已被蒋介石秘密杀害于上海龙华。蒋介石“江电”宣传的释放政治军事犯，实在是虚晃一枪。

随着各地的磨刀霍霍，2月中旬视察员回南京报告，估计将来选举时拥护蒋介石做国民政府主席的票数不过32%，倾向胡汉民者可达68%。蒋介石马上召集亲信吴稚晖、戴季陶、陈果夫、陈立夫、邵元冲、叶楚伧在住所召开秘密会议，共商对策。吴稚晖自告奋勇前去劝说胡汉民“辞职休养”，一见面，胡汉民想起庐山上吴稚晖对蒋介石的谄媚，大骂其无耻之徒。几天后，蒋介石再次召集原班人马在住所开会，寻找良策。戴季陶出了一个馊主意，说：“把他（胡汉民）关起来吧！”

1931年2月28日胡汉民被邀请到总司令部吃晚餐。从上午8时到晚上8时一直忙于立法院例会的胡汉民，拖着疲惫的身体到达总司令部。

① 据《中央日报》1930年12月22日。

首都警察厅厅长吴恩豫在静候，递上一封蒋介石加有许多旁注的长信，信中罗列了胡汉民“近来反对政府，反对介石，无论在党务、政治方面，处处与他（蒋）为难”的种种罪状，其中最重要的罪行是反对约法和破坏行政。胡汉民“又气又笑”，要求面见蒋介石，但见到的却是邵元冲。邵元冲好不容易说出真话：“蒋先生想胡先生辞立法院院长！”胡气愤地说：“何止辞立法院院长，但必须找介石来。”子夜12点，蒋介石终于由十几名卫士护送而至，胡汉民据理指斥蒋介石抓他是因为“想做袁世凯”,“你如果想做袁世凯，那就反对的人多得很，不仅是我”。最后蒋介石假惺惺地说一通什么“我除总理以外，最尊敬的便是胡先生，今后遇事，还是要向胡先生请教。今晚胡先生火气太盛，我又不会说话，讲什么事，向来辩不过胡先生。不过我蒋中正断不肯冤枉胡先生。如果冤枉了胡先生，我蒋中正不姓蒋”。翌日9时，派来几十名军警把胡汉民押往南京郊外的汤山软禁。但这些在当时都是“秘闻”。钱昌照近年的回忆录，谈到胡汉民当年被囚的过程也大同小异。

1931年对外公开的是，3月2日，国民党中央常务委员会召开临时会议，决定：(1)通过蒋介石等提出召开国民会议，制定约法提案；(2)批准胡汉民辞去国民政府委员、立法院院长本兼各职，任命林森、邵元冲为立法院正副院长。

1931年3月6日的《中央日报》刊登了蒋介石3月4日宴全体立法委员，报告胡汉民辞职经过，“乃胡同志不愿顾一切，竟于上星期内由宣传部以胡同志名义正式发表国民会议不当，议及约法问题，中央各同志对此甚为不满，监察院委员某君且欲提弹劾案，余负有政治责任，不得不从中调解，免启纠纷，并对该委员声明政治问题由余负责解决，请勿提出弹劾”。蒋介石竟成了维护胡汉民的首领。

3月9日，蒋介石在国府纪念周报告胡汉民的病状与其以后的居住问题，煞有介事地提道：“胡同志唯其向来有后脑神经痛病，及血压过高之症，……胡同志因为避嫌止谤，打算此后长住南京，各同志也希望如此。”①

---

① 据《中央日报》1931年3月10日。

为南京国民政府立下殊功的国民党元老胡汉民，竟“合理合法”地成为蒋介石的阶下囚。

2. 蒋介石太乙遇刺未遂

不过，胡汉民在国民党内的影响不是蒋介石的几个报告所能够诋毁的。南京国民政府文官长古应芬率先辞职，南下广州，策动广东陈济棠反蒋。陈铭枢时任广东省政府主席，主动离穗去港后转沪，不久去了日本。1931年4月30日，国民党中央监察委员邓泽如、古应芬、萧佛成、林森4人联名在广州发出弹劾蒋介石的通电。5月3日，两广将领陈济棠、李宗仁等联名通电，要求释放胡汉民，拥护四监委通电。5月25日林森与唐绍仪、古应芬、汪精卫、孙科、许崇智、陈济棠、李宗仁、陈友仁等在广州联名通电，要求蒋介石于24小时内下野。5月28日广州国民政府成立，“宁粤之争”拉开序幕。陈铭枢从日本归来，被蒋介石派往江西重掌正在“剿匪”的第十九路军。

1931年6月国民党三届五中全会推选蒋介石为国民政府主席兼行政院院长，但两广没有一个委员参加。蒋介石一方面调兵遣将，准备对两广施加军事压力；另一方面仍派大军对中央苏区进行第三次“围剿”。

粤方也不示弱，孙科在胡汉民亲家林焕庭的动员下，出资20万元（另一说30万元）大洋请王亚樵派人刺杀蒋介石。

王亚樵在民国时期也可以说是一条天不怕地不怕的好汉。他比蒋介石小两岁，时年43岁，安徽合肥人。父亲王荫堂终生务农，王亚樵7岁入塾，16岁略通经史，18岁设馆教书。不久，与农家女子王淑英成亲。辛亥革命时，22岁的王亚樵求拜安徽都督柏文蔚后，组织社团流浪于江南、上海一带，专事暗杀。1923年11月10日，王亚樵在澡堂门口暗杀了上海警察厅厅长徐国梁；1928年6月，暗杀安徽省主席陈调元得力助手、省建设厅厅长张秋白；1930年7月24日，应李国安之邀，暗杀上海轮船招商局总办赵铁桥。

王亚樵接受粤方的任务时，正落魄上海，他及门下本来就对蒋介石“专制独裁不打小日本”有种种看法，一见有人伸头，立即精心策划，

粤派重要人物古应芬

民国“暗杀大王”王亚樵

1931年6月上庐山行刺的华克之

在庐山太乙村附近为蒋介石设下“连环套”。

蒋介石喜爱庐山，在太乙村有一套桂庄别墅，与严重的寒舍不到半里地。每次上山，蒋介石都喜欢到桂庄住一住。从含鄱口至太乙峰的沿途风光亦真亦幻，对蒋介石来说是最好的休息。1931年6月上山后，蒋介石即往太乙村歇息，准备6月14日下午再到牯岭饭店开会。

此时王亚樵派遣的华克之、陈成、刘刚已提前上山潜伏，王亚樵的妹妹王亚瑛和表弟媳妇装扮成阔太太将武器成功地藏在火腿中带上山来。民国时期，庐山在盘山路上设有多重卡口，对非庐山男子的上山搜查极为严格，谁也别想带武器上山。据庐山老人说，有一次李宗仁的卫士带了一支手枪，也被扣留了下来，下山时才奉还。眼看暗杀计划万事俱备，三位志士神不知鬼不觉地在太乙村附近一片茂密的竹林中，将子弹和手枪从火腿中取出组装好，顺手把几只火腿扔进了附近山坳里。第二天，蒋介石卫队在附近巡逻时发现火腿，火腿是何等贵重的食物，怎能好好地把它扔掉？更奇怪的是，好端端的火腿中间被刀挖空，掏空的地方嗅之有黄铜味，断定有人利用火腿夹带武器上了山，而且此人就隐藏在附近。卫队马上加强了四周的警戒。

一连数天，蒋介石在桂庄深居简出，表面上一切如常，对金华火腿的调查工作却在紧张地进行。执行暗杀行动的华克之等三人在山上转悠，寻觅蒋介石的踪迹伺机刺杀，一刻也没有懈怠，但蒋介石仿佛消遁一样：既未见他的身影，也无从打探他的消息。刺杀者与被刺目标默默地对峙。

6月14日下午，蒋介石必须前往牯岭开会。怎么办？当天上午，蒋介石卫队请人扮演蒋介石坐在轿子上“引蛇出洞”，大批训练有素的便衣疏疏落落地随之而行，陈成一出手即被击毙，担任后援的华克之、刘刚只得撤退。蒋介石安全抵达牯岭饭店，对刚刚发生的刺杀未遂案只字未提。会议照常进行，要员如常上下。抓捕刺杀幕后凶手的工作紧张进行。戴笠派人很快侦探到王亚樵的行踪。捉拿时，被王亚樵以超人的机敏和武功逃脱。蒋介石愤愤骂道：“娘西匹！”随着王亚樵的逃脱，新一场捕捉和暗杀的较量又将悄无声息地开始。

一场惊天动地的刺杀案，被蒋介石在庐山静静地化险为夷，显示出为政的“静功”。

3. 陈铭枢恸访严立三

蒋介石为政的“动功”，则是另外一回事。

1931年7月2日，辽宁万宝山事件爆发，日本当局使用各种手段，激化中朝矛盾。自7月3日起，朝鲜仁川、汉城、平壤等地先后发生排华运动，中国侨民死100余人，伤300余人，国内舆论大哗。日本蓄意对中国挑衅，东北战争箭在弦上。但蒋介石对此毫无所顾。7月23日，蒋介石在南昌发出通电，指责“石友三叛变系粤方收买与赣匪合作，朝鲜惨案系帝国主义者阻挠我统一,万恶军阀竟丧心病狂甘于为虎作伥，惟有本我革命之责任摧陷而廓清”[1]。对日本的侵略行径和目的毫无认识，直至“九一八”事变爆发，蒋介石才接受陈铭枢的建议，对粤方进行“调停”，国难当前，双方很快达成共识，粤方取消政府，蒋介石下野，陈铭枢任京沪卫戍司令长官，第十九路军19个团由江西调往京、沪，负责警卫任务，同时为和平解决宁、粤对立奠定了重要基础。

在此值得一提的是，1931年10月19日，国民党中央常委会临时会

---

① 据《中央日报》1931年7月25日。

1931年11月宁、粤上海和平会议代表。从右至左：孙科、陈友仁、张静江、陈铭枢、蔡元培、邹鲁、汪精卫、张继、伍朝枢、李文范

议决定，凡在二届四中全会（1928年2月2日召开）后因政治关系被开除党籍者，一律恢复党籍。国民党在处理党内纷争方面，虽有临时抱佛脚之嫌，却也多次体现党内非一边倒的政局。蒋介石的对立者，包括蒋桂战争兵戎相见的李宗仁、白崇禧、张发奎等人均立即恢复党籍。1931年10月27日至11月7日，宁、粤双方在沪召开和平会议。

1931年11月7日，中华苏维埃共和国临时中央政府在瑞金成立，毛泽东当选为主席。12月14日，被蒋介石派往江西“剿匪”的原冯玉祥部下第二十六路军17000人在宁都前线起义，国民党对中央苏区的第三次“围剿”彻底失败。蒋介石被迫于同日宣布第二次下野。他的整个班子全部跟随辞职。1931年12月15日，国民党中常会任命陈铭枢提名的林森为代理国民政府主席，陈铭枢为代理行政院长。蒋介石原准备推举于右任为国民政府主席，便征求陈铭枢的意见，陈铭枢提名林森，蒋介石当即同意。

1931年12月22日国民党四届一中全会在南京开幕。蒋介石在参加开幕式后回老家溪口静养，汪精卫留沪观察动向，胡汉民回粤养病。

四届一中全会选举林森为国民政府主席，孙科为行政院院长，陈铭枢为行政院副院长兼交通部部长。新财政部从宋子文手里没有接下一分钱现金，而是1000万元的欠债。孙科内阁举步维艰。蒋介石邀请想分一杯羹的汪精卫在杭州烟霞洞会谈，1932年1月20日两人联袂回南京，将胡汉民抛在一边。行政院院长孙科和外长陈友仁等被迫辞职。1932年1月27日，国民党中央改任汪精卫为行政院院长，孙科为立法院院长。国民党内部急速的人事变动，加深了蒋介石对陈铭枢和十九路军的怀疑。1月28日，淞沪抗战爆发，十九路军同仇敌忾痛击日军赢得全国上下的支持，蒋介石却采取敷衍和畏惧态度。日本大批援兵从海上一批批增援，中国却仅派张治中组成第五军于2月16日参战，关键时刻，再无后援，功亏一篑。5月5日《淞沪停战协定》签订。陈铭枢苦闷无常，由此来到庐山，一来看看两个在李一平“交芦精舍”读书的儿子，二来前往太乙村探望弃官为农的挚友严重，禀告最重要也是最难过之事。

健步走在庐山山岭，陈铭枢的心情也随着山上的小路盘旋起来。他忍不住自问：陈铭枢啊陈铭枢，革命了20多年，前面的道路为什么越走越窄呢？

陈铭枢是广东合浦客家人，1906年考入广东陆军小学第二期读书，加入同盟会，1909年毕业，升入南京陆军中学，带领一支敢死队参加了武昌首义，充当黄兴的卫队。1912年进入保定军校读书。二次革命失败后，随孙中山、黄兴到日本学习军事，也学习佛学。1916年护国战争回国在方声涛部任连长。1921年率部编入邓铿率领的粤军第一师第四团，任团长。1922年3月21日，

陈铭枢（左）和被“释放”的胡汉民（右）在回粤的车上

邓铿因支持孙中山北伐，在广州火车站被主张联省自保的陈炯明默许部下刺杀。陈铭枢被孙中山和陈炯明两方面争取，左右为难，便弃官学佛，在南京支那佛学院拜欧阳竟无为师，与云南大姚的李一平相遇，成为至交。1924年10月陈铭枢策动陈炯明的机关报香港《新闻报》起义，投向国民党。陈铭枢重回广东，任粤军第一师参谋长兼第一旅旅长。张发奎和蒋光鼐任该旅团长，陈铭枢原提拔的团长陈济棠此时已为第一师第二旅旅长。第一旅迅速成为东征和平叛中坚，陈铭枢也在此时和蒋介石建立了密切联系。1925年8月20日，廖仲恺被刺身亡，国民政府要员胡汉民、粤军总司令许崇智受到怀疑。9月19日，蒋介石利用陈铭枢部队，缴了许崇智莫雄卫队的武器。许崇智被迫卸职，陈铭枢奉蒋介石之命，以一张去上海的船票和2万元大洋，强行护送许崇智上船出境。

不久，粤军第一师扩充为第四军，李济深为军长，陈铭枢出任第十师师长，原部下张发奎任第十二师师长参加北伐。陈济棠为第十一师师长，留守广州。到达武汉后，第十师扩编为第十一军，陈铭枢为军长。在蒋桂战争中，第十一军又扩编为第十九路军……

人生的起伏，如盘山之路，如匡庐之云，弯弯曲曲又飘浮不定，陈铭枢苦笑了一下，大步朝前面走去。

离严重居住的太乙村不远了。

太乙村在庐山含鄱口西南太乙峰的山腰。太乙峰峻削挺拔，当地人又称犁头尖山、小犁头尖。康有为诗曰："太乙峰头太乙村，七人筑室各柴门。"不过，将山腰误为山头罢了。民国初年，广东名士古层冰和粤军将领曾晚归来此游玩，发现此处奇光异景，即购地筑屋，一些退伍的粤军将领随之在此隐居，1922年形成太乙村，又称为将军村，有十几户人家。蒋介石1926年冬上山，钟爱此处风光，也在太乙村购地建了桂庄别墅，随后在含鄱口去太乙村途中，修建了一处歇脚亭子，至今保留完好。站在亭中，瞭望远景，腾云驾雾，宛如仙境。

严重的家，在太乙村最偏的一个角落，是几间简陋低矮的小瓦房。站在陋室门前，陈铭枢感慨万千。这就是北伐名将第二十一师师长严重的家？

严重，字立三，麻城（民国初年划分于安徽，后划入湖北）人。

蒋介石修筑的太乙途中小亭今貌（作者摄）

1892年生，比陈铭枢小3岁，从安徽陆军小学第一名毕业，后进入保定军校第五期工兵科。邓演达半年后考入该校第六期工兵科，严重、邓演达、陈铭枢三人意气相投，在校时发起“断金学会”，取“三人同心可以断金”之意，结为莫逆。严重1918年秋毕业，见军阀相残，弃军考入北京无线电传习所，不久升为所长。其间，每日必到北京大学旁听，从不间断。

邓演达（字择生）1919年春毕业，随军见习半年，应粤军邓铿（字仲元）之邀，南下漳州，任宪兵连长，襄助孙中山图粤反桂，屡建功勋，深被孙中山和邓铿器重，历任工兵营营长，讨贼前敌总指挥、团长等职。1923年邓演达邀请严重到粤军第一师第三团（邓演达团）当副营长，后升为副团长兼营长。1924年，在邓演达的推荐和邀请下，严重就职黄埔军校，先后任学生总队副队长、上校总队长、术科主任兼总队长，国民革命军总司令部训练处处长、黄埔军校训练部主任。邓演达和严重在黄埔军校“视学生如家人，视教育如生命”，受到全校师生的尊敬和爱戴，有极高的威望。1926年夏北伐，严重被任命为北伐军第一军第二十一师师长，攻福建，下杭州，进苏州，所向披靡，驻扎东南。1927年3月，武汉反对蒋介石的党权运动蓬勃发展，邓演达给严重写了一封信，大意是请他站在人民这一边反对蒋介石。严重没有回信。不久，蒋介石准备在第一军中率先“清党”，派黄埔军校一期学生曾扩情

■ 黄埔时期的严重

持蒋介石亲笔信去苏州见严重，要严重将二十一师工作的共产党员一律押解到上海，听候发落。曾扩情到苏州还未来得及交信，蒋介石又派其侍从副官乘专车赶到苏州，告曾："信不可交，交了也得收回。"蒋介石改为亲召严重谈话，询问严重对邓演达和局势的看法。严重表达了对邓演达执行三大政策的肯定。蒋介石肃目蹙眉。严重见状，为避免二十一师遭到解散命运，立即托病辞职，挂冠寄寓杭州寺庙。严重临行前，推荐陈诚继任二十一师师长一职。数日后，"四一二"反革命政变发生。1927年8月，蒋介石被迫下野，何应钦、白崇禧为了拉拢严重，特意任命他为"特别军委"军政厅长。蒋介石复职后，严重辞职离开南京，筑室于太乙峰下，种菜折薪，悉以自任。

此时，两位北伐名将在太乙村寒舍相见，严重望着陈铭枢瘦削的脸，一字一顿地说："真如兄，你瘦了！"

"立三，你也瘦了，黑了。"

"可这里亮了。"严重轻拍胸脯，请陈铭枢家里上座，其妻捧出两杯香茗，庐山自产的云雾茶。陈铭枢呷了一口，满嘴清香，慢慢思忖如何讲出邓演达之事。也可能严重等得太急，也可能想打破过于凝重的气氛，严重倒先开了口："真如兄，择生从国外回来后，多次来信。去年春天又专函约我去上海。我下山到沪见了一面，我骂了择生。"

这件事陈铭枢从来没有听说过，很惊奇地问："为什么？"

"我们一见面，择生拿出行动委员会办的《革命行动》刊物，上面有他写的文章，对中原大战，对汪精卫的改组派，对蒋介石都说得一塌糊涂，一钱不值。我不同意。我不是不同意反蒋，是不同意择生将蒋介石的力量估计得太低。当时我反驳他道：第一，论实力，你邓演达反对蒋介石统治，他有权，可以用强力对付你，你用什么同他对抗？何况他还依靠外国支持，势难与之争锋；第二，论财力，蒋已联络好金融界，又勾结外国资本，各地抽捐收税，发行公债，这些你都是做不到的；第三，论势力，蒋介石现在统治全国，凡是反蒋的地方实力一个个都日子难过，李宗仁、白崇禧、冯玉祥、李济深，哪一个过去不是好角色？蒋介石还勾结流氓，操纵舆论。大势不归你，你现在藏身租界内，要和蒋争天下，何从说起！第四，论理，你奉行三民主义主张虽有道理，蒋介石就算输了理，但输理据实力得胜者自古有之，政治军事斗争是讲实力的。当然最后的胜利不属于输理者，但这个最后可能是几十年，也可能是几百年；第五，论人，你生相一对猪眼，搞不好就遭杀身之祸……话讲到这里，择生气坏了，站起身说我严立三简直成了江湖算命先生，这就是你隐居庐山的顿悟？！我们要武装夺取政权，不能推翻蒋介石也要进行革命割据，建立廉洁政府与蒋介石政权斗争到底。蒋介石政权是建立在刺刀尖上的，是违背三民主义的一套骗术，不长久的，云云。经过几天辩论，回来我认真看了择生的文章《中国国民党临时行动委员会政治主张》《南京统治的前途及我们今后的任务》，同意他的主张，加入了行动委员会。不知何因，回山一年多了，择生再也没有来信，该不是对我那天骂他猪眼，不相信我吧？还是择生被蒋介石抓了起来？”严重紧张地望着陈铭枢。[①]

陈铭枢站起身来，又坐下，严肃地说：“怎么说呢？择生去年夏天派人找过我。1927年南昌起义后，我从南京回到十一军，和张发奎分头抵住了起义军余部，回到广州。1928年12月就任广东省政府主席。那时候我是相信蒋介石的，他说裁军，我就带头把自己的部队一个军裁为一个师一个独立旅，蒋光鼐当师长，蔡廷锴当旅长，我脱下老虎皮。他说打‘桂系’，打支持汪精卫的张发奎，打平津陇海线，都是我吩咐旧部打的攻坚战，张桂联军就是我率部下打败的。死的人许多都是北伐铁军旧部，这是我永远感到痛心的。十一军打了那么多硬仗，中原大战攻入济南的，就是我的部下。这样，张学良才同意出兵入关。蒋介石没

① 罗任一：《邓演达回国组党》，载《邓演达》，文史资料出版社1985年版，第113页。

■ 邓演达与邓演存（右）

有一分钱奖励，只是开空头支票，将十一军升为十九路军，你知道，我军给养一直是靠广东供给。1930年冬蒋介石又命令去江西打红军。这样打来打去何处是尽头。十九路军不想打。1931年2月28日，蒋介石又把胡汉民抓了起来，广州成立政府与蒋介石对峙，我只好离开广州到南京。蒋介石安排我重回旧部，让我指挥十九路军和红军打几仗。日本人都打进东北了，士兵们愿意和日本人作战，不愿打红军。这时择生写信到江西吉安找过我。我们商量好了准备江西军事告一段落，乘蒋介石调十九路军攻粤的机会，进入粤北，急转潮、梅，占领东江和闽南一带；然后推蔡元培领衔，我与择生共同署名，发表对时局宣言，呼吁和平，以停止内战、一致对外相号召；对宁粤双方采取武装调停办法，建立第三势力，以图控制整个局势。择生写信告诉我'陈诚是他的人'。我们已初步商议，同蔡元培联系，让他的秘书杨铨（杏佛）到吉安我军中密商。决定后，我又将全部计划通知蔡廷锴，并预先约好通信暗语。其时，我认为蔡元培有政治威望，择生有群众基础，我有军事力量，我三人合作计划实现，定可开新局面。"

严重若有所思地点头。

"但不幸的是去年8月17日，择生在上海租界办干部班时被捕，押往南京。我那时在江西，知道后即发电报给蒋介石，要求释放择生。'九一八'事变发生，蒋介石派我、蔡元培做南京与广州政府和谈的代表，广州方面要求我任京沪卫戍司令、代理行政院院长才同意到沪谈

■ 陈铭枢、严立三的朋友林森（右一）、李一平（右二）、冯钢百（右三）、黄居素（左一）等在庐山交庐精舍

判，蒋介石一一答应，同意下野。这时择生的哥哥邓演存找我，希望我设法营救。你知蒋的个性，如我出面，对邓更不利。我打听择生在狱中状态尚可，孙夫人还去看过他，想再过几天蒋介石下野后，择生就可以出来了。我很自信地对邓演存说：'蒋介石到了这个时候，他还敢对择生怎么样吗？请放心，择生就会出来。'11月29日，蒋介石下令在南京秘密杀害了择生。当时我们都不知道。去年12月15日蒋介石下野，我立即问蒋：'择生囚禁在什么地方？他现在是该释放的时候了。'蒋还虚情假意地哄骗我：'熊参谋长（熊式辉）在办。'当得知择生已被蒋介石秘密处死时，天底下还有比这更悲痛更窝心的事吗？我是京沪卫戍司令，蒋介石在我身边杀害我们最亲密的朋友，杀死半个多月，他还要哄骗我！这一次我看透了蒋介石！我拿出2万元大洋请邓演存为择生料理后事，我写了'故友邓择生先生之墓'的碑文，可能写尽我对择生的惭愧和追思吗？天底下反蒋的首领那么多，李宗仁、冯玉祥、汪精卫、陈公博、李济深、胡汉民，一个又一个，闹得你死我活，蒋介石对他们不

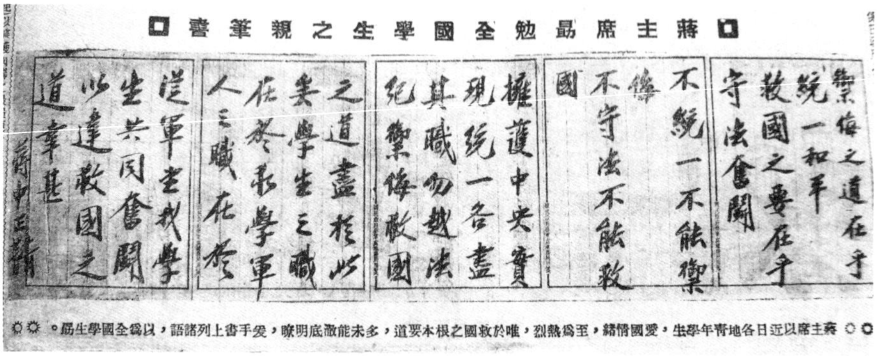
蔣主席勗勉全國學生之親筆書

禦侮之道在乎統一和平
救國之要在乎守法奮鬥
不統一不能禦侮
不守法不能救國
擁護中央實現統一各盡其職勿越法紀
禦侮救國之道盡於此矣
學生之職在於求學
軍人之職在於從軍
望我學生共同奮鬥以達救國之道幸甚
蔣中正

蔣主席以近日各地青年學生，愛國情緒，至爲熱烈，唯於救國之根本要道，多未能徹底明瞭，爰手書上列諸語，以爲全國學生勗。

■ 1931 年 11 月 27 日蒋介石给请愿学生写的亲笔信

是给官，就是给钱，都没有杀，为什么独独杀择生！”陈铭枢又站起身来，激动地举起两拳。[1]

严重的手颤抖着，背过脸去。天天担心的事一语成谶。天黑下来，太乙村没有通电，严妻点上一盏油灯，放在桌上。严重从里屋拿出《革命行动》创刊号，沉重地说：“我一直担心择生会发生不测。他是不会屈膝投降的。他不要官、不要钱，要的是真理，是真正的三民主义，真正的黄埔精神。这正是蒋介石害怕的。总理去世后，国民党一次又一次分裂，是真三民主义，还是假三民主义，现在是假三民主义者占领中枢，真三民主义的择生只有献身。”陈铭枢不用再讲，蒋介石多次派人到狱中劝说择生不要再写反蒋文章即释放他，均被拒绝。邓演达少年朋友和崇拜者廖尚斐曾撰文写道：邓演达觉得如果不是蒋介石背叛总理的遗教，连年内战，排除异己，民穷财尽，日本敢这样猖狂吗？！最令蒋介石动了杀机的是，黄埔军校历届毕业生联名要求蒋介石释放他们的邓教育长。[2]

“阿弥陀佛！”陈铭枢双手合十，闭上眼睛。

良久，陈铭枢拿出一张1931年11月29日的《中央日报》，登载了蒋介石针对学生要求政府出兵抗日的“教诲”：“御侮之道在于统一和平。救国之要在于守法奋斗，不统一不能御侮，不守法不能救国。”

---

① 参见陈铭枢《关于邓演达的回忆》，载《邓演达》，文史资料出版社1985年版，第131—133页。

② 廖尚斐：《民主革命的彗星邓演达遗事》，载《邓演达》，文史资料出版社1985年版，第15页。

打着“守法救国”的旗号，对内血腥镇压，对外屈膝妥协，这就是南京政府“九一八”事变后的“双簧”？！这就是蒋介石无情杀害邓演达的盾牌！这个“法”，难道是同盟会以来无数先烈为之浴血奋战的法典吗？！陈铭枢和严重两位北伐名将交谈了很久。

陈铭枢流连庐山数日，听说蒋介石要上山，即下山。1932年6月7日，陈铭枢请人代交了辞职报告，不久出洋考察。

4. 杨永泰“剿匪会议”献谋

1932年夏，蒋介石夫妇往返庐山多次。据《国民政府主席林蒋历年驻山起居日录》记载：1932年6月10日，蒋介石从汉口经过九江，在赣粤闽边区“剿匪”总司令何应钦、江西省政府主席熊式辉、内政部长杨永泰的陪同下，坐轿上庐山，准备在庐山召开新一轮“剿匪会议”。这个“新”字，就在于国民党近年三次在赣南对红军大“围剿”，三次都被红军反“围剿”打破，损兵折将；蒋介石亲自指挥宣誓3个月内肃清江西红军的第三次大“围剿”，损失更大。以王牌军自诩的陈诚第十八军大败；第二十六路军17000人1931年12月在宁都起义，使红军从3万多人迅速发展到5万人。1932年4月20日，红军乘势打下肥得流油的漳州，福建省苏维埃政府从苏区组织了3000多名民工，前往运输了一个多月的战利品，筹款100多万元大洋。闽西和赣南连成一片，红军是“越剿”越多，“越剿”越厉害。按照过去“围剿”红军的方法已不行，蒋介石要求侍从室通知赣粤闽边区以及豫鄂皖湘赣五省“剿匪”将领近期上山开会，准备以新的思想、新的部署重新统一“围剿”计划。

这次五省“围剿”会议是6月中下旬在牯岭饭店召开的。

此前，6月14日晚至6月15日在牯岭饭店召开了一次外交、军事、财政综合会议。与会者有刚刚从南京飞来的行政院院长汪精卫、外交部部长罗文干、训练总监李济深、中委李石曾、内务部长黄绍竑、陪同国联调查团前往东北的国民政府代表顾维钧，以及早已在庐山的何应钦、朱培德、熊式辉、杨永泰、何成浚、徐源泉等人。

会上，顾维钧汇报了他作为国民政府派出的代表，陪同英国李顿率领的国联调查团1932年3月14日赴东北数月调查“九一八”事变的所见所闻，特别讲道：“随国联调查团到东北，备受日方侮辱。因我国毫无实力之故。今东北两千万同胞，已为数万日军所统制，至为痛心。”

汪精卫见会场咳嗽声不断，便补充了“对日交涉”的主要精神和态度，强调“此次战争行为之发生，中国方面实无任何责任，是不得已而出于正当防卫”。“我们与日本抵抗是什么都不完备的，我们所有的只是步枪、机关枪和自己的血肉之躯，而敌人所用的却是飞机和大炮，是异常的猛烈。以战争的工具而言，我们和日本是无法比的。不独如此，我们的援兵也不如日本运输的快捷，因为它是海运，有商船可以载兵，又有兵舰来掩护商船，只要两日的工夫，便可以由长崎到达上海了。”

会上蒋介石频频点头。对“九一八”事变及国联调查团的态度，他和汪精卫惊人的一致，定下了“对日交涉”“全力剿共”的基本国策。1932年夏在庐山对“先安内后攘外”做了更明确的布局。6月15日下午，汪精卫在庐山特别会见了日本大阪《朝日新闻》记者太田，谈对日关系问题。据《大公报》公布的汪精卫谈话：“中日两国感情现在虽极恶劣，此为一时的，若任现象继续，则悖于两国之自然关系。”随之下山。

紧接着，五省“剿匪”会议在牯岭饭店召开。(《庐山续志稿》记载此次会议时间为1932年6月21日，《中国国民党大事记》记载此次会议

1931年何应钦夫妇（前右三、四）与同僚、亲属在南昌

时间为1932年6月15日。据当月熊式辉讲话，则这次庐山“剿匪”会议时间在6月中下旬，长达数日。）参加者有何应钦、何成浚、何键、夏斗寅、徐源泉及豫鄂湘皖赣五省区负责人员，均先后莅止，先后开会四五次，对于各省“剿匪”军事、“匪”区善后，均有详细讨论。全力“剿共”竟成了外侮面前压倒一切的头等大事。在五省“剿匪”会议上，蒋介石对“剿匪”的逐步升级作了痛心的回顾后，问下一步怎么办？会场谁也不敢率先说话。蒋介石请“永泰先生讲一讲”。蒋介石掌权后，人们常说其部下被他以先生相称的只有陈布雷一人，其实还有一人，那就是杨永泰。

杨永泰，字畅卿，广东茂名人，比蒋介石大7岁，时年52岁。早年就读于广州广雅书院、北京大学法律系，以文才立世。清末被选为广东咨议局议员。辛亥革命后，任国会议员，主要在上海和广东报刊任主笔，是政学会主要发起人之一。1927年底被黄郛推荐来到蒋介石身边，在裁军“削藩”“联粤击桂”“联奉攻冯、阎”方面，所提谋略，纵横捭阖，为蒋介石立下很大功劳。南昌行营成立后，杨永泰任行营秘书长，与蒋介石形影不离，被人称为“首席智囊”，故在“围剿”共军的方略上，蒋介石不耻下问。

杨永泰戴着深度近视眼镜，可能是高度用脑的缘故，有些谢顶。他迎着蒋介石的目光，说了一句话：“‘剿匪’要用七分政治三分军事。”

“三分军事”怎么打仗？“七分政治”又指的是什么？一排枪杆子出身的官员面面相觑，何应钦流露出不屑的目光。

“请在座的想一想，共产党比我们的武器差得多，军队也少得多，为什么从国军布下的天罗地网中一次次逃脱，这就是他们讲究政治，在气势上有压倒对方的勇气和谋略。我们怎么不能借用这一点训练自己的部队呢？政治讲究的是一盘棋，在全国报刊、学校教育上都要统一布置。要全盘地彻底地先安内后攘外。”蒋介石听了频频点头。

以“七分政治三分军事”作为这次“围剿”会议的主题，在座者纷纷议论在军队教育中，对共军的认识如何认真地统一、学校教育如何重新回归“孔孟之道”，要宣传共产党“不孝父母”“不顾信义”“不讲人道”“不守秩序”。在地方统治上，如何实行专员制和保甲制，各条战

■ 杨永泰（左四）在庐山“围剿”会上，右一熊式辉、右二戴季陶

线如何落实“先安内后攘外”。

在这次会议上，蒋介石对“七分政治三分军事”做了总结训话。他说这次“剿匪”，是国家生死存亡的关键，不能专靠武力，要采用七分政治、三分军事的办法。要使“剿匪”奏效，一面应革除中国政治上阳奉阴违、苟且偷安的积弊，一面尤应造成严正清明的风气，必须造成一种严正廉耻的风气和勇敢心理，方可以大公无私、雷厉风行地整顿政治，扑灭“共匪”。在整顿政治的工作上，尤其要注重赏罚严明与职权责任观念。互相牵制、互相推诿、不负责任、不重职权的弊病，必须彻底革除。关于罚的方面，以后只有降级、监禁、极刑三种罚则，不准再用辞职、革职、撤差的名词。责任方面，不可误解委员制为互相推诿，必须尊重委员制中之主脑人员之责权。政治基本工作，应由丈量土地与清查户口为始。全国的土地人口如有组织，国家也就可以成为有组织的国家，“剿匪”工作，也就可以随着得到根本成功。万一这次“剿匪”仍无效果，则中国必将趋于灭亡之途。在外患日迫，帝国主义严重压迫之下，中国内部若是仍无办法来整理，则中国必不能继续苟延存在。对如何抵抗日本侵略，没有任何布置和安排。

相反，在这次五省“围剿”会上，蒋介石再一次阐述了1931年8月22日的讲话精神。1931年7月，“万宝山事件”发生，日本导演了在朝鲜仁川、汉城、平壤激烈的排华活动，加剧了东北一触即发的紧张局势。1931年8月22日，蒋介石却在南昌行营发表讲话：“中国亡于帝国主义，我们仍还能当亡国奴，尚可苟延残喘，若亡于共产党，则纵肯为努力亦不可得。”8月23日，蒋介石在南昌发表告全国同胞通电，首次提出“攘外必先安内”方针，要求全力“剿匪”，对日本的阴谋和挑衅不要看得那么严重，并批评张学良的“杞人忧天”。蒋介石的这些讲话，使日本更加有恃无恐，“九一八”事变很快发生。南京国民政府对东北坐视不救，继续全力“剿共”，在中日战局中，又将触发什么呢?

面对全国兴起的抗日呼声，杨永泰在这次会上反驳，“现在到处鼓噪要与日本宣战，陈友仁去年当了几天外长（指1931年底孙科组阁的行政院外交部），一见否决了他要与日本绝交建议，立即辞职。战争必须要有充分的准备，贸然言战，无异自取灭亡，我们试想与日本作战，日本经常保持千架飞机的强大空军，在我们的军队集结或行进中，它来个大轰炸，我军蒙受惨重的伤亡，还见不到敌人。再说阵地作战，我们只靠步枪，而敌人则用的是排炮，射程远，火网密，我军的伤亡很大，此时也见不到敌人，敌人还在战场上利用坦克车横冲直撞，炮火猛烈，无法阻挡，我军伤亡枕藉，也还见不到敌人，就说到了短兵相接的时候，本可见到敌人，但敌人会施放烟幕弹，使我军失去战斗力，蒙受伤亡，仍然见不到敌人的面”[①]。

1932年唐有壬（左）、汪精卫、顾维钧（右）在庐山

1932年6月，大江南北一片支持东北义勇军的呼声；

① 参见吕烺芬《杨永泰反共亲日的几种表现》，载《武汉文史资料》第4辑。

庐山会场内，“恐日论”却形成了一种态势，会上形成的认识是：不“剿共”不能抗日，只有消灭共军，才是他们的唯一出路。至于日本人入侵，可以靠汪精卫辈交涉外交解决，这是糊弄舆论，还是糊弄老百姓，只有天知道了。6月15日，蒋介石继续主持会议，顾维钧、罗文干、唐有壬及中枢各负责者，先后到山，商讨“剿匪”、外交、财政各重要问题。

6月21日，蒋介石召集豫鄂皖湘赣五省军政长官再次开“剿匪”会议并训话。

庐山多次“剿匪”重要会议，1932年6月17日上山的国民政府主席林森没有与闻。1931年12月国民党召开四届一中全会，蒋介石下野，林森被推为国民政府主席。会议同时修改了国民政府组织法。国民政府主席的实际权力削减为“不负实际政治责任”的“中华民国元首”，并“不得兼其他官职”。1932年3月，复设军事委员会为全国最高军事机关。蒋介石任委员长兼参谋总长，原参谋总长朱培德降为委员。蒋介石的“剿匪”和汪精卫的“对日交涉”成为中国国难深重时半开半掩的两扇大门，门匾上赫然“先安内后攘外”六个大字。

1932年6月25日，蒋介石离山赴浔，登“应瑞舰”前往汉口，督促鄂豫皖三省边区“剿匪”，调集63万兵力对付鄂豫皖根据地。同时对中央苏区开展第四次大“围剿”。

5. 宋庆龄、蔡元培联袂救援

就在蒋介石下山的同一天，1932年6月25日，宋庆龄和蔡元培夫妇一起上庐山，当天即去探望国民政府主席林森。[①]这是一种礼节性的访问，还是有什么要事商谈呢？

林森于这一年6月17日上庐山避暑，鹿野山庄当时还没有修建好，他下榻于励志社安排的别墅。一听门口禀报孙夫人和蔡元培夫妇到，林森立即步出大门迎接。几年不见，孙夫人宋庆龄似乎憔悴了许多，老朋友蔡元培则好像年轻了几岁。蔡元培与林森同庚，早过花甲有四。蔡元

① 吴宗慈主编：《庐山续志稿》，江西省庐山地方志办公室1992年印行，第41页。

20世纪30年代蔡元培（左一）夫妇游庐山，左二周峻

培是国民党高层进士出身的元老。1891年，他23岁参加殿试被录为二甲第34名进士，次年任翰林院编修。戊戌变法失败后，回绍兴老家中西学堂任监督。1901年组建中国教育会，开始反清革命。1904年在上海创立光复会任会长，促成了浙东兴中会和光复会两派革命党人的合作。蔡元培数次到日本、欧美留学和视察，是中国现代教育的先驱人物，也是政界和学界德高望重的元老，与林森素有交往。

一见如此尊贵的旧知驾到，林森热情备至，请茶寒暄。蔡元培夫人周峻，字养浩，林森是第一次见面，为老友欣慰之余，不由得想起蔡元培两次续弦轰动一时的"新闻"。

蔡元培成名较早，原配夫人王昭1900年去世，留下2个儿子，4岁的阿根和2岁的无忌。那一年蔡元培34岁。很多人要为蔡元培做媒。蔡元培提出五项续弦条件：一是女子须不缠足；二是女子须识字；三是男子不娶妾；四要同意男死后，女可再嫁；五是夫妇如不和谐，可离婚，并主张结婚时用演说会代替闹新房旧俗。这些在当时惊世骇俗的条件公布后，为一班守旧者所咋舌。后访得江西黄仲玉，天足、识字、工书画，她接受了蔡元培的订婚条件，1902年元旦在杭州结婚，结婚典礼果真以演说会代替闹洞房。1902年底长子阿根病亡。1904年6月女儿威廉在上海出生。1907年1月，三子柏龄在绍兴出生。1912年黄仲玉随夫出国考察，1918年回国任北京东城孔德女校校长。1921年1月黄仲玉病逝，蔡元培在西欧考察，撰《祭亡妻黄仲玉》文，以表达无尽的怀念。

那一年蔡元培55岁，在教育界、出版界及政界享有盛名，成了“钻石王老五”。蔡元培提出新的择偶条件：一是原有相当认识；二是年龄略大，曾准备独身者；三是熟谙英文，可为研究助手。周峻的条件比较符合，她曾在商务印书馆董事长张元济家任西席，英文好。张元济和蔡元培是同一年的进士，多年的同事（蔡元培曾任商务印书馆编译所所长多年），自然认识周峻。周峻不仅有文化，也有强烈的反封建意识。早年在爱国女校读书时取名“怒清”，名犯清政府忌讳，嘱改名，改“怒凌”，取怒斥欺凌之意，反清革命志向可见一斑。后易名峻，字养浩，均属男子名称。蔡元培正是从这些志向上属意于她。徐珂的夫人何墨君一见两人有缘，便为蔡、周做媒。1923年7月10日两人在苏州留园举行婚礼，轰动京沪。张元济全家应邀参加。当时林森在广州，未能一瞻。1927年蔡元培小女出生。1929年5月，四子怀新出生。1930年12月，五子英多出生。

林森望着蔡元培夫妇恩爱的样子，喜不自禁，问有几个孩子，蔡元培笑着答：“四个儿子，两个女儿。”

“好，好。”寒暄之后，林森关心地问：“到庐山有事吗？”

“有事。”蔡元培严肃地说：“上海24名有为青年1931年2月7日在龙华被枪毙和活埋，您知道吗？”

林森摇头，叹息一声：“不清楚。只听说他们是共产党，反对政府。”

“邓演达是共产党吗？去年11月被蒋介石杀了。去年12月17日，上海学生游行，要求政府抗日，在珍珠桥被枪击，死伤一大批。他们也都是共产党吗？国民党已不再是一个政治力量。”宋庆龄激动起来。

1931年8月，宋庆龄为母亲丧事回国后不久，从史沫特莱处了解到龙华枪毙活埋24名青年的真相，无比悲愤，强烈谴责蒋介石的暴虐行径。不久，宋庆龄会见斯诺，愤怒地指出：“正是信奉基督教的委员长把我们最优秀的青年活埋了；他应该对所有的屠杀事件负责。他一背叛革命，就开始杀人。因此，只要他是国民党政府的独裁者，我就决不在其中任职；因此，如果他也算是个基督教徒，我就不做基督教徒。”[①]

---

① ［美］埃德加·斯诺：《复始之旅》，宋久等译，新华出版社1984年版，第103页。

去年11月，邓演达又遭秘密杀害。邓被杀之前，宋庆龄竭力营救但未成功。12月17日，再次发生大批屠杀爱国学生的珍珠桥惨案。为此，宋庆龄发表了《国民党已不再是一个政治力量》的宣言，强烈谴责这两桩罪行。

林森微笑说："孙夫人，国民党可是总理一手建造的。他的政府和政治势力都是中国唯一合法的，也是最强大的。"

宋庆龄沉重地点点头，说："现在国民党背叛了总理。总理要求我们联俄联共，他们却让上海公共租界巡捕房以共产党嫌疑，逮捕了泛太平洋产业同盟办事处的秘书牛兰夫妇。听说最近要将这对夫妇押送到南京。子超公，我们应该帮助他们夫妇获得自由。"

牛兰夫妇？林森摇摇头，表示没有听说。

1931年6月15日，上海公共租界巡捕房以所谓共产党嫌疑的罪名，逮捕了国际共产主义战士牛兰（Noulens）夫妇。牛兰是共产国际远东局秘书，公开的职务是泛太平洋产业同盟办事处秘书，该同盟的机关设在上海，担负着帮助中国和东亚各国革命的任务，主要工作是组织和资助中国工人运动。牛兰是这个机构的负责人，他的夫人汪得利昂是主要助手。1931年4月24日，原中共中央政治局候补委员顾顺章叛变，牛兰夫妇的真实身份暴露被捕，引渡国民党政府，在狱中备受折磨。曾经三次绝食，以示抗议。据说最近即将押送到南京，宋庆龄、蔡元培此时出面想请林森在政府高层同时呼吁，进行营救。

宋庆龄的话显然对林森的超然态度有所触动。但他刚上任不久，不少时候犹如别墅客厅里那座停摆的欧式自鸣钟。林森指了指这座豪华的钟座，暗示自己和此钟多少相似，或许是一种高级摆设。林森请宋 、蔡不要对他的援手抱有希望，当然他一定会派人了解清楚此事，尽力而为。

从林森处出来，蔡元培对宋庆龄讲："子超超然于世，看样子，只有我们自己干了。"

宋庆龄凝重地点点头。

这次下山后，宋庆龄和蔡元培立即投入营救牛兰夫妇。在营救过程中，萌发了成立一个组织，加强政治犯营救的考虑。年底，宋庆龄、蔡元培、杨铨（字杏佛）、黎照寰、林语堂等人发起成立中国民权保障同盟，不能否认与宋庆龄、蔡元培这次庐山行大有关系。

6. 翁文灏牯岭官邸讲学

在宋庆龄、蔡元培夫妇为营救牛兰夫妇奔波之时，1932年6月26日，张发奎、张治中抵山，谒见林森。

同一天，南京政府财政部长宋子文抵山，谒林森，报告“废两改元”财政方案。

“废两改元”，即废除银两、改用银圆，是我国现代货币制度发展的一种必然趋势，也是宋子文帮助国民党政府推行“新政”的重大改革。南京政府成立后，宋子文以中央银行作为国家银行的领导地位，运用政治高压与经济蚕食两大手段，开始了对中国银行和交通银行的控制与打压活动，统一了全国货币发行权。在此基础上，宋子文开始了“废两改元”。中国原来的白银货币，其单位为“两”。“两”又分海关两、库平两及规元两三种。银圆原本来自外国，鸦片战争以后，仅通商口岸流入的贸易银圆，就有英国、美国、西班牙、墨西哥及中国香港等国家和地区。原有的银两标准既不一致，新进的银圆重量也有差别。对社会生活及商品经济的发展，带来了极大的妨碍。1914年，北京政府颁布“国币条例”，铸造袁世凯头像银币，俗称“袁大头”，重7.2钱，通行全国，曾起过主币作用，但市面上银两、银圆并用的局面，没有得到根本改变。此时，宋子文决定开始这一为社会各界关注的重大

1932年夏蒋介石经鄱阳湖上庐山

改革，为防止在银圆铸造问题上出现新的混乱，宋向林森汇报，经过了多年精心筹备，现在上海造币厂已基本具有铸造统一国币的能力，请示1932年秋在上海召开银行界会议，讨论“废两改元”实施方案，先从上海试行，然后推向全国各地。宋子文的通盘考虑和计划，得到了林森的赞同。

6月29日，武昌首义革命党人陈少白来山游览，拜见林森叙旧。

1932年6月30日蒋介石再上庐山，7月中旬邀请了地质学家翁文灏上山讲学。

翁文灏和王亚樵同年，和蒋介石同乡，不过从未相识。翁文灏13岁中秀才。16岁进入上海马相伯创办的震旦学院读书，成绩突出，与胡文耀、孙文耀并称为“震旦三文”。1908年，翁文灏考取官费留学，到比利时鲁汶大学攻读地质学。1913年获取博士学位回国，进入刚刚创办不久的地质研究（调查）所工作，对中国矿产区域和“燕山运动”搞了10年研究，颇有建树，被誉为中国地理科学创始者。1929年裴文中在翁文灏的支持下，发现周口店北京人头骨。1931年7月，翁文灏代理清华校长，创办地理系。“九一八”事变后，翁文灏与胡适、丁文江、傅斯年、蒋廷黻、任鸿隽、陈衡哲、吴景超等八九个朋友创办《独立评论》。

《独立评论》是个周刊，1932年5月创刊号的“引言”中有这样一段话：“我们八九个朋友在这几个月中，常常聚会讨论国家和社会的问题，有时候辩论很激烈，有时候议论居然颇一致。我们现在发起这个刊物，想把我们几个人的意见随时公布出来，做一引子，引起社会上的注意和讨论。我们叫这刊物《独立评论》。因为我们都希望永远保持一点独立的精神，不依傍任何党派，不迷信任何成见，用负责任的言论来发表我们各人思考的结果：这就是独立的精神。”

翁文灏在《独立评论》上发表过一篇《我的意见不过如此》的文章，写道：“无论信仰什么主义，或采取什么制度，都要用好好的人去好好地做。政者，正也。无论什么制度，其最重要的目的只在有法子使好的、有能力的人能够上去当政，不行的或不相宜的能够和平地下来。”可能是这篇文章，也可能是这个名人圈子引起了国民党高层的注意，经钱昌照提议和操作、蒋介石认可，拟了一个可能和政府合作的知名学者和实业家的名单。

钱昌照是中国现代史上值得关注的一个人物。他1899年出生在江苏常熟名人世家。其父与翁同龢、张謇交往密切。钱昌照1919年到英国留学，1923年随张謇的儿子张孝若率领的北洋政府考察团，考察欧美、日本等国。归国后，遍访政界、军界高层，治学观世，有了远远超过同龄人的机遇和感悟。1927年4月，钱昌照和黄郛爱妻沈性真（字亦云）小妹沈性元订婚，不久随黄郛到南京政府外交部工作。"济南惨案"发生后，钱昌照与黄郛一起辞职。1928年冬，钱昌照被蒋介石委任为南京政府简任秘书，深得蒋介石信任；1930年春被提拔为教育部常务次长，同时兼任国民政府秘书，时年30岁，视野开阔，思想比较敏锐。

由此，钱昌照草拟的这个名单中的专家学者、实业家、银行家等，大都未曾在南京政府中任职，但在社会上较有声望，有些甚至是对南京政府持批评态度，不过当然是"小骂大帮忙"的人士。军事方面有陈仪、洪中、俞大维、杨继曾等；国际关系方面有王世杰、周览、徐淑希等；教育文化方面有胡适、杨振声、傅斯年等；财政经济方面有吴鼎昌、徐新六等；原料开发方面有丁文江、翁文灏、范锐、吴蕴初、刘鸿生；交通运输方面有黄柏樵、沈怡、陈伯庄；土地及粮食方面有万国鼎、沈宗瀚、赵联芳等，一共四五十人。

钱昌照在蒋介石的眼中是一个很能干、很有见地的知识分子官员。他利用这个名单，使一大批以前不为当局了解的中国知识界、实业界精英人物进入蒋介石的视野，打开了各界上层与南京政府，具体来说就是与蒋介石的沟通渠道，不论这种沟通是他们的主观希望，还是身不由己，正是从这个名单开始，一批知识分子从"在野派"身份向"在朝派"转变，演绎出一阵"学者从政"的浪潮。蒋介石

■ 钱昌照与妻子沈性元

希望“学者从政”，扩大其统治基础，增强他个人在党内斗争中的实力，同时不断化解社会批判力量，可谓“一箭三雕”。但这种形式客观上对旧有官僚体制多少也是一种渐进性或妥协性变革，特别是与美国罗斯福新政同一年推出，其具有进步意义和麻痹作用的两重性。

1932年春、夏、秋三季，钱昌照分别安排名单上的人在南京、庐山、武汉等地与蒋介石见面或为蒋介石讲学。翁文灏就是在这年夏天被钱昌照亲自到北平邀请，一起来到牯岭官邸的。

翁文灏与蒋介石见面的那天，同样的乡音，同样面目清癯，自然拉近了距离。蒋介石诚恳地表示先倾听翁文灏先生对目前局势的看法。

翁文灏回顾说：“我盼蒋委员长了解，政府天然有保全整个领土的任务。日本帝国主义由东北侵华，亦必由华北进取长江。社会人心，都怕政府苟安一隅，不肯负全国责任，因此越感恐慌。此为目前存亡所关，如果政府负起这个责任，必能获得全国拥护。”

蒋介石频频点头，分析说中国以往在对外战争的屡次失败，都“因为中国历来只知内争而不能共同对外，造成内部争斗不已而对外无力抵抗”。他表示，反省自身，当以保全国家为己责，希望物色全国贤才，竭其所能，勠力同心。蒋还一再表白自己的目的，不是想与他人虚争政权，而在于尽自身的能力和责任。最后蒋介石请翁文灏用三天的时间为他讲课，并发表自己的见解。翁文灏听完蒋介石如此一番表白，又见他一副礼贤下士的真诚态度，心中不免“颇感佩慰”。随后几天，他向蒋介石大略讲解了中国的地质和矿产资源分布概况，并向蒋介石提出：国家必须建设，建设须有确定目标，则力能集中而功效加速，方法适当则进行顺利而绩效可期。他建议，在此外侮迫切之际，应以保国兴国为目标，团结一切有

1932年的翁文灏

爱国心的人士，振奋其精神，不宜以政党之界限限制其范围。他还向蒋推荐了胡适、张伯苓、丁文江、顾振、徐新六、吴鼎昌、蒋廷黻、蒋梦麟、周鲠生、卢作孚、范旭东等人士。蒋介石对翁文灏讲的一切，不断点头表示赞赏，对他推荐的人物表示愿意随时延请会见。

在翁文灏离开牯岭前，蒋介石提出打算成立一个国防设计委员会，由他自己担任委员长，请翁文灏出任秘书长。这是“九一八”事变后钱昌照向蒋介石的提议。翁文灏是个嗜书如命的学者，从来没有加入南京政府的思想准备，自然不想贸然从事。同时地质调查所经过多年苦心经营，呈现良好发展趋势，如果此时突然离开，不仅继任人选一时难以完全承担，甚至可能会半途而废。他表示自己可以担任委员，但秘书长一职概难允诺，请蒋介石谅解。蒋介石一见推辞，更坚持一定要他来担任秘书长。翁文灏连连摇头力辞。可蒋介石看中的事，翁文灏能辞得掉吗？

1932年夏，蒋介石在庐山还接见了蒋廷黻，商谈蒋廷黻以学者身份赴苏访问，秘密与苏联外交部取得联系，为恢复中苏关系传递信息，以抑制日本咄咄逼人的侵略而呼唤旧友。

■ 1932 年蒋介石在庐山

1932年7月18日日军侵占热河省，抗日同盟军7月下旬成立收复东北四省计划委员会。东北军强烈要求出兵抗日，北平绥靖主任张学良7月29日召开北平政务委员会，31日发表宣言，希望能出兵热河，一洗出卖东北之罪名。言下之意，自然对政府只知“交涉”表示出不满。7月31日同一天，蒋介石、林森、汪精卫、宋子文等人在牯岭开会，讨论御侮大计，只是“商讨”，没有议决。8月5日，汪精卫认为张学良的宣言矛头是对准他的，以有张无汪要挟辞职。蒋介石此时怎么离得了“对日交涉”有方的汪院长呢？只好准张学良辞去绥靖主任一职，拼命挽留汪精卫。同时又请张学良代理新成立的北平军事分会委员长一职。8月18日，汪精卫心气稍平，又上了庐山。在牯岭饭店，蒋介石、汪精卫、宋子文、何应钦、朱家骅、吴稚晖等再次开会，决定了对外“一边交涉一边抵抗”对内“全力剿共”换汤不换药的内外方针。

8月21日，蒋介石下山抵汉，了解“围剿”共军近况。汉口夏季热不可耐，数日后蒋介石夫妇又上庐山，直至10月5日秋风徐徐，蒋介石夫妇一同下山，再次前往汉口。汪精卫见张学良仍在北平调兵遣将、指手画脚，便将一张诺尔等4位医生签名的需要休养3个月的诊断书公布于《中央日报》。10月22日，汪精卫偕陈璧君、曾仲鸣、随从医生罗广霖等，乘法国轮船离沪赴马赛热带医院疗养。

差不多同时，1932年10月上旬，中共苏区中央局在宁都召开了一次贯彻临时中央“左”倾冒险主义的重要会议，红一方面军总政委毛泽东被撤销了在红军中的领导职务。

第七章　海会军官训练团内外

1. 午夜急圈《塘沽协定》

1933年的庐山，仍以汪精卫的“对日交涉”和蒋介石的“全力‘剿匪’”在画弧。

汪精卫是1933年3月从海外休养回国的。14日路过香港，对热河战事发表讲话说：“吾人一向主张一面交涉，一面抵抗。在交涉方面，国联通过报告书，已得相当成效，但仍须继以武力抵抗。热河之战仅守一星期，深为可惜。”他对张学良组织的长城抗战含沙射影攻击。3月9日，张学良因热河失守被迫辞职。当晚，汪精卫在香港会晤胡汉民，胡汉民对南京政府请他复职予以拒绝，批评“一面交涉一面抵抗”“先安内后攘外”的国策，认为“权衡轻重，则在今日的情势之下，抗日实尤重于‘剿共’”[①]。

汪精卫与胡汉民话不投机，回到南京。蒋介石专程从汉口回宁，蒋汪会晤多次，谈及热河失守种种原因。

1933年1月24日，张学良秘密飞往南京，向蒋介石汇报热河形势紧张，日大军压境，请示如何应战。蒋介石同意抵抗，并将北方军事全权统一交张学良负责。如何备战亦有详商，张学良即回北平。接着蒋介石派宋子文北上，协助张学良编组两个方面军，第一方面军由宋哲元指挥（后由张学良自兼）；第二方面军由张作相指挥，进行备战。2月20

---

① 《三民主义月刊》第5卷第3期。

日，仓促组成华北集团军，进行防御抵抗。但问题在于宋子文带的钱尚不能维持这些军队的正常开支，国民政府的军备开支绝大部分都用在南方“剿匪”上。1933年2月6日，蒋介石自任江西省“剿共”总司令，任命陈济棠为副总司令，集聚20个师40多万兵力发起对中央苏区的第四次大“围剿”。北方抗日根本没有经费购置新的武器。3月3日，“矢志守土”的汤玉麟、张作相弃承德逃往天津，日本128名侦察骑兵不费一枪一弹占领承德，热河失守。天津各界要求对热河失守主将严法惩办。

3月7日，国民政府监察院六监委提出弹劾张学良、汤玉麟丧师失地，断送热河罪不容诛。3月8日，蒋介石、宋子文、何应钦等密议张学良下野方法。蒋介石召张学良去保定会晤。3月9日晨5时，张学良偕王卓然、汤国桢、端纳等人乘专车抵达保定，蒋未按预约相会。上午10时，宋子文抵保定见张学良，把蒋介石同意张辞职意见转告张。张表示接受。下午4时，蒋介石抵保定车站，邀张登车相见。蒋说：“接你电请辞职，知你诚意。现全国舆论沸腾，攻击我们两人。我与你同舟共命，若不先下去一人，以息全国愤怒浪潮，难免同遭灭顶，你看谁先下去好？”张答：“当然我先下去。”蒋说：“我同意你辞职，待机会再起用你。一切善后，可按你的意见办，可与子文商量。”

3月9日同一天，胡适写信给张学良，促其“毅然自责求去”，将华北全部交中央负责，并将他和丁文江准备在《独立评论》发表的《全国震惊以后》《给张学良将军一封公开信》两文原稿附送学良。10日张学良约丁文江等谈话告知“已尊蒋介石意辞职”。

3月12日，国民政府准免张学良军事委员会北平分会委员长，以军政部长亲日派何应钦代之。随之展开的85天长城抗战，第一阶段3月初至3月底，长城各口反击战，喜峰口宋哲元部取得了可歌可泣的英勇杀敌的辉煌胜利，不幸被南京政府不予增援，“以战求和”，战机一误再误。随之第二阶段3月底至5月初，日军发起滦东战役，进攻滦东，随之强渡滦河，侵占密云、遵化、蓟县，将何柱国、商震等部逼退于滦河之西。面对华北危局，蒋介石4月10日在南京宣称：“抗日必先剿匪，征诸历代兴亡，安内始能攘外。在匪肃清前绝对不能言抗日，违者即予最严厉处罚。”11日，召集七省治安会议，布置南方第五次大“围剿”。对华北危机，寄希望于汪精卫、黄郛对日交涉。蒋介石“三顾茅庐”，请出资深亲日派黄郛，5月3日，黄郛出任北平政务整理委员会委员长。蒋介石早已准备以妥协解决华北问题。5月7日至25日长城抗战第三阶段，日军大举向华北腹地进攻，而蒋介石5月10日却令川、陕、豫、鄂、湘、赣、粤、闽八省总动员“清剿共匪”。也可能蒋介石认为有了何应钦、黄郛两位贴心亲日派在华北坐镇，不可能再像张学良那样发出抗日的“喧嚣”，大可放心地开展第五次对中央苏区的大“围剿”。何应钦对蒋介石的内外方针心领神会，蒋在华北，一边抵抗是虚，一边交涉战略退却是实。日本兵锋很快攻占丰润、唐山等地。平津危急，华北危急，举国上下抗日怒潮汹涌！怎么办？[①]

蒋介石、汪精卫电话约定，同赴庐山，商定大计。

1933年5月28日，汪精卫偕孙科、罗文干、陈绍宽、王世杰、曾仲鸣、马超俊、梁寒操等从南京飞往九江，见到刚刚从汉口“剿匪”司令部至浔相候的蒋介石、杨永泰旋即同赴庐山，会商华北政局。

一行大轿依次在崎岖的山路上逶迤攀登。蒋介石坐在第一乘轿上，双眉紧锁；汪精卫坐在第二乘轿上，浮想联翩。汪精卫复职两个月来，蒋介石专事“剿匪”，把“一边交涉一边抵抗”的任务全部压在他的肩上。可笑也可怜。他一介文人，最常见的就是发表文章和讲话了。4月28日，汪精卫在《大公报》上发表《老话》一文，再谈“抵抗与交涉并行”。文曰：“对于日本，因为不能战，所以抵抗；因为不能和，所以交涉，政府应付国难的态度，不是不战不和，而是抵抗与交涉并行。中国今日没有具备与日本宣战的条件。不抵抗固然会失地，抵抗依然也会失地，但抵抗而失地，总较不抵抗而失地强得多。我们只问抵抗的尽力与不尽力，不问抵抗的有无效果。”作为行政院长，这种言论对严峻的形势起了什么样的公开作用，汪精卫不愿想，也不能想。英法公使为了保全本国在平津和华北的利益，不愿看到日本兵侵占华北，乃书面斡旋，促成华北停战谈判。汪精卫一听说此事，立即致电何应钦、黄绍竑，称：“我军应付（日本）方案，政府实难遏制。兹授权敬之（何应钦）、

---

① 参见张友昆、钱进主编《张学良年谱》，社会科学文献出版社1996年版。

■ 蒋介石坐轿上庐山

季宽（黄绍竑）、膺白（黄郛）三兄便宜处置，安危荣辱与兄等共之。”汪精卫恐怕谈不清楚，第二天，又特别打一电报给日本通黄郛，掏出底牌：欲谋停战，须向对方问明条件，由负责长官决定其可答应与否。弟以为除签字于承认伪国，割让四省之条件外，其他条件皆可答应。

黄郛于1927年7月7日上海特别市成立时任市长。同年8月随蒋介石下野辞职。蒋介石重新上台后，1928年2月，黄郛就任国民政府外交部部长。1928年5月“济南惨案”，黄郛因奉行对日本人屈膝的外交政策，引起国人不满而下台，隐居莫干山，至1933年3月被蒋介石请出山，任行政院驻北平政务整理委员会委员长，主持对日交涉。按照汪的旨意，是日，黄郛整夜与日本驻北平当局进行秘密谈判。日方提出四项条件：

1. 中国军队撤退至延庆、昌平、高丽营、顺义、通州、香河、宝坻、林亭口、宁河一线以南、以西地区，今后不准一切之挑战行为；

2. 日军也不越上述之线进击；

3. 何应钦应派正式任命之停战全权委员往密云，向日军指挥官表示停战之意；

4. 上述条件正式约定后，由日本关东军代表及中国代表正式签订停战条约。

23日，何应钦决定派上校参谋徐燕谋为停战代表，赴密云向日军司令官表示停战之意。汪精卫接何应钦电告后，立即复电，要何应钦与黄郛等人坚决进行为要，表示决心与何应钦“同负责”。

25日，徐燕谋代表何应钦前往密云，与日军代表永津签订停战《备忘录》，决定双方于31日在塘沽正式签订停战协定。

情况此时突然起了一个小小的变化。5月24日国民党中央召开国防会议，决议塘沽与日方商洽停战，以不用文字规定为原则，如万不得已，只可作为军事协定，不涉政治。其条件须经中央核准。

5月25日，汪精卫具体电告何应钦、黄郛、黄绍竑国防会议决议：（1）拒绝承认伪组织及割让东四省；（2）此次停战目的，在对方军队退出长城以北，我军不向之追击，保留相当距离以免冲突，则我方可以接受。唯以不用文字规定为原则，若万不得已，只限于军事，不涉政治，并须留意协定中不可有放弃东四省承认伪组织之疑似文句。

对北方停战交涉，全国舆论再次鼎沸。5月26日，汪精卫发表对外声明：在不丧权辱国之原则下，谈判休战。5月27日急电何应钦、黄郛等，告曰：成文协定，关系重大，一字一句，实为后来祸福所倚伏，敬祈设法延缓，待晤蒋后再进行。这次上庐山，一行人的主要任务就是商谈决定《塘沽协定》事宜……

汪精卫坐在轿上沉思时，塘沽方面已与日本军队签订了《备忘录》（后被称为《塘沽协定》）。日本人气焰嚣张，回应停战必须有文字协定，必须在5月底以前，如有一丝不合意，将重起战端。南京政府不准备再战，更没有准备这方面的专款。5月27日接到汪精卫电报的当天，黄郛得到何应钦的同意，一边同北平日本武官商量，一边连夜派出黄绍竑赶赴庐山，面呈《塘沽协定》全文，以获得中枢最后定夺。27日下午黄绍竑专车南下到达南京。

事后黄绍竑回忆：“5月29日上午，即乘军用机赴南昌。飞经黄山的上空，俯览群峰，宛如春笋，并不见有任何雄奇壮伟的地方，这也许是心境不同、观点各异的原因吧。到了南昌，在贺元敬家里吃了一餐午饭，又乘南浔路专车到九江，赶到牯岭，已是午后4点多钟。在牯岭饭

■ 20世纪30年代黄绍竑在庐山

店的客厅内，晋见蒋先生。在座有各院院长及中央要人。我在这一星期中，过得都是非常紧张的生活，又加火车的颠簸、飞机的震荡、气候的酷热，精神疲倦，已达极点，一到庐山上面的清凉境界，愈觉昏昏欲睡起来。本来在蒋先生面前，虽不曾下过不准吸烟的命令，但是大家都不好意思吸烟，就等于受了命令禁止似的。我那时候的确是太疲倦了，好多的事，好多的话，都好像记不起来、说不出来似的。于是我要求蒋先生，准许我吸烟，并喝了一碗极浓的咖啡，精神为之一振。乃将这一段的经过，逐一地报告，报告完了之后，并请予我们越权的处分。”黄绍竑呈上《备忘录》，即《塘沽协定》全文。

关于《塘沽协定》相关内容，这次牯岭饭店会议在黄绍竑未到达前已议论了许久。外交部部长罗文干、杨永泰、马超俊、曾仲鸣、王世杰、陈绍宽、梁寒操、熊式辉等，出于种种历史原因，多属亲日派和中间派，对于协定的文字并没有感到不能接受。所以黄绍竑记得“蒋先生和各院院长听完我的报告，除了各人补充的询问之外，并没有什么讨论与责备的地方。蒋先生并说：‘你们这个处置尚得当，事实上也不能不如此处置，以后的问题，我另有电报给何部长。’这个重大的集议，就算完结了。而我呢，喘了一口气，卸除了千钧的重担”[①]。

29日晚讨论至深夜，商量的结果是一致同意采局部和议方策。其停战谈判，以无条件为原则，并只限军事，不涉政治，即电知行政院，

① 黄绍竑：《五十回忆》，岳麓书社1999年版，第258页。

驻平政务整理委员会委员长黄郛遵照。丧权辱国的《塘沽协定》在牯岭饭店午夜圈定。圈定者的逻辑，战和不是最高的政治，此协定“限于军事，不涉政治”，故没有感到一丝民族良知的不安。1933年国际形势日趋紧张。1933年1月希特勒上台，3月日本退出国联。南京政府并没有采取任何应对措施。

黄绍竑在庐山休息了几天，才下山回到南京，转返上海的家里，不久又回到北平。

5月30日下午，汪精卫偕孙科、罗文干等下山往九江。当夜，乘军舰东下。蒋介石于6月2日晨7时由牯岭下山，9时抵浔，改乘江鲲兵舰，3日下午4时返抵南昌，准备8日在南昌召开“剿匪”会议。

行政院院长汪兆铭返京后，面对全国的愤慨，发表了一篇重要书面谈话，略云：“此次华北停战谈判，限于军事，不涉政治……至于局部缓和，不影响于领土主权及在国际所得之地位，则为久劳之军队，穷困之人民，得所苏息计，政府将毅然负责而为之，以是非利害，诉于国民真实及悠久之判断可也。”[①]国民党中枢对日妥协，竟打出为了“人民安危、军队苏息”的旗号。妥协者的政治谎言往往比真理还要动听，他们往往打着兼顾各方利益的旗号，赢得社会上层的某些认可，掩盖其牺牲民族长远利益的面目。

5月31日上午11时，何应钦的全权代表、时任北平军分会总参议熊斌，与日本关东军副参谋长冈村宁次，在《塘沽协定》上正式签字。《塘沽协定》签订当天下午5时，日陆军省发出公报，公开鼓噪《塘沽协定》：“可谓对于远东和平建设事业已达其第一步，但将来之和平维系于华军之诚意，华北政权如违背此约，不改变其从前之对日对满之政策，将来惟有断行初衷而已。”[②]

《塘沽协定》不仅事实上承认了日本占领东三省和热河省的“合法”性，承认了长城一线为伪满洲国的“国界”，且为日本下一步入侵华北提供了新的依据。

---

① 据《中央日报》1933年5月31日。

② 据《中央日报》1933年6月1日。

2. 马占山、苏炳文庐山请战

《塘沽协定》签订后，全国哗然。国民党元老胡汉民、李烈钧高声质疑，李济深、陈铭枢、黄琪翔、李宗仁等纷纷要求公布协定全文，怒斥新的妥协。在全国激愤的气氛中，第一个率兵在江桥抵抗日本侵略军的抗日英雄马占山和苏炳文两将军于1933年6月5日晚，在兵退苏联绕道欧洲经香港回到上海时，受到热烈欢迎。6月7日马占山、苏炳文到南京，拜访有关院部，8日晚马占山一行10余人乘兵舰去九江，遵照蒋介石的指示前来赣汇报。[①]

马占山个子不高，人精瘦精瘦的，这个“胡子”出身的司令官此时站在兵舰甲板上，回忆犹如江水一浪一浪涌来。

马占山祖籍是顺天府丰润县人。祖上于清嘉庆初年逃水灾来到吉林省怀德县，曾祖父马万龙，祖父马纯，都终生务农，穷得叮当响。马占山1878年出生，七八岁就给大地主放马，12岁和比他大3岁的童养媳杜姑娘成亲。不久，地主诬陷他盗马，离家出走上黑虎山当土匪。两年后，脱离绿林，响应收编，成为清朝地方部队的哨官。辛亥革命后升为骑兵连长、营长、团长、旅长、骑兵第十七师师长、骑兵第二军军长、黑龙江“剿匪”总司令、骑兵总指挥等。1930年调任黑河镇守使兼警备司令、步兵第三旅旅长。1931年10月被南京国民政府任命为代理黑龙江省政府主席，兼黑龙江省军事总指挥。当时辽宁、吉林已经沦陷，国民政府对于黑龙江这个最边远的疆土，连“不许抵抗”的指示都懒得下，东北三省的军事实力，黑龙江最弱，然而，抗日的奇迹此时此刻就在江桥发生了。

江桥是通向黑龙江省会齐齐哈尔市的军事要地。马占山上任后，日方屡屡要求派工兵修整江桥。11月2日上午，马占山再次拒绝日方派人修桥并派兵监护的要求。修桥，不过是日本人谋取要地的一计。见文的不行，11月3日上午11时，日军铁甲车2列、士兵30余名开到江桥，5

① 据《中央日报》1933年6月6日、6月14日。

1933年6月马占山（左四）、苏炳文（左三）回到上海

架飞机天空掩护，实行武力威胁。我军为避免与日军冲突，将少数防守江桥的部队撤退到江左阵地。日军飞机向我阵地投掷炸弹，伤我士兵9名。当日天黑时，日军百余名渡过江桥，对我阵地施行射击，并用飞机投弹，伤我士兵7名。

4日早5时，日军突入我方防地。午间，日军百余名在左翼渡江，向我军猛攻，5架飞机掷弹，我军死伤数十名，大兴车站亦被炸毁。怎么办？是按照辽宁、吉林的样子退却，还是抵抗？马占山决定给予还击，迫使日军撤退。下午6时，日军又以炮火掩护大队步兵渡江，并携带山炮多门、飞机7架、铁甲车4列配合猛攻。我军正面是徐宝珍卫队团阵地，官兵皆激于义愤，奋勇杀敌，击退日军。当天我军伤亡百余名。关于敌军死伤数目，日方发表的数字为死亡176人、伤600余名、伪军死伤700余名。接连几天，日军继续进攻江桥。以6日最为激烈。敌人晚间用探照灯指示炮兵射击。我方誓死还击。是役，日军滨本步兵联队几乎完全被歼灭，高波骑兵队亦死伤殆尽。这是日军进攻东北以来空前损失的一次。我军伤亡600余名。11月7日马占山亲赴前线，率全军与日长谷、天野两个旅团血战。晚间，马占山主持召开旅团长军事会议，并发出“虞”（11月8日）电。11月10日发出“灰”电，表述江桥抗战战况和坚持抗战之决心。

11月14日马占山再上前线，将士士气倍增，将敌击退。11月17日国民政府委任马占山为国民党黑龙江省党部委员、省政府主席。11月18日三间房大战。三间房距江桥约50华里，距龙江约70华里。黑龙江忠勇之士战斗已半月，苦无援军之替换，疲困不堪，始转移阵地。19日，日军多门联队追击我军，在杨家屯被我全数歼灭，日军不敢再追，江桥战役遂告一段落。江桥战役，自1931年11月4日起，至19日止，计16天。距“九一八”事变两个多月，这是中国军队自“九一八”事变以来英勇抵抗日军进攻的第一次。

■ 1933年6月马占山和采访记者在庐山合影

10日晨永健兵舰安抵九江，各界在码头热烈欢迎。马占山、苏炳文等上岸答礼后即乘专车奔赴南昌。国民党江西省党部、省政府等开会欢迎。11日晨7时，蒋介石在南昌行营接见马占山和苏炳文将军。蒋介石见面即解释：昨日因行营开会，未能见面。今天还要开全天会议，故请两位民族英雄一起吃早餐。[①]

蒋介石的早点比较简单：稀饭、豆浆、馒头、江浙口味的五六种小菜。席间，蒋介石对马占山、苏炳文率部英勇抗战给予充分肯定，并请马占山简单讲一讲江桥战役的具体感观。马占山自从海外归来，上海、南京、南昌几乎处处有欢迎报告会，对江桥两军对垒情况熟悉得就像自己腰间的手枪，自然汇报得井井有条。马占山手里拿着馒头，嘴里说道：

① 据《中央日报》1933年6月14日。

“我先向委员长汇报双方之兵力之比较。敌军兵力，第二师团全部（长谷、天野两旅团）、铃木旅团、朝鲜混成旅团、南满铁道守备队、旅顺炮兵队、空军等，共3万余人，同时参战者，多至1万余人。”

“我军兵力，卫队徐宝珍团、步兵一旅张殿九部、孙鸿裕团、步二旅苏炳文部、吴德林团、步三旅将军直属部徐景德团，共步兵五团。骑二旅长吴松林部萨立布团、王克镇团、刘斌团、骑二旅程志远部涂全胜团、朱凤阳团、周作林团，共骑兵六团。炮兵团朴大同团，炮36门，以上均是黑龙江省防军。另有辽宁省兴安屯垦军苑崇谷部步炮兵（旋改编江省步一旅）计13000余人。同时参战者，不过3000余人。以兵力比较，我军不及敌军之半数，其同时参战之兵力，我不及敌1/4。且我孤军无援，最后绥化民团亦参加作战，其兵力之单薄，可以想见。”

“兵器之比较，敌有坦克车、飞机、重炮、装甲车，我均没有。我军步枪有百米射程外无效者，更不成比例，尤为痛心。损失之比较：敌之损失，在4、5、6三日，及最后多门联队歼灭，有尸体可数者，计2100余具，伤者及落水身死者无所统计。7—18日之伤亡数目，依情况之判断，至少亦在2000人以上。敌统共伤亡必在6000人以上，我军殉国者仅2000余人，约3：1。”

蒋介石指了指碗，马占山喝了一大口稀饭，继续说道：“故江桥之战结果，敌公认为是皇军之耻辱。而我第一次抗战成绩如此，要是全国起来抗战，小日本有什么可怕的，他怕的是我们。蒋委员长，给我一些给养武器，我一定收拾部队，再打回去。”

蒋介石瘦削的面孔笑容可掬，频频点头，嘴上充分肯定，不过心里并不鼓励马占山打回东北，而是说：“现在黑龙江部队不少已从苏联回到新疆，有人提议你如出任新疆省主席，可以整理那些回国部队。如何？”马占山心里一阵迷糊，说了半天，要我整兵不是打日本啊。在上海，马占山听人说过，刚签订的《塘沽协定》划下了东北由日军管辖，蒋介石叫他到新疆去，是变相警告他不要在东北一带“招惹”日本人了。

马占山“胡子”天不怕地不怕的性格上来，大声说道：“抗战无功，不敢再当重任。将来政府收复东北的时候，江省是我故乡，有我旧部和潜伏人员，如抗战，我当一兵，亦所心甘。如其他，现在我的精力过于劳瘁，请准假稍做休养，再为效命。”蒋介石理解地点头，告诉马占山、苏炳文，他是本月2日从牯岭下山的，在南昌还有诸多公务要处理，他俩可以随时来见他，也可以安排他们去牯岭休息调养一下身体。

马占山和苏炳文过了两天又去见了一次蒋介石，在庐山住了半月。[①]庐山气候像神仙世界，可马占山哪有心思游山玩水，闭上眼睛都是和日本人打仗。

江桥抗战后面的仗就不是那么好打了。1931年11月19日，马占山率黑龙江军政两署撤离省城，向克山一带转移。12月27日，日军全力围攻齐克，马占山部处境十分危急。可惜没有一兵一卒支援。1932年1月6日，黑龙江省傀儡政府成立。2月1日，马占山同谢珂、苏炳文等将领联名发出“江省军官团结一致抗战”的通电，表明心迹。发出支电，提出抗日救国具体主张。2月5日哈尔滨为日军占领。2月6日，马占山与张景惠再次举行会谈，伪装接受张景惠的劝说，响应“联省自治”号召，同意参加“四巨头”会议。但马占山从来没有签署过任何协议之类的玩意儿。

1932年3月9日，马占山前往长春参加伪满洲国成立典礼。3月11日，马占山会见溥仪，有一段很精彩的对话。

马占山：日人把你骗来做“满洲国执政”，简直是亡国的高力士。“满洲国”成立后，一切由日本人操纵，这将我们老家断送完了，先生对此做何感想？

溥仪：我赤手空拳，有什么办法？听郑孝胥说你要回去，你不要太急，我们老乡只有你一个人有血性，真爱国，我要有力，必帮助你完成自己的人格。我很爱你，我今天见你如此英雄，我极喜欢。

马占山是偷着见溥仪的，日本人不在身边，溥仪说出了几句心里话。马占山也对溥仪说，他要去做“薛仁贵”。

不到一个月，马占山重新树起抗日的旗帜，带走了日本人配给的粮食和武器。4月2日，马占山密令第三旅官兵200余人，携带重要作战

① 据《中央日报》1933年6月30日。

物资出走。4月12日，向全国发出“详陈忍辱应付情形再抗战”的通电。同日，致电国联调查团，揭露日本人的阴谋。4月17日，马占山在致国联调查团电文中附有强迫未签的合同文。7月14日，日军集结第十四师团和第八师团，向马占山部发动总攻击。马占山苦战三昼夜后，转战于深山老林。在日军步步“围剿”中坚持抗战，直至4个多月后，将余部转移到苏联境内。

九死一生，矢志不渝。马占山在庐山牯岭赋诗一首，呈陈三立请教。

百战赋归来，言游匡山麓。
爱此嵌崎石，状如於菟伏。
摩挲舒长啸，狂飚振林木。
国难今方殷，国仇犹未复。
禹迹遍荆榛，恐汝眠难熟。
何当奋爪牙，万里飞食肉。

陈三立极赞赏，推荐罗镜仁书写，刻工杨祥升刻在月照松林巨石上。据说马占山属下认为罗镜仁名气不大，便将其署名铲去。故吴宗慈撰写《庐山志·艺文·金石》中：“马占山诗署名为罗镜仁书写”，巨石上没见落款。

与马占山一起归国的苏炳文将军，字翰章，原籍浙江绍兴，出生于辽宁新民，时称儒将，东北抵抗日军时写过一首抗战诗《四十述怀》，四处传诵：

烽火弥天尚未停，几人沉醉几人醒。
拼将铁血匡时难，偶写冰心养性灵。
……
战云过眼空千里，棋劫伤心又一枰。
勒马西山高处望，雄关何处是长城？[①]

① 据《中央日报》1933年6月14日。

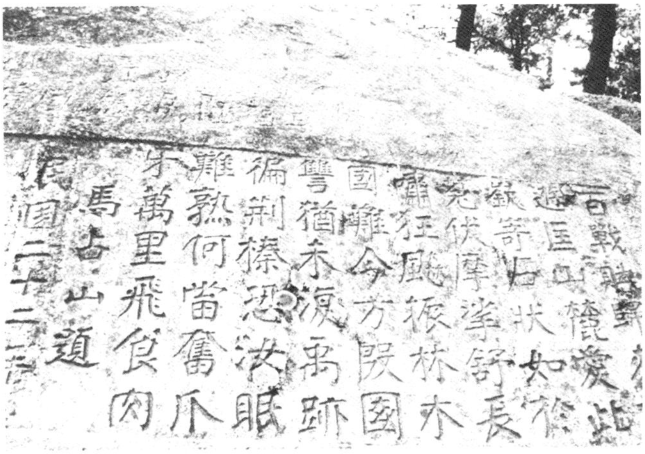

马占山的抗日诗

马占山、苏炳文身在凉爽的庐山，心里却像有一把火，哪里有心闲暇。6月底，马占山、苏炳文由庐山回上海，在报上公布了抗日捐款及各项用途。7月初，马占山在上海市200余个团体联合举行的欢迎大会作了东北抗战经过报告，欢声雷动。

次日，蒋介石在南京黄埔路官邸又召见了一次马占山、苏炳文。马占山、苏炳文还是请战。蒋介石还是笑着点头，没有下文。马占山对当局不抵抗政策渐生看法。他对周围人说："日本侵略中国好比老鼠吃牛，看上去很难，但这头牛要是像死牛一样，早晚会被老鼠吃了。"

3. 陈诚操办庐山军官训练团

蒋介石在南京接见马占山、苏炳文后，于1933年7月10日从南京经九江再上庐山，要事繁多。

蒋介石夫妇大轿刚到小天池，远远看见陈诚早已腰杆笔挺地在路边恭候，两只马靴"啪"的一个立正，高声问候："蒋委员长好！夫人好！"

宋美龄在轿中和蔼地问："曼怡也来了吗？"曼怡是陈诚新夫人谭祥的小名，1932年元旦，由宋美龄作伐，陈诚与谭延闿的三女儿谭祥在上海结婚。

陈诚又是一个立正："禀告夫人，谭祥尚在南京，她恭祝夫人身体安康。"宋美龄为陈将军如此的尊重笑了。夫人一笑，蒋介石下轿，亲

1933年张治中、朱培德、黄绍竑、熊式辉（从左至右）在庐山

切地问：“辞修，军事训练团进度怎么样？”

陈诚双脚“啪”的一个立正，回答。据说国民党党内、军内对蒋介石必立正回答问题，包括接蒋介石电话亦如此。此风来自庐山军官训练团，军官训练团，又是以陈诚为始作俑者。

陈诚，字辞修，1898年出生在浙江青田一个教师家庭，比蒋介石小11岁。1931年33岁已任国民党王牌军第十八军军长。1933年1月，陈诚任闽粤赣边区“进剿”国军中路总指挥，2月27日，陈部第五十二师、五十九师在宜黄南部遭红军歼灭。第五十二师师长李明负伤后自戕；五十九师师长陈时骥身亡。3月21日在广昌与红军激战，第十一师为红军围歼，残部撤至黄陂。蒋介石发动的第四次大“围剿”即被打破。陈诚遭到同僚各方面攻讦。4月10日，蒋介石以国民党政府军事委员会的名义，对中路军总指挥陈诚“骄矜自擅，不遵意图”，降一级，记大过一次；5月3日国民政府颁布《赣闽粤湘鄂剿匪各路总司令部暂行组织大纲》，划分南、西、北三路，陈诚任北路军第三路总指挥。1933年5月29日牯岭午夜会议后，蒋介石打定主意，在庐山海会举办军官训练团，培训参加第五次“围剿”共军的各级军官。7月3日，陈诚接到新任职，从“围剿”前线赶回庐山，担任庐山军官训练团副团长，蒋介石亲任团长。

陈诚此时大步流星跟在蒋介石夫妇大轿后面，到达宋美龄别墅，然后毕恭毕敬地向蒋介石汇报筹备情况。筹备处早在7月1日开始办公，南昌行营第三厅厅长刘兴为筹备处主任，第五军副军长刘绍先为副主任，两人精明能干。朱培德担任训练总监，善于协调。为了在海会赶制即将参加训练的2000座军官用房，现在已调集了运送设施的部队和大批民工，每天工作十几个小时，加盖帐篷，修建操场，铺路架线，忙得不亦乐乎。军官训练团团部长官准备安排住海会寺，外国军事顾问安排住附近的龙云寺。

蒋介石坐在藤椅上，微蹙眉头，问："教官们住在哪儿？"

陈诚立正回答："临时借住数里远的白鹿洞书院。"

蒋介石问陈诚："知道为什么将你从'剿匪'前线调回？"

陈诚双目平视，极为恳切认真地说："失败是最好的老师。陈诚以王牌军受重创更是一笔令人深省的财富，应该让更多的人接受教训。"

陈诚的回答显然不能令蒋介石满意，他用手势叫陈诚坐下来，说："你记得我俩的第一次对话吗？"

陈诚怎么能忘记？陈诚如此年轻，今日能身负如此重任，他曾对严重说过，一生深得三个人提携。第一个是邓演达，第二个是严重，第三个是蒋介石。陈诚1917年于杭州省立第十一师范学校毕业，次年与师范学校同学吴子漪胞妹吴舜莲结婚，以备取生补入保定军官学校。1919年正式成为炮兵科第八期学员，结识第六期的邓演达（那时为第五期学生的严重已毕业）。1922年毕业，1923年进入邓演达任团长的粤军第一师三团，不久被提拔为上尉连长，严重为其上司营长。1924年秋，又被邓演达推荐，进入黄埔军校担任校长办公厅上尉特别官佐。

特别官佐听起来吓人，实际上就是一个候差的官，一年半载难得跟校长蒋介石讲上几句话。不巧，这天陈诚访友回校，天将黎明，便捧起孙中山的著作晨读。蒋介石从青年时起，一年365天，几乎天天都是早起散步，看见有人正襟危坐，认真读书，停步问道："你叫什么名字？看的什么书？"

陈诚抬头一看，是蒋校长，一个立正大声回答："学生陈诚在学习总理的三民主义。"

蒋介石一听，脸上露出笑容，随口问道："这个，三民主义是什么？"

陈诚一一准确回答："总理训示三民主义是，'驱逐鞑虏，恢复中华'为民族主义，'创立民国'为民权主义，'平均土地'为民生主义。"显然烂熟于心。蒋介石又问孙中山对黄埔军校的训词，陈诚一字不错地背了下来："我们今天要开办这个学校，是什么希望呢？就是要从今天起把革命的事业，重新来创造，要用这个学校里学生做根本，成立革命军，诸位学生，将来即是革命军的骨干，有了这种骨干成立的革命军，我们的革命事业便可以成功。"陈诚当时那种认真和虔诚给蒋介石印象很好。蒋介石便说："好的，风雨如晦，鸡鸣不已。你努力吧。"

这样的第一次对话，令陈诚刻骨铭心。蒋介石10年后重提此事，想表达什么呢？

那天，陈诚要离开时，蒋介石才揭开谜底："开学那一天，我要去海会讲黄埔军校精神。"

1933年7月18日，庐山军官训练团第一期举行开学典礼，1840名从"剿匪"队伍中抽调的各级军官，整整齐齐地站在海会寺前新建的露天大集合场上。集合场正前方有一个用石头垒起的讲台。讲台上拉扯着通栏横幅"服从统帅"，从讲台向下坡走数百米，竖立着训练团的木质辕门，横幅是蒋介石手书的三个大字"军人魂"，两边写着一副楹联：

> 安危他日终须仗，
> 甘苦来时要共尝。

早年陈其美、黄郛、蒋介石结为金兰兄弟，蒋介石送两位兄长一

第一期庐山军官训练团大门

人一把小刀，上面就写着这副楹联。1916年5月18日，陈其美被袁世凯派人用计暗杀，现场狼藉，孙中山闻讯亲临现场，抚尸恸哭，并手书“失我长城”以挽之。蒋介石当晚2时将陈其美遗体抱至蒲石路新民里11号蒋宅，悲恸万分，连夜写下挽联挂其屋，也是这14个字“安危他日终须仗，甘苦来时要共尝”。5月20日午后，陈其美入棺成殓。是时，袁世凯还未去世，护国战争硝烟未散，蒋介石所为，确实体现了一个革命党人的坚韧和大义。1916年6月6日袁世凯去世，8月13日下午，由孙中山、黄兴、李平书、虞洽卿、杨庶堪、伍廷芳、唐绍仪、温宗尧、王宠惠、章太炎、吴稚晖、张继、谭延闿、胡汉民等63人发起，在上海法租界霞飞路尚贤堂隆重举行“陈英士先生暨癸丑以后殉国诸烈士追悼大会”。这一天离陈其美殉难之日已过去85天，会场内四周满悬挽联，白帜飘扬，其数不下千副。黄郛的挽联：

百战吊河山，何物鉏麑，竟促英雄完大节；
十年共薪胆，尚余秦鹿，誓修矛戟报同仇。

蒋介石的挽联：

天道无知，苦思公十年旧雨；
中原多故，乃坏汝万里长城。

缘此14字而发，可见“安危他日终须仗，甘苦来时要共尝”这14个字在蒋介石心目中的分量。陈诚画龙点睛地将这副楹联挂在训练团辕门两边，其深意其拍马都是高水平的。

从陈其美去世至庐山军官训练团第一期开学，16年过去了。昔年的革命党人蒋介石，从一个落魄军人到执掌全国全军中枢大权，又如何阐发他心目中的革命和信仰呢？

1933年7月18日，蒋介石戴着墨色眼镜坐在简陋的讲台中央，对军官学生们训话，主题是“庐山训练之意义与革命前途”。

蒋介石说：“陈团长、各位教官、各学员：今天在庐山，召集我们

‘剿匪’各军、各师的长官，开始训练，我们要从此奠定一个新的伟大的基础，来完成‘剿匪’的工作，并尽到大家革命的责任。我们以后能不能‘剿清赤匪’，与整个革命的成败、党国的存亡，以至各个人的生死，统统都看这次训练能不能发生效力。所以我们希望各位教官和学员，认清这次训练的重大意义，晓得这一次训练不是通常所办的什么训练班或军官团，而实在是我们自己个人的生死关头，也是我们的党和国家以及整个民族的生死关头。因此我们大家格外要奋发努力，为我们国家我们民族和我们总理的三民主义而奋斗，由‘剿清赤匪’而建立一个三民主义的新国家起来。因为这次召集大家来训练有如此重大意义，所以今天开学的时候，我特亲自来参加，并有几句要紧的话告诉各位。”

“首先要告诉你们的，就是我们此次所召集来训练的学员，都是各军各师的长官。但是既来到这个军官团受训练，就不好再把自己当作一个官长……”

“其次，我们这次召集大家到这里来训练，其目的是要练习打‘赤匪’的本领，来消灭‘赤匪’，并建立一个三民主义的新国家。”

在训话中，蒋介石尤为强调的是“军队唯一要紧的制胜条件，就是要能万众一心。如何能使军队万众一心呢？就是要有共同的信仰，有此共同的信仰，才能发生共同的力量”。“要使部下个个人都有信仰，这是当官长的人最要紧的本领和学问，比其他什么重要的本领，如射击等还更重要，希望大家以后要特别注重才好。”

蒋介石当年还是看到了国民党是由于信仰出了问题才导致国民党军队“剿匪”的一次又一次失败的。但他不可能面对解决信仰问题的核心，而是将信仰的思想追寻，混淆为人品的自信、信任、引用实用主义的歧途。蒋介石训话讲得很有策略：

“现在我们的军队，就是因为缺乏信仰，所以几年以来，用了四五倍的兵力，还不能如期肃清这个区区‘赤匪’……所谓信仰，即我们做一个革命军人，一定对自己要能自信，对部下要能信任，对主义和上官，尤其是统帅格外要能信仰。自信和信任通常虽不叫信仰，其实也都是信仰。自信，即对我们自己的信仰，信任，即对我们的部下的信仰。

■ 蒋介石和陈诚（右三）在庐山军官训练团

现在我再将这三种信仰分别向大家讲明，第一，所谓自信，就是要相信我们自己一定可以战胜敌人，革命事业一定可以由我们手里来完成。比方现在‘剿匪’，就要相信自己一定可以消灭‘赤匪’，但是现在的情形怎样呢？不仅没有必然‘灭匪’的自信，甚至有许多官兵在精神上被‘土匪’制伏了，还要怕‘匪’……”

“第二讲到信任。我们这里所谓信任，不仅是说我自己要能诚坦驭下，用人不疑，而尤其是要我们能使所有的部下个个人都有本领，都可以达到他的任务尽到他的责任，派他做什么工作一定不至于误事……”

“第三讲到信仰。信仰可以分几种来说，首先就是对主义的信仰……现在我们一般官兵，就是因为对于三民主义，不能个个彻底了解且有正确的信仰，所以‘剿匪’不能成功……其次，要讲信仰上官，尤其是全军的统帅，在我们一般官兵，很少人真能懂得这个道理，不知道军队之所以能发生力量，完全要靠指挥统一，也就是完全要靠统帅，能发挥他的能力……以上就是我所谓自信、信任、信仰三种信心。这三种东西，是革命军人所应有的，也是全军力量之所由生。”

孙中山的三民主义在蒋介石滔滔不绝的训话中，革命和信仰被他偷梁换柱改成了军队绝对服从统帅的实用主义，由此构筑了蒋介石“军人魂”的核心。庐山军官训练团讲台通栏横幅“服从统帅”，自然又是陈诚深谙“军人魂”核心的“创新”。

当革命和信仰成为一种功利和实用主义的时候，蒋介石心目中的革命早已改变了颜色，成为他愚弄他所领导的政党和军队的一种假道德工具。蒋介石此时嘴里提倡的“革命”，与早期国民党包括他本人叱咤风云唤起民族革命是两回事了。三民主义口号是一样的，实质却调了包。理论上、思想上的蜕化和失败，导致了军事战略上的主次颠倒、内外颠倒。蒋介石信仰演变的历史教训，发人深省。

1933年庐山陆军军官训练团共办了三期，第一期于8月4日结束。第二期于8月14日开学，27日结束。第三期于9月3日开学，18日结束。每期军官训练，蒋介石都讲上几次课，也请国民党中央其他要人，如汪精卫、戴季陶、黄郛、邵力子等在训练团讲过课。军官训练团最主要的政治教材是以蒋介石名义编写的“剿匪手本”和“剿匪部队训练要旨”，以及蒋介石这年夏天在庐山亲自摘抄的《戚继光语录》等，并由训练团团副教官商震等宣讲。军官训练团还将所谓“‘剿匪’要诀”编成歌谣，强化“先安内后攘外”观念：

> “剿匪”要诀共八条，我今剀切告同胞。
> 官兵熟唱能做到，“剿匪”立功在今朝。
> 小挫切莫丧畏惧，大胜切莫露骄矜。
> 国内“赤匪”赶快平，再打倭寇日本人。

国民党专门培养高级将领的陆军大学著名军事教育家杨杰这次也上了庐山，亲自传授军事课程。每一期一周的军事术科，如射击、侦察、通信等科目，还有野外演习训练，从海会寺到汉阳峰仰天坪一带复杂奇险山区展开。国民党集备了最好的人力物力资源，三期培训了7598名各级军官，准备和共产党再来一次血的较量。[①]

---

① 参见《庐山训练实记》相关部分，庐山军官训练团编印，江西省印刷所代印。

4. “军人魂”笼络秘闻

1933年夏，庐山军官训练紧张有序，但令许多高层军官“永志难忘”的倒是蒋介石的个别关心或“馈赠”。据不少亲历者回忆，这是南京政府政治的一个特色。

蒋介石驾驭部下是很有一套的。他并非仅仅用金钱收买，在不少场合往往是精神和物质并重。据一些当事人回忆，在庐山军官训练团每期训练结业前六七天，蒋介石定来海会寺军官训练团本部，与受训少将以上军官个别谈话。谈话时，他总是以不同的手腕拉关系，表示信任，根据不同的对象、不同的需要、不同的特点，采取不同的笼络方法。

如对韩复榘部第十二军军长孙桐萱的拉拢，蒋介石的做法可称为“细雨润物”。

孙桐萱是韩复榘部总指挥兼第十二军军长，山东省军界第二号人物。韩复榘本来是冯玉祥部下，倒戈将军不甚驯服，1933年蒋介石利用开办军官训练团的机会，电召孙桐萱来庐山任训练团第一期第一营营长。孙桐萱和庐山陆军军官训练团交际课少将课长刘万春是河北省交河县泊镇小同乡，在庐山军训闲暇常一起聊天。第一期结业前10天，孙对刘说：“我父亲今年8月20日是七十整寿，我打算烦陈诚副团长向委员长要一张相片作为纪念品，你看恰当不恰当？”刘万春便向陈诚说了。过了几天，蒋介石来到庐山陆军军官训练团准备参加第一期结业典礼。陈诚向蒋介石汇报了此事，蒋介石不仅同意送一张自己的照片，另外还准备送点儿别的东西，吩咐刘万春去见他。当天下午4时，刘万春到蒋介石海会临时住所，被领进蒋介石办公室。蒋命刘万春坐下，问：“孙军长的父亲过去干什么？”刘万春说：“他父亲读过三四年书，后在泊镇一家商店里写账，现在老家里还有两位叔父种田。过去孙军长家里人口多，生活困难。他年轻时投到冯玉祥部下当兵，当了营长以后，就把父母接来一起奉养。”蒋介石说：“人有孝敬父母的品德，定能忠于党国。岳飞能精忠报国，就因为他最孝。”随后又说：“我送给孙军长的父亲寿幛、寿屏6幅，另送5000元大洋给孙老先生添些零星东西。明天结业典礼后，我要离开这里，不能亲自交给孙军长，你可到陈副团长那里去取东西，代我转送，说我祝贺老太爷健康长寿。”结业典礼结束后，陈诚吩咐刘万春取回蒋介石的礼品，只见寿幛上款写的是孙伯父大人七十寿辰之禧，下款写的是蒋中正赠。陈诚另送寿幛一副。刘万春把寿幛、寿屏、支票一并交给了孙桐萱。孙桐萱接收礼品时，笑容满面，感激万分，表示终身效忠蒋介石。临别那天，陈诚宴请各营、连长。宴会后，孙桐萱再三向陈诚说：“委员长对我的深恩厚德，我一生感念不忘。”从那以后，孙桐萱及其弟孙桐岗对蒋介石个人可以称得上四个字：忠心耿耿。据蒋介石智囊钱昌照回忆，蒋介石习惯于每到年终，给左右亲信的人都送一笔钱，以示笼络。在庐山军官训练团的种种，仅是其一斑。

蒋介石对西北军阀马鸿宾则是另一种关心和笼络。

马鸿宾，字子寅，1884年出生在甘肃河州，以甘肃新军起家，曾任甘凉肃边防司令、甘肃省主席，精明强悍，在回民中素孚众望。1933年被调参加庐山军官训练团第二期培训，任副团长（当时总指挥一级高级军官调来受训，都授予副团长名义）。马鸿宾是回民，信奉伊斯兰教，特别虔诚，不管公务如何繁忙，每次礼拜很少放过。日常食牛羊鸡鸭，经阿訇念《古兰经》，才予进食。在庐山军训团期间，蒋介石请陈诚特别安排了一个回民食堂，专门派回民军官管理，供给回民军官饮食。马鸿宾在庐山训练团每日三餐，都由随从副官去回族食堂打饭。

在第二期结业前两天，陈诚告诉交际课长刘万春说：“委员长今天下午与马副团长共进晚餐，叫你准备一桌回民饭菜，开饭时你也陪同一起吃饭。不然，马副团长害怕不是回饭，就不敢吃了。”刘万春是回民。

这天下午5时许，蒋介石与马鸿宾个别谈话后，领着马鸿宾走进饭厅。刘万春向蒋敬礼，蒋介石一面还礼一面说：“这桌饭菜都是刘课长办的，我们很喜欢吃回民做的菜。这个，调刘课长来团办回族伙食，就是为了受训回族军官饮食方便。第一期时，我和马景援（马步芳的儿子）、马纯静（马鸿逵的儿子）谈话，问他们这里生活怎么样？他们高兴地说，食堂里很好，这里，有个阿訇照顾，生活和在西北一样方便。”国民党当时提倡说国语，也就是普通话，蒋介石对马鸿宾也努力用宁波国语表达，不过据刘万春等人回忆，蒋介石的国语说得不好懂，发音“领导”说成“拎刀”,“我们”说成“俄每”,“这个”说成“则姑”,“凡是”说成“反死”……可谁也不敢笑，当时的侍从室长官钱大钧对蒋氏国语一字一句地做翻译。

马鸿宾奉承说：“这是委员长的恩赐。”

钱大钧插话说：“中央各军事学校也都有回民伙食。将来你们可选派一些下级军官到步校、骑校上学，能增长军事知识，对指挥作战大有好处。”马鸿宾说：“我回防后，先选派一批。”

蒋介石接着说：“我在兰州、宁夏银川参观清真寺，看到做礼拜的人很多。清真寺建筑得宏伟美观，打扫得干干净净，保护得也好。现在甘、宁两省有多少清真寺？”

马鸿宾回答：“甘、宁的大清真寺，大多是元、明、清朝代的建筑。在甘、宁两省，凡有回教居住的村庄都有清真寺，到底有多少没有统计。清真寺保管得好，主要是本地回教人自己管理，一切修缮费用，都是回教百姓自愿出的乜贴。”

蒋介石侧脸问刘万春什么叫“乜贴”，刘万春解答：“‘乜贴’，是阿拉伯文的译音，意思是捐献或施舍。在《古兰经》上有一条规定：伊斯兰教徒有义务向礼拜地捐献财物，施舍穷人。”蒋介石听完后，对钱大钧说：“回族人这种精神可嘉。修理清真寺，也应像修理喇嘛庙一样，由蒙藏委员会拨专款。”

钱大钧答应：“回南京后，我向蒙藏会提一提。”

蒋介石谦和地问马鸿宾：“军队里有阿訇吗？”

马鸿宾回答：“各师、团、营、连都请有阿訇，他们不穿军装，营、连的待遇按排级发薪，师、团的阿訇待遇高些。”

蒋介石频频点头，他请马鸿宾吃的这顿饭以关心伊斯兰教开始，以提高阿訇待遇结束，马鸿宾感慨万分。吃完饭分手时，马鸿宾十分感动地说：“委员长对咱们穆斯林，真是无微不至的关怀，使我非常激动；回防后，为表示对委员长衷心感谢，一定炸油香，请阿訇念经，谢主。”在不露痕迹的笼络中，蒋介石轻轻地拉住了西北马鸿宾的“马缰”，在随后堵截红军进入陕北的战斗以及与西路军的战争中，马鸿宾和马鸿逵都是为蒋介石立下汗马功劳的。

■ 1933年夏蒋介石等在庐山军官训练团

这就是蒋介石沾染了权谋和贿赂的“军人魂”，恩威并施地在庐山军官训练团导演的“服从统帅”之一斑。

1933年7月至8月，庐山军官训练团还在星子县城举办了党政人员训练所。8月8日，星子县又开办合作人员训练班。不久，国民党中央陆军军官学校分校由南昌迁来星子县，改名为特别训练班，附设民政学校。蒋介石逐步将庐山军官训练的内容日益“丰富”起来。

5. 绞杀察绥抗战三步棋

海会的军官训练团办得如火如荼之时，牯岭饭店在1933年7月25日至29日开了一个军政首脑会议，会议由蒋介石主持，参加者有汪精卫、陈绍宽、顾孟余、朱家骅、曾仲鸣、朱培德、唐生智、张治中、杨永泰、陈仪、毛邦初、徐培根、钱昌照等20余人。

7月25日会议正式开幕。讨论事项，除内政党务外，特别“注意于军事问题”。

7月26日上午8时开第二次会议，讨论军队人事制度、经理全国要塞等要案八件，下午1时散会。深夜，又在牯岭饭店“会商修明内政、改善党务、改进军事革命外交、建筑铁路、救济华北灾区，与处理察省军事以及新疆省第二次政变事”。察绥军事即如何对待察绥抗日同盟军事宜。

7月27日，按原定会议安排，举行最后一次会议。会议快结束时，接到黄郛将来庐山报告察绥抗日同盟军的电文，黄慕松报告宣慰新疆事件即日来山的电文，决定暂缓结束时间，听取报告。

1933年的曾仲鸣、叶楚伧、汪精卫、朱家骅（从左至右）

冯玉祥领导的察绥抗日同盟军，当时牵挂着中国亿万人民的心。

冯玉祥是北伐时支持蒋介石统一中国的砥柱。1928年4月蒋介石召开编遣会议，冯玉祥发现蒋介石的用心狭隘和立党为私，便一步步与蒋介石分道扬镳。1930年中原大战后，冯玉祥解甲归田，住在山西汾阳山村峪道河，身边2000人的卫队以二十九军教导二团的名义保存下来。1932年3月24日，冯玉祥上了泰山。1932年4月19日，冯玉祥在日记中记载："军阀革军阀的命不成，官僚革官僚的命不成，政客革政客的命不成，不能代表民众的组织是不能革命的。为了革命我们要唤起民众，领导民众，争取民众的利益。"1932年10月9日，冯玉祥从泰安到达张家口。1933年4月27日，汪精卫发表讲话，声称政府既不能战，又不能和。1933年4月29日，日伪攻陷多伦，察绥出现危机。

1933年5月26日，冯玉祥在张家口就任察绥民众抗日同盟军总司令，通电全国。同时，在张家口驱逐蒋介石特务，重新组织地方管理机构"御侮救亡会"办事处。5月27日，冯玉祥下达三项革新政治令：（1）免除苛捐杂税；（2）释放政治犯；（3）停止党费由公款支付。颁布了严惩贪污令。规定官吏贪污5元大洋以上者撤职，受贿10元大洋以上

■ 1933年5月冯玉祥对察绥抗日同盟军讲话

者监禁，20元大洋以上者判处无期徒刑，50元大洋以上者枪决。根据这些命令，原来因为宣传抗日而被关进察绥监狱的4名青年立即被释放，以各种名目设立的税卡立即撤销了四五种。这些举措获得了百姓的真心拥戴。

7月7日，发起收复多伦战役，吉鸿昌亲自率领敢死队攻坚，12日克复多伦，多少志士为民族挥洒生命和热血！察东四县完全收复，这是“九一八”事变以来中国军队首次从日伪手中收复失地！全国人心大振，不少爱国志士到张家口投效抗日同盟军，连孙殿英的四十一军也由听命于何应钦主持的北平分会转而同情抗日同盟军。全国支援的电报信件钱物像雪片一样飞向察绥。7月9日，抗日同盟军总部在张家口集议，成立了“东北民众抗日大同盟”，察绥全民抗日局势大好。

但南京政府对察绥的抗日形势十分惧怕，日军以《塘沽协定》察绥属地不许中国军驻扎为借口，对南京提出抗议，国民政府立即对这支部队一边收买一边高压，派员收买了抗日同盟军第四路军总指挥冯占海。同时派出大批军队和日军联合对抗日同盟军取进攻之势，对冯玉祥伸出橄榄枝，发电请他去南京做官。冯玉祥不为所动。7月17日，李济深、陈铭枢发表电文：“请停止入察之师，为国家惜人才，为社会留元气。”

7月19日，汪精卫发表谈话，大肆攻击抗日同盟军与冯玉祥，扬言必须以武力讨伐。北平军分会的军队包围了察绥，与抗日同盟军大有一触即发之势。南京政府的举动遭到各方反对。陈济棠、唐绍仪等人于7

月20日致电南京，要求立即停止对察省用兵，主张和平解决。国民党元老程潜、李烈钧等7人，致电汪精卫，驳斥他对同盟军和冯玉祥的攻击，赞扬冯玉祥的抗日行动，反对以武力解决时局。天津《益世报》、上海《申报》纷纷发表评论，为冯玉祥鸣不平。

南京政府对党内不同政见在一定程度上还是允许公开化的。

全国反对用兵察绥，国民党一部分中央委员公开为冯玉祥鸣不平，迫使南京政府不得不考虑武力讨伐抗日同盟军的后果，如何处理察绥局势，蒋汪一时举棋不定。日本侵略者见南京政府迟迟不肯进攻抗日同盟军，便对南京催逼益急。日方不断宣称，同盟军收复多伦系违反《塘沽协定》，南京如不尽快解决同盟军问题，日军将采取有效行动。蒋汪唯恐开罪东洋人，引起“日军再次兴师问罪”，不敢拖延对抗日同盟军的解决。

察绥方面对南京政府准备抛弃抗日同盟军，当时没有清醒的认识和认真准备。7月20日，察绥各方还在酝酿成立“收复东四省计划委员会”。冯玉祥以爱国抗日的赤子之心于7月24日赶写了收复东北四省工作的计划草案，准备派人送往庐山，希望中枢要员们召开会议时予以讨论采纳。当日，冯玉祥致电尚在南京的汪精卫，征询他的意见，未得到答复。

1933年8月14日冯玉祥和宋哲元（左）

7月28日下午3时，孙科抵达庐山，黄郛、黄慕松随至。下午5时在牯岭饭店继续开会。黄郛先做发言，他向会议汇报了察绥的基本形势后，谈到察绥抗日同盟军与中共有种种联系。

7月28日晚，会议议决：蒋、汪联名致电冯玉祥，提出解决察绥局势的四项原则。蒋、汪的电报，颠倒黑白，对冯玉祥一打一拉，极尽挑拨冯玉祥与共产党的关系之能事。好像冯玉祥成了与国民党中央闹独立的祸首，察绥政权如同长春傀儡政府第二。一时间国民党控制了主要舆论，红帽子一顶顶向冯玉祥砸来，称冯玉祥“为共产党蛊惑”“实行赤化组织”“赤色旗帜已益鲜明”，要求行政院“速筹军事之彻底解决办法”，这一拉一砸，使冯玉祥渐生“躲”的思想。

1933年8月3日晚，顾孟余从南京到北平，转达庐山会议关于处理察事的意见。8月4日，冯玉祥发表通电，称：自即日起，忍痛收束军事，政权归诸政府，复土期诸国人。并请政府即令原任察省主席宋哲元，克日回察，接收一切。

8月12日，宋哲元乘专车抵达张家口。冯玉祥冒雨亲自到车站相迎。

宋哲元和冯玉祥重逢之时，庐山上又一次华北善后会议召开，最后决定了冯玉祥离察省后，“围剿”察绥抗日同盟军的具体方案。

8月14日清晨，冯玉祥及其卫队乘宋哲元准备好的专车赴泰山。

冯玉祥的出走，带来了抗日同盟军的严重分裂。蒋介石采取重兵压境、逼迫的方针，10月16日，方振武、吉鸿昌部数月来没有一分钱给养，不少士兵都穿着单衣，在四面包围下，转战数月，有的牺牲，有的投诚，最后仅剩四五百人，同意“和平解决”解散队伍。方振武、吉鸿昌不得不听从中央“安排”。

一支受到民众拥戴、代表抗日大方向的雄心勃勃的10万人同盟大军，就这样被日军和南京政府软硬兼施地消灭了。

6. 万松林诗会搭台内幕

血淋淋的政治军事，有时也需要文化的造势和“抚摸”。

1933年夏，庐山的大会小会一个接一个，大官僚小官吏游山一行又一行。

是年7月16日，国民政府立法院副院长邵元冲在武昌视察工作，热汗如雨，他听从湖北省教育厅长程天放等人的建议，下九江上庐山，下榻胡金芳旅馆，因价格较贵，卫生条件又不好，便在大林寺侧面一家“雨岩寓”与湖北省政府民政厅长朱怀冰合住一处别墅。朱怀冰原是陆军九十四师师长，对邵元冲的文采极为推崇。

说起来，邵元冲在国民党内是个元老级的博学之士，时年45岁，比蒋介石尚小1岁，清末浙江高等学校毕业，18岁参加同盟会，21岁考入镇江地方法院，任审判厅长。不久辞职，去日本会见孙中山，跟随其左右。辛亥革命后回国，任上海《民国新闻》总主笔，口才和文笔风行一时。1913年3月宋教仁在上海车站被刺，凶手应桂馨避居租界，就是他据理与租界当局交涉，最后把凶犯引渡归案。二次革命中，邵元冲任国民党江西省湖口总司令部秘书长，佐李烈钧讨伐袁世凯。失败后，逃往日本，帮助孙中山组织中华革命党，颇受重用。在考察国民党海外党务期间，进入美国哥伦比亚大学留学，36岁回国，和才女张默君结婚。张默君和邵元冲早年本是同学，成人后，邵元冲被张默君的才华吸引，但张默君心未有所动。直至邵元冲从海外回来，寄赠他在海外出版的著作，张才芳心有所动，1924年9月两人结为伴侣。这是国民党高层又一对“神仙眷属”，邵元冲36岁，张默君35岁。不久，张默君被南京政府推举为行政院考试委员会委员。夫贵妻荣。这一对惺惺相惜的爱侣，有一个共同的雅兴：诗歌唱和。一见庐山名胜令人陶醉，7月19日邵元冲寄飞机快函，促张默君来山。24日晚，张默君带着新诗作到来。

7月26日，曹纕蘅引路，带邵元冲夫妇去松门别墅拜访陈三立。松门别墅修建在今河南路，万松夹道，怪石相佐，上面新刻着马占山的抗日打油诗。一见客人以“切磋诗歌”请教，又有才女张默君相随，81岁的陈三立吸着两尺长的水烟袋“丰神散朗”走进客厅，给

蒋介石夫妇在新搬迁的牯岭官邸（今美庐）下棋

邵元冲夫妇的感觉就像一首诗。“谈少顷”，话并非那么投机。陈三立喜欢写诗，但可能不喜欢“官场诗人”吧。从松门别墅出来，邵元冲偕张默君去探望乔迁新居的蒋介石夫妇。

现在不少人认为蒋介石是1933年8月8日搬进美庐别墅的，但据《邵元冲日记》载，7月26日，他们夫妇在13号介石寓午餐，同席者有交通部部长朱家骅、铁道部部长顾孟余、海军司令官陈绍宽等人。宋美龄热情地和张默君坐在一起，频频劝酒，有说有笑。顾孟余一张利嘴，自然开起了这对中年新婚夫妻的玩笑。可见蒋介石夫妇1933年7月已搬进今天的美庐。[①]

邵元冲和蒋介石相交十几年，关系密切。1917年邵元冲与蒋介石等人一起策划肇和舰起义。1924年夏天，他从欧洲回来，任粤军总司令部秘书长兼黄埔军校政治教官，蒋介石时任粤军总司令部参谋长兼黄埔军校筹备委员会主任，后任校长。在党内，邵元冲被选为国民党一届中央执行委员，蒋介石任二届中央执行委员还是北伐前夕补选的。孙中山去世后，邵元冲参加了西山会议派，受到党内警告。邵元冲有恃无恐，1926年6月，以与蒋介石的关系，出任国民党中央委员会青年部长。两人长期相互提携，邵元冲自然懂得蒋介石的每一句话、每一个眼神都是一个信号。7月27日晚，熊式辉在今天的359别墅举行晚宴，参加者有黄季宽、李杜、杨尚清、王逸塘、曹纕蘅、彭醇士、吴鼎昌、谢敬虚，主要是社会名流和文化官员。席间，邵元冲好像偶然地谈到上午拜访散原先生，老诗人身体健康云云。又问到当年春上庐山由民间组织了花径诗会，参加者几人？

黄季宽是花径诗会的发起人之一，他兴致勃勃地讲道：湖北汉阳名士李凤高在大林寺西侧突然发现“花径”石刻，审为白居易遗迹。李凤高特约陈三立、吴宗慈、胡思义等共同发起募款建亭。陈三立撰写“景白亭记”，李凤高篆书“花开山寺，咏留诗人”石联，其他人也纷纷写诗著词，不久前将此结成“花径景白厅留题”一册。邵元冲和熊式辉就此事你问过来我问过去，整个饭桌洋溢着一种诗情。

---

① 《邵元冲日记》，上海人民出版社1990年版，第1014页。

熊式辉开玩笑道："邵院长是一个有诗瘾的人，别人新婚之夜是洞房闻花，邵院长是洞房写诗。"

曹纕蘅问邵元冲："可真？"

邵元冲笑着说："然也。"

哄堂大笑。众人相请"艳诗共欣赏"。

邵元冲大方吟咏："昔日女牛愁永隔，今朝鸾凤喜双飞。洞房春色知何限，惭愧寒筠倚紫徽。"问："如何？"

曹纕蘅笑曰："美矣。"众人又大笑。

熊式辉继续发布新闻，邵院长的爱妻这次是带着新诗上庐山的，经沅兄出面发起一个诗会，如何？

曹纕蘅还未答应，其他人就叫起好来。

曹纕蘅，字经沅，四川绵阳人。1909年（宣统元年）18岁拔贡，少有盛名。辛亥革命后，供职于北京政府内务部。南京政府成立，又先后供职于行政院和考试院，时任安徽省政府秘书长，以一支笔飘逸天下。一见这个阵势，爽然答应，与黄季宽联袂邀请陈散原老人，以壮声

20世纪30年代庐山文化名流聚会，前排左一陈三立、左二佛学家欧阳竟无、左四俞寿丞（俞大维之父）、后排左五徐悲鸿、右二李一平

势。同时商定地点在51号原李德立别墅现李煜堂新居，时间定于一天后的29日。

7月29日下午，匡庐雅集在牯岭51号别墅如期举行，这栋别墅在牯岭东坡的万松林下，面对大月山，左有日照峰，右有吼虎岭，故诗题有“集万松林”、诗中有“三面峰峦”之说。此别墅为19世纪末建筑，一层石构的“玻璃屋”，以日本风格为基调，糅合东西方艺术为一体，东面、北面由檐及地板的宽大的横推式门窗，别墅主立面南面一亭，有石砌的敞开式外廊。北临一条小泉溪。诗情画意，先声夺人。熊式辉、曹纕蘅、邵元冲、张默君、彭醇士等人都早早来到。张默君人到中年，仍素面朝天，一袭雅色短袖旗袍，更显清秀可人。熊式辉打趣道：“今朝鸾凤喜双飞。”那是前日邵元冲吟诵的洞房诗句。张默君落落大方，出口成章：“昨日松林欣万汇。”将雅集地址万松林巧妙地对在其中，夺得一片赞扬目光。

谈笑间，正在大林寺讲经的太虚法师和戴季陶联袂驾到。太虚1933年于7月下旬从武昌来庐山，7月26日在大林寺开讲金刚般若经，戴季陶、蒋作宾、张默君等前往听讲，故熟识前来凑兴。戴季陶昨日听经写下了新诗：

初见白莲为师发，继来再见白莲开。
南山重雾随声散，应有神龙运巨材！

在一片称许声中，陈三立在二子陈隆恪的陪同下，拄杖而来，众人一片欢呼，听散原老人讲“分韵写诗”传统。宋时朱熹与友人、门生游庐山时，多次分韵作诗，惜仅数人；近代同光体诗人散原老人与郑孝胥、陈仁先、夏敬观诸公在上海经常集会，分韵写诗。这一次匡庐雅集，也来一次分韵写诗，问众人意见如何？

“太好了！”一阵掌声中，太虚提议以慧远的《游庐山》诗为韵目。慧远是庐山东林寺的创建者，佛教净土宗的创始人，人称远公。他的《游庐山》《豫章诗话》被认为是庐山有诗作题咏之始，也是庐山文献资料的源头。诗为五言，共14句、70字：

崇岩吐气清，幽岫栖神迹。
希声奏群籁，响出山溜滴。
有客独冥游，径然忘所适。
挥手抚云门，灵关安足辟。
流心叩玄扃，感至理弗隔。
孰是腾九霄，不奋冲天翮。
妙同趣自均，一悟超三益。

然后70个字分别捻成70个小纸团，由众人随意拈。邵元冲拈到一个“关”字，信笔写来：

飘然携手蹑松关，兰渚风流若可攀。
浮世已随苍狗换，劳生偶共白云闲。
瀑悬三叠飞灵澍，香散诸天破碎颜。
一抹匡山青未了，抱琴松下听潺湲。

张默君拈到一个“籁”字，凝思片刻，平日所感如山泉，汩汩流畅26句，首尾两句是：

匡庐雄奇兼博大，幽岫崇岩绝潇洒。
…………
月明万峰松万株，一碧遥空散灵籁。

熊式辉得“门”字：

犄了官书半日繁，且随杖履共琴樽。
新诗传读云侵屋，怪石争谈虎守门。
明月高悬酬雅集，清泉流韵涤歊烦。
漫因地僻疏时事，郊垒犹闻鼓角喧。

正在此时，汪精卫、曾仲鸣、立法院秘书吴汝澄、行政院赈务委员会委员长许世英等翩然到来。原来，上午汪精卫等人参加会议，下午又做迎接孙科来山的准备，便迟到了，汪精卫拈了一个“然”字，即兴写道：

癸酉夏，集万松林，分得“然”字

石廊泉栏意冷然，筚路于今四十年。
三面峰峦先得地，意林松栝渐参天。
名山不尽烟云变，古迹犹多翰墨缘。
鹿洞风流宜振起，伫看户诵与家弦。

“石廊泉栏意冷然，筚路于今四十年。”汪精卫对这座别墅“石廊泉栏”的环境，历史“筚路于今四十年”做了充分的肯定。李德立的这座别墅修建于19世纪末，是庐山的第一座别墅，但用“筚路于今”四个字，则夸大了列强侵占牯岭的开发意义，结句对蒋介石创办庐山军官训练团颇为看重。“鹿洞风流宜振起”，他以教官们暂住的白鹿洞代指军训团，认定军训团将给历史悠久的白鹿洞书院书写新的篇章，强烈的政治倾向性力透于纸。

许世英“弗”字，曹纕蘅“玄”字，曾仲鸣是“同”字：

万松深处堪吟笑，风撼涛声韵不同。
空谷浮云凝屐底，远峰飞影入杯中。
人行绝壁常疑鸟，日映悬泉忽幻虹。
夜半倚栏残月黑，仰看河汉独横空。

曾仲鸣的诗披露了其自命不凡、人行绝壁的心迹。

“雅集”快结束时，正在庐山休养的中央执行委员李烈钧也来了。这位国民党元老、二次革命的旗帜，自南京国民政府成立后，因王天培师长以龙潭战役被蒋介石诬杀，即辞职闲居在老家武宁，不久在庐山大林沟购置“崇雅山庄”，经常来庐山。此时他听说万松林举行诗会，立刻赶来，拈“韵”字，即赋诗一首：

匡山富岩壑，松林有嘉闻。
森森万木阴，潜虬睡深稳。
凉风发群籁，万涛振天韵。
闻胸获清爽，浩气如龙奋。
吐纳流云雾，汛扫出苍润。
众峰忽谽岈，挺秀争雄骏。
相对各驩然，共尽杯中酝。

太虚法师拈“恨”字，吟曰：

花开花谢异欣厌，春到春归纷愿恨。
岂知万化总乘时，荣悴总是天行健！

陈三立老人那天没有写诗，其子陈隆恪拈“一”字，写了一首长诗。

正像陈隆恪诗中所言“摄影回落日”，那天摄影、茗谈，至下午6时，尽欢而散。剩余的“字”，则由曹纕蘅等人四散，或与游客，或与友人，邀写诗句，数月后集中起来，刊成一部著名的《癸酉写山雅集诗草》。那天，陈三立的忘年交诗友李一平没有来。据他的儿子李春年向笔者讲述，李一平生前曾说，在

蒋介石在牯岭官邸（今美庐）庭院

国难之时，他不愿参加这次“以官吏们为主的吟花叹月”文化活动。

当时，北方察绥抗日同盟军和南方红军正在用鲜血寻觅着中华民族生存之路；而万松林的闲情雅兴在传播庐山文化之余，似乎隐藏着幕后人深沉的舞弄政治之手。

第八章　战、和各派亮相

1. 林森、李烈钧的庐山交游

1934年的庐山，国民党中枢要员中，第一个驾到的是林森。6月13日，《中央日报》第二版发表了一则消息："林主席赴赣，南京出发行前，各方知者甚少，故前往送行者，仅国府文官长魏怀，参军长吕超等，这次赴牯，仅随从一人，及友人邓君，在牯约住一两月。"林森于6月12日到达牯岭，住进鹿野山庄。鹿野山庄是林森就任国民政府主席同一年1932年8月修建的，地处黄龙寺东上坡200米。别墅名取黄龙寺匾"鹿野禅林"之意。

鹿野山庄面对黄龙山谷，青竹绿树掩映，风格似乎是林森清廉无权超脱地位的象征。居住鹿野山庄的日子，67岁的林森每天清晨喜欢伫立于别墅门前，听松看云。庐山的松，涛声阵阵；庐山的云，飘忽悠悠。

林森是和美国总统罗斯福同一年就任国家最高元首的。如果说，罗斯福在美国利用总统职务推行新政有多少建树，林森则在其位就有多少尴尬。

林森签署的第一个国民政府令是1932年1月8日实行言论自由，新闻检查一律撤销。但就在这一年的7月16日，蒋介石手批密令禁止《申报》向埠外发行，并强迫《申报》改组，陶行知、黄炎培离开《申报》，政府派员指导报刊；1933年6月18日，中国民权保障同盟总干事杨铨（字杏佛）被刺身亡。国家大权都在军事委员会委员长蒋介石手里，往往法令、法规是一回事，实际情况则是另一回事。

林森签署的第二个国民政府文件，是1932年1月30日，淞沪抗战两天后对全国宣言，决定将国民政府移到洛阳办公，共赴国难；同年11月29日，他签署了再将国民政府迁回南京的通令。表面的大事都是林森画弧，真正的国家大计，如《塘沽协定》等，事前林森根本不能与闻。

林森的国民政府主席实在是一个虚职，1934年3月3日，胡适在《独立评论》发表《国府主席林森先生》一文，指出林森的“绝大功劳在于把‘国府主席’的地位实行做到一个‘虚位’，而让行政院院长的地位抬高到实际行政首脑的地位”。“其重要性颇等于从一种总统制改成内阁制。”[①]胡适在这里巧妙地造成舆论，推卸胡适的好友汪精卫从事对日妥协外交，以及幕后指挥者蒋介石的责任。胡适对汪精卫一直是很钦佩的，他1924年在杭州烟霞洞养病，不少名流前来探望，汪精卫夫妇和徐志摩也在其间。胡适对第一次见到汪精卫的徐志摩说，他和汪精卫是1918年同船赴美途中见的第一面。这一面的印象太深了。胡适说，如果自己是女子，一定死心塌地爱他；是男子也爱他。胡适和汪精卫长期书信来往，汪精卫任职行政院院长后，他们的书信来往更密切了。汪精卫曾邀请胡适担任教育部部长，胡适以自己留在外面说话对政府和国家更有利为由，未就。胡适此时撰文讥讽林森，也可能属于“更有利”的表现之一。

林森倒是一个忍辱负重的长者。国家有难，林森没有搭理胡适辈的挖苦，继续连任国家主席。身在其位，抗日时时挂在心头，下榻鹿野山庄的当天，他给在南昌行营的蒋介石发电，“电约委员长赴牯”[②]，有要事相商。

蒋介石却无暇顾及。国民党对中共中央苏区的第五次大“围剿”已到了关键时刻，酝酿多月的新生活运动促进总会正在紧张筹备之中。直至新生活运动促进总会1934年7月1日在南昌正式成立，蒋介石自任会长，宋美龄任该会妇女委员会指导长。7月9日，蒋介石夫妇才上庐山，

---

① 《独立评论》1934年3月11日第91号。

② 吴宗慈主修：《庐山续志稿》，江西省庐山地方志办公室1992年印行，第47页。

1934 年外事活动中的林森（前中）和汪精卫（前左一）

当天下午坐轿到鹿野山庄拜访林森。

听到门卫传报，正在看古玩的林森没有起身，静水无澜地表达了对蒋介石无视长者的一种不满。林森比蒋介石大整整20岁，1895年林森率人参加孙中山的兴中会时，蒋介石还在溪口私塾读《三字经》。对蒋介石利用廖仲恺被刺飞黄腾达的历史，林森心里自有一本账，时不时地轻慢也是一种别样的敲打。蒋介石有一种本领，就是他的脾气在下属面前，可以怒发冲冠，“娘西匹”冲口而出，但在尊者、长者面前，蒋介石往往扮演一个彬彬有礼的学生的角色。

蒋介石毕恭毕敬地问道：“林主席安详？”

“尚可。闲来无事，修修亭子建建桥。”林森说的是他在庐山登山道的两侧请人修的石凳，蒋介石在上山时已有人指给他看了，有的椅子上还刻着“有姨太太的不许坐”。林主席是几十年一个人孤僻惯了，年轻时在台湾工作，结婚三年很少回老家，新娘子得病等他回来时刚刚病故，无限的懊悔和自责让林森立誓再不娶妻，对那些寻花问柳、娶姨太太的人，自然反感。林森对穷人充满同情。每次上庐山，轿工的辛劳、石工的号子，他们的如雨汗水，濡湿了林森的心，他出资在莲花洞小道边修了一个“半山亭”，供人休憩。交芦桥是1928年他在庐山养病时修的。此时林森对蒋介石说此话，是表示一种不满。

蒋介石赶紧说，正要向林主席请教华北与东北“通邮、通车、关税”等问题。

林森摆摆手，说：“这个问题，李协和（李烈钧字协和）的看法就是我的看法。我就是请委员长来表明这个态度的。”

蒋介石尴尬地点点头。他愤愤地想道：本年4月13日李烈钧独自发来一电，主要内容虽不长，但意见非常尖锐：

久卧病榻，未能问闻国事。报载与东北通车、通邮又将实现（斯时对外，诚为难事。然撑持大局，本赖全民国民大会，会期既经决定，犹不能解放人民言论、出版、集会、结社诸束缚），本党政策何异尽走死路而放弃生路也。人心尽失。贤者不悲其身之死，而忧其国之哀。盖今日国家大权名虽分享，实则系公。故再为公一申至计，倚

烟雾茫茫中的崇雅楼（今大林沟路52号）（作者摄）

榻陈词，明察是幸。

李烈钧和林森是希望召开全国国民大会，来决定与日本战和之事。蒋介石避开这个尖锐的话题，再问："协和兄也在崇雅楼休养吗？"

林森点头，说："数日前协和来探望，他最记挂的还是对日交涉，说那是一条死胡同。"

蒋介石点点头，没有说话。4月11日至13日他在南昌本来与汪精卫、黄郛议好扩大北平政治整治委员会的权限，以解决华北与东北通车、通邮、关税问题，维持华北现状。全国抗日声声，加上这么一些国民党元老派上下鼓动，黄郛已撂挑子不干了。林森6月请蒋介石上山，本来是想借李烈钧电报呈请问题，提一提华北与东北通车、通邮的意见，谁知直至6月28日关内外通车，蒋介石还没有上来。至今又过去10余天，蒋介石才上山来。但话不投机，停了下来。

空气重新凝重起来。蒋介石告辞。

过了几天，林森坐轿到大林沟崇雅楼。崇雅楼是李烈钧1930年在庐山修建的别墅。"崇雅"二字源于别墅内藏昌化大石一方，系浙派大家丁龙泓为杭大宗刊"崇雅楼"印，李烈钧得之，即为此别墅名。崇雅楼有前后三栋。拾级而上约百米，李烈钧在楼前远远看见穿着长衫的林森亲自前来，便立即走出庭院大门远远迎接。

"子超公。"下面的话，李烈钧痛苦得说不下去了。李烈钧在辛亥革命时被推举为江西都督，32岁正当风华正茂之时。22年过去了，国民党已成为执政党，可为民族甘洒热血的风范似乎远去。日本人欺负到国人的头上，政府竟俯首帖耳，苟延残喘。对自己队伍内部的抗日要求，也想方设法镇压。1933年11月20日，李济深、陈铭枢、蔡廷锴等在福建成立抗日地方政府。蒋介石命令海军封锁海口，派空军轰炸福州，派遣大批陆军"围剿"福州。在团团绞杀中，北伐铁军"一·二八"抗日名师第十九路军被强行解散！

李烈钧含着眼泪请林森走进崇雅楼。林森在李烈钧的前引下，刚踏进院门，突然钟声齐鸣，二十几个小孩子整整齐齐地站立在大门两边，高声喊："林主席好！林主席好！"据庐山老人说，李烈钧年老时

■ 李济深的庐山别墅（中三路老74号）（作者摄）

无兵可训，便将住家附近的一大群孩子如军人一般操练，每天鸣钟开饭，有好几桌。

林森笑着问：“这么多孩子？”

“多是故人之子。他们的父辈都牺牲了。”

林森点头，他想起庐山中路居住的另一位国民党上将李济深，他家也有好些孩子。

庐山老人殷荫元近年回忆，他小时候和李济深的孩子一起在小溪里捉小螃蟹，有一次，还被请到李济深别墅和孩子们一起用餐，伙食一般。

林森在崇雅楼流连数时，李烈钧拿出1932年秋与当年写讨袁檄文的民政长杨赓笙同游石钟山时写下的几首小诗，一同推敲。其中有四句：

世态翻云还覆雨，长河激浊复扬清。

狂涛滚滚终归海，醉向灯前话治平。[①]

林森吟罢其诗，称赞李烈钧在1933年12月为《察哈尔抗日实录》题序：好一番见识、胆量和胸怀。

李烈钧问：我记得您辛亥革命时期就是穿西服的，现在怎么穿起长袍马褂来，这么热的天也穿长袍？

林森双目炯炯地说："辛亥革命前，孙中山定青天白日旗为革命旗帜。先生逝世后，共产党起意篡窃，我们几个人因此在西山召开会议，以谋对策。失败了，又遭处分。我从那时起，就不穿短衫，改用蓝布长衫，并留长须，以此来纪念，表示青天白日的象征，离不开我的躯壳，一直到死。"[②]

林森和李烈钧都主张抗日，但在对待共产党的问题上还是各有不同的看法。

林森怀着复杂的心情，向李烈钧读了一首他早年写的庐山诗。那是1926年6月，他与嗣子林京在庐山团聚，特写一首《庐山避暑七律诗》，[③]以表心迹：

闲来垂钓柳阴边，好趁斜阳雨后天。
碧藻重重鱼队队，清风拂拂水涓涓。
静看濠濮生机活，默念尼山道力坚。
一曲渔歌一篇咏，归来看我也如仙。

林森低声吟诵，怅然说："现在是一曲悲歌一篇咏，国家有难怎如仙？"

林森不喝酒，两位国民党元老心中的悲戚和怅然，也不是用酒能消除的。

数日后，时称"美人鱼"的杨秀琼姊妹上山拜访林森主席。杨秀琼是当年全运会和远东运动会的游泳冠军，兄妹均具游泳天赋，被邀请在

① 《李烈钧集》，中华书局1996年版，第711页。
② 引自《林公子超遗集》，台北林森先生百年诞辰纪念筹备委员会1966年印行，第480页。
③ 引自《林公子超遗集》，台北林森先生百年诞辰纪念筹备委员会1966年印行，第480页。

1934年林森和上庐山表演游泳的杨家姊妹，右为“美人鱼”杨秀琼

南昌参加表演赛，反响极佳，接着被邀请上庐山表演。杨秀琼姊妹和弟弟杨昌华、哥哥杨元华1934年7月28日下午在芦林游泳池表演仰泳、蛙泳和自由泳，杨秀琼在水中轻巧自如，泳姿极美，观者欢声雷动。杨元华捆手缚脚百米游，也赢得了2000余名观者的热烈掌声。

这天，林森和李烈钧都没有心情前来观看。[①]

2. 段祺瑞庐山问棋

“美人鱼”杨秀琼下山不久，牯岭上来了一位尊贵的客人，他就是昔日北洋政府执政段祺瑞。

1934年8月10日，段祺瑞在其子段宏业的陪同下到达牯岭，励志社按照蒋介石的意旨，请段祺瑞自挑一处别墅。据庐山老人回忆，段祺瑞住在当时特区230号，和黄郛紧邻。[②]那一年，段祺瑞年满70岁，春上在上海刚刚做完胃溃疡手术，身体虚弱。段祺瑞下野后常年吃斋，瘦削的身体看起来有点儿像皮影人一样。医生和友人很着急，劝他开荤增加营养，他摇摇头，说：“人可死，荤不可开。”医生没有办法，只好同意他上庐山调养调养。

遵照医嘱，段祺瑞在庐山以养生为主，养心为辅。每天两样功课：下一局围棋，读一段经文。段祺瑞的围棋下得与他人不同，庐山上留有传说：他喜欢边下棋边叙旧，婆婆妈妈，与他执政时那种刚毅果断迥然

① 据《中央日报》1934年8月2日。
② 参见王芸生《赣行杂记》,《大公报》1934年8月1日。

■ 1933年南下抵沪的段祺瑞

不同。段祺瑞经常向对手唠叨他的军人生涯，陪他下棋的人几乎都能背下来："我祖父段佩是淮军统领，父亲段从文是个农民。我17岁一人由合肥步行2000多里去山东投军，族叔段从德收留了我，开始了我职业军人的生涯。"

"你并没有很显赫的背景，怎么被袁世凯看中的？"

"认真和抓住机会。1885年，李鸿章创办天津武备学堂，我以全优的成绩考入该学堂炮兵科。学业突出，4年后，由李鸿章派遣赴德国深造军事。回国后，用国外新式的军事学练兵，被袁世凯看中，1896年被调往天津小站，参加北洋新军的创建。以后在新军中一步步发达起来。"

"你一生中最成功的事是什么？"

段祺瑞捋了捋八字短须，下了一手棋后说："湖北新军辛亥革命爆发，我以第二军军统署理湖广总督，不久，又以湖广总督兼第一军军统，节制湖北前线清朝所有的军队，率领北洋各军统兵大员40多人2次在前线发电请清廷退位，并以率全军将士入京相威胁，迫使宣统小皇帝于1912年2月12日宣布结束中国2000多年的帝制。在南北方的共同拥戴下，袁世凯就任临时大总统，我被任命为陆军总长。"

"最得意的事呢？"

"当然是消极抵抗袁世凯称帝，并为他收拾了残局。"

袁世凯称帝前，段祺瑞因不愿积极配合，被袁世凯明令解除陆军总长和其他官职。袁世凯做了83天皇帝梦，在全国的反对下被迫取消帝制，段祺瑞在袁世凯的请求下，重新出任参谋总长、国务卿兼陆军总长。黎元洪任大总统，由段祺瑞任国务总理兼陆军总长，实行责任内阁制。

"那蒋委员长是否也和当年的你一样呢？"

“不一样。介石是国民党推举的领袖，我是北方军人推出的代表。”

段祺瑞对蒋介石的印象并不坏，他喜欢对来者讲蒋介石对日本人还是提防的。他讲了这样一件事：

1930年2月，日本特务头子土肥原看见冯玉祥和阎锡山联合反蒋，以为有机可乘，密谋策动组织一个“北洋派大同盟”，推举段祺瑞和吴佩孚为领袖，打着反对国民党和蒋介石的幌子，试图在华北制造混乱，为下一步侵略中国开辟道路。土肥原秘密联络段祺瑞和溥仪在载沣家里见过一次面。溥仪端着皇帝的架子，段祺瑞又摆着北洋政府执政的倨傲，双方都很不愉快。至于谈了什么，没有传出来。只要有人一问这个问题，段祺瑞总是恼怒地说：“鄙人不才，忝为国家元首，这小子到今天还摆皇帝的臭架子，真是岂有此理！”五十步笑百步，道理是讲不清的。1932年3月，日本侵略军挟持溥仪建立伪满洲国后，黑手又伸向华北，积极拉拢段祺瑞，企图利用他在北洋军人中的资望和影响，建立华北伪政权。

段祺瑞此时没有听从日本人的摆布。他自1926年3月18日下令枪击游行学生，引起公怒，被直奉联军赶下台，隐居天津。隐居中，他思考了一些问题，对南京国民政府迅速统一中国，还是认可的。1928年，蒋介石通过国民党皖籍要员吴忠信引见，在北京饭店和段祺瑞的侄子段宏纲见过一面。蒋介石很诚恳地对段宏纲说：“我也是保定陆军学堂学生，段先生是我的老师。我因公务繁忙，不能前往天津看望先生。”会见后，蒋介石派吴忠信去天津拜访段祺瑞，送去2万元大洋生活费。以后三四年间经常给段送巨款，

北洋军阀时期的段祺瑞

保障段祺瑞全家的日用开销。段祺瑞是一个不整家业的人，蒋介石的每一笔款子，对他来说都几乎是雪中送炭。

华北局势告急。1933年1月19日，交通银行董事长钱永铭持蒋介石亲笔信赶到天津。信中，蒋介石恳请段祺瑞“南下颐养”，并表示待其南下之后，“随时就商国事”。段祺瑞人老了，在北方住惯了，本来不想挪窝，恰在这时，风闻日本要采取对付溥仪的办法来劫持他。段祺瑞当即决定接受蒋介石的邀请南下。他对钱永铭说：“我老不中用了，如介石认为我南下于国事有益，可以随时就道。”1月21日凌晨，段祺瑞在吴光新、魏宗瀚、段宏纲三人陪同下悄然离津。22日抵达南京，蒋介石令南京少将以上军人，戎装过江到浦口车站迎接。那时候长江上没有大桥，火车只能到达南京对岸浦口，再坐船到达下关。蒋介石全副戎装亲自到下关码头恭迎，向段祺瑞敬礼，搀扶他下船到达国府，当晚盛宴招待，南京的军政要员全部出席作陪，成为1933年初南京的一大新闻。

到达南京的次日，段祺瑞提议去看看孙先生的墓。孙中山1925年3月在北京去世，段祺瑞答应前往送柩而食言，成为终生之愧。蒋介石、何应钦、孙科等要员即亲自陪同往谒中山陵。站在昔日的老对手面前，段祺瑞满面沧桑，感慨良多。

当晚，段祺瑞提出要到一个安静处长住，蒋介石相询：“段先生愿住南京还是上海？”“那就上海吧。”

段祺瑞住进上海法租界霞飞路一座公馆，蒋介石每月赠送1万元敬仪，供他生活之用。上海市要员经常过问安居，段祺瑞比较满意。1933年蒋介石在庐山，还派人到上海段公馆问安，若段先生身体适应，请到庐山度夏。为了感谢这段盛情，段祺瑞派儿子段宏业1932年8月9日来过一次庐山，向蒋介石禀报了他的身体状况，回复来年身体适应，定来庐山看看。

“这不就来了吗？我段祺瑞今年就到庐山下围棋了。”段祺瑞多次向来人说：“介石和我下棋赢了，赢得有风度，我希望他和日本人下，也要赢才好！”段祺瑞一副老师谈学生的口吻。

段祺瑞吃斋，侍从在庐山别墅院子里圈养了一群母鸡下蛋供他调养身体。段祺瑞看见鸡蛋不愿吃，侍从告诉他，这个鸡蛋与其他鸡蛋不同，这是没有公鸡下的蛋，是“素蛋”，可以吃。段祺瑞一听，有道理，就动了筷子。

王芸生的儿子王芝琛近年撰文回忆父亲生前活动，说段祺瑞对当年的国事还是有几分担忧的，说：“看现在的政府，哪一件不是剥削人民的？商业情形，入超年年加增，平津一带商店，多少家关门，不关门的也多赔索不堪。这样下去，国哪能好？”

3. 黄郛和谈“高论”

1934年和段祺瑞同一天到达庐山的，还有当年政坛的争议人物黄郛和殷同。

黄郛自1933年5月31日主持签订《塘沽协定》后，受到国民党元老派的质疑和国人的责骂，1934年4月甩手回到莫干山，和沈亦云在山中别墅养起病来。蒋介石急了，汪精卫更急，几次去电，黄郛都置之不理。国民党中央派唐有壬两次上莫干山敦促，请黄郛到庐山和蒋介石面晤，再决定北上与否。

1934年8月9日，黄郛离开莫干山到达南京。汪精卫已在前一天偕陈绍宽、曾仲鸣等赴浔，黄郛只好当天乘“中山舰”赶往九江上山。启程前，特发表书面谈话：“余自四月间南来辞职，至今忽忽已逾三月。回想一年以来，会同何部长应钦及各省市当局支持北方危局，实觉不易……至北方今后之情势，因非片言所能尽罄，预料内外如无特殊事故发生，必可日臻稳定……”

8月10日晚，黄郛、殷同等人抵达牯岭。时牯岭冠盖云集，党政军不少大员在山。8月11日清晨，黄郛前往13号官邸拜见蒋介石。蒋介石请来汪精卫，三人对华北政情商讨一番。8月12日，在汪精卫别墅，蒋介石、汪精卫、黄郛、孔祥熙、张群、杨永泰、熊式辉、黄绍竑等举行会议，主要研究华北问题。黄郛重申了他的看法，会议表示认同。这不过是对前一天在官邸蒋、汪、黄对华北共识的追认罢了。会上，黄绍竑婉转地谈了自己的担忧。今天重读，仍令人感慨良多。

黄绍竑分析：“平津是日本特务机关的大本营，他们数十年豢养的汉奸间谍，不知道有多少，所以我们无论军事上的一切情形，不但平津方面的日军，明明白白，同时关东军方面，也清清楚楚。关东军所有的情报，都是平津方面送给他们的呀。我记得因为冷口被敌人突破，不得不令何柱国在山海关的部队退回滦河以西。那天夜里下的命令，第二天早上，平津的《顺天时报》就把这种消息登载出来了。恐怕敌人得到这个消息，比我们军队接到这个命令还要早一些。至于平津一带的地形，驻平津的日军，比我们的军队还要熟悉得多。他的军队可以在附近一带演习，以前陆军大学有许多日本的军事教官，现在都是部队里的旅团长了。陆大所有的参谋，旅行或演习，都在滦东北平一带举行的。这些日本教官率领中国的学生去研究实习，就是他们今日带了日本军队来攻击我们的准备。驻平津的日本武官亦无一不是时刻准备着这种工作。据说土肥原贤二在平津的时候曾经数次徒涉过永定河，试验在何种水量之下，是何种情形，居心叵测，概可想见。曾经在中国担任教官、顾问、使馆武官的一大批日本人，如松井、板垣、东条、冈村、酒井等，恐怕有一天会成为侵华的急先锋，这是我们今天要及早防备的。”[①]

黄绍竑所担忧的这批日本人，两年后都成了侵华战争的主要将领，但当年在汪精卫别墅，认为黄绍竑杞人忧天、文不对题的大有人在。

8月13日上午，黄郛约见《大公报》记者王芸生，畅谈其个人感想。对此，王芸生在《赣行杂记》一文中有详细的交代。

1934年在庐山高谈阔论的黄郛

黄郛一见面，便大诉苦

① 黄绍竑：《五十回忆》，岳麓书社1999年版，第258页。

衷："这一年来明了国家情况的人，当然能够谅解，一般人则以为我黄某天生贱骨头，甘心做卖国贼。对外未曾做了什么事，对内却须时时做解释工夫，真是痛苦万分。一年以来，对内对外尽做矮人，我并非不知道伸伸腰，只是伸腰之后有什么善后办法。为国家设想，不能那样冒险。我现在好像打tennis的ball，日本人说：'黄先生你若是没有办法，还不如请你趁早躲开，免得碍我们的事。'一球拍把我拍到南方来。到了南方逢人便问：膺白，你什么时候回去？又一球拍把我拍回北方去。但一谈到办法，便好像我向中央讨债。夹在这两种心理中间，能办出什么成绩来。对方的量是小的，力是大的，而欲无穷。而国人则眼光是短的，调子是高的，肩头不负责任。我的困难可知。且挂着华北政整会的招牌，办理对日本关东军的外交，北方各省的事件，无论什么都可以找到头上来，但结果是什么事都管不了。"

王芸生是个见过世面的名记，便劝慰黄郛要有一种为国牺牲和毁誉的精神，在"七七"事变前，这种论调在国民党上层颇有市场。黄郛顺着话音，扮演了一种爱国政治家的角色。他对王芸生侃侃而谈："王先生的安慰话，我很感激。为我个人设想，绝无再回北方的理由，但国家既需要我唱这出戏，只得牺牲个人以为之。我年已五十五，大小的官都曾做过，尚复何求。颜骏人（字惠庆，国民党驻苏大使）先生说：中国外交有三条路好走，实则仍须自己有本钱。我以为国家的出路有三句要诀：一、放大眼光；二、咬紧牙关；三、抽紧肚带。大家能本此三点奋斗下去，国家前途才有希望。"

8月13日晚，汪精卫也对《大公报》王芸生发表讲话，说："此次来牯岭，系为对军官训练团训话，顺便与蒋先生一谈。所谈及者，主要在促黄郛北行。"汪精卫的讲话更是加重了黄郛"为国赴难"的色彩。"对日妥协论"在国民党决策群中，相互"抬桩"，"主流"地位更加巩固。黄郛被邀请到庐山军官训练团多次讲话。

9月4日，黄郛应邀在庐山军官训练团第三期发表演讲，题目是《自力更生与融族相爱》。

黄郛的演讲在一开头就指出："有人为中国谋出路，以为莫斯科是一条路，东京是一条路，日内瓦是一条路。不知最要紧的路，是中华民国自己的一条路，只有这一条路，才能够走得头头是道。我们明白这个意义，最要紧的有三个次序：第一步要放大眼光；第二步要咬紧牙关；第三步要抽紧肚带。”

黄郛的“中华民族的路”是什么路呢？就是向日本学习，忍耐而不是反抗，为中枢的妥协国策披上一件放大眼光“东亚或全球视野”的外衣。黄郛说：“日本是一岛国，人口很密，日用必需品很缺乏，如米、如棉、如羊毛、如铁、如油等项主要物资，或有而量不足，或全无而需仰给于外。这样一个国家，势非向外发展不可。近年国势扩张和产业发达之结果，又发生了四种新原因，更促进其向外发展之速度：（1）工业成品要向外销售；（2）工业原料要由外购买；（3）人口过剩要向外移植；（4）游金利用要向外投资。此种新因旧因，自然而然地养成其全国军人、政治家、实业界、金融界甚至于失业者，人人趋向对外发展的一条路。故其国内虽有政治主张之不同，但向外发展的根本国策却是一致的。我国与他接邻而居，就他的立场说，形势最为便利，此即所谓日本的大陆政策。此形势造成以后，在我是‘不得了’，在他说‘不得已’，一时绝无圆满解决的办法，只有咬紧牙关，盖忍耐是弱国图强的一个基础。日本从前有一张画，取我国韩信受胯下之辱的故事，名曰‘堪忍图’，他们小学生挂的书包亦叫‘堪忍袋’，是培养一种忍耐精神的意思。然要紧的，不仅仅是忍耐，是忍耐之中要带有极端奋斗的精神。故咬紧牙关，

孔祥熙在庐山“玻璃房”别墅门前送客，前左陈立夫、右唐绍仪、后孔祥熙

同时要抽紧肚带，才是真正复兴民族之路。”[①]

殷同离山，黄郛在庐山停留了20多天，他考察了江西的“‘剿匪’工作及‘匪区’收复后之政治建设”，觉得各机关工作人员，无不坚忍耐劳，黄郛认为“这或者是中国前途的一线曙光”。黄郛的中国化道路，抽去了一个民族最基本的独立自主，在大势上必然强调对日本侵略的“忍耐”“互补”，对主动抗日获得老百姓拥护的共产党坚决打击，这和蒋介石“先安内后攘外”的基本国策异曲同工。

9月6日，蒋介石、汪精卫、孙科、宋子文、吴稚晖、李石曾、张静江、吴铁城、孔祥熙、唐有壬、蒋作宾、杨永泰等在庐山牯岭饭店召开谈话会。孔祥熙的名字虽排在宋子文后面，但自1933年10月接任宋子文财政部部长一职，权势逐渐胜过宋氏。1933年5月宋子文签署的与美“棉麦大借款”，将中国开放为美国倾销剩余商品的大市场，从根本上扼制了民族工商业的缓慢发展，受到国民党内外的极力反对，加深了中国政局的动荡。蒋介石以让宋子文辞职来缓和国内高层的矛盾，但对国内最根本的矛盾，则错误地认为，“倭患急而俄患缓，但俄祸大而倭患小”，“国之祸患，有缓有急，倭祸急易防，俄患缓而叵测”。决定继续在江西“剿共”，以对日妥协换取华北苟安局面。在这次座谈会上，赋予黄郛、何应钦在华北更大的处置权，除割让东北、承认伪满洲国外，在其他“次要问题”上准备向日本做进一步的妥协，同时严禁国内的抗日运动。

对这次牯岭谈话会确定的基本方针，黄郛甚为满意。9月7日，黄郛从庐山回到上海。9月11日，他以欣喜的心情电告殷同：“此次牯会，蒋极负责，故其议决案于弟适合，而程度且出弟希望之上。”1934年9月19日，黄郛飞往北平。[②]

这次回北平后，黄郛很快陷入新的苦闷。《亦云回忆录》中刊有蒋介石亲笔写给黄郛的信，也有黄郛复信和请示电报的底稿，其中有一封信的内容是：“介石三弟，近日日机几乎天天飞临中南海上空，抗议已失去效力。而吾弟在京，时时发表抗日高论而不发一兵一卒，我身处空

① 沈云龙：《黄膺白先生年谱长编》（下），台北联经出版事业公司1976年版，第769页。

② 参见沈云龙《黄膺白先生年谱长编》（下），台北联经出版事业公司1976年版，第755—760页；《钱昌照回忆录》，中国文史出版社1998年版，第132页，可佐证相关内容。

城，如坐针毡，天下后世，遭骂卖国者兄也，称颂抗日者弟也。我将何以自处。二兄郛。”从这些文件中，可以看出黄郛感到被蒋介石利用的苦痛。

4. 张学良下榻莲花山庄

当黄郛在牯岭高谈阔论得意扬扬之时，前北平军事委员会分会委员长张学良于1934年8月29日从汉口抵浔上山，下榻牯岭莲花山庄。莲花山庄地处今普林路30号，原称230A号别墅，占地面积239平方米，为美国人雷魁尔1921年所建，风格别致，敞开式外廊，托着一个红色的半圆式屋顶，在牯岭所有别墅中独具一格。20世纪30年代初，雷魁尔将别墅转售给中国人，业主重新命名为莲花山庄，立下界碑，对外出租。张学良这次上庐山，挑选了这座不同风格的别墅。他一放下行李，就急匆匆地赶去蒋介石牯岭官邸。

1933年3月12日，张学良通电下野后，偕夫人于凤至和赵四小姐、

■ 张学良下榻的庐山别墅莲花山庄（作者摄）

顾问端纳等乘飞机离平抵沪，实行戒毒，亲撰戒毒条幅："陋习好改志为鉴，顽症难治心作医。"当年4月，他出国考察西欧等国，年底归来。1934年1月9日，在上海寓所与王化一等人畅谈旅欧感想，心仪墨索里尼的独裁统治，表示拥护蒋介石武力统一中国。他说："中国必须真正统一，拥护一个强有力者做领袖，像德意两国那样，先把国内搞好，然后才能对外抗战，现在只有蒋先生有资格做这样的领袖，因此，我们决心拥护他做领袖。"

1934年1月30日，张学良夫妇去杭州澄庐拜见蒋介石，表示愿任蒋介石侍从室主任，以示对蒋介石的真心拥戴。蒋介石见盟弟以不握军权来表示忠心，心情舒坦，当即给张学良安排了新职务：去围剿刘桂堂土匪或"剿灭"豫鄂皖三省边区共产党军队，任选其一。两职均非张学良所愿。张学良思考良久，选择了豫鄂皖三省"剿匪"副总司令一职，立马上任。1934年3月1日上午8时，张学良戎装从汉口渡江到武昌总部，宣誓就任该职，中央监视员张群主持典礼仪式。3月6日，他觅定徐家棚湘鄂路花园洋房（民国初年外国工程师的房子）做官邸。3月7日晚8时30分，张学良率下属10余名官员赴赣，次日午后2时到达南昌。蒋介石派遣贺国光、杨永泰、熊式辉在牛行车站欢迎。张学良身着玄色长袍，熊式辉同车趋南昌行营，拜见蒋介石，当晚下榻行营招待所。张学良对蒋介石的拥戴几乎是五体投地。

■ 1934年张学良在武昌

1934年6月22日，东北军第五十一军军官60名赴庐山受训。7月28日，庐山第一期军官训练团毕业的东北军将领王以哲、王靖国、刘建绪等，经汉返防，张学良频频嘱咐他们要听从蒋委员长的安排。

1934年8月29日，张学良与蒋介石在牯岭官邸一见面，话题很快从商谈剿“匪”转到希望率部前往华北抗日前线去。蒋介石哪里会同意，借口这几天胃有点不适，缓议。中国官场有时也像在演戏，高层领导者心里有看法，许多时候都不用自己开口，而是由下面人揣摩领导者的意思，或放弃，或另行表达。张学良虽处高位，却不是一个看上级脸色一级级爬上来的官吏，自然不屑于此种“潜规则”，当天晚上就同张群一起到江西省政府主席熊式辉庐山别墅（今359号）进行商谈，熊式辉对张学良自然不便搪塞，张学良这才知道蒋介石的真实想法：1933年3月要求他下野，并不是追究他抗日不力的责任，而是警告他抗日认真的责任。张学良活泼爽快的性格上来，一声长笑而辞。

1934年8月30日晨，《大公报》记者王芸生来访。王芸生当年常驻庐山，有卖点的新闻人物一个也不放过。一早，王芸生赶来莲花山庄喝早茶。张学良便邀请了两个陪客贺衷寒和黎天才。黎天才，早期北大学生，李大钊是他加入中国共产党的介绍人，后脱党，思想虽有反复，但政治组织能力很强，颇受张学良重用。张学良的情绪有几分激动，面对旧友、嘉宾意味深长地讲了一个故事：

“去年3月决定我下野的那个午夜，我乘专车返回北平。途中王卓然和端纳闲谈，被副官谭海拉到我的卧室，传说我正伏枕大哭，他们都来劝我。我突然一跃而起，仰天狂笑，急拉端纳和王卓然坐在床上。此时汤国桢与谭海像傻子一样呆了。我告诉他们，我是闹着玩，吓你们呢！蒋先生对日本仍以外交为主，想用黄郛到北平来主持政务，专办对外交涉，使我想起东北有个笑话，说有个财主，土匪夜里来抢，持刀要杀人。财主跪地求饶，边叩头边说要什么都行，请饶他一命。土匪一眼看见财主的老婆还好，说：‘这样办吧，我玩你的老婆，你跪在旁边叩头，头叩得好就饶你的命。’财主连声答应。及土匪兴尽席卷而去，财主老婆起身整衣哭骂财主说：‘哪有你这样无耻的人！我被贼作践，你应拼命救我，怎么还在旁边叩着头？’财主说：‘你别哭，我们还占了他便宜呢？’妇人大哭说：‘老婆被贼奸污，你有什么便宜占？’财主说：‘当你们最兴奋的时候，他顾不得看我，我少叩了许多头，岂不是占了便宜？’当时我就叫老王好好翻译给端纳听，问他若有这样的便宜交涉，他干不干？我说这位财主最好当外交部部长，好与黄郛唱双簧。今天，

■ 张学良（中）和弟弟张学铭（右）、机要秘书李应超

想不到是政府与黄郛唱双簧了。这就不仅仅是笑话了，也不仅仅是洗刷我的不抵抗罪名了。”[①]

张学良问王芸生：“你敢将这些登出来吗？”

王芸生笑着说：“这有何不敢？！”王芸生请张学良说说在庐山的近期打算。

过了几天，《大公报》登载了王芸生发的消息，那段讽刺投降派的笑话变成了夸奖张学良“活泼爽快，富于春秋的精神”的一句话，不知是出于记者还是主编的手笔。至于其他，倒是一字不差地披露了。张学良告诉记者，他在庐山停留五六天。因蒋介石事忙，且胃病新愈，许多不如意事，不愿一时都拿出来麻烦他，容其稍息，精神稍佳，再行细谈。那时，第三期军官训练团开学时，他将去海会寺参加开学仪式。不过，张学良不愿发表讲话，还说：“中国人病在太爱讲话，故以少讲为

① 参见张友昆、钱进主编《张学良年谱》，社会科学文献出版社1996年版，第643页。

是。”张学良在此讥讽谁，记者王芸生心照不宣，照录不误。

9月2日，蒋介石在庐山严令“剿匪”军各路将领，限1934年11月12日国民党第五次全国代表大会前，“一律肃清残共，逾期未清者严办”。

张学良在黄郛去军官训练团讲课的前两天（即9月4日）下山。次日晨，由九江抵汉口，结束了他的第一次庐山行。

5. 庐山森林植物园成立

1934年8月下旬，张学良下榻莲花山庄时，恰逢庐山森林植物园成立和中国科学社中国植物学会年会在庐山莲花谷召开。

据庐山植物园档案资料，中国科学社中国植物学会第一届年会在庐山召开时间是1934年8月21日，庐山森林植物园成立于8月24日。著名科学家竺可桢、任鸿隽、秉志、胡先骕、董时进、梅贻琦、辛树帜、傅焕章、邹树文等人，都上山来了。

中国科学社成立于1915年，当时以留学归国知识分子为主体。1918年12月，蔡元培被选为中国科学社董事长，多届连任。中国植物学会成立较迟，1933年8月20日才在四川重庆北碚中国西部科学院召开成立大会，秉志、胡先骕等为主要发起人。1934年8月21日庐山森林植物园成立之际，第一届中国植物学会年会选择在庐山举行。山灵地杰，人文荟萃，秉志、胡先骕作为学会发起人，自然再次成为人们关注的重点。

秉志，字农山，河南开封人，满族，1909年23岁考取清华第一批留美学生，攻读康奈尔大学农科。1910年，胡适赴美，也入康奈尔大学，初读农科，后改学哲学，他俩成了好朋友。秉志回国后，先后任南京高等师范学院、东南大学、厦门大学等校教授，桃李满天下。1926年，秉志、胡先骕、钱崇澍等在南京筹设中国科学社生物研究所，没有固定经费，所长和研究人员均在大学兼课，以此维持生活。南京生物研究所主要领导参加华东沿长江流域各省植物调查研究工作，建立了标本室。1928年在尚志学会和中华文化基金会的支持下，北平静生生物调查所成立。所址初期设在范静生先生的石驸马大街53号故居，由秉志担任所长，全所分为动物和植物两部，植物部由胡先骕任主任，动物部由秉志任主任。后来胡先骕任所长，秉志仍为动物部主任。全所由10余人渐渐发展到50余人，所址迁到文津街三号新建的楼房。每年派员到华北和西南各省调查采集动物标本并进行分类研究，建立了动植物标本室、陈列室、图书室和实验室，定期出版工作汇报和图谱等，成为当时全国最有声誉的自然科学研究机构，经费来源全靠各方募捐和“庚子赔款”维持，南京国民政府没有拨款。

秉志多年任科学社创办的生物研究所所长，兼任静生生物研究所所长。两个所一个在南京一个在北平，秉志往来于两地，为了节省经费，经常坐三等车。秉志比胡适大9岁，胡适非常钦佩他。胡适常对人说，秉农山培养人才，奖掖后进，节衣缩食，资助学生赴国外深造，真是了不起。

胡先骕比秉志小8岁。1934年8月中国植物学会第一届年会在庐山召开时，会员发展到105人，秉志极力推荐胡先骕当选中国植物学会会长，那一年，胡先骕刚刚40岁。

胡先骕，字步增，江西新建人。1909年15岁考入京师大学堂预科。1912年，胡先骕考取江西官费留学第一名，被保送到美国加州伯克利大学农学院森林系攻读森林植物学，1917年学成归国，任庐山森林局副局长，时年23岁。1918年夏被聘为南京高等师范农林专科教授，时年24岁。1923年秋，胡先骕再次赴美留学哈佛大学，攻读植物分类学博士学位。潜心钻研，饱学而归。“乞得种树术，将以疗国贫”，胡先骕从美国归来后，与秉志共同开办中国科学社生物研究所和静生生物调查所。

1931年夏，胡先骕应方志大家吴宗慈邀请，重访庐山，调查、采集庐山植物一个多月，完成了《庐山志》第7卷《庐山之植物社会》。

胡先骕是一流的植物学家，又是一位古体诗诗人，对古体诗素有研究。现代文学史上著名的“二胡之战”，就是指他和胡适之间展开的“白话诗和古体诗”论争。胡先骕坚决反对胡适言之无味的白话诗。胡适1910年留美转攻哲学后，没有获博士学位，于1917年回国，任北京大学教授；胡先骕1913年再次赴美攻读植物学，1916年获博士学位回国，任东南高师教授。1915年留美学生发起组织中国科学社，出版科学杂

■ 1927 年中国科学社第十二次年会，前右五杨杏佛、二排右七蔡元培、右九胡适

志，胡先骕任编辑员，胡适有时为科学杂志撰稿，相互都很熟识，但对古体诗和白话诗的意见分歧，使他们又成为针锋相对的论敌。

胡先骕偏爱简易文言文，提倡诗文要“雅”。胡先骕写作《庐山之植物社会》，也贯穿了这个“雅”意。当时在考察庐山植物社会的同时，胡先骕发现庐山是个植物的宝藏，是他首先倡议建立一个植物园。

在庐山植物园传有这样一种说法，庐山森林植物园1934年得以建立，与蒋介石的积极推进大有关系。1934年5月12日上午10时，蒋介石偕宋美龄游含鄱口，在含鄱亭用午餐后，12时30分来到附近的林校林场视察。据学校林场技师陈达明写给江西省农业院的呈报，蒋介石在此曾说：“此地风景最好，中外人士来牯岭者，莫不到此游览，此处宜布置成一模范森林公园，使游人得一休憩之所。房屋久不修理，太不像样。以后务宜布置清爽，下次当再来看。”[①]陈达明的呈报即受到农业院的重

① 参见胡宗刚《胡先骕与庐山森林植物园创建始末》，载《中国科技史料》第59卷，1998年第2期。

视，加快了庐山森林植物园的建园步伐。蒋介石当年执政，在国家根本利益上对外妥协屈从，在具体事务上有时提出一些注重跟上世界潮流的看法，推进一些新的管理方法。

1934年8月24日（庐山植物园有关资料记载为8月24日，1934年9月20日《中央日报》第二版记载为8月25日），会期三天的中国植物学会年会结束后，庐山森林植物园在含鄱口三逸乡召开了颇有规模的成立大会。庐山军政要人100多人出席了大会，蒋介石也派代表参加，胡先骕任会议主席，任鸿隽致辞，可谓一时之盛。据当年报称："负有复兴破产农村之江西省农业院和北平静生生物调查所，为缓于学术研究及试验起见，特以合作方式，在庐山含鄱口设一森林植物园，主任为秦仁昌，全年经费计一万二千元，全园面积九千余亩。"[①]当年北平静生生物调查所所长是胡先骕，江西农业院院长是董时进。

秦仁昌和胡先骕身世不同，他原是江苏武进县农村的一个苦孩子，江南水乡的灵气培育了他热爱读书、热爱自然、聪颖、发奋、追求理想的文化气质。1925年，27岁的秦仁昌毕业于金陵大学林学系，遂至东南大学任教，开始从事蕨类植物的研究。1929年春，他赴丹麦哥本哈根大学等欧洲数国学术访问，次年归国，在北平静生生物所任技师和标本室主任。两年后，主动请缨，来到庐山创建中国第一个植物园。

■ 20世纪30年代蒋介石夫妇在含鄱口

庐山植物园当时实施了向各界募集植物园基金的计划。据历史资料记录，当时有林

① 据《中央日报》1934年9月20日。

森、蒋介石、蔡元培、张静江、黄郛、孔祥熙、王世杰、吴鼎昌、王正廷、石瑛、翁文灏、陈果夫、韩复榘、熊式辉、朱家骅、程天放、刘健群、金绍基、周诒春、胡适、钱昌照、李范一、孙洪芬，蒋梦麟、任鸿隽、梅贻琦、罗家伦、范锐、陶孟和、江庸、汤铁樵、俞大维、卢作孚、邹秉文、辛树帜、秉志、程时煃、龚学遂、董时进、胡先骕等共计40人积极加入了发起人行列。

在庐山植物园成立之时，秉志、胡先骕和秦仁昌等人一起在初具雏形的庐山植物园合影。秉志坐在正中，右边是胡先骕。秉志对胡先骕开玩笑道："此张照片人物注明是植物学家胡先骕（字步增），还是文学家胡步增呢？"旁边的年轻人不解。

秉志于是解释道："胡先生与胡适论战名盛，日本人一直以为胡先骕和胡步增是两个人，一个是植物学家，一个是文学家，并将两个名字同时编进名人大辞典。"众人大笑。

这一年秋天，蒋介石曾到庐山森林植物园视察，《中央日报》拍下了照片。

1934年10月4日晨蒋介石夫妇离开牯岭，下午2时乘永绥兵舰离开

■ 胡先骕、秉志、秦仁昌（前排从左至右）等于庐山植物园成立时合影

■ 1934年蒋介石参观植物园

九江。5日晨到达汉口，张学良、张群、何成濬、刘峙等要员前往码头迎接，送至汉口中央银行下榻。次日，蒋介石渡江前往武昌视察“剿匪”总部各项工作，布置“围剿”红军的各道封锁线。10月9日，蒋介石夫妇在张学良陪同下离开汉口去洛阳、西安等地视察。一个月后，察绥抗日同盟军前线总指挥吉鸿昌在北平监狱被国民党杀害；中央红军突破蒋介石布置的第四道封锁线渡过湘江。

1934年夏，林语堂在庐山写作的《吾国与吾民》，得赛珍珠推荐在美国出版获得成功。赛珍珠是在中国长大的美国作家。小时候通过庐山保姆王妈的讲述，吸取了中国传奇故事的丰富营养。1928—1933年，她在父亲赛兆祥购置的庐山别墅中完成了她的成名作《大地》，以及父母传记《奋斗的天使》和《流亡者》。1937年《大地》获诺贝尔文学奖，创造了一代佳话，构筑了世界了解中国的一座“人桥”。

■ 赛珍珠（左）和父母、王妈（后排）在庐山合影

■ 赛珍珠在庐山写作

■ 赛珍珠的庐山别墅（今中四路310号）（作者摄）

第九章 干戈玉帛纷争

1. 张学良三上庐山

1935年2月4日，乙亥正月初一。

2月5日，张学良再次奉命上庐山，下榻莲花山庄。蒋鼎文、顾祝同、刘镇华、熊式辉、俞济时等要员先后到达牯岭，焦急地等待着蒋介石从“剿共”前线归来。

冬日的庐山又下雪了。1927年，蒋介石1月、2月两上庐山，庐山都下着大雪。当年上庐山开会的人，不到10年的工夫，有的故去，如谭延闿；有的与蒋介石分道扬镳，如何香凝；有的与蒋介石话不投机，如李烈钧疾呼抗日，被打入冷宫；有的先尊后抑，如张静江担任浙江省主席后，与蒋介石矛盾重重，被迫辞职。唯有1927年春在庐山出谋划策的黄郛日益受到蒋介石的推崇。1934年12月10日，黄郛调任内务部部长，原部长黄绍竑调任浙江省主席。1935年1月7日，中日签订了华北和东北通邮协定。南京政府付出了实际上承认伪满洲国的代价，却没有取得华北局势的苟安。日本对华北得寸进尺，采取“中日亲善”与“武力外交”交替的方式，要求南京政府取缔全国蓬勃兴起的排日风潮。日本侵略了中国，不许反攻，不许抵抗，甚至连发一篇抗日文章，日本政府也要拿南京政府试问。

如此的颠倒黑白，盛气凌人，主子心态！南京政府的一个个要员在庐山还坐得住吗？

2月10日，蒋介石从四川“剿匪”前线归来。2月11日，在牯岭官邸二楼召开军事会议。早已上山的各方大员正襟危坐，蒋介石日见瘦削的脸露出几分喜色。共军的实力虽未彻底消灭，但已被赶出中心地带。日本政府对中国的政策也从虎视眈眈走向“中日亲善”。蒋介石特别向在座者通告了这样几件事：

1935年1月23日，日本召开六十七次议会，广田在发表外交演说时称赞南京政府反共得力，中国政局渐趋平稳，中日悬案渐次解决，表示日本愿“为求其善邻之实现”而努力。但同时提出，要求南京政府取缔“排日”风潮，以谋日中关系的进一步改善。

1月29日，日本驻华武官铃木到南京中央军校谒见蒋介石，交谈中日关系的改善问题。铃木向蒋保证日本对中国“无侵略之意”；同一天，日本公使有吉从上海到南京访晤汪精卫，内政部长黄郛、外交部次长唐有壬在座。

蒋介石会上再次重申了2月1日他在南京对中央社记者的讲话精神：“此次日本广田外相在议会所发表对中国之言词，吾人认为亦具诚意。吾国朝野对此当有深切之谅解。中国人民因迭受刺激，发生一部分反日运动，政府曾不断予以合理的弥止。”“中国过去反日之情感与日本对华优越之态度，皆应共同改正，方为敦友睦邻之道。我全国同胞亦当以堂堂正正之态度与理智道义之指示，裁制一时冲动及反日行动，以示信义。余信日本亦能以信义相应也。”并谈到行政院院长汪精卫对“道义外交”更是支持，他在国民党中央政治会议上报告对日外交，“我现在坦白地郑重地声明，我们愿以满腔的诚意，以和平的方法和正常的步调来解决中日间之一切纠纷”，“中日两国间根本问题必可得到合理之解决”。

张学良在这次会议上几乎被打蒙了。中央铁下心来以牺牲东北、华北来换取全力“剿共”，甚至还与日本侵略者同调，披上“中日亲善”的外衣，想继续糊弄百姓。张学良心情黯淡，就像庐山的天气，数日不见阳光，会后不愿迈出莲花山庄一步。可是蒋介石不忘呼唤他。

2月14日，蒋介石在牯岭接见了日本《朝日新闻》记者。庐山保留不多的民国档案中特别记载了此事，日本记者住在离13号官邸不远的房子里，在山上等了蒋介石十几天，也在山上自由活动了十几天。蒋介石的警卫措施和日程虽保密，但对侵略国日本的记者，却大开方便之门。

这也是南京政府以一种“自杀”或“自虐”的姿态，显示拥护“中日亲善”吧。

那一天，蒋介石对《朝日新闻》记者发表谈话，对日本的“中日亲善”提议公开表示欢迎，称中日“非提携不可”，“中国不但无排日之行动与思想，亦无排日之必要理由”。同时也指出，如果东北的状况不改进，中国人民则不能消除对日本的反感心理。不过，唯有以“正义”与外交方式才能解决。他赞扬广田的外交演说“是中日关系好转的起点”。

2月15日，蒋介石再次与张学良交谈新任务。下午，张学良怀着忧郁的心情离庐飞回汉口。

鉴于红军长征北上，1935年2月28日，蒋介石撤销了鄂豫皖三省“剿匪”司令部，3月1日在武昌成立了“国民政府军事委员会委员长行营”，张学良改任行营主任，钱大钧为参谋长，杨永泰为秘书长。3月27日，国民党中央政治会议决议张学良、冯玉祥、阎锡山、何应钦、李宗仁、朱培德、唐生智、陈济棠为一级陆军上将。

张学良第三次上庐山是1935年8月3日。他偕赵一荻离开武昌上庐山避暑。那一年，张学良的夫人于凤至前往英国陪孩子读书，赵一荻第一次以张学良生活伴侣的身份半公开出现在庐山，出现在众人面前。在常人看来，张学良高官厚禄，佳人相伴，人生何等惬意。可这年在庐山，张学良昔日的幽默或王芸生所说的“春秋精神”弹指而去。赵一荻是一个温柔到骨子里的女性，据说她说话声音如绵，心细如丝。她向张学良建议：“汉卿，我们请南昌的蔡智全上山来好不好，你们两人的网球比赛，我还没有看过。”

1935年的阎锡山（左）、蒋介石、张学良

蔡智全是中国当年参加远东运动会的著名网球运动员，1934

年7月他在庐山日照峰摆擂台，打败了所有挑战者，成为当地一大新闻。张学良1934年7月底上山后，身边人了解少帅的网球水平，便鼓动他和蔡智全一比高下。张学良本来就喜欢运动，正好调剂一下心情，便不声不响地前往观看。只见网球场上，蔡智全果真厉害。张学良手痒起来，拿起网球拍，大步上场。蔡智全一见其架势，二话不说认真对待，两人一场大战，乐坏了旁观者，掌声一阵阵，呼声一阵阵。第一次上庐山，低调又穿平民衣服的张学良竟一时无人认识，观众为他呐喊，只是希望这位不速之客奋力打败在网球场上不可一世的蔡智全。好不容易看到双方各胜两局，就在最紧张的第五局即将开始时，张学良突然"罢赛"向蔡智全走去，笑着说自己一生中遇到了最强对手。蔡智全带有几分遗憾地对张学良说："不比了？先生这么好的球艺，应该到全运会露一手。"张学良怅然地说："遗憾。我应该露一手的不是网球场，而是东北战场。"蔡智全这才知道对手是何人，更为敬佩。

赵一荻此时旧话重提，无疑是想请蔡智全上山缓解一下张学良的忧郁。张学良摇摇头，对赵一荻说："我的心烦一年比一年重，你妇道人家，知道《何梅协定》吗？华北也要丢了。"

《何梅协定》？赵一荻两眼渐渐沁出泪花。

1935年5月29日，日本华北驻军参谋长酒井、大使馆武官高桥，分别访晤了北平政务整理委员会秘书长俞家骥、北平军分会代委员长何应钦，借口一些汉奸被刺杀事件与河北省政府有牵连，要求河北省政府迁出天津，中国驻军调往他地，并取缔蓝衣社在天津的活动。6月9日，日本的要求又升级了。酒井、高桥等到中南海居仁堂访晤何应钦，转达日本陆军省意见，递交了梅津致何应钦"备忘录"，其中有要求撤换一批重要官员、撤退国民党在津、平的军队，取缔一些国民党的机构等九项内容，要求立即答复。何应钦急电南京，10日得到回复。何应钦向高桥武官转达，南京已答应日方的各项要求。当日，南京政府发布命令，宣布对妨害国交的个人与团体，将予严惩。同时，国民党开始从华北撤退：6月8日，北平军分会政训处停止办公；6月9日，宪兵三团由北平南调；6月10日，国民党北平市党部、天津市党部、河北省党部奉命停止办公；北平军分会下令，驻北平的第二十五师调赴陕西"协剿"红军，驻南苑第二师黄杰部移驻豫皖边区，河北省政府移至保定；第五十一师、第五十二师调往外地。日军派飞机至北平，监视国民党军队撤退。驻古北口的日军向密云、怀柔开进，日军两艘驱逐舰亦由旅顺开抵塘沽。

日本继续要求何应钦对“备忘录”作出书面答复，并要求中国以此为转机，在全国铲除排日活动。6月13日，何应钦携带“梅津备忘录”赴南京汇报。7月6日，经南京政府同意，何应钦致函梅津：“6月9日酒井参谋长所提各事项均承诺之。并自主得期其遂行，特此通知。”梅津致何应钦的备忘录和何应钦的回函，构成了一份完整的南京政府出卖华北主权的换文，时称《何梅协定》。此前，6月27日，察哈尔省主席秦德纯（宋哲元被日本人要求换下）与土肥原签订了出卖察哈尔主权的《土秦协定》。

这协定、那协定，和清朝末年的这条约、那条约，是一样的性质，或许还要更加恶劣。

张学良掏出手帕轻轻地为赵一荻擦干泪珠儿。

细心的赵一荻还是请了蔡智全上庐山，但1935年的张学良怎么也不能全情投入和蔡智全的厮杀。

8月8日，汪精卫请辞行政院长及外交部部长职务。

8月14日，蒋介石偕宋美龄、陈布雷、何云等从四川前线归来上山，会晤林森、宋子文、孔祥熙等人。国民政府主席林森早于1935年6月18日上山。蒋介石上山当天，即去拜访。当晚，又在官邸与宋子文、孔祥熙讨论中枢要务，以及行政院院长汪精卫、秘书长褚民谊、侨务委员会委员长陈树人、铁道部部长顾孟余、实业部长陈公博、教育部长王世杰、外交部次长唐有壬辞职事宜。蒋介石派张群携他的亲笔信赴汪精卫疗养的青岛医院，执意挽留汪精卫。

8月15日，蒋介石邀集在庐山的国民党中央常委在他的官邸召开会议，通过《严惩共党反复案》，称：凡“自首”“自新”共产党员重新加入共产党，一律枪决，或处无期徒刑。

8月16日，张学良获得向蒋介石汇报的机会，戎装踏进官邸，向蒋介石汇报了武昌行营公务及“剿匪”工作情况和鄂省水灾救护工作，请蒋介石给予指示。蒋介石要侍从室送进一札材料，说：根据有关报告，张学良的机要秘书潘文郁是共产党，“泄露军密通红军”，机要组上校组长黎天才有重大通共嫌疑，要张学良一一处置。

蒋介石偕宋美龄于8月19日下山，飞往南京。（吴宗慈的《庐山续志稿》注明此年蒋介石因在四川“剿共”未上庐山。据《张学良年谱》等记载，蒋介石1935年8月14日至19日在庐山）

张学良偕赵一荻8月21日下山，重回汉口。不久在国民党多重监控下，潘文郁被捕就义，潘的妻小受到张学良的保护和安抚，黎天才被张学良保护过关，化险为夷。

8月21日，蒋介石与从青岛归来的汪精卫晤谈，在蒋介石诚恳的要求下，汪精卫同意复职，各部部长随之打消辞职之意，蒋介石重新回到四川“剿共”前线。一切看似如常，实际汪精卫得到了蒋介石的进一步授权。

10月12日，武昌行营结束。张学良改任西北“剿匪”副总司令，代行蒋介石总司令职。所属兵力共11个纵队、14个军、34个师、4个独立旅及直属特种兵部队。这支浩大的队伍，张学良想用来去攻打日本，蒋介石却命令他去攻打陕北的共军。

在张学良无奈挥师陕西之时，1935年11月4日，南京政府颁布了实行币制改革的法令，确定法币为全国统一货币，蒋介石完成了他独占金融、巩固统治的关键一步，蒋介石及其亲眷从中也大捞了一笔。据当时蒋介石的亲信、币制改革的核心人物之一钱昌照回忆，在币制改革方案基本就绪时，“大约1935年10月20日左右，宋美龄跑到上海来对宋子文说，蒋要看这个方案。宋子文问我，

■ 1935年8月蒋介石夫妇在庐山

怎么办？我说不给蒋看不行，否则就难办成。宋子文把方案给了宋美龄。听说就在方案发表的十多天内，孔祥熙、宋霭龄、宋美龄借此大肆投机，捞了很大一笔钱”[①]。

但这些黑幕在当时，是很难被人发现的。人们看到和听到的是李德立当年强租的庐山租借地重新回到了国民党政府的手中。

1935年12月30日，庐山管理局局长蒋志澄与英国驻汉口总领事默斯在庐山图书馆分别代表两国政府正式签订《牯岭产业地交还江西省协定》，1936年1月1日，举行了隆重的交接仪式。

2. 粤飞行员集体归顺

张学良调任陕西后再没有上过庐山。他的“对头”汪精卫在国民党四届六中全会被刺，差一点儿再不能上庐山。

1935年11月1日，国民党四届六中全会在南京召开，开幕式后集体在大礼堂门口合影，汪精卫被刺，不久查出是王亚樵派人所为。王亚樵与西南政务委员会一直有联系，新账老账刺激蒋介石一面派戴笠捉拿王亚樵，“活要见人死要见尸”，一面寻找机会准备将两广“收复统一”。

机会很快就来了。

这个机会是胡汉民之死带来的契机。1936年1月，胡汉民考察欧洲之后回到香港，蒋介石立派居正等元老大员前往迎接，恭敬告知：1935年12月召开的国民党五届一中全会选举胡汉民为国民党中央常务委员会主席，蒋介石为副主席；汪精卫为中央政治委员会主席，蒋介石为副主席。国民政府主席林森、行政院院长蒋介石、立法院院长孙科、司法院院长居正、考试院院长戴季陶、监察院院长于右任，敬请胡汉民回宁就职。当时西南政务委员会也派出代表前往香港迎接，请胡汉民留在南方领导他们反蒋抗日。胡汉民声明决不北上。5月12日，多年郁闷的胡汉民与妻兄陈融下围棋时，突发脑出血猝死，举国震撼。胡适在《独立评论》发表看法：“他的死是国内许多人同声痛惜的。他的爱国心，他对

① 《钱昌照回忆录》，中国文史出版社1998年版，第91页。

于革命的努力，对于职守的尽忠竭力，个人在政治上的清廉，都是我们最钦佩的。”胡汉民的书法也颇受人称赞。

国民党书法四大名家是谭延闿（颜楷）、于右任（大草）、吴稚晖（篆文）、胡汉民（汉碑）。

西南政务委员会顿失政治领袖，蒋介石立即抓住这个极好的机会，于5月18日召开国民党中央常务委员会，会议决定，为胡汉民在广州举行国葬，派出居正、许崇智、孙科、朱家骅等8位委员代表国民党中央于5月23日飞到广州致祭，同时做工作、打招呼，要求两广当局取消西南半独立状态，暗示要取消国民党中央执委会西南执行部和国民政府西南政务委员会两块招牌。5月26日，陈济棠、李宗仁、白崇禧等与南京八位代表在从化商量宁粤合作相关事宜。会上，气氛紧张。会后，传出两种说法，一种是当晚李宗仁、白崇禧密访陈济棠，筹划联合反蒋。另一种是陈济棠受种种迷信思想鼓动和现实逼迫，联合桂系树帜反蒋。陈济棠遂成为吸引全国眼球的政治人物。

陈济棠比蒋介石小3岁，1890年2月12日出生在广东防城县一个上中农家庭。1907年考入广东陆军小学，同年由邓铿介绍，与邓演达一起加入同盟会。但陈济棠并没有参加辛亥革命，因广东的“光复”大业是

■ 胡汉民（左五）1936年1月在广州欢迎会上，后立中为女公子胡木兰

“谈判”得来的。1912年底，陈济棠前往陆军速成学校继续深造。次年毕业，辞去琼崖督办陆荣廷部的差务，转入苏汝森团任机枪连排长，此后一步步升迁。北伐时，陈济棠已是第四军第十一师的师长，随李济深留守广东。1927年秋因镇压南下南昌起义军队有功，升为军长、集团军总司令。1929年3月蒋桂战起，蒋介石听从杨永泰的策划，设计在南京扣下李济深，收买陈济棠在广东通电拥蒋驱桂，两年后又暗中逼走广东省主席陈铭枢，陈济棠终于取得在广东的统治地位。陈济棠对南京国民政府既尊重，又半独立，被称为“南天王”。

南京政府趁胡汉民去世，执意取消西南的半独立地位，激起两广的强烈不满。这里面也包含对南京政府妥协国策强烈不满的情绪。李宗仁当时提出这样一个观点：“日本所持大陆政策，其目的在吞并东亚，夷中国为殖民地。我国东北被蚕食，是其一种过程，其最终目的在囊括全亚洲，以应其大亚细亚之梦。我整个民族国家生存权绝对不能断送在外交当局，今后应力矫前非。”西南政务委员会1936年5月27日通电反对日本在华北增兵。6月1日，陈济棠、李宗仁等在广州召开“西南执行部”和“西南政务委员会”联席会议，发动“六一事变”，将陈济棠的第一集团军、李宗仁的第四集团军改称“中华民国国民救国军”，任命陈济棠为该军总司令、李宗仁为副司令。6月2日，发出“冬电”，通电全国要求国民党中央领导抗日，呼吁全国党政军民一致督促中枢抗日，发动两广的各级组织及各民众团体发电响应，开展抗日宣传。6月4日，西南将领由陈济棠、李宗仁领衔发出“支电”，表示拥护。两广部队随之北上，进逼衡阳，要求出兵抗日。蒋介石急派陈诚等率部阻拦。

当时西南方面的兵力在蒋介石心目中有一本账：

陈济棠的第一集团军，原有三个军两个独立师、一个教导师、一个独立旅、一个警卫旅。军长分别是余汉谋、陈济棠（兼。副军长李汉魂）、李扬敬，共有20万人左右的兵力。

李宗仁的第四集团军原有2个军，临时扩编2个军，加上训练有素的广西民团，能作战的兵力有10余万人。

南京国民政府方面，随着红军的长征，兵力西移“剿共”，此时能

■ 1936年6月的陈济棠（中）、李宗仁（右）

调动对付两广的不过一二十万人。

因此，这个仗只能智取，不能强攻。蒋介石首先大放烟幕弹，一则鼓吹和平解决两广事变，高级官员频繁劝告两广；二则散布谣言，两广有与日本共同谋划，在全国造舆论孤立两广；三则继续以“收买”百试不爽的老传统，用重金收买广东空军司令黄光锐以及部下40余名飞行员。据说，为了收买这批空军，蒋介石花了比陈济棠买全部飞机加倍的钱。最初，蒋介石不肯出那么多的钱，但“经纪”这项买卖的蒋伯诚说，把陈济棠的空军收买过来，不光是买飞机，而是搞垮陈济棠在广东的全部实力，政治上的价值是不能完全以金钱来衡量的，蒋介石便应允了。[①]

7月上旬，粤军第一军军长余汉谋在蒋介石金钱、美女的诱惑下，整军调头，向南雄、韶关推进，对陈济棠实行兵谏。第二军副军长李汉魂挂印去香港，通电反陈济棠。其他军的将领也随风通电反对陈济棠。7月8日，余汉谋抵达南京拜见蒋介石，被蒋介石委任代替陈济棠之职，与1930年蒋介石鼓动陈济棠代替李济深如出一辙。7月13日，国民党五届二中全会作出决议，撤销国民党中央执委会西南执行部和国民政府西南政务委员会，正式免除陈济棠本兼各职，由主席团提议任命余汉谋为广东绥靖主任兼四路军总司令，李宗仁、白崇禧为广西绥靖正副主任。[②]

蒋介石利用国民党中央的权威，首先以攻心战术，分化粤军及粤桂同盟，争取“不战而下”，进一步全面解决广东问题。但直至7月17日，

---

① 参见《李宗仁回忆录》，广西文史资料研究委员会1980年印行，第670页。

② 据《中央日报》1936年7月14日。

陈济棠仍将任免令置于一边，他自恃手中还有一支力量强大的广东空军。

7月18日清晨，剧变即起。据中央社香港18日电：

粤空军要员分驾第1235676队全部飞机，离粤飞抵韶关。粤空军司令员黄光锐及空校教育长等八人，分乘飞机四架，由省飞抵港。黄在粉岭机场降落，余由启德机场下机，黄等即发表通电，归顺中央。

黄光锐在香港对外宣布整个谋划过程：7月17日晚，特召集全体空军官佐开紧急会议，决定即率全体机队离粤北飞，投诚中央。夜半黄光锐令将各机撤出机场，配置炸弹及机关枪待命。18日晨六时半，黄与参谋长陈卓林航空校长胡汉贤及七大队队长各分队队长谭寿、陶佐德等，暨全体飞行员共一百六十余人，分驾飞机六十余架同时起飞，其中五十八架由谭寿等飞韶关集中，余四架专载黄光锐、陈卓林、胡汉贤等及高级人员飞来港，七时半到达，分在粉岭、启德两机场降落。黄光锐等暂住友人处，发表简略谈话云：空军全体向不主张参加内战，不主张勾结外寇，拥护中央，统一军令。经于今晨八时令全体机队飞集韶关候命云，现粤军各机关已空无一人，下级人员未能乘机离粤者，均于早、午乘车抵港，转轮北上。

随之，黄光锐以广东空军全体将士名义发出通电云：

南京中央党部、国民政府林主席、军事委员会蒋委员长、各院部会钧鉴、各省市党部、各省市政府、各绥靖主任、各总指挥、各军师旅长、各民众团体、各报馆、海外各党部、各华侨团体均鉴：

天祸中国，外侮频来，迩者西南揭櫫抗日以相号召，但革命尚未统一，武力尚未集中，一旦谋动干戈，徒苦吾民，何裨益国。……是以七月十八日督饬全军，集中韶关，敬候中央命令，谨布区区，企候明教。[1]

通电全国一播出，蒋介石立即下令集中在韶关待命的飞机飞往南

① 据《中央日报》1936年7月19日。

昌。一夜之间，局势大变。陈济棠见大势已去，午后在广东军校召开军政要人会议，却仅到20余人，陈济棠宣布下野出洋。陈济棠特对李宗仁说如今大势已去，他决定一去了之，并劝李宗仁回广西缓图善后，赠送20万元大洋的散伙费。[①]下午4时，李宗仁由广州飞往南宁。下午5时05分，陈济棠在鱼珠炮台乘海虎舰离省，全省军事暂交李扬敬等主持，电余汉谋从速回粤收拾残局。

1936年7月的余汉谋（前右）会见来访的美舰司令（前左）一行

与此同时，1936年7月18日，蒋介石主持完毕国民党五届二中全会（1936年7月10日至14日），以一种胜利者的姿态于下午5时20分到达九江，两广的最新消息已了如指掌。他的心情以现代语言概括，又岂是一个“爽”字了得。匡庐标神秀，峨峨旋翠氛。泉飞一道带，峰高半天云。

蒋介石坐轿上山有所感悟，云层看起来比天高，其实山峰高于云。陈济棠、李宗仁、白崇禧，包括汪精卫都是云层，唯有自己像一座山峰……想到这里，蒋介石吩咐轿子放下，侍从室主任钱大钧小跑过来，问：“蒋委员长有何吩咐？”蒋介石问：“飞行员多会来庐山？”“何应钦请示安排7月24日60余架飞机分批来南昌，南昌将举行欢迎仪式后即启程。”

蒋介石点点头，笑着向宋美龄一语双关地说：“7月24日，这些飞行员

① 参见《李宗仁回忆录》，广西文史资料研究委员会1980年印行，第670页。

■ 庐山民众欢迎黄光锐等

将向庐山飞来。”

宋美龄莞尔一笑，说：“庐山这座高峰，倒是值得飞行大队腾云驾雾。”宋美龄喜欢庐山，也喜欢飞机，说出此句赞美的话，竟和蒋介石在轿上的自得不谋而合，令老蒋内心不由称赞：知吾者，美龄也。

7月24日转眼到了。据庐山老人回忆，那天中午牯岭热闹异常。管理局和商会组织欢迎队伍早早等候在小天池下面的大路旁。132名广东飞行人员在队长郭汉廷、谢莽、航校航务处长蒋其炎率领下，从南昌乘坐早车到九江，受到九江政要和百姓的欢迎。励志社安排这些飞行健将在南浔路局招待所吃了午餐，随后分乘汽车到达莲花洞，换轿上山。下午2时左右，到达小天池，庐山的百姓在商会的指挥下，高呼口号，飞行员们频频挥手。一大批新闻记者专访专稿紧随其后。归来飞行员几乎都是一种声音：此次反对内战，毅然来归，拥护中央，完全出于拥护国家统一，爱国爱民之诚意，绝无丝毫权力之心。谈到离粤的惊险经过，有的说7月18日清晨在广州起飞时，有1架飞机当时因紧张坠地而毁，2名飞行员当即殒命；有的说在韶关降落时，由于降落的飞机太多，又有1架失事，飞行员受了重伤。还有的人告诉记者，每个飞行员离粤之前，黄光锐都发给100元港币的安家费。

飞行员们被安排在刚刚建成的庐山图书馆下榻。

记者们很快发现，黄光锐早已提前上庐山。原来黄光锐发表通电后，即从香港乘轮到上海。国民政府派3架飞机来沪，迎黄光锐等到达南京，在南京停留一日，黄光锐等人即提前飞九江，转牯岭，谒见蒋介石和林森，表示粤空军拥护中央的诚意，报告历年工作，请示今后安排。

当时熊式辉、杨永泰等人都在牯岭官邸，蒋介石对黄光锐略加鼓励，表示南京政府对率机投诚的军官和飞行员升官一级，奖励与飞机同等价值的奖金。黄光锐知趣地退出。

蒋介石继续满腹心事地和熊式辉、杨永泰商议。

究竟是什么事，此时让蒋介石如此费心呢?

3. 冯玉祥、孙科指点迷津

7月21日，李宗仁、白崇禧领衔广西将领通电国民党中央，表示服从分别任广西绥靖正副主任的安排，两广事变已趋和平解决之大势。

情况突然有变。7月24日晨，陈立夫抵达庐山。中午，杨永泰、张治中抵达庐山。[①]

熊式辉和杨永泰、张群都是新政学系首领，也是十年内战中蒋介石极为信任的智囊。新政学系是相对于民国初期梁启超一派老“政学系”而言的，他们都是以政治智慧为统治者服务的精英人物。不过，新政学系人士多以曾留学日本的人为主，熊式辉、张群、何应钦等均是，他们对日本的实力过于迷信，对个人权势过于关心，对国家民族的利益往往置于其后。杨永泰见两广事变即将化干戈为玉帛，一上山便亟亟与熊式辉碰头商议，决定合力向蒋介石进谏。

黄光锐1936年7月向蒋介石汇报之际，正是他俩与蒋介石权衡利弊之时。

杨永泰时已调任湖北省政府主席。他向蒋介石建议，应乘广东问题解决的有利形势，调虎离山，迫李、白离桂，去此心腹之患。据说熊式辉对蒋说：日本人虽然猖獗，还有可以缓冲的余地，即使对日本人让出华北，将来还可利用英、美的力量再算账。如果真让出华北，则还可以借刀杀人，让日本人去消灭共产党，蒋介石反而可以丢掉这副对中共的重担子，唯有李宗仁、白崇禧才是心腹之祸，现在有利的时机不消灭它，还待什么时候?请委员长以重兵压迫广西，使李宗仁、白崇禧慑于威势，才可以削除两人的兵权，达到调虎离山目的，云云。

① 吴宗慈主修:《庐山续志稿》，江西省庐山地方志办公室1992年印行，第50页。

在杨永泰和熊式辉的渲染中，共产党是心腹之患，李宗仁、白崇禧是心腹之祸，唯有日本人才是帮助蒋介石卸掉重担的好心人。不知他们是哪一国的精英？

但蒋介石却听信了这两位高参的指点，改变了原来的主意。7月25日，突然以国民政府名义，免去李宗仁、白崇禧7月14日颁布的广西绥靖公署正副主任职务，另任李宗仁为军事委员会常委，任白崇禧为浙江省政府主席，以原浙江省主席黄绍竑为广西绥靖主任。同时以大军包围广西。广东军队的归顺，使蒋介石手中的军队在包围广西时已无半点紧张。

李宗仁、白崇禧在南宁连夜召开联席合议，决定拒绝中央的罢免令，认为“蒋先生大权独揽，遇事不以国脉民命为重，只为一己私利，纵横捭阖，予取予求”。在中央直接管制下的省份都是贪污腐化最严重的几个省，广西被誉为全国模范省，不能由他们来糟蹋。议决发动全国抗日力量，以全省军力抗蒋，很快得到李济深、蒋光鼐、蔡廷锴等将领的支持。

7月26日晚5时，黄绍竑再上庐山，先到杨永泰住处，得知杨中午下山，遂转赴熊式辉别墅，晚上8点拜谒蒋介石，力辞广西绥靖主任一职。黄绍竑虽然在蒋桂战争中倒向了蒋，但在这次纷争中，黄绍竑感到广西确实有一种积极抗日的原动力，是不能镇压的。次日，面对中央社记者的采访，黄绍竑说：“我虽系军人，因近年从政时间较长，且离桂甚久，一切情形，甚为隔阂，承蒋委员长器重，任为桂省绥靖主任，深恐才力疏浅，不克肩负重责，余系桂人，对桑梓间之安危，倍感关切，故面呈蒋委员长恳辞。”谈时态度恳切，对桂局关切之殷，溢于言表。①

怎么办？以熊式辉、杨永泰为代表的新政学系鼓动镇压，黄绍竑等人却主张和谈。针尖对麦芒，蒋介石感到不能光听一面之词。他发电邀请冯玉祥和孙科上山。

孙科即刻上山，7月28日去13号官邸拜见了蒋介石。胡汉民生前对孙科的“三大脾气”有一个比较中肯和形象的比喻，说“因为他是开国

① 《中央日报》1936年7月28日。

总统孙先生的儿子，他有少爷脾气；因为他是革命党人，所以他有革命脾气；因为他是留学生，受很深的外国教育，所以他有洋人脾气”。其他好事者还加了一句，孙科有时发一种脾气，有时是两种或三种脾气一起发，是很少人敢惹敢碰的脾气。但这次孙科在蒋介石面前却没有发脾气，只讲故事，他讲了同乡陈济棠的几条“趣闻”。

孙科笑着对蒋介石说，陈济棠其人满脑子封建迷信思想，自信他飞黄腾达，全是命中注定。他的哥哥陈维周自诩风水专家，希望找个“龙穴”安葬他母亲，后来发现洪秀全家的祖坟是个好地方，可惜高了一点，洪秀全没有做成皇帝。他就鼓动陈济棠恩威并施买下这坟地，埋下高堂，墓穴抬高了几厘米。陈母被安葬“龙穴”后，陈济棠不禁胡思乱想起来。其人荒唐的事多得很。陈济棠的妻子莫秀英本来是个私娼，长相也一般，算命的说她是白虎下凡，会给他带来官运。陈济棠信了，毫不犹豫和莫秀英结了婚，果真步步高升。陈济棠从此就一天到晚供着他老婆，连在广东修建个要塞炮台，也取名“秀英炮台”，作为吉兆。至于买官之事更是完全由莫秀英一手包办。1936年5月胡先生去世后，蒋先生请陈济棠的哥哥陈维周来南京一次，两人促膝长谈。这给陈维周提供了一个机会替蒋先生看相。据陈维周回来对人讲，从相上看，蒋先生断难过民国二十五年这关（说来也奇怪，蒋先生的相倒是给陈维周看中了。当年发生的“西安事变”几乎使蒋先生丧命，不过其事的发生，是应在张学良身上，而不是应在陈济棠身上罢了）。您看看，蒋委员长好好的，陈济棠却一败涂地，逃到香港养老去了。在六一事变前，陈维周请算命的替陈济棠卜卦。卦中有“机不可失”字样，也使他们兄弟相信要应在蒋先生身上。孰知事变发动之后，陈济棠的几十架飞机，在黄光锐率领之下北飞投奔中央，原来“机”者“飞机”也。陈济棠既然“失机”，便只有亡命了。他被算卦大仙开了一个大玩笑！

孙科的话引得蒋介石大笑。笑过之后，两人又有些许尴尬。孙中山去世后，三民主义口号虽然还在讲，但国民党对高级干部实行的只有权力的利诱和金钱的笼络。党和政府内部矛盾重重，派别丛生，封建迷信肆行，包括蒋介石给母亲选择墓穴，都是请“卦仙”察看的坟地。

话说到这里，孙科的革命党人脾气和洋人脾气略有流露，他直言，两广今天这个局面，也不全是当事人的责任。中央没有责任吗？

蒋介石没有说话。

冯玉祥接到蒋介石的邀请电，1936年8月2日晚8时到达九江，蒋介石立即派熊式辉、谭炳训等前往莲花洞迎接，安排在励志社的招待所休息。[①]这是冯玉祥第一次上庐山，当晚他辗转难眠，脑子里演起了“皮影戏”。

冯玉祥1933年8月14日在蒋汪政府“红帽子”的压迫下，乘宋哲元准备好的专车回到泰山。他在泰山写了三部书，一部是《反国联调查团》，一部是《察哈尔抗日实录》，还有一部是《胶东游记》。1935年9月，蒋介石发电报约冯玉祥去南京开会。去不去呢？去。冯玉祥带着“抗日主张”于11月1日到达南京。蒋介石当天即去探视这位结拜大哥。冯玉祥清楚地记得自己开门见山对蒋介石说：“不抗日一定亡国，唯武器论和三日亡国论，都是错误的。”蒋介石心里不赞同，请冯玉祥说出理由。冯玉祥高声说：“三日亡国论者，只看见日本可怕，那是犯了恐日病，只比工厂比枪炮，怎么不拿人口比一比？不拿土地面积比一比？唯武器更不对，中国有几千年历史，有文天祥、史可法、岳飞一些英雄人物；世界上苏、英、美、法各国都与日本有矛盾。我们应该为祖先

■ 全国经济委员会成立时的孙科、汪精卫、宋子文（前排左一至左三）

① 吴宗慈主修：《庐山续志稿》，江西省庐山地方志办公室1992年印行，第50页。

留下的国家着想，为将来的子孙打算，为中山先生和死难的先烈们争光，把那些唯武器论、三日亡国论快快改正过来。”蒋介石满口“好好好”。实际呢？

1935年11月5日，天津学生向国民党六中全会要求开放言论集会自由，禁止非法捕杀青年。清华等10所大学发出通电奠都以来青年之遭杀戮者，报纸记载有30万人之多，而失踪监禁者，更不可胜数，杀之不快更施以活埋……北大学生组织反帝国主义座谈会，清华学生组织现代座谈会，此约法所许之权利，而政府则解散之，逮捕之。著作乃人民之自由，而北平一隅，民国23年焚毁书籍竟达千余种以上……

冯玉祥在南京看见此文，便拿去责问蒋介石，蒋手一挥说：“这都是造谣，不足为信。”冯玉祥说不对，五四运动以前，段祺瑞和安福系都说学生不好、无知、乱说话，结果都由于迫害学生而倒台。今天有血性有良心的青年说的全是老实话，你务必尊重这些话，改正过来，方是国家之幸，不然会有大祸来临。蒋又说“好好好！”实际呢？1935年“一二·九”学生运动，蒋介石还是一个镇压。

对日本卑躬屈膝妥协的官员，蒋介石还是一再升迁；对呼吁抗日的官员，蒋介石仍然以各种理由将他们“边缘化”，这样的政府，自然使妥协论占了上风，即使汪精卫一派下台了，新的一派也会高谈妥协。现在全国只有西南方面还敢批评蒋介石对日妥协，蒋介石不依了，这个局面是不能不分青红皂白一律封杀的，特别在这国难时期。翻来覆去思忖一夜，冯玉祥这个大炮终于找到了“炮弹”。

第二天（8月3日）清晨，冯玉祥按照蒋介石的要求，大步来到13号官邸。蒋介石慌忙赶到大门口迎接“大哥”。两人手挽手、肩并肩走进客厅，蒋介石喝下一大口凉开水说：一个国家必须有纲纪，各省不能不服从中央。对待广西，打为上策。谁能帮他这个忙，谁就是他的好朋友。

冯玉祥坐下对蒋介石说：“打，这是最不祥的话，你自己拿刀枪砍你自己的手和足，你还和敌人打什么仗，一个普通人都明白这个道理，你为什么看不清这一点呢？”又说：“我在兵舰上走了一天多，昨晚躺在招待所床上，我就想什么话是你最不喜欢听的，我今天来对你说。”

蒋介石洗耳恭听：“请说吧！”

■ 1936年8月冯玉祥、蒋介石在庐山

冯玉祥说："有一个人把自己的脸打肿了，在外面装个胖子好不？"

"不好。"

冯玉祥喜欢写"丘八诗"，说话也是"丘八"风格。他说："一家人外面有10个土匪在打门，进了大门，又进了二门，这一家弟兄3个还要自己杀自己，他们互相砍杀，对不对？你不觉得两广这些将领都是你的帮手，你要把你的帮手和臂膀都打完，才去对付仇敌？"

冯玉祥的话和杨永泰、熊式辉的话完全是两种声音、两个出发点。此时，冯玉祥从民族大义出发说出这样尖锐的话，也可能令蒋介石想到全国上下的呼声，想到他最尊重的曾国藩长谈的为政莫违民心的至理，表态说，"大哥此话很好，一定不打内仗"。

8月11日晨7时，蒋介石在李烈钧的陪同下，向冯玉祥辞行。李烈钧7月23日上庐山避暑，他和冯玉祥一样，也是主和派。蒋介石对冯玉祥说，他要飞到广东去，问大哥还有什么话说。冯玉祥趁着李烈钧在场，把前几天向蒋介石说的话又说了一遍，强调："你若说我说得不对，可以当面驳倒我，若我说得对，我希望你毫不迟疑地马上停止一切打内战的准备。"李烈钧不知不觉地在那里鼓起掌来。蒋介石说："我一定照着你的话去办，决不会迟疑的。"李烈钧送蒋介石下山去九江机场。①

① 参见冯玉祥《我所认识的蒋介石》，解放军文艺出版社2002年版，第52—53页；《中央日报》1936年8月12日。

蒋介石率师北伐离别广州十载，重履旧地受到民众空前的欢迎。蒋介石派居正、程潜、朱培德亲自到广西一趟，广西问题终于得到和平解决。李宗仁仍留在广西任绥靖主任，白崇禧为中央军委会常务委员，扩招的军队，南京政府给了一部分钱，全部解散。9月14日，李宗仁、白崇禧发表和平通电。9月17日，李宗仁到广州会见蒋介石。18日，蒋介石到李宗仁下榻的继园回访。

蒋桂对峙结束。

“两广事变”过去多以军阀内战评价，其实应该重新看到，两广特别是广西呼吁抗战的奋争因素。1936年12月12日，张学良、杨虎城敢于兵谏，“两广事变”也是其客观参照的一个重要实验基础。

蒋介石在“剿共”问题上刚愎自用，在两广问题上受多种因素制约，反复多变，这与他身边大员的不同“进谏”、抗日派敢于进谏有关。蒋介石的对内方略多受身边人影响，熊式辉、杨永泰是一种类型，汪精卫是一种类型，冯玉祥、李烈钧等则是另一种类型。

“两广事变”终于和平解决了，蒋介石此时在广州心中的一块大石头终于落地，他愉快地接受了司法院院长居正的建议，前往陈粹芬住处广州东山二沙头探望，感谢老人家当年对他流亡日本的照顾，并送上10万元大洋（一说3万元大洋）给陈粹芬养老。陈粹芬是孙中山早年在南洋从事革命活动时的亲密女友，1891年至1912年4月跟随孙中山长达21年，一生没有生育，孙科兄妹称她为南洋妈妈。1914年陈粹芬在马来西亚抱养了一女，起名孙容。“九一八”事变后，陈粹芬应孙科之请，携带孙容回香港。1932年，孙

■ 1948年陈粹芬（中）与养女苏仲英（左一）一家

科接陈粹芬母女到广州东山二沙头渔卢公馆，委托她照顾自己的两个孩子孙治平、孙治强就读培正中学和岭南附中。过着俭朴生活的陈粹芬，对蒋介石这次知恩图报之举颇为称许。陈粹芬养女孙容长大后与孙中山哥哥孙眉的孙子孙乾相爱，因辈分等原因，受到孙中山发妻卢慕贞的极力反对。1937年孙科出面斡旋，特电孙容前往意大利与在陆军大学深造的孙乾结婚，并请中国驻意大利大使刘文岛主持婚礼。孙容婚后恢复原姓，改名苏仲英。

4. 宋子良、孔祥熙牯岭晤商

蒋介石飞往广州的同一天（1936年8月11日），宋子良抵达牯岭。宋子良是宋子文的大弟弟，1899年生于上海。1921年毕业于美国凡顿贝特大学。回国后先后任上海会文局局长、国民政府外交部秘书，1930年4月任外交部总务司司长。1931年为中国国货银行董事，1934年为中国建设银公司总经理。该公司由宋子文、孔祥熙及上海17家银行及政界要人投资组成，利用银行资本投资多项建设事业，如扬子电气公司、淮南煤矿铁路公司等，发展迅速。1935年4月交通银行改组，宋子良担任常务董事。同年财政部组织上海工商业贷款审查委员会，执行对工商业的救济计划，宋子良作为中国国货银行代表参加该委员会，委员会总部设在该行内。1936年上半年，宋子良与徐勘、陈行组织七星公司参与市场投机，利用国货银行头寸牟利。当时，社会上传播着“子良不良，徐勘不堪，陈行不行”的种种说辞。

1936年7月，宋子良被南京国民政府派到广东担任省政府委员兼省财政厅长。宋子良的口碑并不好，“两广事变”时竟被中央作为肱股大臣派往广东整顿经济，这自然与蒋宋联姻及其南京政府权力分配结构有关。据国民党内资深人士披露，蒋宋孔陈四大家族，实际上孔宋两家分为两派，宋子文、宋子安是一派，宋庆龄接近这一派；孔祥熙、宋霭龄、宋美龄是一派，两派在公在私都有矛盾。自孔祥熙接替宋子文任财政部部长后，凡是经济要津都用自己一派的人。广东整顿经济，宋子良自然成为孔祥熙、宋美龄、蒋介石的首选。

■ 1936 年 7 月飞粤整理广东财政的宋子良（中）

1936年7月22日，宋子良一行飞往广州。7月23日，余汉谋从南京飞抵广州，发表讲话，“深望粤人同心同德，创一自决更生之局”，并就具体事宜作了如下安排：一是原有各军概照旧时编制；二是所有特种部队，安排由各军改编；三是军费仍旧，但须力谋缩减；四是燕塘军校请示中央改编。

四种改编大计都须实力做支撑，宋子良此时被任命为广东省财政厅长，责任重大。同时到广州就任的还有粤桂闽三省统税局局长吴健陶。蛛丝可见国民党中央将广东经济全盘收归中央的大动作。动作一大，问题就接踵而来。令宋子良最头疼的就是物价飞涨。港币1000元，仅得粤币1522元，涨幅超过100%。宋子良在粤怎样调整都居高不下。无奈之际，宋子良电呈财政部汇报种种情况。7月27日，财政部电令陈济棠缴还所侵公款200万元大洋，电令其兄陈维周缴还所侵公款700万元大洋，自然石沉大海。

广东亏空太大，宋子良只好以“改革粤币”的方法，拟出具体方案，电呈财政部部长孔祥熙定夺。财政部夏季全部移到牯岭办公，当即请宋子良速来。8月11日下午3时，宋子良飞抵九江机场，财政部许建屏往迎，下午5时宋子良到达牯岭，下榻孔祥熙别墅，也就是原李德立的别墅“玻璃房”，此时几经转手，终于被孔祥熙购下。

孔祥熙在此别墅连续几天召集宋子良、徐勘、陈行等开会，商讨粤财政问题。据8月14日牯岭电：财政部决定撤除广东病民繁多之税费。财政部部长无意前往广东，宋子良、徐勘8月15日先行飞粤。①

① 《中央日报》1936年8月11日、15日。

5. 宋庆龄、翁文灏庐山之行

宋子良离开牯岭的那天，宋庆龄再上庐山，[①]途中与宋子良失之交臂。更令宋庆龄感慨的是，翁文灏等一批学者官员竟频频出现在牯岭。翁文灏是1936年7月25日上山的，他偕行政院参事徐象枢抵牯，向行政院院长蒋介石报告院务，请示下周准备在庐山召开行政院会议所讨论的议案，故留在牯岭迟迟没有下山。行政院的日常事务，他已安排政务处长蒋廷黻留京主持办理。

翁文灏是1932年夏牯岭讲学后走上仕途的。那天离开时，蒋介石提出准备成立一个国防设计委员会，又称资源委员会，由他自己担任委员长，请翁文灏出任秘书长。翁文灏表示自己可以担任委员，但秘书长一职概难允诺，请蒋谅解。蒋介石却坚持一定要他担任秘书长。几经商酌，最后还是翁文灏妥协，接受了秘书长的职务。但说好由钱昌照任副秘书长，在南京执行职务，翁文灏仍留在北平，以便能继续主持地质调查所事务。翁文灏就这样被舆论认为“一只脚试探性地跨进了南京政府，另一只脚仍留在地质学界”。国防设计委员会是个秘密机构，地点在南京三元巷2号，原国民革命军总司令部旧址。门口没有挂牌，每月蒋介石秘密拨款10万元大洋，作为活动经费。翁文灏的秘书长实际工作是副秘书长钱昌照担任的。

首批国防设计委员会委员39人，多为社会知名学者、专家和实业家。他们是翁文灏、钱昌照、黄慕松、杨杰、陈仪、周亚衡、林蔚、丁文江、陈立夫、王宏佑、刘鸿生、陶孟和、刘大钧、徐新六、沈怡、钱昌祚、俞大维、胡适、杨振声、周炳琳等。当然，其中不少人受到时论的批评。如陈仪等，冯玉祥就点名道姓说他媚日。

1932年南京政府再次改组。10月28日公布翁文灏担任教育部长。翁文灏进退维谷。恰逢继母去世，以“丁忧”坚辞不就。1933年夏，蒋介石在庐山主持召开了唯一一次国防设计委员会全体委员会议，讨论

---

① 吴宗慈主修:《庐山续志稿》，江西省庐山地方志办公室1992年印行，第51页。

“国家总动员计划”和委员们的提案。翁文灏那年是二上庐山。

1934年2月16日（正月初三），翁文灏在长兴调查石油回程武康县出了车祸，头部受重伤，昏迷不醒。在长达数月的与死神搏斗中，翁文灏得到了全国上下特别是学术界的关爱。蒋介石对他也极为关心，下令医院不惜一切代价抢救，并用自己的飞机送来医生，接来家属。翁文灏便将活过来的生命看作蒋介石的赐予。过去到牯岭讲课，翁文灏体会到蒋介石的“礼贤下士”；武康遇险，翁文灏更觉得蒋对他有救命之恩，须知恩图报。

翁文灏病愈后，1934年8月13日三上庐山。庐山见面后，蒋介石询问了翁文灏的身体状况，便问起焦作煤矿（中福煤矿），请翁文灏以整理专员的身份前去整理矿务。翁去整理矿务后，焦作煤矿很快改变了局面。

1935年11月，汪精卫遇刺。12月，蒋介石接任汪精卫的行政院院长职务，统揽了国家党政军大权。翁文灏被蒋介石任命为行政院秘书长。在蒋介石组阁的这个行政院班子中，财政部部长孔祥熙、内政部部长蒋作宾、外交部部长张群、军政部部长何应钦、海军部部长陈绍宽，实业部部长吴鼎昌、教育部部长王世杰、蒙藏委员会主任黄慕松、侨务委员会主任陈树人……好几位都出自资源委员会，被人称为“三元巷内阁”“学者从政派”。其实，正如当时何廉说的“翁文灏和我虽都在政府中位居高职，比起圈内集团，毕竟还是外人。我们并非政府的里层人物，也非党的成员，我们不过是政府的装饰品”。

但这个“装饰品”无疑起到了蒋介石军队起不到的作用。

1936年6月9日，“两广事变”正处于风口浪尖上，广西反蒋抗日得到了全国抗日力量的支持。翁文灏的好友——资源委员会的重要笔杆子胡适却致电李宗仁、罗文干，说：“今日无论什么金字招牌，都不能减轻掀动内战、危害国家的大责任。”将内战的责任全部嫁祸于桂系，为蒋介石多年来全面“剿共”、排斥异己开脱。

从山上进进出出的翁文灏，宋庆龄很容易联想到胡适，对胡适的政治操守，宋庆龄和蔡元培更是有独特的体会。

1932年12月27日，中国民权保障同盟在上海正式成立。胡适于

1933年1月参加，同月30日并被选为同盟北平分会主席。

1933年1月31日，胡适同杨铨、成平以中国民权保障同盟北平分盟领导者的身份，视察北平军委会反省院等三处监狱。2月4日胡适写信给蔡元培、林语堂，说："上月25日，史沫特莱女士将一份控诉北平军分会监狱使用酷刑虐待监犯的材料交民权保障同盟执委会。执委会议决，分别写成中英文字，交中西文各报发表。2月1日执委会举行记者招待会，并散发了这份材料。"同日，史沫特莱写信给胡适，附有宋庆龄的英文信和上述材料各一份。胡适看后，大为不满，当即写信向总会提出抗议，说这个材料是捏造的。他要求总会"自行纠正，以维总社的信用"[①]。

但在胡适指责总会"随便信任匿名文件"的同时，胡适收到数封署名千家驹、蔡晓舟、周默秋、关仰羽等青年从监狱内外发来的控诉国民党乱杀青年、监狱暗无天日的信件。[②]

2月5日，胡适又写信给《燕京新闻》编辑部，否定北平军分会反省院对监犯使用酷刑，并且说，他和关押在那里的政治犯中的1/3以上的人谈过话。因而他们当时是处在一种可以畅所欲言而不怕被狱官察觉的地位。他们当中没有一个人提到上述呼吁书所描绘的那些骇人听闻的酷刑。信中，胡适肯定"送交孙夫人的那封呼吁书十分可能是一封伪造的匿名信"。胡适在这封信中最后说"我憎恨残暴，但我也憎恨虚妄"。[③]

其实，胡适是位极擅长考证的大学者，对监狱接待他们参观的伪饰，心知肚明。包括被允许与胡适等人交谈的囚犯，哪一个不是北平监狱挑选的？他以这些被监狱伪装的人和事来攻击史沫特莱和宋庆龄，胡适憎恨的是"虚妄"还是其他？

2月7日，胡适不愿等及总会的意见，在《独立评论》公开发表《民权的保障》一文，对宋庆龄和总会进行公开指责。他说："我们观察今日参加这个民权保障运动的人的言论，不能不感觉他们似乎犯了一个大

---

① 《胡适致蔡元培、林语堂》，载《胡适来往书信选》(中)，中华书局1987年版，第178页。

② 参见《胡适来往书信选》(中)，中华书局1987年版，第158、174、175页。

③ 《胡适〈燕京新闻〉编辑部》，载《胡适来往书信选》(中)，中华书局1987年版，第183页。

毛病，就是把民权保障的问题完全看作政治的问题，而不肯看作法律的问题。这是错的。”还说：“同盟的总会宣言有要求‘立即无条件的释放一切政治犯’的话……这不是保障民权，这是对一个政府要求革命的自由权。一个政府要存在，自然不能不制裁一切推翻政府或反抗政府的行动。”①

2月14日，杨杏佛来信，向他说明《控诉书》发表的经过，希望以团结为重，特别提道：“在京、平市党部开始压迫本会之时，内部自当精诚团结也。”

2月21日，胡适在《独立评论》第39号作《国联报告书与建议案的述评》。认为《国联报告书》是“明白公允的判断书”。次日他对上海《字林西报》记者发表公开谈话，再次说：“孙夫人信中作为依据的陆军反省院政治犯所写的控诉书，显然是伪造的。”“民权保障同盟不应当提出不加区别地释放一切政治犯，免予法律制裁的要求，如某些团体所提出的那样。一个政府为了保卫它自己，应该允许它有权去对付那些威胁它本身生存的行为，但政治嫌疑犯必须同其他罪犯一样，按照法律处理。”②

胡适说出了蒋介石想攻击宋庆龄而不能开口的话。

在这个基础上，2月28日，宋庆龄、蔡元培来电，向胡适严正指出：“释放政治犯，会章万难变更。会员在报章攻击同盟，尤背组织常规。请公开更正，否则惟有自由出会，以全会章。”③

胡适对宋庆龄、蔡元培的两次来电置之不理，总会5日后即1933年3月3日召开临时执委会会议，讨论胡适问题，通过了由鲁迅提议的开除胡适会籍的决议。

在胡适被同盟开除的同一天，胡适与丁文江、翁文灏密电蒋介石：“热河危急，绝非汉卿（张学良）所能支持。不战再失一省，对内对外，中央必难逃责。非公即日飞来挽救，政府将无以自解于天下。”

3月9日，胡适亲自写信给张学良，促其“毅然自责求去”，将华北

---

① 《独立评论》1933年2月19日第38号。

② 《字林西报》1933年2月22日。

③ 《宋庆龄、蔡元培致胡适》，载《胡适来往书信选》（中），中华书局1987年版，第193页。

全部交中央负责，并将他和丁文江准备在《独立评论》发表的《全国震惊以后》《给张学良将军一封公开信》两文原稿附送张。张学良次日约丁文江等谈话，告知“已尊蒋介石意辞职”。也可能，胡适当时的所言所行都是蒋介石最希望有人做的。

3月13日，胡适、丁文江和翁文灏同到保定见蒋介石。这是胡适第一次与蒋介石见面。[①]胡适带去的两份厚礼，一份是指正“宋庆龄发表史沫特莱女士一份控诉北平军分会监狱使用酷刑虐待监犯的材料是伪造的”，从堡垒内部对中国民权保障同盟进行破坏和叛盟（当时宋庆龄的评说）；另一份是心有灵犀地配合蒋介石，以公众舆论的代表形象，劝告张学良辞职。

胡适的行径，也可能在客观上增加和坚定了蒋介石的决心或信心。1933年6月18日，蒋介石命令戴笠在上海枪杀了中国民权保障同盟总干事杨铨，用血腥手段破坏该同盟的存在和发展。

杨铨，字杏佛，是同盟会老会员，1912年担任临时大总统孙中山总统府秘书处收发组组长。同年冬，去美国留学，认识宋庆龄。1918年从哈佛大学毕业回国，执教于东南大学。1924年奔赴广州，任孙中山的秘书，孙中山逝世时，任治丧筹备处总干事。1928年又担任蔡元培为院长的中央研究院的总干事。杨杏佛也是胡适上海中国公学和康奈尔大学时期的同学和老友。杨杏佛擅长诗文，时常与胡适唱和。杨杏佛被暗杀后，胡适没有对国民党和蒋介石提出任何抗议。

但这件事对胡适无疑也是终身的心病。1960年2月27日，晚年的胡适在台湾对胡颂平讲过这样一番话：“当年蔡先生是不管事的，一切由杨杏佛独断独行。蔡先生受了杏佛的累不少！那时自由人权大同盟要我和杏佛参观北平的政治犯监狱，他回到上海后的报告并不实在。我在北平的中英文报纸上声明杨杏佛的话完全不确。因为我是亲眼看见的。”胡适接着说：“杏佛是我的学生啊！”[②]

杨杏佛不知何时拜胡适为师，但在美国时，两人倒是非常友善，

① 参见张玉昆、钱进主编《张学良年谱》，社会科学文献出版社1996年版。

② 胡颂平编：《胡适之先生晚年谈话录》，中国友谊出版公司1993年版，第47页。

1915年，杨杏佛作《水调歌头》一词赠胡适，其下阕为：

美君健，嗟我拙，更颓唐。名山事业无分，吾志在工商。不羡大王（指托拉斯）声势，欲共斯民温饱，此愿几时偿？各有千秋业，分道共翱翔。[①]

大浪淘沙，人各有志。

1936年夏，宋庆龄在庐山看见胡适的一群好友学者专家们进进出出，他们就是中华民国民主建制的代表和希望吗？宋庆龄不由得感到一种深深的忧郁。中国知识分子上层作为一种政治力量，独立性和批判性在牯岭已经完全丧失。也许，中华民国社会的权力架构，正是由于缺少一种独立的权力监督力量，国民党才如此快速腐败，毫不在意百姓的疾苦，肆无忌惮地以武力镇压其他政党和政治组织。

当然，中国知识分子中也有民族的脊梁。宋庆龄想到了鲁迅，想到了蔡元培。宋庆龄曾撰文写道："中国民权保障同盟每次开会时，鲁迅和蔡元培二位都按时到会。鲁迅、蔡元培和我们一起热烈讨论如何反对白色恐怖，以及如何营救关押的政治犯和被捕的国民学生们，并为他们提供法律的辩护及其他援助。"宋庆龄也想到被蒋介石杀害的邓演达、杨铨、史量才（《申报》总编辑兼董事长，因主张抗日，同情共产党，1934年11月14日在杭州被国民党特务所杀。据沈醉回忆：蒋介石犒赏特务1.5万元，同时猫哭老鼠，在报上悬赏1万元），想到1935年"一二·九"运动中的青年学

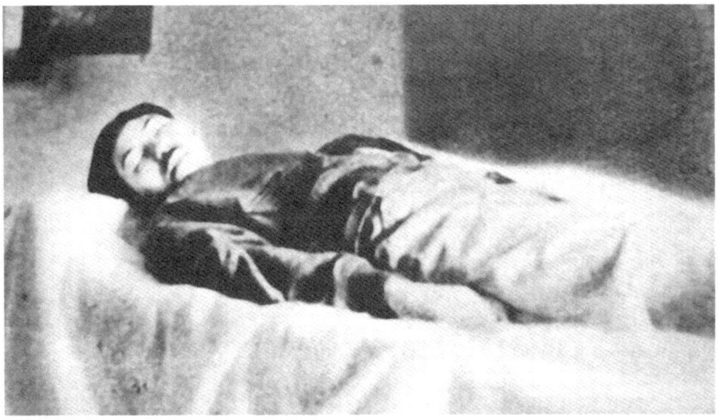

■ 中国民权保障同盟总干事杨杏佛被暗杀

① 石原皋：《闲话胡适》，安徽人民出版社1985年版，第63页。

生，1936年5月正式成立的全国各界救国联合会的同志们，也可能还想到刚刚听说在芦林举办半工半读乡村小学校多年的李一平、严立三……他们能力有大小，分工有不同，可救国爱民的主张和亮节，体现了中国知识分子的良知和热血，代表了中华民族前进的意识和方向。这些知识分子独立的思想和风骨，在中国这块“官本位”的国土上，也许不可能成为社会的精英和主流，但随着民族意识的觉醒，一定会掀起中华民族抗日和抗击一切反动势力的巨浪。

1936年夏天，宋霭龄和宋美龄都随他们显赫的丈夫上山了，在含鄱口、仙人洞留下不少倩影。随着蒋介石8月11日飞粤，孔祥熙赴京，宋美龄、宋霭龄先后跟随下山，宋庆龄和宋霭龄、宋美龄在庐山未能谋面。

宋庆龄于1936年8月底下山。

这一年夏天，庐山举办了第一届儿童运动会，有不少外国儿童参加。一切似乎煞有介事，但一个执政党如果“忽悠”了民族的根本利益，“忽悠”了大多数人的长远利益，其他即使做得如花似锦，也只是掩人耳目而已。

1936年9月1日，中共中央书记处向党内发出《中央关于逼蒋抗日问题的指示》。

1936年9月25日，蒋介石怀着和平解决“两广事变”的复杂心情，从广州飞往南昌，10月5日飞返南京，10月7日在南京接见日本大使川樾茂，10月22日飞陕布置“剿共”。10月25日，蒋介石的高参、亲日派代表、湖北省政府主席杨永泰在汉口过江码头被刺，人人称快。10月29日，蒋介石对全国大报记者发表谈话，怒斥“共产党不以民族利益为本位，不论其标榜若何，政府决贯彻戡乱方针”。10月31日，蒋介石颁发对红军总攻击令，逼迫张学良、杨虎城“剿共”，如张、杨两部违令，即解除他们的兵权；同时，蒋介石已做好了与日本进一步“妥协”的精心准备。钱昌照曾回忆：1936年11月下旬，我了解到，当时外交部长张群曾和日本驻华大使川樾茂进行秘密谈判（高宗武参与其事）已经达成协议，条件是：一、中国政府承认“满洲国”；二、华北各省经济大权交给日本；三、国民党政府的各重要部门设置日本顾问等。在谈判过程中，张群必须随时向蒋介石请示，而谈妥的条件，无疑是蒋介石点了头的。张群、高宗武严守机密，圈子外知道此事的只有王世杰和我等极少的几个人。要是没有“西安事变”，一个比“二十一条”更为丧权辱国的协定条约，可能就会秘密签订。[①]1936年12月12日上午6时，“西安事变”爆发。

①《钱昌照回忆录》，中国文史出版社1998年版，第92页。

第十章　牯岭抗日座谈会

1. 杨虎城奉诏二上庐山

“西安事变”和平解决后，蒋介石采取分而治之、软硬兼施的办法对付“肇事头目”。12月25日，张学良陪同蒋介石夫妇、宋子文回南京，蒋答应张数日即返。谁知一到南京即被扣。蒋介石以张学良为筹码，要求西安放回与蒋介石同时被捕的陈诚等国民党要员。在陈诚等安全回到南京后，12月31日，国民政府军事委员会派李烈钧、朱培德、鹿钟麟组织军事法庭，审判张学良，判有期徒刑10年。1937年1月4日，宣布特赦，交军事委员会严加管束。自此张学良被软禁几十年。东北军群龙无首，很快被蒋介石军队收买的收买、击破的击破，分而化之。

■ 1937年夏张学良（右二）被软禁在浙江雪窦山，左二为赵一萩

对杨虎城，蒋介石采取了另一种手法。

1937年3月9—13日，蒋介石来庐山小住数日，返回杭州，诏令杨虎城到杭州相见。

1937年5月27日，蒋介石再抵庐山，同时命令4月已革职留任的杨虎城来庐山面训。杨虎城当日和邓宝珊、周梵伯、申明甫、亢心栽、于明江、樊雨农和白澈如等9人乘欧亚航空公司的班机于下午3时抵达上海。周恩来同机从西安到达上海。

6月4日，杨虎城和周恩来、宋子文、宋美龄、邓宝珊等人同机向九江飞去。

宋子文和周恩来早在广州国民政府时期（1925—1927）已比较熟识，自然地谈到1937年5月国民党中央考察团由涂思宗、萧致军率领赴延安考察的新闻。

周恩来再次赞扬了杨虎城1937年2月4日领衔诸将领主张和平解决事变的通电，相询“汉卿自由”问题，宋子文对张学良即将恢复自由比较乐观，并告知2月15日国民党五届三中全会已接受中共团结御侮的主张，蒋委员长对过去誓死消灭的共产党尚且讲团结，对汉卿和虎城更要讲友爱了。宋子文的话亦真亦谐，不知对他的妻弟“党国领袖”是褒还是贬。

宋美龄矜持地微笑，右脸露出深深的酒窝。有人说，宋美龄照相是很喜欢照右侧的。

杨虎城没有说话，他可能想起数月前在杭州与蒋介石、宋美龄的两次见面，阴影就像机舱外面时高时低的云层。

1937年3月16日、17日，杨虎城在机要秘书李志刚的陪同下，乘飞机到杭州见蒋。会见时在座的有宋美龄、宋子文、邓宝珊、于学忠、胡宗南。坐定后，杨虎城问蒋：“委员长身体好些了吧！”蒋答：“腰痛渐渐地好了，不要紧。”又说：“我对身体上的折磨，向来很能忍耐，吃一点苦，不算什么。我向来对人宽大，不记旧怨，以往对人，你们是全知道的，不必多说，但对部下，过于信任，以致发生这次事故，使各方面受到损失，我身为长官，自觉不足为训。”说到这里，骤然改变语气，对着杨、李指桑骂槐地糟蹋张学良，蒋介石说：“张汉卿常对我说，有他老子，他跟着他老子走，没有他老子了，他跟我走，劝我搞法西斯组织，他说服从领袖。现在他竟如此，你看这是一个什么样的人？”又说：

“他打不住共产党，就向共产党投降，若是打不住日本时，还不是向日本投降吗？”又说：“他的部队正在火线上牺牲，他和王以哲竟秘密到陕北与敌人议和了，怎样对得起长官，怎样对得起部下？”蒋介石愈说声调愈高，大发脾气，嘴里说张但显然是对杨的。这时候，宋美龄一再上楼拿苹果和梨给在座的人吃，小心翼翼地把削了皮的苹果和梨送到蒋的嘴边，蒋的语调渐渐地缓和下去了。蒋接着说：“张汉卿这样一个人，虎城竟是跟着他一路走，仔细想想，能对得起谁？幸亏还没有荒谬到底，假如后来不肯回头，还能有今天吗？”

第二天，蒋介石邀杨虎城继续谈话，与第一天的“旁征博引”相反，用最短的时间直奔主题，表达了两个意思。第一，蒋问他事变解决后，中央对他的部属安置，有不恰当的没有，要他提意见，可以改正。杨虎城没有提什么意见，觉着提了，对人对事不仅没有益处，甚至会起相反的作用，不如不提。第二，问杨虎城经过这次事变，继续任职，情感上是否觉着有不方便处。杨虎城还没有开口，蒋即说出下言：“在事变中各级人员对你是有不满情绪的，这是一时转变不过来的，你继续任职，在情感上有些不便，不如先往欧美参观一个时期，回来再任职。出国费用可由公家负担，启行的时期也不必规定，可以从容准备……”杨虎城感到蒋介石的老辣就像一个设套的猎人。

从杭州回陕不久，杨虎城被“革职留任”。5月初，蒋介石派人催杨虎城准备移任出国。5月27日，蒋介石一到庐山，一天都不许杨虎城耽误，叫他飞往上海，续飞九江。

6月4日晚，杨虎城一行登上庐山。在小天池路口，陈立夫和邵力子等正在焦急地展望，一见来人，立即高兴地上前，握手寒暄。邵力子在国民党五届三中全会上被正式任命国民党中央宣传部部长一职，6月1日，他和国民党中央组织部部长陈立夫一起上山。此时见到“西安事变”以前的旧搭档，笑着问：“杨将军是第一次到庐山吧？值得看一看。”

杨虎城的脸上也带着些许笑容，回答：“我1933年夏天来过，那是在火莲院参加将军训练班。我和郑洞国、卫立煌还是训练班的同学。”

邵力子大笑，带有几分遗憾地说：“阿拉那时已到陕西上任了，年纪不算老，怎么记不住了？”邵力子当年55岁，在国民党中央一级干部中已属高龄。

陈立夫在旁边跟着大笑，眼睨着杨虎城的举止轩昂，笑声渐渐低沉下来。扪心自问：如果他不是国民党中央的组织部部长，如果他和蒋委员长没有非同寻常的渊源，如果他不是在政治旋涡中滚打几十年，他会不会在数日前布置暗杀这位在西安事变中叱咤风云的人物？在5月27日杨虎城到达上海的前几天——

■ 1937年6月杨虎城在庐山

陈立夫命令国民党中央党部调查科季元朴请来镇江江苏区监察使署的褚龙吟，在南京常府街18号自家住宅二楼，亲自向褚龙吟如此说道："这一次张、杨拥兵叛变，劫持统帅，个个都欲得而甘心。委座豁达大度，对张学良仅判10年徒刑，还要呈请政府特赦。对于杨虎城毫不惩处，让他逍遥法外。我今天做个持平之论，张学良对于党国起码有功有罪，如统一东北、统一华北、解散扩大会议，都不无微劳。杨虎城完全是委座提拔起来的，竟然犯上作乱，实在是罪不容诛。许多忠党忠国之士都激于义愤，要求杀他。我不能不俯顺舆情，又不能不善体委座德意，所以把你特地找来，和你商议。只要你肯承认杨虎城是你杀的，事实上不一定要你动手，绝对保障你的生命安全。为了遮掩外人耳目，顶多让你坐上5个月的牢，由中央提请国府特赦，我私人出资，供你出洋留学，到哪一国去，你自行决定。回国以后的职位，我完全负责。至于具体行动，你和季元朴商量，这件事我想你一定不会不干的。"

但陈立夫想错了，褚龙吟虽然其父与杨虎城有宿怨宿仇，但他宁愿死，也不愿做不明大义、残杀爱国人士的凶手。此事后来在陈果夫的干预下，以“目前尚非其时，以后相机处理”为结束。[1]

此时，陈立夫百般感触地看着杨虎城，这位从生死簿上活过来的人，搔了搔早生的华发。陈立夫面目清秀，唯“少年白”，三十七八岁的年龄，已白发参半。他对杨虎城表面上非常恭敬，声音低哑地说：“杨将军的住处励志社已做了安排。不到处请随时指正。”随之紧紧地握住杨虎城的手，充满热情和敬佩。

6月7日下午，蒋介石在13号官邸接见杨虎城。那天蒋介石穿着长衫，随意亲切。宋美龄穿着淡色旗袍，指着桌上的西瓜、葡萄请杨虎城随意用。看杨虎城一身戎装，连风纪扣也扣得紧紧的，宋美龄连忙吩咐：“这又不是在军委会，快解开解开。”蒋介石也笑着点点头。

杨虎城仍然没有解开风纪扣。他正襟危坐，费力地听着蒋介石的浙江话：“中央叫你出国，是对革命将领的爱护。你是个苦出身，是总理的忠实信徒，中原大战是立过功的。我是记得很清楚的。党对你的信任和提拔，你也不能忘记。”

杨虎城认真地点头。

杨虎城是陕西蒲城东乡人，父亲杨复兴是个木匠，辛勤劳作，勉强维持全家生活。杨虎城13岁便从乡村私塾辍学到饭店当徒工。1908年15岁时，父亲被清朝杀害。国恨家仇一起爆发，他便与帮助葬父的知友们商议，成立杀富济贫的“中秋会”，拉起队伍参加了辛亥革命，1918年所部成为陕西靖国军第三路第一支队。1926年，他以国民三军第三师师长的名义率部坚守西安8个月，随后东出潼关参加北伐。1929年“中原大战”前夕，冯玉祥为了缩短战线，令杨虎城部撤离山东到河南集中。杨对参加派系斗争甚为厌烦，便召集参谋长等高级军官开会，采纳了他们的主张：留在山东，维持地方治安，部队番号、军费由中央解决，被编为国民革命军新编第十四师。“中原大战”发生后，南京电令杨虎城部进军河南，转向南阳阻击陕西的冯玉祥部队出陕。杨虎城部帮助蒋介石打垮了驻马店的唐生智军，受命编为陆军第十七师，后又编为第七军和第十七路军，杨虎城任军长兼十七路军总指挥。

---

① 褚龙吟口述，引自《我所知道的杨虎城》，中国文史出版社2003年版，第107—109页。

1930年，杨虎城部奉蒋介石命令向陕西挺进时，中央电令杨虎城筹组陕西省政府并任主席。杨虎城任西安绥靖公署主任后，不久辞去陕西省主席职务。南京政府派邵力子接任。

这一段经历就是蒋介石此时所说的对杨的“立功”“信任和提拔”，更彰显了张、杨发动西安事变的民族大义。

“我记得你是1893年生吧？今年44岁。正是干事业的好年龄，要好好珍惜，出国后，要好好学习，回来后要好好工作。”

蒋介石对他属下大员的生日、经历，以及他们父母的生日，都是安排专人收集登记的。杨虎城还是认真地点点头，他不知如何表达此时自己的复杂心情。

蒋介石话毕，即挥挥手，请杨虎城做好准备早日出国。

杨虎城出来后，向邓宝珊等人讲了讲经过，心怀侥幸地说：“我真不愿出国，等一等找机会和日本军干一场！”

1937年6月杨虎城出国前，在上海与友人合影。前排右起：于右任、杨拯中、刘守中；后排右起：王陆一、邓宝珊、邓慧琳、谢葆真、杨虎城

"机会总是有的，留着青山在。"邓宝珊劝慰说。

杨虎城于6月11日下庐山，去上海。这一天，苏州开审沈钧儒、章乃器、王造时、邹韬奋、李公朴、沙千里、史良"七君子"，全国声援"七君子"呼吁抗战救国的运动在救国会的领导下蓬勃展开。杨虎城深受鼓舞，期待着抗日炮响。从庐山回到上海，他多次与宋子文交涉，希望迟一段时间出国。宋子文禀报蒋介石后，蒋回复：出国时间越早越好。

1937年6月29日，于右任、邓宝珊等在上海新亚酒店为杨虎城出国考察饯行，并合影留念。随即，杨虎城偕妻子谢葆真、儿子杨拯中、随员王麟阁、亢心栽（通英文）、樊雨农（通德文），无奈地踏上了出国的行程。

杨虎城将对个人生死和抗日大业无穷尽的疑问和期盼都留给了庐山。

2. 第一期谈话会序幕

就在杨虎城出国的同一天，蒋介石偕宋美龄坐轿来到鹿野山庄，拜访林森。

■ 1937年6月蒋介石、宋美龄在庐山

林森于6月28日下午到达庐山，蒋介石夫妇、冯玉祥亲往小天池迎接。[①]这种难得的礼遇隐隐地暗示着蒋介石面临非常时期将大动作。冯玉祥是1937年6月18日蒋介石电邀第二次上庐山的，第二天，蒋介石和冯玉祥见面，对全国政局进行晤谈。"两广事变"冯玉祥的谏言，对照杨永泰、熊式辉庐山上对李宗仁、白崇禧"调虎离山"的谋划，可能让蒋介石感到这位"拜把子大哥"对自己仍显示出一种站在国家利益上

① 吴宗慈主修：《庐山续志稿》，江西省庐山地方志办公室1992年印行，第54页。

的关爱。“西安事变”和平解决后，蒋介石曾到老家溪口雪窦山疗养腰伤多日，面对和庐山一样绮丽的山景，蒋介石也可能悟到冯玉祥“忠言逆耳”的一面，加上他当时国际国内各种政治因素的考量，终于渐渐接受了结束内战、团结抗日的这一呼声。作为一个执政党的最高军事领袖，蒋介石又想兼顾党内各派的不同利益，使这一新决策更容易被各方接受，也容易操作。宋美龄，这位蒋介石在西安被扣时爱情和智慧的化身，顿时出了一个主意，在盛夏避暑胜地牯岭，以西方临时议会的形式举办一个茶话会，岂不乐哉？

蒋介石一听，欣然接受。立即吩咐6月25日上山的国民党中央政治委员会秘书长张群具体办理。张群这个秘书长的来历颇不寻常。据说，蒋介石从西安回到南京的第二天，也可能是为了掩盖张群奉命与日本大使秘密谈判这一秘密，对张群说：“听说你不想干外交部部长了？”张群愕然，只好说他干不下去了。当晚，张群四处打听，原来孔祥熙已受蒋介石之命，和王宠惠商定接任。次日，蒋介石又把张群找去，问由王宠惠接任好不好？蒋介石玩这一套，使张群大为伤心，离开南京去了上海。蒋介石要张群任内政部长。内政部长是闲职一个，张群不愿干，发牢骚道：“蒋先生不够朋友，有事有人，无事无人。”就这样，张群改任中央政治会议秘书长。[①]

6月28日，蒋介石夫妇前往林森别墅正式面呈此事。本来就是已经在操办的事情，汇报不过是一个形式，林森早就明白就里，但对于由“中央政治会议”发起，邀请全国各大学著名教授，各阶层各党派领袖于庐山开抗日谈话会这件事，林森举双手赞成。这次见面，双方自然都表现出一种难得的亲密。

7月3日下午5时，汪精卫抵浔，随即上山。7月4日上午，蒋介石夫妇拜访汪精卫。据蒋介石身边工作人员回忆，蒋介石一年四季习惯于早上6点以前起床，轻手轻脚掩门而出洗漱。宋美龄喜欢夜生活，每日凌晨才睡觉，上午很迟才起床。在生活习惯上夫妻俩相互尊重，相安无事。但遇见蒋介石有政事相邀，宋美龄必毫不含糊地早起床，伴随夫

---

① 《钱昌照回忆录》，中国文史出版社1998年版，第94页。

君。这天蒋介石和汪精卫商谈的主题也是庐山谈话会。两人商议定：被邀请者200余人，意在利用暑假余暇及幽胜环境，以开拓心胸，披诚商榷，交换意见。谈话会分3期，时间定为7月15日至8月15日。

1935年11月1日在国民党四届六中全会开幕式上，汪精卫的左臂、左颊及背部三处被枪击，当天紧急送往中央医院抢救、治疗。左臂缝合，左颊取出大部分弹片，背部子弹伤进脊骨，未敢施行手术。1936年2月19日，登德国“格兰新年”号轮船前往德国就医疗养。在国外期间，汪精卫对“两广事变”和“西安事变”都极为关注，和陈璧君电文往返，了解一切。汪于1937年1月12日抵香港，邵力子、周佛海、陈公博等上船迎接。1月14日，汪抵上海，叶楚伧、李石曾、孔祥熙、张群、陈绍宽等到码头迎接。汪精卫当即电告在宁波溪口老家疗养的蒋介石，已抵沪，稍缓数日即到溪口探望。1月18日去南京。1月22日，发表广播谈话“怎样救亡图存”，大谈“必须认清环境，立定脚跟，仍向着救亡图存整个计划和一定步骤做去，万不可为共党所谣惑，中了他挑拨离间的毒计”。1月24日，汪精卫偕褚民谊、曾仲鸣飞往宁波，蒋介石从溪口前往20里外的宁波迎接。相偕赴溪口蒋宅，游览当地名胜，27日，蒋介石又亲送至宁波，两人俨然一对亲密无间的政坛老友。

1937年2月15日，国民党五届三中全会召开。在预备会上，汪精卫、蒋介石、戴季陶、王法勤、冯玉祥、于右任、孙科、邹鲁、居正9人被推为主席团。这是国民党中央久违的一次抗战派雄踞高层的较量。以敢说敢冲的冯玉祥为代表的抗战派在高层与于右任、孙科、邹鲁、居正的结合，对以蒋、汪为核心的中央领导力量是一个冲击和瓦解。继“西安事变”后，蒋介石如果还跟着汪精卫跑，不仅将在全国失去民心，在高层也将失去党心。所以，五届三中全会对蒋介石和国民党高层来说，都是一个带有转折性的会议。在这次会议上，宋庆龄、何香凝、冯玉祥、李烈钧等13人关于落实三大政策的提案得以通过，从不同侧面显示了蒋介石由此在国民党党内开始向抗战派靠拢。会议还提出了“容共”问题。

汪精卫公开反对“容共”。2月22日，南京国民政府外交部举行纪念周，汪精卫出席并发表讲话，特别提到“中央内政外交实际原系一事，主张容共无异饮鸩止渴”。[1]汪精卫希望在“容共”问题上，拖住结束内战的后腿。在这点上，蒋介石表面上给汪精卫以很大尊重，庐山谈话会没有邀请中共代表以及中共文化界名人，实际上，蒋介石正在庐山和中共代表周恩来谈判。汪精卫暂时被蒙在鼓里。

7月7日，汪精卫偕褚民谊去牯岭官邸回访蒋介石，商谈国内政情及庐山谈话会事宜。蒋介石此时又用数年前对待冯玉祥“是是是”“唯唯唯”的方法对待汪精卫，汪精卫没有摸到蒋介石的真实态度。

7月7日，日军在卢沟桥龙王庙一带进行“军事演习”，借故炮轰宛平城，发起冲锋，驻守在该地的国民党二十九军三十七师一一〇旅二一九团第三营奋起还击，改写了自“九一八”事变以来中国军队对日本军队的进攻蚕食一味退让的历史，史称“七七”事变。8日清晨，号外传遍了北平，日本便衣队谣言惑众，中日对峙情势十分紧张。

7月8日，中共中央向全国发出《中国共产党为日军进攻卢沟桥通电》，号召全国团结抗日。

同日，蒋介石电令冀察当局：“宛平城应固守勿退。并须全国动员，以备事态扩大。”

7月8日下午，“七七”事变日军扩大侵华的消息传遍牯岭，这次是战还是像过去那样妥协，成为中外人士关注的焦点。

7月9日，杜月笙抵山，报告沪纱交易所风潮真相，日本利用经济强势，花、纱涨价，停止本月交易。

7月10日，上海大资本家、银行家虞洽卿抵山，当日，蒋介石召见。虞洽卿和吴鼎昌汇报了日商投资几百万巨资操纵沪纱交易所的情况。

7月11日，日本首相近卫召开内阁紧急会议，“决定采取必要措施，立即增兵华北”。

7月12日，蒋介石在庐山召开军政要人会议，汪精卫等在山要员一律出席，商讨“七七”事变后的对日政策。会议决定对当前事态进行和、战两手准备，万不得已时，将不惜一战。蒋介石一面电示宋哲元，不屈服不扩大方针，就地抵抗日军；一面派出“和平谈判”代表，不放弃最

① 《中央日报》1937年2月23日。

后“沟通”的可能。

在这种紧张激愤的气氛中，庐山第一期谈话会代表应邀陆续到山，被分别安排在“美国学校”和“仙岩饭店”两处招待。据传，美国学校用西餐接待，代表们吃不饱，而仙岩饭店粤式、苏式应有尽有，令来宾们大饱口福。谈话会地点定在“图书馆”之大礼堂。初定7月15日会期开始，因“七七”事变爆发，交通受阻，赴会者多在途中未能如期赶到，故延期。

7月16日晨，庐山第一期谈话会开幕式在图书馆举行，初到宾158人。后梁实秋等人续到，实际参加人数超过160人。邀集人行政院院长蒋介石、国民党中央政治委员会主席汪精卫同时莅会。谈话会由秘书长张群主持，汪精卫致辞，发表引论说：“这次兄弟等，邀请各位来此，共同谈话，其缘由系我们各人因职务关系不能常在一处，对于国家社会各种问题，所有抱负及意见，很不容易得到互相切磋砥砺的机会。如今借此暑期共同谈话，于集思广益上是很有意义的……希望各位知无不言，言无不尽，要批评的尽量加以批评，要发表的意见多多发表，千万不存客气、不存芥蒂。目前的急务在于怎样排除国难复兴民族。其中关系问题很多，例如政治、外交、经济、财政、教育，等等。谈话的方法拟于每次谈话中专就一个问题发言，庶几得有边际。兄弟如今先作一引论，这引论的意思在于略述过去的情形，至于现在怎样做法，将来应该怎样做法都愿意充分听取各位先生的高见。自从‘九一八’事变以来精诚团结，共赴国难成为全国一致的口号。共赴国难是我们共同的目的，精诚团结是达到此目的所必需之条件。几年以来不但本党

1937年7月蒋介石在第一期庐山谈话会上

同志共本此心不断努力，即全国知识界、产业界的有力分子，也是共本此心。对于国家危急只宜设法挽救，不宜因见解或政策之不同，而轻言破坏。”汪精卫对于“九一八”事变以来国民党“先安内后攘外”的国策，没有一句检讨。

紧接着，到会代表张志让、王云五、张寿镛、曾琦、江恒源发言，主要讲拥戴政府，希望政府在言论自由、特种刑法、新闻检查、国防教育等方面速予改善。上午11时发言完毕，全体欢宴。仍然是汪精卫起立致辞，胡适被推举做答词。

胡适和汪精卫一样，都有一副好面孔、一副好口才。此时他代表大家对政府的信任和虚怀若谷表示感谢，同时很坦然地说7月7日下午，他与梅贻琦、张怀九、傅斯年等赴北平市市长秦德纯的晚宴，交换对当时华北紧张局势的看法，谁也没有想到晚上双方交火激烈。7月8日，朋友送行还问他对时局的看法，自己还认为卢沟桥只是局部事件，或者不至于扩大，就上火车到了南京，11日上午上了庐山。下午，蒋委员长邀请我吃茶。政府的礼贤下士使人感动，我们要相信政府，才能共赴国难。[①]

下午，代表们继续发言。

7月17日，蒋介石报告“七七”事变日军扩大侵华的经过。蒋介石主要讲了以下四个问题：

第一，中国民族本是酷爱和平的民族，国民政府对外政策向来主张对内求自存，对外求共存。本年2月三中全会宣言，于此更有明确的宣示。近两年来的对日外交一一秉此旨向前努力，希望把过去各种轨外的乱态，统统纳入外交的正轨，去谋正当解决。这种苦心与事实国内大都可以共见。我常觉得我们要应付国难，首先要认识自己国家的地位。我们是弱国，对自己国家的力量，要有忠实估计，国家为进行建设，绝对地需要和平。过去数年中，不惜委曲忍痛，对外保持和平即是此理。前年五全大会本人外交报告所谓的“和平未到根本绝望时期，决不放弃和平，牺牲未到最后关头决不轻言牺牲”，跟今年2月三中全会对于“最

① 参见曹伯言、季维龙编著《胡适年谱》，安徽教育出版社1986年版，第536—537页。

后关头”的解释，均充分表示我们对于和平的爱护。我们既是一个弱国，如果临到最后关头，便只有拼全民族的生命以求国家生存。那时节再不容许我们中途妥协，须知中途妥协的条件便是整个投降，整个灭亡。全国国民最要认清所谓最后关头的意义，最后关头一到，我们只有牺牲到底，抗战到底。唯有“牺牲到底”的决心，才能博得最后的胜利。若是彷徨不定妄想苟安，便会陷民族于万劫不复之地。

第二，这次卢沟桥事件（这是当年蒋介石对“七七”事变的提法）发生以后，或有人以为是偶然突发的。但1月以来，对方舆论或外交上，直接间接的表示都使我们觉到事变发生的朕兆，而且在事变发生的前后，还传播着种种的新闻说是什么要扩大《塘沽协定》的范围，要扩大冀东伪组织，要驱逐二十九军，要逼迫宋哲元离开，诸如此类的传闻不胜枚举。可想见这一次事件并不是偶然。从这次事变的经过，知道人家处心积虑地谋我之亟。和平已非轻易可以求得，眼前如果要求平安无事，只有让人家军队无限制地出入于我们的国土，而我们本国军队反要受其限制，不能在本国土地内自由驻扎，或是人家和中国军队开枪而我们不能还枪。换言之，就是人为刀俎，我为鱼肉，我们已快要临到这极人世悲惨之境地。这是在这世界上，稍有人格的民族都无法忍受的。我们东四省失陷已有6年之久，继之以《塘沽协定》，现在冲突地点已到了北平门口的卢沟桥。如果卢沟桥可以受人压迫强占，那么我们百年故都北方政治文化的中心与军事重镇的北平就要变成沈阳第二。今日的北平如果变成昔日的沈阳，今日的冀察亦将成为昔日的东四省。北平若可变成沈阳，南京又何尝不可变成北平。所以，卢沟桥事变的推演是关系中国国家整个的问题，此事能否结束，就是最后关头境界。

第三，万一真到了无可避免的最后关头，我们当然只有牺牲只有抗战。但我们的态度只是应战，而不是求战。应战是应付最后关头逼不得已的办法。我们全国国民，必能信任政府已在整个的准备中。因为我们是弱国，又因为维护和平是我们的国策，所以不可求战。我们固然是一个弱国，但不能不保持我们民族的生命，不能不负起祖宗先民所遗留给我们的历史责任，所以到逼不得已时，我们不能不应战，至于战争既开之后，则因为我们是弱国，再没有妥协的机会。如果放弃尺寸土地与主权，便是中华民族的千古罪人，那时便只有拼民族的生命，求我们最后的胜利。

第四，卢沟桥事件能否不扩大为中日战争，全系日本政府的态度。和平希望绝续之关键全系日本军队之行动。在和平根本绝望之前一秒钟，我们还是希望和平的，希望由和平的外交方法求得卢事解决。但是我们的立场有极明显的四点：

1. 任何解决不得侵害中国主权与领土之完整；

2. 冀察行政组织，不容任何不合法之改变；

3. 中央政府所派地方官吏，如冀察政务委员会委员长宋哲元等不能任人要求撤换；

4. 第二十九军现在所驻地区不能受任何的约束。[①]

这四点立场是弱国外交的最低限度。如果对方尚能设身处地为东方民族作一个远大的打算，不想促成两国关系达于最后关头，不愿造成中日两国世代永远的仇恨，对于我们这最低限度之立场，应该不至于漠视。

蒋介石当日的讲话震撼了整个会场，群情肃穆激愤，自然无人追究委员长多年奉行“先安内后攘外”国策种种。蒋介石的讲话内容并没有像现在流传所说的当日对外广播。

国民党不少重臣元老参加了第一期谈话会，于右任上山来了，《大公报》总编辑张季鸾也在山上。

下午，胡适、林宰平、马君武、张君劢等人对抗战局势踊跃发

1937 年 7 月于右任在庐山

① 转引自吴宗慈主修《庐山续志稿》，江西省庐山地方志办公室1992年印行，第487页。

言。蒋介石下午没有出席会议，他去一个重要地方会见了几位重要的客人。

7月18日，一部分会员赴海会寺参加军官训练团毕业典礼。这次军官训练团于7月5日开学，湖北省政府新主席黄绍竑任总队长，陈诚任教育长。蒋介石这一天也没有去海会寺。

7月19日，上午分组讨论政治，下午分组讨论经济、财政；7月20日，上午分组讨论教育，下午第一期谈话会结束。

3. 周恩来二上庐山

7月17日下午，蒋介石会见的重要客人就是周恩来一行。国民党代表蒋介石、邵力子、张冲，中共代表周恩来、林伯渠和秦邦宪，在庐山图书馆旁边的传习学舍会晤，商谈国共合作有关事宜。

周恩来这是二上庐山了。

1937年6月4日，周恩来和杨虎城、宋子文、宋美龄同机从上海飞九江，随即第一次上庐山。6月8日至15日，周恩来同蒋介石进行了多次会谈，宋美龄、宋子文、张冲都参加了。1936年“西安事变”时，周恩来曾作为中共代表参加了张学良、杨虎城与蒋介石、宋子文、宋美龄的会谈。蒋介石曾当众人面表示：在他回南京后，周恩来可以直接去谈判。张学良被扣后，毛泽东为了避免周恩来成为张学良第二，提议欢迎国民党代表张冲到西安来与周恩来协商。

1937年2月国共西安谈判开始，国民党的代表是西安行营主任兼第一集团军总司令顾祝同、张冲、贺衷寒；中共代表是周恩来，后来叶剑英也参加了。毛泽东提出五项原则，包括共产党和共产党领导的军队保持一定的独立性，不放弃共产主义信仰等内容。西安谈判达成了一些初步协议，如红军改编成三个师、在西安建立中共办事处等。3月下旬，周恩来飞抵杭州，同蒋介石直接会谈。蒋介石提出，希望中共这次改变政策后，与他个人永久合作，要求承认一个领袖。周恩来回延安向中共中央做了汇报，6月初带着新的意见上了庐山。

在6月庐山会谈中，周恩来首先提交了中共中央提出的《关于御侮救亡、复兴中国的民族统一纲领（草案）》，纲领共52条，包括由蒋介石提出同他个人合作的问题。蒋介石却突然撇开周恩来带来的按照他的有关要求拟写的“纲领（草案）”，另外提出一个成立国民革命同盟会的主张，企图从组织上把共产党溶化于国民党内。在许多具体问题上，蒋介石也推翻了他在杭州的承诺。周恩来对蒋介石态度的变化有所准备，从黄埔军校时期，周恩来对蒋介石的领导作风是比较熟悉的，因此当即表示，国民革命同盟会事关重大，必须请示中共中央后才能答复。有关取消红军指挥机关和边区政府人事安排以国民党为主，也不能同意。对蒋介石要安排朱德、毛泽东出洋的提议，严词驳斥。宋子文、宋美龄两面说服磋商，仍不能达成一致意见。6月15日下午，周恩来下山。

6月18日周恩来回到延安。中共中央书记处研究了蒋介石的意见，作出新的重大让步。原则上同意组织国民革命同盟会，但要求先确定共同纲领，军队改编为三个正规师，同意改编后的红军以政治机关名义指挥，力争以朱德为政治主任。并向蒋介石推荐在张继、宋子文、于右任三人中选择一人任边区行政长官，林伯渠任副长官。

6月26日，南京政府电邀周恩来再上庐山继续谈判。

7月初，周恩来起草了《中共中央为公布国共合作宣言》的草案。7月4日，周恩来偕秦邦宪、林伯渠到西安，7日到达上海。7月13日前往九江。7月14日抵庐山。

7月15日，周恩来、秦邦宪、林伯渠向蒋介

1937年7月中共代表周恩来、秦邦宪、林伯渠在庐山仙岩饭店

石、邵力子、张冲送交了《中共中央为公布国共合作宣言》的草案。蒋介石对这个草案的态度很冷淡，随意修改了两点，根本不准备发表，用当事人周恩来的话说，他是“总想把共产党合法这一点抹杀掉”。现在不少党史资料都将《中共中央为公布国共合作宣言》记载为1937年7月15日，这是不准确的。那一天，蒋介石对军队的指挥权又推翻了6月庐山谈判的承诺，说红军改编后的各师政治机关只负责联络，无权指挥。

7月17日，毛泽东致电周恩来、秦邦宪、林伯渠三人，提出：“为大局计，可承认平时指挥人事等之政治处制度，请要求设正副主任，朱正彭副。但战时不能不设指挥部，以资统率。”在当日下午与蒋介石、邵力子、张冲的谈判中，周恩来郑重阐述了共产党的这一让步。蒋介石不置可否，仅请周恩来写成书面意见。

7月18日，周恩来将这些问题写成12条，通过宋美龄交给蒋介石，蒋介石仍没有认可，不同意在共产党的军队中设统一的军事指挥机关，甚至提出共产党军队中的政治主任以周恩来为正、以毛泽东为副，当即遭到周恩来的坚决反对。

7月国共庐山谈判再陷僵局。

在蒋介石否决共产党提出条件的同一天，宋哲元遵照蒋介石的指令，前往天津日军司令部会晤日本大使香月，发表“平则和，不平则不和”的谈话。19日，宋哲元回北平，拆除市内防御设施，接受香月所提出的“休战”条件：（1）冀察当局向日军道歉；（2）二十九军从平津、卢沟桥、永定门以东撤退；（3）镇压抗日救亡运动，实行中日“共同防共”。

南京政府在内部讲“打”的同时，以局部谈判往来于平津，反复试探和寻找与日“和”的可能。

7月20日，毛泽东致电周恩来等三人：“日军进攻之形势已成，抗战有实现之可能。”“我们决定采取蒋不让步，不再与谈之方针。”当天，周恩来、秦邦宪、林伯渠下山，去上海。

8月1日，南京政府向延安急电，蒋介石密邀毛泽东、朱德、周恩来飞南京参加国防会议。8月13日，日军突然进攻上海，其侵占全中国的战争以迅雷不及掩耳之势爆发，蒋介石迫切需要红军开赴抗日前线，国共谈判长期拖延不决的所有问题在一日之间得到解决，朱德、彭德怀被任命为八路军正副总指挥，中共合法地位等问题随之解决。

毛泽东对日军侵华战略大势与时机的正确判断，在审时度势方面确实比蒋介石技高一筹，虽后发制人，实际掌握了国共谈判的主动权。而蒋介石在1937年6月、7月两次庐山谈判中却失去了“统一”和“控制”中共和红军的最好时机，为中共和八路军在抗日战争中的独立壮大埋下了伏笔。

4. 第二期谈话会奇闻

7月20日，蒋介石与周恩来同一天下山，偕宋美龄去了南京。

汪精卫留在庐山主持了第二期谈话会。

在第二期谈话会开幕前一天（7月27日）晚上，汪精卫邀请与会来宾聚餐，胡适等人当时还在庐山，应邀参加。席间，对时局问题高谈阔论。胡适谈到7月6日北平市长秦德纯在中海的一家餐馆为他饯行，陈豹隐、罗隆基等人作陪。罗隆基一副欧美做派，直筒子脾气，他旗帜鲜明地嚷道，他主张华北特殊化，以避战争。他说日本既要求国民党撤出华北，何妨就让我们各党各派干一下。胡适当即表示：“努生，你这句话说错了，我不是国民党员，也不赞成党治。可是今天现行的政制，国民党撤出华北，就是中国的主权撤出华北。还有日本要求国民党撤出华北，就是国民党反日，国民党因反日而撤退，以后各党各派，除非你是汉奸，国民党撤退了，你怎么站得住。”胡适说这番话自然是在表示他对国民党的反日是有所认识和理解的了。胡还讲到他7月8日到天津时，宛平已不通车。北平到南京的火车，在丰台站有日本的便衣队。他们参加庐山谈话会的几位，都是绕道天津。天津的租界旅馆，人满为患，他和一个记者挤在一家旅馆的账房，第二天才得以南下。战乱，何等可怕的战乱。接着，汪精卫在胡适等人的要求下，宣读1935年5月至7月9日几次军事谅解文件，即所谓《何梅协定》的前后文件。

这天晚上宴请，主要以上海方面的客人为主，颇具海派风情。有的一见面就讨论《何梅协定》，有的一见面就恭喜“国民大会”代表当选。有一位到处找人研究《何梅协定》的先生，突然举起酒杯，向大家宣布“国军收复丰台”，大声庆祝胜利，人人兴致勃勃，好像战争风险从此退缩。东四省不要了？日军放下屠刀了？！当晚牯岭街，到处一片鞭炮声。胡适等于7月28日晨下山。①

第二期谈话会于7月28日上午9时在庐山图书馆开幕。人数比第一期减少近3/4，仅40余人，仍由汪精卫致辞。汪精卫的这次讲话与7月16日大有不同，他将多年的妥协，说成是为了和平而忍耐；将人们对亲日派的批评，说成是挑拨离间；将全民抗战，预测为永劫不复的深渊。汪精卫说：“自从‘九一八’事变以来，我们政府及人民，受不能受的痛苦，忍不能忍的屈辱。所祈求的，只是欲得一些和平的时间，以完成建设现代国家的工作，不但是中国本身的需要，并且是国际共同希望。我们相信这工作的完成，于日本正是有益无损的。因为共存共荣，是人类之共同利益，我们因此之故，数年以来，不惜以最大之忍耐，期待中日两国，有真诚携手之一日。然至于今日，实已濒于最后关头了。过此一步，国家民族的命运，便将处于永劫不复的深渊。所以我们不能不以一致决心，殉此最后关头。”最后，汪精卫说：“当此最后关头，我们是弱国国民，我们百无所恃，唯持这一点以身殉国之精诚，以之自勉，要知我们如果个个都愿以身殉国，则是最后的胜利，必在我们。因为侵略者之所勇于侵略，无非想占领我们的土地，奴隶我们的人们，使人民为之服役，土地供其利用。如果侵略的结果，所得的只是满地尸首，一片瓦砾，那么侵略有何用处。人人如此，处处如此，侵略者便终于不能不回头了。”②

上午跟随汪之后发言的有任启珊、吴康、许仕廉、王芸生、章益、吴南轩、洪深等。下午3时至4时，分经济、财政、教育各组谈话。

7月29日上午9时，第二期谈话会继续开大会。陈立夫、张群、曾仲鸣续到。张群向大会报告北方时局。上午11时50分谈话会结束，在图书馆举行宴会，并以会议名义，发电宋哲元及二十九军全体将士：“同仁等不敏，竭心力以从诸公之后，中国每一块土地，皆满布每一个国

---

① 吴宗慈主修：《庐山续志稿》，江西省庐山地方志办公室1992年印行，第31—33页。

② 《中央日报》1937年7月30日。

1937 年 7 月汪精卫在庐山谈笑风生

民之血迹，宁使人地都成灰烬，决不任敌人从容践踏而过。”

第二期谈话会时间短、人数少，但会外的谈论却像庐山雨前的层层乌云。这些议论形成了几个中心，有的言打，有的怕打。有的看着汪精卫受伤后的脸颊，传说着这位“美男子惜脸”的新闻。

汪精卫于1935年冬被刺，伤势并不十分严重。被送到中央医院急救包扎后，汪本人心情十分沉重，夫人陈璧君更是气得不行。医院外科将二楼病房南头的四间房都给汪住了，每天探望的要人络绎不绝。病房摆满了花篮，出入的过道也好像是“百花深处”。医院内外戒备森严，如临大敌。数日后汪病情好转，他知道没有性命危险，只是担心他的面容受损，前额愈合后结成一个大疤，不胜遗憾，终日焦虑。汪的家属时常追问外科大夫，外科便将这个问题转给理疗（整容）科，这是个整复外科手术，首要的是进行缓解结疤纤维，其次是尽量化解堆积的皮色素，再则应当按压新凸硬结。于是对汪开始了平流电解结合紫外线、红外线照射与轻微度电振治疗。汪每天抱着镜子，顾影自怜。众人皆知汪精卫是个美男子，他自己对于修容也特别注意。汪精卫在医院休养，蒋介石经常来探望。经过一个阶段治疗后，汪脸上的疤痕并不明显了。出院后还请理疗（整容）科医生经常到他家里出诊。等脸部完全看不出来后，他才出国继续治疗脊部和疗养。

在国民政府召开两次谈话会期间，太虚法师于7月17日至24日在大林寺举行了一次法会。讲《解深密经如来成所作事品》，各界名士戴季陶、朱庆澜、饶凤璜、周百朋、许止净等均与会。这次法会与往年一片

■ 1937年7月“七七”事变中日谈判代表

“阿弥陀佛”不同，会上会下传诵着7月16日太虚电《告全日本佛教徒众》和电《告全国佛徒》的“诜电”：

兹值我国或东亚或全球大难临头，我等均应本佛慈悲：

一、恳切修持佛法，以祈祷侵略国止息凶暴，克保人类和平。

二、于政府统一指挥之下，准备奋勇护国。

三、练习后防工作，如救护伤兵，收容难民，掩埋死亡，灌输民众防空防毒等战时常识诸项。各随宜尽力为要！

关于“七七”事变，太虚法师于7月7日满含悲慨地写下《庐山住茆即事》一诗，更是得到了上下吟诵：

心海腾宿浪，风雨逼孤灯。

卅载知忧世，廿年励救僧。

终看魔有勇，忍说佛无能！
掷笔三兴叹，仰天一抚膺。

国难七月，悲愤七月，庐山内外僧俗各界一致要求政府全面抗日的七月。

需要说明的是，庐山两次抗日谈话会，并不像现在不少书籍宣传的是类似于各界政治协商会议或咨询会议。两次谈话会均没有邀请中国共产党的代表参加；于此前后，蒋介石对两次上山进行抗日谈判的中共代表周恩来提出的各项提议都没有接受，而是横加挑剔，国共谈判破裂。

5. 蒋介石抗战讲话发表真相

汪精卫7月29日上午尚在庐山图书馆主持谈话会，下午下山返南京。同日，北平失陷。蒋介石对记者发表谈话，重申17日庐山谈话会最后讲的四点立场，表示不能复视平津之事为局部问题，政府要领导全国一致奋斗，为捍卫国家而牺牲。

晚上，汪精卫在南京发表广播讲话，题为《最后关头》，惨兮兮地说道："'九一八'事变以来政府对日本的一忍再忍，一让再让，都是为了使日本进得慢些，中国退得慢些，趁着这慢些赶快做种种准备工作。目前时局已临最后关头，因此，我们要有绝大的决心与勇气来牺牲。我们要使每一个人，每一块地，都成为灰烬，不使敌人有一些得到手里。我们如不牺牲，那只有做傀儡了。"

7月30日，天津失陷，傀儡组织的"北平维持会"成立。从庐山飞到南京的胡适到高宗武家吃午饭，同席者有萧同兹、程沧波、裴复恒。胡适在日记中记载："我们深谈国事，决定了两事：（1）外交路线不能断绝，应由宗武积极负责去打通此路线。（2）时机甚迫切，须有肯负责任的政治家担负此大任。"

7月31日中午，蒋介石夫妇邀请胡适、梅贻琦、张伯苓、陶希圣、陈布雷一起吃饭。蒋介石告知决定对日作战，说可支持6个月。张伯苓附和。胡适心存忧虑，未做表态。据胡适的日记记载，临别时，胡适对蒋介石说："外交路线不可断，外交事应寻高宗武一谈，此人能负责任，并有见识。"胡适忧郁写道："我们此时要做的事等于造一件奇迹，其难无比，虽未必能成，略尽心力而已。"[①]高宗武，时任南京国民政府外交部亚洲司司长，后牵线汪精卫，一起投降了日本，任伪南京政府"外交部长"。高宗武、胡适、陶希圣、梅思平等人当时都属于低调俱乐部，常在高宗武家中举行活动，他们的论调是投降日本，认为中日正式开战，打不了3个月中国就要垮。国民党内部也有人坚决反对他们，孙科听到低调俱乐部的活动，很冲动，说可以把他们抓起来。但不少人不同意，说："孙先生，不能这样做，像世界有名的胡适，抓起来是不好的。"

对这些情况，胡适还被蒙在鼓里。7月31日，他从蒋宅归来，给好友中国驻苏大使蒋廷黻写了一封信，谈对时局的看法。说："苏俄预备了这么久，还不能不以避战为外交方针，何况我们这个国家呢？但事势虽如此，其中有一点重要区别：苏俄可以有避战的资格，而我们没有避战的资格。苏俄所以能避战，第一因为对外有抵抗力量，第二因为对内能有控制的力量，我们这两件都没有……"胡适的思想引起国民党高层的多方关注。钱昌照特向外交部建议胡适去欧美解释我国的抗日政策，他不可能在外国人面前讲投降。这得到了蒋介石的同意。

1937年7月31日晚蒋介石公开发表《告抗战全军将士书》

7月31日晚，蒋介石公开发表《告抗战全军将士书》，称："和平既然绝望，只有抗战到底。"宣布了7月17日

① 参见曹伯言、季维龙编著《胡适年谱》，安徽教育出版社1986年版，第539页。

庐山谈话会的基本思想。直至7月31日，蒋介石才最终决定放弃谈判全力对日作战。

不久，蒋介石约见胡适，对他说："你是懂得政策的，无须我多讲。"胡适欣然同意以特使身份出国，钱端升和周鲠生随行。胡适到了美国，负起蒋介石的使命，只得放弃他的低调，和高宗武、汪精卫等分道扬镳。

1937年7月庐山抗日座谈会，梁寒操寓仙岩饭店，偶集联句："一叶荣枯视天下，此山不语看中原。"妙绝！

第十一章　抗战时期的牯岭

1. 宋美龄主持庐山妇女谈话会

对于蒋介石1937年7月31日的《告抗战全军将士书》，宋美龄响应得最为及时。8月1日，宋美龄等女界知名人士在南京发起成立了中国妇女慰劳自卫抗战将士总会。

全国抗战最初战局并不顺利。南方的淞沪会战，北方的太原会战虽然取得了平型关等战役的胜利，但从整个战区来讲，频受重创。11月8日，太原沦陷。11月9日，上海沦陷。11月20日，蒋介石在南京正式决定迁都重庆，表示抗战到底的决心。12月6日，任命唐生智为南京卫戍总司令，继续表示誓死保卫南京的决心，这时南京已岌岌可危。

1937年蒋介石和宋美龄在庐山

1937年12月8日，蒋介石夫妇乘水上飞机降临星子湖面，夜宿“观音桥行馆”。1926年冬，蒋介石偕陈洁如第一次住宿观音桥附近，就深被此处的宁静所吸引，次年便在附近修起行馆，来来往往近

10年，充满自得和自信。这一次，蒋介石还能那么自信吗？12月8日、9日连续两天，蒋介石夫妇漫步在观音桥。在行馆院内、蒋介石夫妇你铲土，我浇水，种上了两棵柳杉，也种上了他们的期待和信心。

■ 1937年蒋介石盘桓在庐山三大建筑前

12月10日晨，蒋介石、宋美龄坐轿上庐山，令熊式辉速来牯岭。1937年11月16日，南京国民政府对所辖几个重要省份政府主席做了新的调整，任命张治中为湖南省政府主席，何成浚为湖北省政府主席，吴鼎昌为云南省政府主席，蒋作宾为安徽省政府主席。11月26日，任命顾祝同为江苏省政府主席，黄绍竑从湖北省政府主席调任浙江省政府主席。唯有熊式辉的江西省政府主席没有变动。蒋介石对熊式辉信任有加，即使熊所在的新政学系鼓噪“抗战中国三个月灭亡”论，蒋介石仍不减对熊式辉的信任。这是蒋介石为政之短，也是蒋介石为人之长。

这次蒋介石上庐山，曾到南京国民政府新建的三大标志性建筑——传习学舍、庐山大礼堂、庐山图书馆久久盘桓。

不到半年时间，祖国半壁河山惨遭日军践踏，蒋介石心里像压上了庐山的“冰川怪石”，感慨尤多。

1937年12月1日，南京国民政府已正式迁都重庆。12月2日，蒋介石在南京召集军事长官会议，对日寇提出的包括霸占内蒙古、华北统治权等七项议和条件，向与会者征询意见。与会的军事长官表示接受日寇的七项条件。蒋介石在南京会见德国大使陶德曼，表示愿意以日方提出的条件为谈判基础。[①]12月5日，蒋介石偕宋美龄从南京飞往武汉。

12月6日，汪精卫在汉口主持召开国防最高会议第五十四次常务委员会会议，决定接受陶德曼调停，实现中日议和。蒋介石作为国防最高会议主席，当时已在汉口，这次会议应由蒋介石主持。由于会议的内容必然会受到国人的指责，在历史上留下污点，蒋介石对之退避三舍。这是他为政确实比汪精卫老到的地方。但南京政府一再妥协的城下之盟，被日本认为是好欺负，“和平”的条件再次提高。

12月7日，蒋介石郑重考虑，左右盘桓，考虑到民意种种，转而不接受调停。蒋介石请熊式辉独自上庐山，有这方面的深入思考和沟通吗？对此没有详细的历史记载，仅《庐山续志稿》记载:“10日，登牯岭，召熊式辉来牯岭，于军事有所指示。”

直至12月12日，南京守军才接到最高统帅蒋介石下令撤退的消息，早在此前南京卫戍司令唐生智抵抗不住，已带头撤退，一时间兵荒马乱。12月13日，南京沦陷，日军开始了惨无人道的南京大屠杀，连妇孺婴儿也没有放过。

同一天，蒋介石偕宋美龄下庐山，前往汉口。下山途中，蒋介石

■ 1938年5月庐山妇女谈话会部分代表，中为宋美龄

① 参见宋平《蒋介石生平》，吉林人民出版社1987年版，第483页。

夫妇会想到什么呢？

1938年10月以前，蒋介石主要在武汉活动，没有上庐山。宋美龄于1938年5月中旬曾上庐山，5月20日至25日在牯岭举行了一次别开生面的妇女抗日座谈会。来自香港、南京、福建、汉口、昆明、重庆、延安等地的48位妇女代表会集牯岭，她们中有国民党方面的代表沈慧莲、唐国桢，救国会方面的代表史良、沈兹九、刘德杨，基督教女青年会方面的代表张蔼贞、邓裕志、陈纪彝、刘玉霞；以爱国教育家、著名学者、社会名流的身份参加大会的有李德全、吴贻芳、俞庆棠、雷洁琼、曾葆荪、劳君展等人；共产党方面代表是邓颖超和王明的妻子孟庆树。

这次妇女抗日座谈会与1937年7月庐山两次谈话会相比，代表人数虽然不多，代表性却更加宽泛。会议背后的战局也更加严峻，全国政治、经济、军事已全面进入战争状态。10个月的全面抗战，打碎了日本3个月灭亡中国的疯狂计划，改组了国民政府。1937年12月31日，蒋介石辞去行政院长职务，专任国民革命军总司令和军事委员会委员长，委员长的权力扩大为“统率陆海空军并指挥全国军民、负国防之全责”，将原直属国民政府的参谋本部、训练总监部、军事参议院等机关，行政院原管辖的军政部、海军部等归其兼领。行政院以孔祥熙为院长、张群为副院长。铁道部并入交通部，以张家璈为部长。经济、建设两委员会并入实业部，翁文灏为部长。海军部并入军政部，何应钦为部长。王世杰辞去教育部长职务，陈立夫继任部长。原军委会下的民众训练部改为军训部，部长由陈立夫改为白崇禧。政治部由陈诚任部长，周恩来、黄琪翔担任副部长。1938年1月3日，国防最高会议调整全国军事机构，调整战区为7个战区，战区下设各路，路下设集团军，全国编为210个师及其他部队，分属各个战区，以重新集结兵力，组织新的战役。1938年1月16日，日本首相近卫发表第一次对华声明，对蒋介石政府采取否认态度。1月20日，国民政府电召驻日大使许世英回国。对敌人的强硬，往往与对内注重民生和民主互为依存。1938年3月29日，国民党临时全国代表大会在武昌珞珈山召开，蒋介石被选为国民党总裁，汪精卫为副总裁。3月31日，国民党临时全国代表大会通过设立国民参政会案。4月1日，通过《抗战建国纲领》《改进党务并调整党政关系案》，对建立和发展抗日民族统一战线发挥了一定的作用。

1938年三四月间，李宗仁指挥的台儿庄战役击毙击伤日军精锐师团2万余人，取得了抗战以来最大的一次胜利。全国人心大振。为了保卫大武汉，国防最高会议决定以第三战区司令长官顾祝同部队驻防湖口以东的江南地区；以武汉卫戍司令部扩编为第九战区，陈诚任司令长官，负责武汉以东的江南防务；以薛岳第一兵团防守南浔线并沿鄱阳湖设防，阻止日军南犯；以张发奎第二兵团防守九江至田家镇，沿长江构筑阵地，分别在瑞昌、武宁、高安一带派兵设防。空军集中在汉口、南昌机场，轰炸长江中的日军军舰，袭击南京、芜湖一带的日军机场；海军防守马当、湖口、田家镇等沿江要塞。控制南浔线一带和南昌市郊的兵力有10多个军、40多个师，统一由第九战区第一兵团司令官薛岳指挥。

在这种情况下，全国妇女抗日座谈会在牯岭召开了。1938年5月20日上午，宋美龄在庐山图书馆用上海普通话亲切地表示："我召集这一次会议的第一个目的，就是要使妇女界的领袖分子能够聚首一堂，大家相互认识认识。"宋美龄优雅地双手一举，请代表们自我介绍。女代表们谁也不好意思先开口。冯玉祥的夫人李德全被宋美龄点将，只好站起来笑着说："很高兴和大家见面，我叫李德全，原是北京贝满女中的教员，北京基督教女青年会干事。"有人加了一句："也是上帝派来管束冯将军的。"友好的笑声哗啦一下响了起来。民国时期，冯玉祥和李德全的婚恋是早有口碑的。1924年初，北洋政府陆军检阅使冯玉祥的原配病逝，他的续弦自然成了众人关注的一件事情。求慕虚荣钱财来相亲的女子很多，唯有一人对冯玉祥说，愿意和他结合是因为"上帝派我来管束你"。这个女子就是李德全。此时姊妹们一见李德全，虽为人妻，却仍然是一副青年学生那般可人的模样，大家热烈鼓掌。

中共代表邓颖超和孟庆树也获得了代表们的热烈欢迎。邓颖超早在北伐战争前夕的广州，国共第一次合作时期，就和何香凝等国民党元老一起参与领导当时的妇女运动，在这次会议上应是个老资格了，却谦虚地坐在后面，自我介绍简单而谦和。孟庆树与王明有相似之处，善于言辞和渲染，她的介绍让与会者知道了中国共产党早期派驻莫斯科学习的女杰、延安妇女运动的历史和声色。接着，宋美龄用激动的乡音作首席发言。宋美龄和她两位姐姐一样，英文流利，乡音上海话也说得很地道。此时，她说：“……要是我们女子能够以团结的精神来感应全国，我敢相信全国同胞就更不得不和衷共济，为国家利益共同奋斗了。”宋美龄谈了这次会议的目的与要求，把新生活运动在抗日战争期间继续展开，以训练全国的妇女工作人员，投入抗战。她说：“这一次会的目标在于拟订一个试验性质的纲领，以训练全国的妇女工作人员……我认为我们应该利用一种已经存在的组织，这组织须具全国性。并且，还要能够深入各阶层的民众。我指的就是新生活运动……”宋美龄希望借用新生活运动来扩大妇女抗日活动的影响。

新生活运动是宋美龄在全国公开展示才华的滥觞。

1933年秋，蒋介石与熊式辉、杨永泰等人组织了一个“新生活运动筹备委员会”，特聘前沈阳基督教青年会总干事阎宝航为书记，进行筹备，先以南昌为试验点，推及全国。在南昌大肆宣传了一阵后，“新生活运动促进总会”于1934年7月正式成立。蒋介石自兼会长。全国各地纷纷成立分会。另外还成立一个妇女指导委员会，由宋美龄挂帅。当年南昌召开了一次“新生活运动促进总会成立大会”，有10万余人参加，晚间提灯游行，热闹非凡。那时各教堂举行礼拜，“提倡新生活运动”也成为讲道的一个重要组成部分。全国各地的基督教会狂热地利用讲道坛为“新生活运动”宣传，鼓吹蒋介石“在他日常灵修生活中，一面看《圣经》，一面讲新生活，成为一个模范的领袖”。西方宗教、新生活运动、国内独裁统治绑在了一起，可惜全民的生活却没有任何改进。

1935年6月，宋美龄在美国《论坛》杂志上发表《中国的新生活》一文。1937年5月6日在上海召开全国基督教协进会第十一届年会时，宋美龄出席会议，大力赞扬基督教会与“新生活运动”合作取得的成绩。新生活运动成为宋美龄投身政界的又一个阶梯，也是她个人念念不忘的一面旗帜。

在这次会议上，宋美龄又提到新生活运动。聪明的她将新生活运动置于抗战的大旗下，引起了新的关注或深入。

这次庐山抗日妇女谈话会议程主要有五项：（1）战时妇女工作问题；（2）如何动员妇女民众；（3）如何鼓励妇女参加生产事业；（4）改善妇

■ 宋美龄留恋含鄱口

女生活问题；（5）妇女团体联络问题。

谈话会经过讨论，决定建立妇女咨询委员会常务委员会，下设九个部门：总务部、训练部、宣传部、生活部、生产部、战争救济部、战争地区服务团、难民儿童委员会、协调委员会等。

会上，邓颖超、孟庆树作为中共代表，沈兹九作为武汉难童救济所的负责人，史良作为“七君子”事件的唯一女性，雷洁琼作为学院派代表，都受到代表们的关注和问候。5月25日，谈话会结束，代表们即奔赴各条战线。宋美龄又去了一次含鄱口。当时，号称长江天险的马当要塞已频频受到日军的威胁。如马当失守，九江将暴露在日军的炮火之下。

庐山，一场新的保卫战即将拉开序幕。

2. 蒋经国探望庐山守军

1938年6月24日，日军乘马当要塞各级指挥官前往参加“抗日军政大学”毕业典礼，防守有所松懈之虚，偷袭登岸，长山守军与日军激烈交战至6月26日中午。身处马当要塞的十六军军长李蕴珩坐视长山危急求救而不管，白崇禧下令紧急救援的一六七师师长薛蔚英听从李蕴珩的命令不走大路，走崎岖小路，贻误了战机。6月27日，马当要塞失守，九江门户大开。7月26日，九江陷落敌手。周围参战的大部队纷纷撤离，江西省第三、第十一两个保安团，按照陈诚定下的原计划从九江退上庐山，准备打游击牵制敌人西进。

在第二次国内革命战争时期，江西省根据蒋介石“剿匪”计划中的“三保政策”（保甲、碉堡、保安）成立了28个保安团，熊式辉为了借此向蒋介石建功买好，同时建立自己的武装力量，倾地方全力保障了江西保安团经费的充足，装备先进，处处不逊于正规部队。28个保安团中又以第三、第十一两个团力量最强，第三团团长邓子超是湖南人，黄埔军官学校出身，较有作战经验，1938年10月在庐山佛手崖东边石壁曾题诗一首：“寇氛幂幂，士气勃勃。卫我庐山，停看日没。”第十一团团长胡家位，江西安义人，日本士官学校毕业，是熊式辉的亲外甥。

保安团退守庐山时，当地管理局和警察局等行政机构一星期前已撤退到南昌了。山上从下江和九江退下的几万难民无人过问，物价狂涨，社会秩序混乱不堪。保安团召集两团政工人员联合办公，决定抓一些奸商，平抑物价；保安团枪决了一些汉奸特务，社会秩序稍有好转。庐山是个消费山城，既然定为游击根据地，聚集难民，必然加重负担。听说山上要打仗，难民也不敢逗留，10天工夫，绝大部分难民由部队护送到山下隘口，转去后方。8月中旬，江西成立“全省游击总指挥部”，由保安处参谋长熊滨任总指挥，杨遇春为副总指挥，负责在庐山打游击。8月底，杨遇春带领撤到南昌的庐山管理局和一个民众组训队（队员多是上海流亡青年学生，队长徐敬恩）上了山，将指挥部设在河东路朱培德私宅，即今柏林路124号。

杨遇春是个很复杂的人物。1933年6月22日《中央日报》第一版曾发表一篇福州通信，标题是“‘赤匪’先锋师师长杨遇春投诚国军”，详细记载：驻防闽北赣东交界建宁黎川两县间之伪红军少年先锋师师长杨遇春，幡然悔悟，特杀死该师政治委员，向驻防泰宁我军第五十六师桂振远旅长投诚，经桂旅长送至建瓯师部，由刘和鼎师长亲加讯问，杨历述闽赣边境“匪情”极为详尽，刘师长察其尚系诚意，且少年有为，逾格矜全，委为师部参议，仍发往泰宁，赞助桂旅长“剿匪”，以观后效。

杨遇春是个双手沾满战友鲜血的中共叛徒，又是个颇有作战经验的人，他立即划分了两团的防务。保安三团负责庐山西部土坝岭、汉阳峰、铁船峰等处，三团团部设在大林路。十一团团部设在庐山图书馆。三团第二大队部设在含鄱口，第五中队驻五老峰青莲寺，山上寺庙的和尚对抗日驻军非常支持，黄龙寺住持青松和尚对驻军更是关心，经常嘘寒问暖。保安十一团防守山的东部芦林、女儿城、五老峰、三叠泉等处，这时难民已基本疏散完毕，日军还没有攻占庐山迹象，山上较为稳定。8月底，时任江西省新兵督练处副处长的蒋经国上山慰问守军，同吃同住数日，鼓舞士气，留下了一段佳话，当时被人竖起大拇指："到底是蒋委员长的儿子，就是不同。"

蒋经国的"不同"当时在国民党内和军内是个不宣的秘密。

蒋经国在青少年时代极为"叛逆"。他1910年3月18日出生在溪口老家，那时蒋介石在日本，是新瀉日军联队实习二等兵。1922年，蒋经国12岁到上海万竹读书，1925年因参加"五卅运动"被学校开除，同年10月19日，蒋经国与第一批22名同学一起奔赴苏联，入莫斯科孙逸仙大学（后改称中山大学）读书。1927年4月，蒋介石发动"清党"，17岁的蒋经国在苏联公开发表声明："蒋介石的背叛，并非意外，当他口头颂扬着革命的时候，已渐渐地开始出卖革命，一心想和张作霖、孙传芳共流合污，他的革命事业，已经结束了。就革命而言，定了死刑。他背叛了革命，从此他是中国工人阶级的敌人。过去他是我的父亲，革命好朋友，他去了敌人的阵营，现在他是我的敌人。"此言轰动中外。

1928年，蒋经国进入列宁格勒托卡玛红军军事政治学校。1930年10月至1937年初，先后在苏联一家电气工厂和斯伏洛斯克的一家重型机械厂做技术人员和副厂长。1935年2月，蒋经国与苏联女工、共青团员Faina结婚。

1929年7月，中苏因"中东路"事件断绝外交关系；1932年中国学者蒋廷黻访问苏联，在蒋介石授意下与苏联外交部进行沟通，中苏关系开始解冻。1932年12月中苏复交。1936年1月，《真理报》曾刊发蒋经国批判蒋介石的一封公开信，《纽约时报》同年4月29日摘要如下：

"我对他（蒋介石）非但毫无敬爱之意，反而认为应予杀戮。"他（蒋介石）"前后三次叛变，一次又一次出卖了中国人民的利益，他是中国人民的仇敌"。

"撕开蒋先生提倡孝悌忠信的假面具，提醒毛福梅女士：'母亲！您记得否？谁打了您？谁抓了您的头发，把您从楼上拖到楼下？那不就是蒋介石吗？您向谁跪下，哀求让您留在家里，那不就是蒋介石吗？谁打了祖母，以至于叫祖母死了的？那不就是蒋介石吗？这就是他的真面目，是他对待亲人的孝悌与礼义。’”这封信重申他对共产主义的信念。“‘昨天的我，是一个军阀的儿子，今天的我是一个共产党员，觉得奇怪吗？我对共产主义的信念，丝毫没有动摇过，对革命理论的研究，愈来愈有认识。’”并且表示愿意和母亲毛福梅在“最近的将来任何第三国见面”。[①]这封信令蒋介石极为尴尬和愤怒。

蒋经国更是第二次国共合作的宠儿。

1936年12月“西安事变”谈判，将蒋经国回国第一次提上议事日程。

1937年3月25日，蒋经国偕妻儿由苏联启程回国。5月到达上海，在南京等候半月，见到父亲蒋介石。随后，蒋经国奉父命在溪口伺候母亲，学习中文半年。熊式辉向蒋介石提议，请蒋经国到江西来施展才华。1938年春，蒋经国初试锋芒的第一个职务，就是江西省政府保安处少将副处长，处长是廖仕翘。蒋经国在苏联的最高军衔是少尉，回国后一步登到少将，自然显示出蒋介石政权用人制度的特色。不过，蒋经国的副处长是个虚职。不久因人设事，熊式辉在江西临川专门安排蒋经国轮流调训该省保安团队。蒋经国这时来到庐山慰问视察。

1938年在江西任职的蒋经国

蒋经国在庐山丝毫没有“太子架子”，也没有处长的威风，而是与士兵们同住宿、同吃饭，洗耳恭听庐山作为游击战区面临的一些

① 江南：《蒋经国传》，中国友谊出版公司1984年版，第69页。

问题。

一是粮食问题。九江沦陷后，庐山成为孤山，所有通路都遭敌人严密封锁，山上又没有田地可以生产。山下四周群众，冒着生命危险，利用夜晚和地形熟悉的有利条件，把粮食和必需品偷运上山。蒋经国用心记下来，后来山上坚持200多天，很少缺粮，粮食的运输是比较及时的。

二是山上保安团任务的问题。当时确定，保安团的任务是：破坏敌人的交通、仓库，扰乱敌人，惩办汉奸，破坏汉奸组织，遏阻敌人西进力量。在这个方面，蒋经国会上宣讲，会下鼓励，做了一些实在的工作。后来保安团多次下山捉汉奸、摸敌人哨所，颇有收获，大大激发了民众和士兵的战斗热情。

三是对山上外侨妥善安排的问题。1938年夏，外侨在山上还有几百人。蒋经国当时提议要多想办法，抓紧时间解决。后来山上指挥部同敌军协商，在1939年元旦那一天，双方在莲花洞一线，各让出岗哨允许外侨下山到九江，由日方安排送他们回国。

当这些问题得到初步处理后，蒋经国在庐山组织了一次升旗仪式。据当事人回忆：

> 1938年8月31日那天，我们的壮士，特地在庐山大月山举行庄严的升旗礼。主持升旗礼的为蒋副处长经国先生。在军乐悠扬声中，我鲜艳的国旗，飘扬于云际。蒋先生以悲壮的语调训示官兵："国旗是代表国家的主权，国旗在什么地方，主权就在什么地方。现在庐山升起国旗，我们要拥护这国旗，保卫国家的主权，誓以血肉，粉碎敌人对庐山的进攻。"杨副总指挥训词："我们在庐山升旗，便是宣示我们的决心，我们决心以血肉保卫此庐山神圣地区，我们即使剩下一兵一卒，一枪一弹，也要继续完成我们的任务。"斯时我官兵情绪，悲壮已极，天空敌机轰鸣，似向我们"致贺"，山麓敌炮隆隆，不啻为我们鸣"礼炮"。[①]

日军占领九江后即修筑了一个小型飞机场，敌机经常在庐山上空

---

① 参见叶在增《忆庐山孤军奋战》，载《九江文史资料选辑》第3辑。

盘旋，外侨撤退以后，日机经常对庐山投掷燃烧弹，朱培德别墅的指挥部就曾中弹，好在损失不大。生活日用品日渐紧张，军饷买不到东西，山上天天吃马铃薯和榨菜，香烟买不到，士兵烟瘾熬不过，卷柳叶当烟抽。

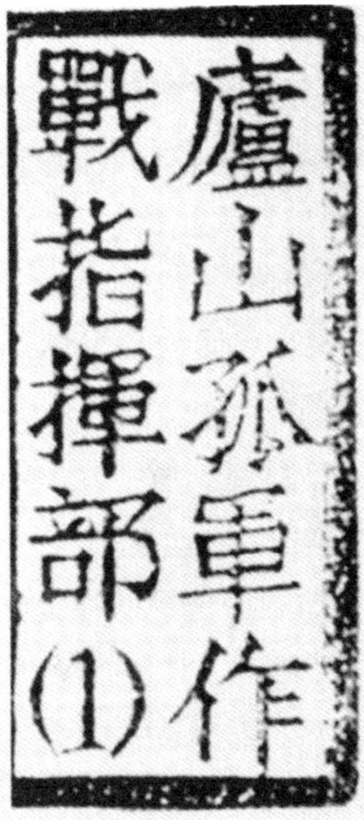

■ 近年在修水县发现的庐山孤军作战指挥部印鉴（汪国权提供）

1938年10月上旬，薛岳兵团调动第九集团军、第二十集团军15个师的兵力，将日军一〇六师团包围在德安、万家岭一带，再调第四军、第六十六军在万家岭一带对日军进行围歼，全歼日军一〇六师团主力及一〇一师团一个联队以及部属计1万余人，称“万家岭大捷”，与平型关、台儿庄并列为抗战初期三大捷。但日军一〇一师团经过调整南犯，1938年10月25日，武汉沦陷，庐山形势日趋紧张，来往于南昌的交通断绝，军饷不济，无钱向山下买粮。1939年3月27日，南昌失守，庐山孤山独处，周围无回旋余地，更难于扼守。敌人在严密封锁山上的同时，两次向留守的保安团投函威胁劝降，均遭拒绝。

孤军驻守庐山时，管理局的秘书甘豫立与警察署长刘汉东及全体警察都跟着杨遇春重新回到山上，维持秩序。孤军在山上，曾办了3个小学、1个俱乐部。3个小学的学生与大人一样镇静，每天背着书包在炮声隆隆中上学、放学。俱乐部中，可以下棋、洗澡、理发、读书。唯一的缺点是报纸运不进来。山上唯一能得到国内战局消息的，便是无线电台的简单报道，他们根据简单的无线电讯出了一个油印简报，每日一小张，名为《庐山围日报》，该报刊载过蒋介石和九战区司令长官的致电嘉奖，全国各人民团体、各省参议会的致电慰劳等。简报由政工队长刘小鹏主办，一共出了3个多月，到突围时才中止。为了医治山上的病人和伤兵，孤军办了一个保安医院。孤军中军医很少，药品也缺乏，医院能维持，主要是外侨的协助。他们自动拿出药品，有的人懂医，当过医生，按时到医院里来，为病人和伤兵治疗。

1939年4月15日，日军以一个旅团兵力配合飞机大炮进攻庐山。16日，日军在汉奸的引导下，从莲花洞前进到小天池。18架敌机从上午9时至11时轮番狂炸牯岭，炸毁日照峰房屋2幢、大华饭店1幢，牯岭街房屋4幢，死伤百姓多人，法国传教士罗德功毙命。当时守军没有弹药补充。16日晚濒临弹尽粮绝之境。午夜1时接到撤出庐山向岷山转进的命令。

17日凌晨，守山的两个团分别从庐山垅和黄土岭两条路下山。历经艰险，终于突围。

1939年4月18日晨，牯岭沦陷，敌死伤1600余人；牯岭受害者多达2000余人。日军的暴行激起了所有正义志士的怒吼。

1939年4月22日晨，我国空军和志愿军飞行队出现在九江上空，轮番猛烈轰炸九江之敌，日军驻九江2万余人，死伤惨重。据说，庐山仙岩饭店老板都约翰之子卡尔加洛，生在九江，长在牯岭，一向视庐山、九江为第二故乡，取中国名字为“二飞”。此时他目睹日军在中国的血腥暴行，从牯岭下山往赣州参加了盟国志愿军飞行队，投入中国抗战。卡尔加洛在1939年4月22日晨驾机轰炸九江之敌时，不幸被日军击落于九江茅山头。

3. 沦陷时的屈辱和奋争

庐山沦陷了。据重庆国民政府军政部长何应钦1939年9月13日报告，日军已占据12个省的521个县。

沦陷时的庐山，一改昔日的光鲜和喧闹，一片沉寂。庐山和九江不久建立了维持会，后发展为伪政府机构。山上驻的日军虽不多，但耀武扬威，中国人在他们眼里都是奴隶和防范对象。据庐山老人回忆，山上安置了重炮、轻重机枪等武器。庐山上下设有多处关卡，由日军把持，中国人通过时被要求鞠躬，核对“安居证”，搜查身上有无携带违禁品。日军在检查行人时胡作非为，打人、抢东西、在妇女身上乱摸，司空见惯。庐山脚下的九江，岗哨更多，连走路也要留神，如经过鬼子的岗哨没有鞠躬，轻则受到怒斥并被要求再鞠躬，重则被扇耳光或拳打脚踢。日军陆军医院（今一七一医院）有一个岗哨，每当中国人从门口走过时，都必须高声喊着“西山”，同时鞠90度的躬。

据九江老居民回忆，有一年腊月，一个乡下人上街买年货路过这里，看到岗哨门口没有日军就走过去了。不料刚一走过，岗哨里的日军跑出来“哇啦哇啦”大声吼叫，把这个农民痛打一顿还不够，还要农民自己把篮子里的香纸、蜡烛、炮仗全部拿出来焚香放爆，对香烛跪拜磕头，一直跪拜到香烛点完后才准离去。

庐山沦陷时，大人、小孩都要领取“安居证”。领“安居证”的手续极为苛刻。首先要通过保甲按户口填写表册登记，然后要定时定点依次排队照相，由日本宪兵亲自与本人核对，按下手印。庐山和九江都办过两次“安居证”，第一次是白色的，两年后又换成黄色的。日军时常突然袭击轮片抽查“安居证”。稍有不符，格杀勿论。一次，日军竟将九江的300名中国人以“莫须有”的罪名捆绑起来，投入甘棠湖淹死。

“拉夫”也是庐山和九江人谈虎色变的事情。日军一需要劳工，就用卡车开到中国人居住区。看到男人就往车上抓，抓够数即走。哨口卡子的日本兵更是任意抓路上的中国人去做劳工。庐山男子一下九江就小心翼翼，恐怕被“拉夫”。一旦被抓，一去数月，生死不明。

沦陷时期日军在仙人洞

日寇对食盐实行“军管”，控制特别严格，以盐作为奴役中国人听话的工具。日军对庐山和九江居民食盐的配给数量极少，两三个月才“配给”一次，每人一斤。买一次食盐，庐山必下九江再往往排四五天的长队。在九江周边很少“配给”盐，九江对岸的黄梅一带农民没有盐吃，不得不在茅厕的砖墙下刮取硝盐当食盐吃。有的家里原来藏有少许食盐，也要等到农忙时才敢吃上一点。

由于缺盐，庐山周边的中国人体力顿失。有的贫苦农民到九江街上来卖柴卖菜，回去时往往想办法暗藏半斤、四两食盐，经过卡子如被搜出，就要冒生命危险。一次，一位农妇过“小卡子”身上被搜出半斤食盐，日军残暴地把这位农妇的衣裳脱光，要她两腿叉开站在高架上，让过“卡子”的中国人从她的胯下走过。在那暗无天日受尽屈辱的沦陷时期，为了能尝到一点儿咸味而受到这帮禽兽侮辱和殴打的人，为偷运食盐而丧生的人，不计其数。

日军对中国人生存掠夺的同时，还利用鸦片来搜刮、毒害和麻醉中国人。他们在庐山和九江公开设立了专门出售鸦片的机构，名叫“戒烟所”。允许中国人开设鸦片馆，连十二三岁的儿童也吸鸦片，还得到日本驻军的鼓励。据九江老人李中砥回忆，当时九江有一个十二三岁的小孩子，姓解，因吸毒成瘾，难以为生，只好到“介福里”妓女院拉客。也有人因吸毒倾家荡产，只好做汉奸，为的就是过两口瘾。

日军希望中国一代又一代，没有灵魂、没有精神、没有力量来反抗他们的血腥统治！

在日军的高压面前，苟生者有之，寄生者有之，无奈者有之，反抗者也大有人在！九江宁死不事敌寇的老同盟会员郑星镜；浔阳鼓励儿子组织抗日自卫队的双烈徐诗福夫妇；湖口县第一乡乡民陈植楷，1940年2月带领中国军队深入敌后布放水雷，先后炸沉敌舰14艘，炸死敌官兵数百名。陈植楷后被日伪军抓住，惨遭酷刑，英勇就义。

九江刘为泗、星子胡茂赏更是一代抗日英雄。

刘为泗，九江县（今柴桑区）人，出身雇农，大革命时期当选为农民赤卫队分队长，1927年初19岁加入中国共产党。土地革命时期，在赣北打游击。1933年任中共赣北工作委员会书记，率领游击队神出鬼没，反“围剿”屡立奇功。九江沦陷后，赣北游击队主要在岷山一带打游击。岷山位于鄱阳湖西岸九江、德安、瑞昌、星子、永修、武穴六县之间，与庐山毗连。南浔铁路和各县公路纵贯其间，有极为重要的抗日战略地位。

1938年10月3日，刘为泗就是埋伏在九德公路日寇必经之地德安的蔡家陇，狠狠地打击了前往支援一〇一师团的日本兵，为万家岭大捷打了前仗。南昌、武汉相继沦陷后，国民党正规部队撤退，刘为泗率领赣北游击队与日伪军队打了数百次大仗小仗，夺炮楼、杀汉奸，以弱胜强，以少胜多，威名远扬。谁也想不到，1939年2月，蒋介石秘密颁布《共党问题处置办法》《沦陷区防范共党活动办法草案》，1939年2月24日，江西省保安十八团团长钟石盘执行上司“限共”“防共”指示，派人伪装联合出击余家河日军，突然将正在开会的刘为泗等抗日人士当场杀害，同时派大部队包围了赣北这支令日军闻风丧胆的抗日游击队。亲者痛仇者快之事在抗战最困难的阶段发生了。

胡茂赏，庐山脚下星子县清风乡人，常以狩猎为业，精拳术，武勇矫捷，胆量过人。传说他曾在庐山上，独杀一虎，活捉两豹。他生性秉直，仗义疏财，对土豪恶霸恨之入骨，1928年加入中国共产党，红军北上后，与组织失去联系，但一直坚持武装斗争。1938年日寇侵入星子县，胡茂赏振臂一呼，乡人从者甚众。1938年春，胡茂赏在庐山甘露寺成立了庐山抗日游击队，任队长。当时，国民党江西省政府将沦陷区的47个县划分为11个游击区，九江、瑞昌、德安、星子、永修五县为第九行政区。胡茂赏领导的游击队编为第九中队。该队神出鬼没，不断扩大，后扩大为一个大队。庐山孤军突围下山后，胡茂赏率众上山在汉阳峰峡毙敌20余人，其中击毙日本少佐1名。以后的日子里，他几乎见天杀死杀伤日本兵，经常出击捉拿铁杆汉奸，领导百姓抗租抗税多次。1941年4月，胡茂赏受伤被捕，视死如归，“宁做中国的鬼，不做日寇的官”，一次又一次战胜了引诱和威胁，最后在宪兵司令部跳楼殉国，时年41岁。当时一位先生为他写挽联：

受创不医，临死不降，大节足寒倭寇胆。

报仇以铁，洗耻以血，成仁永系国人心。

中国人民英勇抗战，获得了国际所有爱好和平政府和人民的支持。

■ 1944 年星子县张县长（后排中）与被救的 7 名美国飞行员合影

苏联派来援华航空队，美国空军第十四航空大队志愿参加了对日作战。1943年7月，一架美机受创被迫降落在沦陷区星子县太平许村，驾驶员受伤未及时转移，被日军俘获，在九江市游街示众后，被日寇枪杀。1944年8月17日，一架美空军25型轰炸机又被迫在九江、星子两县交界的兰桥乡降落，7名飞行员被当地“反敌行动队”及时救获转移，平安归队。

日军得知消息后，9月19日，以重兵包围了“反敌行动队”的20多名成员，杀害了背美国飞行员的唐明球、唐明林等抗日壮士。

4. 汪精卫背叛庐山

中国抗战局势两军对垒，紧张多变。

1940年1月23日，在中国抗战的关键时刻，汪精卫、王克敏（华北伪政权头子）、梁鸿志（南方“维新”伪政权头子）在青岛会谈，商定成立伪中央政权。3月20日，汪精卫在南京召集“中央政治会议”，组成伪“中央政府”，发表所谓“还都宣言”。3月30日，汪伪“中央政府”在南京宣告成立。汪精卫为“行政院长”兼代“国民政府主席”（“虚位以待蒋介石”），褚民谊为“外交部部长兼行政院副院长”，陈群为“内政部部长”，周佛海为“财政部部长”兼“警政部部长”，任援道为“海军部部长”，赵正平为“教育部部长”，李圣五为“司法部部长”，梅思平为“工商部部长”，丁默邨为“社会部部长”，傅式说为“铁道部部长”，诸青莱为“交通部部长”，赵疏松为“农矿部部长”。当日，重庆国民政府主席林森发表广播演说，斥责汪精卫的卖国罪行。中国政府向各国声明南京伪政府无效，并通缉附逆汉奸陈公博等77人。美国、英国、法国“民族委员会”紧接着发表声明不承认南京汪伪组织。那时法国已被德国占领，贝当政府投降。戴高乐在英国成立法国民族委员会，得到英美等国的承认。

1940年11月29日，汪精卫正式就任伪南京国民政府主席。不久，汪精卫兼任伪政权“军事委员会委员长”。11月30日，重庆国民政府悬赏10万元拿办汪精卫。汪精卫惊慌得惶惶不可终日，也忙得不可开交。沦陷时期，庐山相关档案未有保存。但据庐山老人回忆，庐山沦陷后，汪精卫来过牯岭，不过他没有大张旗鼓、招摇过市，而是由维持会命令各家各户闭门不许张望，汪精卫带着墨色眼镜坐着轿子，由军队护送上山，比较神秘。1939年3月重庆国民政府派特工人员到河内刺杀汪精卫未遂，曾仲鸣做了替死鬼，曾妻方君璧受重伤。1940年又派人在南京刺杀了汪精卫的亲外甥贺某。庐山松柏茂密，藏几个人很容易。汪精卫不得不防，但又对庐山情有独钟。南京离庐山不太远，夏天又热，因此汪精卫想方设法也会来这里。

■ 汪精卫上庐山

但汪精卫已失去了堂堂正正上庐山的资格。1941年8月，汪精卫在《政治月刊》第2卷第2期，发表了他1939年由河内往前上海的前后经过。

国民党与日本秘密谈判的暗流，初始于蒋介石。德国大使陶德曼的调停失败后，日本政府近卫首相发表了第一次对华声明，宣布“不以国民政府为对手”，蒋介石一面枪毙韩复榘等人以稳定军心，一面秘密指令陈布雷设法与日本联络。陈布雷密令高宗武与日本联络。高乃奉命派外交部亚洲司第一科科长董道宁赴日本探寻态度。日本对董的到来很感兴趣，并写一信让他带给蒋介石。当时蒋介石在武汉，避而不见董道宁，董只好向汪精卫汇报，信由汪精卫给陈布雷转蒋介石。蒋介石再派高宗武出马，用军委会的印章、蒋介石的签章，给“高特派员宗武”的头衔开了出差证明，从军委会秘密经费中每月支出6000元做活动经费。于是高宗武往返于上海、香港、日本之间。据张同新《蒋汪合作的国民政府》一书披露：高宗武在日本先后会见了影佐、今井、岩永、多田，以及首相近卫，向他们说明国民政府对实现中日停战所坚持的条件，同时向日方探询，如果日方坚持不以蒋介石为对手谈判，那么是否可以以汪精卫为对手。高得到了肯定答复，于7月21日返沪。此时孔祥熙在武汉发现给高宗武汇款的文件，向蒋询问内情。蒋介石不仅断然否认高的活动系他指派，而且立即下令停发高的活动经费。高到达上海闻知有此突变，只好留在沪上，又值肺病发作，住进医院，高宗武以蒋介石为背景的与日本秘密谈判至此中断。其实，蒋家班底与日方的密谈有多条渠道，日本外相宇垣与孔祥熙间的谈判，《大公报》主笔张季鸾在行政院副院长张群的授意下与日方神尾的谈判，都在进行。也可能是当时欧洲局势有所变化，使蒋介石不得不强硬起来。此后，由蒋介石开始的对日谈判，变成了以汪为后台的秘密活动。高宗武从军委会的特派员转而成为汪副总裁的代表，终于谈出了一个汪精卫集团投敌叛国的局面。

1938年12月18日，汪精卫借口从重庆到成都讲演需到昆明，12月19日下午3时，偕陈璧君、曾仲鸣、陶希圣等10余人包机去昆明转赴河内。

12月22日，日本首相近卫发表第三次对华政策声明。12月26日，蒋介石在重庆纪念周讲话，驳斥近卫的声明。12月30日，汪精卫《致中央党部蒋总裁暨中央执监委员会诸同志》，即《艳电》，在香港《南华日报》上发表，拥护近卫的对华声明。1939年1月1日，国民党中央常务委员会临时会议决议，永远开除汪精卫的党籍，撤销其一切职务。

1939年2月4日，汪精卫提出收拾时局的第一、第二、第三方案，交高宗武转送日本。

此前，汪精卫已秘密向日本提出四项希望：（1）在中日两国完成建设新东亚的基础之前，重要的是尽量避免和英美等国的摩擦；（2）在准备举兵期间（3—6个月），每月希望日本方面援助港币约300万元；（3）为在政治上收到效果，希望日军对北海、长沙、南昌、潼关实行作战行动；（4）对重庆施以致命的轰炸。

汪精卫设计的每一步，比日本政府还彻底和周全。

1939年2月中旬，谷正鼎奉蒋介石命赴河内谒汪精卫，劝其赴欧洲，勿再与日本人勾结。被汪拒绝。3月21日夜，国民党军统特务陈恭澍、袁伯勋、孙亚东、杨卫河等闯入河内高郎街27号公寓，欲枪杀汪精卫，却打死了刚换了房间的曾仲鸣，曾仲鸣爱妻方君璧受重伤。[①]

第二天日本内阁召开紧急会议，决定派陆军省军务局军务课课长影佐祯昭前往河内，将汪精卫转移至安全地点，汪精卫成了日本政府离不开的珍贵道具。

3月27日，汪精卫就曾仲鸣之死，发表《举一个例》，公布了1937年12月6日在汉口中央银行召开的国民政府国防最高会议第三十四次常务委员会讨论关于陶德曼调停的会议记录。龙云于5月2日公开复函反驳说："《举一个例》文中将国家机密泄中外，布之敌人，此已对国民对国家初步道德所不许，至赐书，则欲之背离党国，破坏统一，毁灭全民牺牲之代价，反举国共定国策，此等何事？不仅断送我国家民族之前途，且使我无数将士与民众陷于万劫不复地步，此岂和平救国之本，真是自取灭亡，以挽救敌寇之命运耳！"

4月25日夜，汪精卫离河内前往海防，经台湾基隆港，于5月6日到达上海。5月31日，汪精卫偕周佛海、梅思平、高宗武等人由上海飞往日本。

汪精卫在国民政府所谓还都南京的庆祝典礼的同一天，即1940年4

---

① 陈恭澍：《河内汪案始末》，台湾传记文学出版社2017年版。

月26日，在《中华日报》发表《罪己的精神》一文，谓：怎样才能担负起和平反共的责任呢？扼要一句话，要有罪己的精神。即第一，要有深切的反省，应该了解日本确具有排除两国以往纠纷，重新建立将来亲善关系共存共荣，复兴东亚的大决心；第二，要有深刻的责任心，每做一件事，都要从改善两国关系复兴东亚着想。[①]也可能正是从所谓的“罪己精神”出发，1940年6月15日，汪精卫又发表《蒋介石的磁铁战》一文，谓：中日战下去，日本不免于伤，中国则只有死而已。我将焦土战游击战比喻偷吃砒霜药老虎，这是确切不过的。须知以农立国的国家，其根本全在于农村，焦土战游击战一开展，农村便根本摧毁了。这不是吃砒霜是什么？吃砒霜是必死的，吃了吃砒霜的老虎，仍然可以活着，试问谁的损失大？[②]汪精卫的“罪己精神”本来就是与恐日病紧紧相连的。其实质就是从妥协有理到投降有理！

恐日降日的汪精卫心目中的国民政府是什么模样呢？1941年8月27日上午，汪精卫赴国民政府举行先师孔子纪念会，发表了长篇讲演，他说：百年以前，尊孔是没有异议的。最近百年以来，便不同了。鸦片战争后，帝国主义以传教作为文化侵略最厉害的工具。最近25年来，又遇着一种新的危机，这就是共产主义与国际主义的侵袭。他们看自己的文化不起，把中国人的爱国心，以及民族自信力，扫得精光了。25年来，有了俄国革命，引出了共产主义；有了华盛顿会议，引出了国际主义，把中国害到了今天这般地步。[③]汪精卫的傀儡政权为了让人们不怀疑他的现行政策，对新文化运动以来国人对孔子的批判都要重新颠覆，这说明什么呢？也许尊孔与复古永远是倒退的难兄难弟。

当然，汪精卫往往打出尊重孙中山先生的招牌。南京伪国民政府在孙中山的诞辰和逝世日都要搞“纪念”活动，汪精卫每每致《献词》：“吾人今日庆祝国父诞辰，抚今追昔，诚有无涯之痛，然亦不作无益之悲。吾人惟望国父在天之灵，长照耀于吾人之前路，吾人当循此照耀之

---

① 《中华日报》1940年4月26日。
② 《中华日报》1940年6月15日。
③ 《中华日报》1941年8月27日。

光，并力前进。”[1]汪精卫拉大旗作虎皮，不得人心。

1941年4月，日军侵占浙江黄岩海门镇，发现当地制作了汪精卫夫妇石雕跪像置于街头。汪精卫从一位赫赫有名的抗清英雄沦落为卖国奸贼，暴露了其灵魂的丑陋。

1941 年 4 月 19 日，日军在海门登陆观看汪精卫夫妇的跪像

早期万人仰慕的革命者，何以蜕化为一个祸国殃民的卖国贼？！庐山成为汪精卫做人做鬼的天然界碑。深刻的历史警示和批判，至今令人反思！

1944年11月10日汪精卫死于日本名古屋帝国大学医学部特别病室。

1945年8月15日日本无条件投降。

① 《中华日报》1940年11月13日。

第十二章　还都伊始的庐山

1. 蒋经国操纵庐山夏令营

1945年夏季，蒋介石及其部下都没有上庐山；那时在重庆举行的国共两党和平谈判正在酝酿，假戏真唱或真戏假唱吸引了国内外所有政治力量的高度关注。

1945年《双十协定》签订。1945年11月中旬蒋介石在重庆召开秘密会议，制订了"对共产党全面战争"的作战计划，拟议6个月在全国范围内击溃八路军、新四军主力。国民党大批军队向解放区发起进攻。全国上下"反内战要和平"呼声日高。1945年11月27日，美国大使赫尔利辞职，原陆军参谋长马歇尔以总统特使身份出使中国，进行调停。1946年1月10日，各派代表参加的政治协商会议在重庆召开。同日，国共签订"停战六个月协定"。3月1日至17日，国民党六届二中全会在重庆召开，要求停战的民主派和顽固派激烈辩论，顽固派占了上风，决定用战争解决国共"政治纠纷"。1946年4月上旬，美国飞机运输国民党军队到东北，攻占了营口、鞍山，4月中旬进占四平。

1946年5月3日，蒋介石夫妇从重庆飞往南京，参加了5月5日国民政府在中山陵举行的盛大还都典礼。5月17日，白崇禧飞东北，布置东北作战。5月21日，国民党军队占公主岭。5月23日，苏联从东北撤军。同日，国民党军队占长春，蒋介石偕宋美龄当天飞往沈阳、长春视察。国民党时有51万精锐部队在东北。东北大战，蒋介石认为稳操胜券。6月1日，国防部成立，白崇禧任部长，陈诚任参谋总长。6月5日，蒋介石主持召开国防最高委员会会议，通过暂时开放内河航行决定，允许外国轮船在南京、芜湖、九江、汉口港卸货。6月14日，国民党政府与美国政府签订《中美处置租借法案物资协定》，根据这一协定，美国向国民政府提供价值5170万美元的军用品。

1946年6月26日，国民党调集30万大军向鄂东、豫南的中原解放军发动进攻，全面内战开始。6月27日，美国国务院批准帮助中国国民政府建立八又三分之一队空军。

7月11日，中国民主同盟中央委员、著名学者李公朴在昆明反内战集会中被暗杀。

7月14日上午11时，蒋介石乘坐“美龄号”飞机从南京起飞，下午1时抵达九江十里铺，江西省政府主席王陵基在机场迎候并陪侍上山。当时，熊式辉已调往东北任行营主任。美龄号飞回南京，再接宋美龄与马歇尔将军夫人上山。马歇尔夫人下榻今河西路442号。此别墅原是美国中华圣公会武昌教区主教舒美生的别墅，后转卖给英国亚细亚石油公司大班，1946年被庐山管理局接收。国民党励志社将它列为接待外宾和国民党要员的80栋别墅之一。蒋介石夫妇依然住进牯岭官邸。

1946年7月蒋介石和马歇尔夫人在庐山亲切握手

9年过去了，牯岭官邸“别来无恙”。蒋介石不顾旅途颠簸，当即手拄策杖陪同宋美龄、马歇尔夫人信步前往美国学校。江西省政府主席王陵基紧随其后。3乘轿子跟着。一会儿，牯岭美国学校到了。此校是1906年英

■ 1946年“三青团”在庐山举办夏令营

国绅士按照西方教育特点，在牯岭开办的第一所英美学校。3年后，学校因资金不足停办。1916年后，再次兴办，改名为美国学校，主要由美国北长老会、圣公会和美籍教友联合筹募建校资金，渐渐有了发展。北伐战争时一度迁往上海开课，1929年重归庐山复校。数年期间，牯岭美国学校办得红红火火，成为外国孩子在华读书的重点学校，学生越来越多，包括不少非居住庐山的外籍子女。抗战期间，牯岭美国学校停办。1941年12月，太平洋战争爆发，日军开始公开掠夺英美在牯岭的全部财产。美国学校的图书、仪器、设备等，凡是日本人能看上的，一概被日军运走，损失惨重。

宋美龄看到美国学校还没有恢复正常教学，有点儿失望，但在学校操场上站立着一些中国青年，他们有的向这边鼓掌，有的大声呼喊，王陵基连忙介绍，这些都是来参加“三青团”庐山夏令营的“娃子”。王陵基是四川人，国民党陆军二级上将。

蒋介石亲切地取下礼帽，微笑颔首。宋美龄优雅地举起右手，频频致意。突然几个胆大的青年喊起“万岁”“蒋主席万岁”，从美国学校飞速传向庐山图书馆和传习学舍。放眼望去，几百名年轻人像听见军令一样，整整齐齐地站在绿荫道上，鼓掌欢迎蒋主席，高声喊着：“欢迎蒋主席视察夏令营！”“欢迎蒋夫人和元帅夫人前来视察！”一切像偶然相遇，又像提前预演过。宋美龄兴奋地挽起蒋介石的臂膀，马歇尔夫人也受到了感染，鼓起掌来。人群中有人跑上前向蒋介石夫妇和元帅夫人献花。蒋介石这时发现欢迎队伍中有几张熟识的脸庞。那是抗战末期鼓励“十万知识青年从军”组织的青年军各师的师长、政治部主任，也是蒋经国的“铁杆哥们”，他们曾给蒋氏父子带来希望，也带来难题。

蒋经国自1938年夏探望庐山孤军后，被熊式辉调到赣州担任江西省新兵督练处处长。1939年5月调任江西第四区行政督察专员。上任伊始，蒋经国制定了《新赣南提纲草案》，提出“人人有饭吃，人人有衣穿，人人有屋住，人人有工做，人人有书读”的口号，在赣南很快集聚了一批青年人加入三民主义青年团。三民主义青年团简称“三青团”，1938年7月9日成立于武昌，设置中央临时干事会，选派（请注意这个“派”）干事陈立夫、朱家骅、张厉生、张道藩、贺衷寒、康泽、蒋经国等31人，由陈诚任书记长。不久，该团由武昌迁至重庆，增设中央临时监察会，王世杰担任书记长。

1939年春，“三青团”中央团部仰承蒋介石意旨，任蒋经国为“三青团”江西支团筹备处主任。蒋经国“奉旨”，立即从大后方战干三团选调王升、李焕、江国栋等40余名学员，由黄埔四期的胡轨带领到赣州。蒋经国再以这些人为班底，在赣州虎冈（后改名复兴冈）办了一个“青干班”和两期夏令营（江西青年夏令营和虎岗青年夏令营）。蒋经国和学员关系融洽，时常一起饮酒高歌。据他们回忆，蒋经国酒量很大，喜欢用鸡头、鸡脚佐酒，常常手持鸡脚追述往事，说他小时候祖母和母亲不让他吃鸡头鸡脚，说是吃了要抓书本，不会读书，那真是哄哄小孩子的瞎话，哪有此事，引得满堂大笑。蒋经国利用“青干班”和夏令营，很快培养和凝聚了一批“赣南帮”骨干分子。

1940年9月1日，张治中接任“三青团”书记长，1941年夏在重庆北温泉、1942年夏在四川灌县也办过两期青年夏令营，号召知识青年参军抵抗日本侵略者，都取得了不俗的成绩。

1943年8月29日，三民主义青年团第一次全国代表大会在重庆浮屠关中央训练团礼堂召开。据张治中回忆，会上不少青年代表公开指责国民党高官中的腐败。孔祥熙夫妇更是成为千夫所指。早在20世纪30年代，宋霭龄利用孔祥熙权势炒股，她一边以化名从国家金融机构中获取大量放款，一边利用掌握的国家金融机密，唆使一批身居财政要津的官员为之奔走策划，“空手套白狼”，每次入市都给上海证券市场带来毁灭性灾难，最为著名的是“二三关”“九六公债”“统一公债”这“三大炒”。孔氏家族以此为转折点，成为中国屈指可数的巨富。上海证券交易市场经一连串打击后一蹶不振。1942年，美国为了加强国民党军队的战斗力牵制日军，决定向中国提供5亿美元的借款。孔祥熙把持中央银行将其中的1亿美元用来发行美金公债，以20法币折合1美元售出。宋霭龄1943年用“白条”抢购了其中5000万美元，在黑市上以1美元折合300至400元法币抛售，发了一笔大洋财，被称为民国最大的贪污案。民怨民愤鼎沸，蒋介石竟为孔祥熙一一开脱，最后仅以孔祥熙及班底在中央银行辞职为处置。会上不少“三青团员”鼓噪，为什么不追缴孔祥熙夫妇“美金公债”的非法所得？对此重庆政府没有作任何回答。

1945年1月，蒋经国辞去赣州专员一职，全力赴任“三青团”中央干部学校教育长、青年军政治部主任、青年军政工班主任。不久，张治中调往新疆任职，“三青团”中央团部组织处处长康泽被蒋介石安排赴美考察，由蒋经国接任该职。陈诚虽重挂“三青团”书记长虚名，但实际上蒋经国已成为“三青团”的领袖。

1945年5月5日，国民党第六次全国代表大会在重庆浮屠关中央干部学校礼堂开幕。大会期间，会场内外出现不少批评意见。蒋介石对会内质询是痛骂，对党内干部的评价又提出新的标准。如盛世才在新疆杀人如麻，代表们要求追究他的责任，蒋介石却说：“盛同志（世才）带来了5万两黄金给中央，试问民国以来，有这样好的人吗？”会场大哗。

国民党“六大”还出现一场小闹剧，据与会的多位代表回忆：陈立夫、程天放等59名CC派提议总裁要改为终身制，受到国民党元老的反对。CC派又纠合五届中央委员和代表300人要“奉献”选举权给领袖，由领袖替他们选举中央委员，标榜他们一向以服从领袖为荣幸。“三青团”代表们知道后，联名上书蒋介石，表示异议，认为选举权不能私相授受。蒋介石一见此局面，便由他个人提出500名候选人名单，中央委员由原定300名增为480名，各代表在500名中划去20名即可。这个以“划去”代替选举的奇怪办法一经宣读，许多代表啼笑皆非，喧闹起来。蒋介石在会上振振有词地说，已有300名代表把选举权给他支配，所以这个办法不容反对，接着大声喊道：“赞成本案者请起立！”坐在前面的应声而起，坐在后面的稀稀落落继之。蒋介石不令人清点人数，大声宣布："大多数赞成通过。"接着分发一张印有500人名字的名单为选票，谁也不知道划去最多20人的是什么人。5月20日报上发表的中央委员名单又由蒋介石亲自审定调整，已大不一样。"中正不正，总裁独裁。"代表们背后的批评，迅即传遍重庆内外。不过，国民党"六大"上"三青团"中央团部各处处长，全部当选为国民党中央委员。

"三青团"的实力随着抗战胜利，跟随蒋经国的步履在全国展开，并迅速增长。

1945年7—8月，中苏莫斯科谈判关于东北和外蒙古问题，宋子文任首席代表，蒋经国、钱昌照、沈鸿烈组团前往。无奈早在1945年2月雅尔塔会议，罗斯福为了换取斯大林的出兵，已将外蒙古和中国东北权益拱手相送给苏联。此时尽管中国代表坚决反对，也不能改变了。当时的中国在美国和苏联心目中是什么地位，一目了然。中国代表于7月底回重庆汇报，钱昌照回忆："蒋介石召开中央政治会议，讨论外蒙问题，决议用公民投票的方式决定外蒙归属问题。这实在是在开玩笑。外蒙实际上自1924年起即名义上独立，怎么还能投票回到中国来呢？蒋介石的真意是，只要苏联在战后，无论在政治方面，还是经济方面都以蒋介石为中国的唯一对手，苏方所提的一系列问题，我方都可酌量让步（有秘密换文）。宋子文了解这些情况后，决定不替蒋介石背这个黑锅，向蒋介石辞去兼任的外交部部长职务，蒋介石派王世杰继任。8月14日，承认外蒙独立的《中苏友好条约》在莫斯科签字，由王世杰代表中国政府签字。"[①]

1946年1月3日，国民政府发布公告，对外承认外蒙古独立。

抗战胜利后，蒋经国曾作为东北行辕秘书长，辗转东三省，盼望将东北打造为第二个赣南。1945年11月1日，蒋经国在日记中写道："日人统制东北时，国人食白米者辄处死刑；现在一般平民亦少有能吃白米饭者，此皆为日本侵略与压迫之结果。我老百姓之痛苦深矣。今后吾人对东北，必先以全力求其安定，再求人民生活之改良。尤其对于东北新生之力，必培养而扶持之。"[②]

① 《钱昌照回忆录》，中国文史出版社1998年版，第98页。

② 《蒋经国自述》，湖南人民出版社1988年版，第150页。

1946 年 7 月蒋介石在官邸和原青年军高级军官、高级政工会议代表合影

随着国民党官员在东北的腐败，国民党军队在东北优势顿失，蒋经国的“梦想东流水”，次年铩羽而归。只好重新经营“三青团”，希望这次庐山夏令营和赣南一样，给他的政治前途带来新的生机。

蒋经国能如愿以偿吗？蒋经国在不动声色地奋斗，蒋介石在有声有色地扶助。

1946年7月15日，蒋介石重归庐山的第一个清晨8时许，在官邸院内接见夏令营原青年军各师长、政治部主任以及前来参加牯岭高级政工会议的几十位军官。青年们笔直站立，蒋介石手指旁边石凳示坐，但军官们一个个腰板挺得更直。蒋介石上庐山的第二天仍然清晨6时即起，洗漱、晨练、诵圣经、用早餐，上午8时准时工作。蒋介石将接见原青年军高级干部、高级政工会议代表列为当日第一件工作，足见重视。高级政工会议召集了陆海空军总部、行营、绥署、绥区一级的政治部主任和国防部新闻局处长以上人员，达30余人。蒋介石在会议期间亲切地和他们合影留念。

7月15日同一天，中国民主同盟中央委员西南联大教授、坚决反对内战的文化界精英闻一多，继李公朴之后被暗杀。

7月17日，夏令营开学，注册学员已达500余人。鼓吹“三青团”

发展为政党的《我们对团的建议》小册子在牯岭公开散发，很快成为夏令营的主导意识。

此时，美国特使马歇尔将军和新任驻华大使司徒雷登正迎着习习山风，向牯岭进发。

2. 司徒雷登的“庐山点评”

1946年7月18日中午12时，高大的马歇尔将军和瘦弱的司徒雷登同坐美国五星专机从南京到达九江，再换乘轿车，从十里铺飞机场到莲花洞。沿途是一张张欢迎的笑脸，一面面高悬的美国星条旗。轿车有意慢行,66岁的马歇尔一捋灰白色的浓发，胸有成竹地对身旁的司徒雷登说：“大使先生，中国人渴望和平，渴望我们为他们带来和平。”

“但和平总是有条件的。”70岁的司徒雷登由于马歇尔的全力推荐，7月11日刚刚被美国政府任命为驻华大使。司徒雷登颇富哲理的回答，不由得令马歇尔侧脸对这位中国出生的传教士和大学者定睛一笑。

司徒雷登的父亲约翰·林顿·斯图尔特夫是美国南长老会派往中国的第一代传教士，于19世纪60年代在美国肯塔基中央学院毕业，执教4年，又进普林斯顿神学院攻读，1868年毕业后来到中国。5年后回国结婚，次年夫妻双双前来中国，并定居杭州。2年后的1876年6月24日，司徒雷登在杭州出生。司徒雷登11岁回美国读书，学习成绩一直拔尖。20岁时，获文学学士学位证书。23岁进入协和神学院，被长老会评议授予圣职。24岁结婚去上海。同年（1904年）底，被父母接到杭州。司徒雷登在杭州学会了中国话，包括杭州方言。3年后，司徒雷登被邀请到南京金陵神学院任教，他的课讲得颇有特色，深受好评。辛亥革命时，孙中山来到南京，司徒雷登担任合众社记者，有幸经常见到他。司徒雷登常对人说：“我是1912年南京临时国会唯一在场的外国人。孙博士在会上发表了著名的演说，谢绝了总统

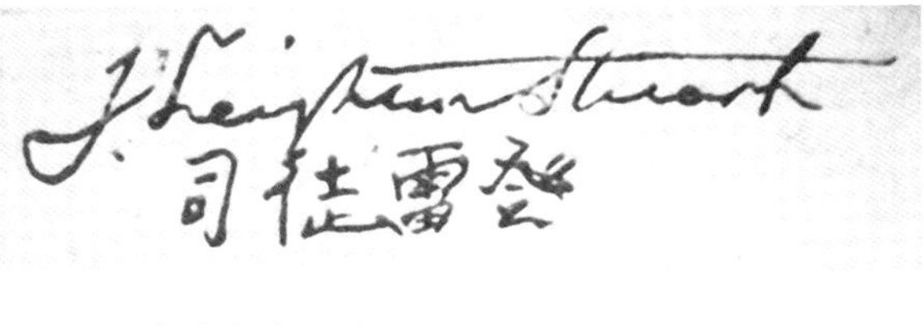

司徒雷登中英文签名

职务，原因是他久居国外……”临时政府北迁后，司徒雷登仍然回到金陵神学院教书，创办了第十九路军的陈铭枢和庐山举办半工半读乡村小学校的李一平，都在这个学校读过书。

1919年1月，司徒雷登奉命去北京筹办一所综合性大学，将两所小神学院——汇文大学和通州协和大学合并为燕京大学。司徒雷登立志将燕京大学办得具有广泛的国际性。一到北京，司徒雷登即开始学习纯正的北京官话，将布道团的语言课程和深厚的中国传统文化结合起来，他提倡读《四书》和《好逑传》，努力同中国官员交朋友。当年燕京大学的校园就是从陕西省督军陈树藩手中买的地盘，司徒雷登利用交际手段，免除了1/3的价款。司徒雷登与山东军阀韩复榘、东北张作霖父子都比较熟悉，与冯玉祥也有交往。

司徒雷登后来回忆：马歇尔在车上问他，中国的传统对国共两党的战争观有什么影响?

司徒雷登坦然一笑，说：“这个问题太大，应该因人而异。中国的传统文化博大精深，战和两派都能从中找到依据。譬如蒋介石是崇拜曾国藩的，儒家学说以九州为正统，曾国藩扶助清王朝。从这一点上说，重庆有舆论抨击蒋介石指导战争的思想是复古倒退。”

马歇尔忍不住问道：“是共产党的《新华日报》？”

司徒雷登摇摇头，说：“是《大公报》和一些小报。”

司徒雷登对中国历史和国情的了解，使马歇尔感到放心和欣慰。他从另一个方面问道：“您对中国传统（文化）怎样看？”

司徒雷登说：“将军的问题非常博大，我只能具体回答。在中国古代哲学家中，我最喜欢的是代表先进社会学说的孟子和集施政者、教师和具有罕见洞察力的思想家于一身的王阳明。墨子著名的兼爱非攻的学说与基督教教义相去不远，他在婚丧问题上要求人们办事从简的主张，几乎像现代人的观点了。荀子用字乖僻，他的著作很难读，比正统的儒家更儒家——而且更有逻辑性——荀子为自己的论点辩解说，既然人的本性并非天生下来就是善的，那么就得求助于适当的教育和整治。我在中国的阅历不但使我对中国文化更加敬佩，而且还铸造了我的性格。它使我做人更具有忍耐力，使我对基督教的社会和伦理价值更关心。我欣赏中国传统中温和的人道主义思想，欣赏它在人与人之间讲求相互忠诚和尊重，赞赏它在社会道德风尚问题上的基本信念，即人既是社会单独的个体，又是社会中的一员，应力求和睦相处。”

1946年蒋介石和司徒雷登在牯岭官邸庭院

司徒雷登的解说使马歇尔的眼睛亮了起来，问：“你和毛泽东、蒋介石都接触过，你觉得他们谁真想和平？”

司徒雷登望着这位驰骋第二次世界大战战场、颇具战略眼光的职业军人，虽然感到他的提问过于赤裸裸，但还是认真回答：“我是在国共重庆谈判时见到毛泽东先生的。1945年9月17日，蒋先生在重庆为毛泽东举办了一次外交招待会。我参加了。当毛泽东先生在人群中看见我时，主动走过来问候，并笑着说现在延安有许多我以前的学生。我含笑表示十分了解这件事，希望他们为学到的东西争光。过了几天，毛泽东、周恩来请我和秘书傅泾波吃午饭，餐桌上的招待员都是热心的青年学生。中国共产党在青年人中比较有威望，毛泽东对青年人的思想很了解，也很有影响力。”

“蒋介石呢？”司徒雷登的客观回忆引起了马歇尔的兴趣。

司徒雷登见蒋介石的时候就多了。最近一次是1946年4月底（注：司徒雷登回忆的具体时间可能有误，蒋介石夫妇5月3日从重庆飞南京）司徒雷登从美国回到上海，傅泾波敦促他在南京停留去拜见蒋介石。重归故都，蒋介石十分高兴。谈话中，蒋介石问司徒雷登对时局的印象，司徒雷登回答，比从美国新闻报道中得到的印象还要坏。蒋介石有点儿吃惊，问有什么建议，司徒雷登思索片刻说：“我想把所有的看法归纳为一点，以便说到问题的根子上，那就是，你（蒋介石）应当以当初参加孙逸仙领导的国民党时那种舍生忘死的热忱，亲自领导一场新的革命运动，进行内部改革，以便把那些心怀不满、渴望找到一位深得信赖领袖的学生和年轻的知识分子团结起来。有了这么一批自愿的宣传鼓动家，你就能重新赢得公众的信任，再度成为民族意志的象征，正像抗日战争期间你无疑曾是民族意志的象征一样。这是对付共产主义威胁的唯一办法。不过在这样做的时候，国民党应实行三民主义的第三条，即民生主义。”蒋介石点头表示同意。司徒雷登用平和的语言说出遗憾的事实：“可是我后来了解到，使他同意主张是一回事，他下决心采取坚决的行动却又完全是另一回事。”听到这里，马歇尔哈哈大笑。[①]

司徒雷登还特别介绍了陈立夫：“陈立夫是陈氏二兄弟之一，其叔父是已故的革命方面的头面人物，先后支持过孙逸仙和蒋介石。这就使二陈和蒋之间结成了一种特殊的关系。陈氏二兄弟一直是蒋介石忠心耿耿的工作人员，在个人关系上，这位领袖也就代替了他们已故的叔父……陈氏兄弟俩本人却是一心一意地为领袖效劳的，他们为他树立威信，反对他在党内的一切对手，压制党外的一切反对意见。具有讽刺意味的是，这些手法都是从俄国顾问那儿学来的。那些俄国顾问大约是在1923年来到广州的，他们按布尔什维克的路线改组了国民党。”

显然，马歇尔对陈立夫之辈不感兴趣，相反，对中午在机场遇到的罗隆基和张君劢倒是印象较佳。

据报载，1946年7月18日，民盟在沪代表特派罗隆基、张君劢两氏飞京，向马帅及司徒大使有所陈述。罗张两氏下机后，得悉马帅等飞庐在即，遂匆匆赶至大校场，一时神色极度仓皇，不旋踵间，司徒大使飞车抵场，罗张两氏即与之在指挥塔楼下会客室内作一简短谈话。下午1时08分，马帅座驾至，罗张两氏再与马帅就机旁马达发动声中，有所报告，旋并由罗氏至指挥塔书一函，请马帅携庐山转呈蒋主席，内容不悉。罗张等今日下午曾分访邵力子、吴铁城等。[②]

---

① 参见《在华五十年——司徒雷登回忆录》，北京出版社1982年版，第107—110页。

② 《申报》1946年7月19日。

■ 1946 年夏庐山街头的马歇尔大幅画像

“点评”中，莲花洞到了。山上下来的大批人马和专用轿夫在殷勤相候。美国客人坐上轿子，于下午6时抵达小天池。马歇尔夫人和夏令营的青年都在那儿举着鲜花等候。一位女青年友好地向司徒雷登献上鲜花，美国大使高兴地说：“10年前燕京的孩子们为我过60岁生日，也是这么鲜艳的花朵。”司徒雷登夫人艾琳1926年就去世了，他唯一的儿子被送往美国读书、就业，自己只身留在燕京做教授、校长，亲热地叫学生为燕京的孩子们。江西省政府主席王陵基领着当地职员和居民在街头组成了长长的欢迎队伍，牯岭正街马歇尔的巨幅照片成为新的标志。

马歇尔和司徒雷登被分别安排在官邸对面40号别墅（今河西路442号别墅）和河东路8号别墅（今河东路175号别墅）。

饭后，马歇尔、司徒雷登散步至美军招待所（今庐山宾馆），据当年报载，沿途无处不洋溢着对美国人最高的礼遇和尊重。路人偶遇他们，便请求签字，美国将军和大使欣然应允，提笔而就。

7月19日上午10时，司徒雷登去官邸呈递国书，蒋介石夫妇早早等待，简单地例行公事后，热情地邀请美国大使同马歇尔夫妇一起游含鄱口。司徒雷登表示，早在30年前，他就数次来庐山，那时他在金陵神学院教书。他请他们自便，下午他再来拜会。这次见面，司徒雷登后来回忆说：感到就像老友重逢，亲切而自然。

当天下午4时30分，司徒雷登再来官邸与蒋介石晤谈，诚恳地说，

■ 1946年7月蒋介石在牯岭官邸和司徒雷登合影

他要按双方长期的友谊而不以新担任的美国官员的身份来处理关系。

主宾两人笑声朗朗，言谈极为友好。一个小时后，司徒雷登辞行。

傍晚，司徒雷登在牯岭林荫散步，恰逢报社记者询问国共战和问题。司徒雷登说："中国目前困难并非外患，仅系国内人事问题。倘若国共双方能设身处地互相谅解，各种困难，不难解决。"记者又问大使与蒋介石今天谈话情形。大使答曰："我与主席，系6年前老友，故谈话时异常融洽而愉快也。"[①]司徒雷登撇开这场战争性质事关中华民族完全独立与否的根本大计，各打五十大板，表面上维持了美国的中立立场，实质上用他批评蒋介石的话说："是另外一回事。"

7月20日上午，蒋介石偕宋美龄回访马歇尔，美国大使司徒雷登也在座。话题从东北战局谈到河北张桓（今张家口），蒋介石一再表示要消灭共产党的决心。马歇尔推心置腹地谈到美国政府和杜鲁门在他临行前的嘱托。中午12时，司徒雷登离开牯岭，赴浔飞宁，马歇尔将军仍留在庐山。

3. 马歇尔八上牯岭

1946年7月20日下午，蒋介石夫妇陪同马歇尔夫妇前往大天池游览。

---

① 吴宗慈主修：《庐山续志稿》，江西省庐山地方志办公室1992年印行，第57页。

大天池在天池山顶，由佛手岩西上，山顶有一小池，池水久雨不溢，久旱不枯。大天池原有慧远的胞弟慧持修建的峰顶寺，北宋重修后改称天池院。明代朱元璋重建赐额“敕修天池护国寺”。池畔有一华表，上面有王阳明登临此峰时写下的“庐山高”三个字。“庐山高”是否是王阳明手迹，现已不可考，但王阳明确实来过大天池，有《夜宿天池》一诗为证。

昨夜月明峰顶宿，隐隐雷声翻山麓。
晓来却问山下人，风雨三更卷茅屋。

那天，宋美龄手抚华表，绘声绘色地向美国客人讲起王阳明和这首诗。马歇尔笑着对蒋介石夫妇说，他知道王阳明，司徒雷登先生很崇拜他。蒋介石当即表示，他也很崇拜王阳明。马歇尔亦庄亦谐地说:“我很钦佩蒋主席夫人。她是美国和中国之间一座美丽的桥梁。对中国和美国，她都具备了完美的知识。”马歇尔夫人礼貌地鼓起掌。宋美龄谦虚地摇头，只有她心里明白，为了这些庐山诗词和典故，陈布雷和他的手下花费了不少心血，虽然立意和构思并没有多少是她的原创。

宋美龄陪同马歇尔夫妇游览大天池、含鄱口多处风景，每一处都留下了马歇尔夫妇朗朗的笑声。马歇尔夫人感慨地对蒋介石说：庐山美，庐山有了美龄更美。这句话给蒋介石留下了太深的印象。[①]也可能缘此，数年后他给庐山写下了“美庐”二字。

7月21日是基督教的安息日。上午11时，蒋介石夫妇、马歇尔夫妇双双前往官邸隔壁的“中华基督教会”礼拜祈祷。主持祈祷者是英籍牧师张伯伦，与英国当年绥靖派首相同名。祈祷后，由牧师引证约翰福音第十七章第一节中一段，讲永生之道理，大家齐唱赞美诗多首。据庐山人传说，宋美龄唱圣歌用的是美声。蒋介石做礼拜，谁也没有听过他出声。

马歇尔第一次上庐山，在7月19日、20日和司徒雷登一起两次来到蒋介石官邸。马歇尔婉转地向蒋介石表达相关意见：1945年12月9日美

① 《中华日报》1946年8月3日。

国国务卿贝尔纳斯概述了他的这次使命。必须使中共以及其他持不同政见的党派和国民党组成一个统一政府，否则俄国人看来就要拿走华北和满洲。贝尔纳斯已经向参议院外交委员会陈述过这个观点。他认为马歇尔去中国时，“手里应有足够的武器，去诱导中央政府与共产党政府合在一起”。在这一点上，马歇尔要求予以澄清。假如共产党做出可以接受的让步，而国民党却拒绝让步。怎么办？贝尔纳斯说，要是这样，那就应该告诉国民政府：“我们本来要给予中国的援助，将不再给予，诸如贷款、军事供应品、民用供应品、设立军事顾问团，我们将被迫直接同共产党打交道。”当马歇尔问如果是共产党不肯让步怎么办时，他得到的答复是：“这样，我们将全力支持国民政府，我们将按需要把它的军队运到华北。”蒋介石听到这里，认真地点头。马歇尔确实做到了，他用美国的飞机为蒋介石运送了几十万军队。

1945年12月11日下午，马歇尔同总统、贝尔纳斯国务卿和海军上将莱希一起讨论对华政策。杜鲁门先生强调：他希望充分了解马歇尔在中国工作的依据是什么。贝尔纳斯透露说：已经授权陆军和海军运送蒋介石的军队到满洲，支持他们接管日本军队撤出后的地盘。陆海军还受命秘密安排船只运送军队到华北。贝尔纳斯指出：在这两点上

■ 1946 年 7 月蒋介石在官邸会见马歇尔和司徒雷登（右）

保持秘密，目的是便于马歇尔压迫双方达成协议。杜鲁门总统全力支持马歇尔，宣称将支持他“为取得所希望的结果而做出的任何努力”。

蒋介石统一中国，美国政府认为最合乎美国的利益。马歇尔的调停，实际是“促使共产党领导人作出合理的让步，以便实现愿望中的政治统一”。这是美国给马歇尔的临行指示。①

但蒋介石对美国以调停的面目出现的帮助，要求他将共产党纳入政府坚决排斥。马歇尔和蒋介石都是职业军人，也可能是由于文化背景、阅历、志趣、理想不同，马歇尔对蒋介石的政治理念，对共产党不能采取纳入政府内的“软化”，不以为然，也不理解。但马歇尔又必须执行美国政府对中国政局的既定方针。

7月22日上午，马歇尔下山，从九江乘专机到达南京，马歇尔夫人被宋美龄挽留在庐山，游览参观和学说中国话。

7月22日同一天，宋庆龄在上海发表对时局的主张，要求美军撤出中国，立即组织联合政府，制止内战，反对美国支持蒋介石政府发动内战，干涉中国内政。

7月26日傍晚7时马歇尔再次上山，蒋夫人在小天池迎接，两人热烈拥抱。

马歇尔手揽蒋夫人的柔肩，突然被一队又一队坐轿上山的年轻人的那种盛气凌人和心安理得怔住了。抬轿子的人竟是衣衫褴褛骨瘦如柴的老年人和未成年人。马歇尔一见蒋介石就问：“你们上牯岭夏令营的青年干部是怎样上山的？用老年人抬着自己上山，太不人道！太腐化了！”蒋介石当晚即将夏令营主任李明灏叫去严厉地训斥了一顿。又问高级政工干部会议负责人代表是怎样上山的，并下令50岁以下的人上下牯岭再不许坐轿。据会议牵头人之一秦箏回忆，代表们多口头拥护，实际上多叫轿子停在看不见的山背，走几步做做样子，一个个还是坐轿。

7月27日下午4时，司徒雷登偕秘书傅泾波火速上山。蒋介石的私

---

① 参见［美］富雷斯特·C.波格《马歇尔传1945—1959》，施旅译，世界知识出版社1991年版，第74页。

人秘书沈昌焕前来探望，司徒雷登正准备到马歇尔处吃晚饭，再一起到官邸与蒋介石面晤。疾病突然降临。据司徒雷登回忆：“可能由于饮食不周，也可能是从炎热的平地登上凉爽的山顶时着了凉，肠胃功能发生了紊乱。我先在床上躺了一会儿。我感到头晕，便派人把情况告诉了马歇尔将军，他来到我的住处，亲手将我安置在床上。委员长派来了他的私人医生。医生含糊其词的诊治结果为聚集在四周的新闻记者提供了可以任意发挥的材料。委员长强令我留在山上，并且要我躺在床上，等病好了再去见他。”

当晚，常驻牯岭的20多名中国记者，采访不到什么政治消息，便对司徒雷登的病情、蒋夫人和马歇尔夫人送来的精美食品等，作了耸人听闻的报道，而且消息越传越远。

在司徒雷登躺在病榻时，安平事件发生了。1946年7月29日，驻天津美国海军陆战队140多人配合国民党军队联合进攻冀东解放区香河县安平镇附近的共军驻地，共军自卫还击。消息传来，7月30日下午马歇尔匆忙离开牯岭，前往南京与周恩来交涉。7月31日，美国批准对南京国民政府信用贷款1亿5千万美元。这是继7月16日美国国会通过将271艘舰艇赠送南京政府后的又一次援助。

8月3日，马歇尔第三次上庐山。同机到达的还有行政院院长宋子文。这一天，《中央日报》发表了一篇社论“司徒大使康复”，用谄媚的笔调，谈论着“一个外交使节，受它驻在国政府和人民崇敬与信任，在历史上有两个先例，值得我们温述：一个是美国独立战争时期派驻巴黎的富兰克林先生，一个是英国在十九世纪之末派驻华盛顿的布莱士先生……布莱士先生驻华盛顿甚久，在美国人民心目中，与其说他是一个强大友邦的外交使节，毋宁说他是对于美国乃至世界民主潮流有伟大贡献的政治思想家。美国的学术思想界，想到布莱士先生，决不会联想到他是一个外国人。美国人看他和本国学术思想家一样亲切，遂给予他以更强的景仰。马歇尔将军和司徒雷登大使，驻在中国，中国人民对他的崇敬和景仰，恰与这个历史先例相同”[①]。

---

① 《中央日报》1946年8月3日。

8月4日晚，马歇尔在官邸与蒋介石商谈安平事件处置意见。8月5日，病愈后的司徒雷登与马歇尔、蒋介石一起交谈安平事件善后方案。司徒雷登利用这个机会，向蒋介石提出成立一个非正式的“五人委员会”的打算。司徒雷登“建议由国共双方各指派两名代表”，由他做仲裁人成立一个“五人委员会”，“会上可以就各种问题进行争论，无须做任何承诺”。蒋介石表示同意，提出一些先决条件，首先是承认国民党军队新占领的共产党地盘。

8月6日，司徒雷登下山回南京，当晚，他向周恩来和中共代表转告了蒋介石的条件，谈了5个小时。司徒雷登在回忆录中详细记载道：“在我讲出那些先决条件后，周恩来向前倾着身子，低垂着头，神色沮丧，有好几分钟没有开口。已经有过好几次这样的情形了，这似乎又出现了国共妥协的可能性。但是双方的疑虑和恐惧以及互相对立的目标和思想意识每次都成了主要障碍。不管共产党人的意图如何，我确实感到他们所要求的仅仅是按照他们的条件来实现联合。国民党人则更为犹豫和多疑。我再次同周恩来以及其他本来要参加我提议的那个非正式委员会的共产党和国民党的代表进行了会谈。周根本反对委员长有权提出任何先决条件，而且反应强烈。”[①]

■ 1946年夏蒋介石陪同马歇尔夫人下棋

8月8日傍晚，马歇尔将军下山。

8月10日，马歇尔将军和司徒雷登大使在南京发表联合声明，对调停的前景表示担忧：“战争日益扩大，且有席卷全国超出负责者控制外

① 《在华五十年——司徒雷登回忆录》，北京出版社1982年版，第161页。

的威胁。国共两方面都愿终止战事，但仍有若干立须解决的问题，尚未获得任何协议。对于各项问题，双方似已不可能获得解决，而这些问题的解决，可以容许完全停止中国各地的战事的普遍命令的颁发。”[①]罗家伦当时对马歇尔的调停有一句形象的比喻：“商谈历程，如登牯岭。”

中共对这个声明颇不以为然，《解放日报》8月14日发表了一个社论评说：“美国政府改变政策，废止片面援蒋，撤退海陆空军，诚意帮助中国人民及各党派实现和平民主，这是一条路。继续过去的欺骗政策，一只手‘调处’一只手助蒋反共反人民，这是又一条路，何去何从，愿美国政府当局三思之，更愿一切民主的美国人民起而注意。”

同一天，蒋介石在庐山发表《告全国同胞书》，“阐明时局症结”，将一切内战原因和责任都推向中共，而“忽略”自己刚刚提出停战“先决条件”的事实。蒋介石提出六项方针，表示如期召开“国大”，实施政协决议，扩大政府基础，切实停止冲突，仍采取政治解决，保障人民安全，公开将中共不纳入“国大”的邀请范围。

在这种气氛中，8月15日下午6时许，马歇尔将军偕宋子文第四次上山。

8月16日下午6时，马歇尔与蒋介石作四上庐山晤谈。宋子文在座，双方开始商谈美国清算物资委员会准备出卖美国在西部太平洋的巨额剩余战争物资，此项物资的总值达20亿美元，远远超过日本投降以来美国助蒋租借的总值，据估计足以供蒋介石内战2年之用。美国将以5亿美元的低价供给蒋介石。

■ 1946年夏马歇尔多次经九江码头上庐山

① 《中央日报》1946年8月12日。

蒋介石此时提出希望这5亿美元以贷款的形式签订协议，因中国深受战争之苦云云。宋子文也在一旁打边鼓，说中国的关税已经作为美国上次租借贷款的抵押，国内公债也陈陈相因，不可再发行。请特使能一言九鼎，呈请美国政府以长期贷款的形式出售这批战争物资。由于数额巨大，马歇尔不得不同政府各方协调。

作为一种“交换”，宋子文按照蒋介石的旨意，将应美国政府及商团等要求，将中国政府近期准备调整外汇汇率，开放外汇市场等重大事情向马歇尔做了通报。

8月20日，马歇尔离开庐山。

8月23日下午3时马歇尔五上庐山，8月24日上午马歇尔与蒋介石继续会谈停战、战争物资诸事宜，并转达了周恩来代表中共的抗议：美国一面调停中国国共双方停止内战，又将这么多的战争物资，主要是武器卖给蒋介石政府，这是支持还是制止中国内战呢？

8月27日下午1时，马歇尔离山。

8月30日下午7时，马歇尔六上庐山。这一天上午马歇尔在南京参加美国政府与国民政府签订《中美剩余战时财产出售协定》仪式，出席陈纳德空中运输公司成立大会。陈纳德空中运输公司是一家带有国际性质的专门负责空运国民党人员和军用物资的半官方机构。下午马歇尔马不停蹄地飞往九江，傍晚7时15分到达牯岭。颇有意味的是，当晚9时蒋介石接见了国共和谈“五人小组”的南京政府代表吴铁城和张厉生。

8月31日上午，马歇尔与蒋介石继续商谈“以政治途径调停和平事宜”。作为一个忠于美国国家利益的特使，马歇尔是一个具有战略眼光的政治家和军事家，是他在二战后首先提出美国可代替英国建立世界霸权。蒋介石对外妥协，特别是对美国服从，对内“剿共”的决心显然符合美国的长远利益，美国是不希望其他国家强大，或其他国家有强硬的政府的。但蒋介石政府的既定策略与实力的矛盾，长远目标与内部腐败的矛盾，又使马歇尔深深担忧，日益感到和蒋介石话不投机。同一天，吴铁城、张厉生在牯岭接见记者，通告“五人小组”下周开会，阐述会议性质，说明讨论范围。蒋介石极力给外界政府决定以政治解决战争的感觉。

9月3日上午，马歇尔怀着复杂的心情离山。

9月6日晚8时，马歇尔第七次上庐山。7日上午，马歇尔将在南京与共产党谈判的全记录送给蒋介石，让这位“固执的独裁者”（马歇尔语）看一看，想一想。眼瞧美国将军的愠色，宋美龄温婉地邀请马歇尔夫妇下午去参观“庐山文物展览会”。

“庐山文物展览会”由庐山管理局在中路演讲厅举办，离官邸不远，宋美龄伴随马歇尔夫妇步行前往。文物展览面积不大，展品却不乏珍物。据庐山老人说，还有一把商朝的剑。时任庐山管理局局长谭炳训走上前去，讲解如何征集到这把剑的过程。宋美龄在一旁翻译。马歇尔夫人在一旁好奇地学说中国话“商朝”“剑”，逗得马歇尔情绪转好，捧腹大笑。他情不自禁地告诉宋美龄，他第一次认识到中国传统文化的博大精深是在1914年。那时他服役于美国驻菲律宾的一个团，休假期间他来到中国，用几乎一个月的时间去东北参观了日俄战争战场。10年后，1924年夏到1927年春末，他又一次来到中国，任美国驻天津第十五步兵团执行官。他那个团是根据1900年平定义和团的《辛亥条约》驻在天津，以保证从北平到出海口的交通。在此期间，马歇尔学说中国话，了解了中国历史及政治的基本状况。对中国的认识，马歇尔虽然不如司徒雷登，但也不完全是一个“门外汉”，对“庐山文物展览会”自然是真心喜欢，认真观摩，上午在官邸的不快一扫而空。

9月9日，丙戌八月十四，第二天就是中国传统的中秋节，蒋介石夫妇准备和在牯岭的美国将军共度佳节。不巧马歇尔次日准备下山，宋美龄提议“我们提前”。立即邀请了马歇尔夫妇、美国驻华司令吉伦将军、美国军事顾问团团长鲁克斯将军、海军顾问组组长莫雷中将、空军麦克康少将，于当日下午6时乘车到达含鄱口。放眼望去，橙色的晚霞被白云托起，犹如一条巨龙环绕着太乙峰上下翻腾、嬉戏，慢慢地披上夜幕的黑纱，依偎在山脚。继而天空又变成一面墨绿色的镜湖，繁星闪烁，犹如湖中到处游弋的鱼虾。美国将军们一个个对庐山独特的风光赞叹不已，不由得对女主人盛情独到的款待感慨尤甚。情景交融中众人胃口大开，好一顿令人忘怀的野餐。他们有一种特殊的幸福感，在中国，他们是最为尊贵的客人，也是主人。宾主尽兴始返。

9月10日中秋节，马歇尔下午离山。他已在庐山上提前过了一个中西合璧令人难忘的中秋节。

9月13日，马歇尔将军又将上山来，这是马歇尔第八次上庐山。中国传统中，“八”是一个吉利数字。蒋介石自然有所讲究，这一次他偕宋美龄和马歇尔夫人同前往小天池，等候马歇尔的到来。下午6时，马歇尔坐轿上来，马歇尔夫人、蒋介石夫妇依次在马路边与马歇尔热情拥抱，然后一起登上小天池顶上的“烈灵台”凭眺。

站在烈灵台上，俯眼看去，长江犹如一条玉带，托起西沉的太阳，橙红与金黄相辉映，缓缓地，金光被玉带收藏，橙红凝成褐色，瞬间千变万化，光彩夺人。马歇尔夫人夸张地举起双臂，马歇尔富有诗意地对蒋介石说：大自然的美是永恒的，就在于它能够依据规律不断变化，关键在于总是以新的面目不断变化。

马歇尔在九江船上看书

蒋介石显然听出了马歇尔的话外音。他陪同马歇尔向烈灵台旁烈士纪念碑走去。那是一座刚落成不久的纪念碑，上面镌刻着蒋介石题的字“国民革命军第九十九军抗战阵亡将士纪念碑”。他沉重地告诉马歇尔，这个碑，早在他第一次上庐山的1926年冬就准备修建，那是为了纪念北伐战争阵亡的将士们。墓地已经举行了奠基礼，可迟迟不能建立。为什么？因为共产党的军队没有消灭，这次修建纪念碑，就是一个决定。大自然有的东西可以变，有的东西不能变，就像太阳总是从西边落山。

马歇尔第八次上庐山，在烈灵台彻底领教了蒋介石的固执，是他的性格固执，还是思想僵化呢？自然，马歇尔与蒋介石这一次晤谈，如前七次一样没有任何实质性的进展。1946年9月17日下午2时许，马歇尔离山，此后他再也没有上庐山来。

现在，有的人说马歇尔1946年夏上庐山的次数是“九”，不是“八”，以梁漱溟《忆往谈旧录》回忆为代表，梁漱溟写道“据我所知马歇尔是九上庐山找蒋介石”，但未谈及具体时间。[①]搜寻当年的报刊及相关记载，均以八次为记。

司徒雷登后来撰文写道：那一年马歇尔频频往返于庐山和南京，从南京去牯岭不容易，去一次坐飞机差不多2小时，然后乘一艘缴获的日本炮艇横渡长江，并沿江而下驶行达45分钟，接着要坐30分钟的汽车，最后坐两小时零一刻钟的轿子沿着山边凿出来的石级上山。马歇尔八上牯岭，得到的是中国内战的进一步扩大和升级，看到的是民怨民怒，当然还有蒋介石夫人宋美龄殷切备至又别具风格的野餐和茶会。

4. 陈纳德、陈香梅的官邸红线

1946年夏季的庐山，宋美龄在牯岭官邸举行了一次著名的中外夫人茶会和一次美国将军茶会。

中外夫人茶会举行于8月27日傍晚，落日摇川光，连山晚照红。当时在牯岭休假的马歇尔夫人、各国使节夫人、常住牯岭的外国妇女名流都受到邀请。邀请书上还特别提及，请带上你们的孩子。那一年，苏联、英国、比利时、法国、加拿大、挪威、阿富汗、巴西大使纷纷上庐山递交国书。山下天气炎热，山上蒋介石夫妇盛情邀请尊贵的客人在牯岭度假。牯岭一时华盖云集，热闹非凡。宋美龄是一个天生的外交家，她一次次地陪同这些夫人在牯岭游玩，参观庐山的“儿童乐园”（孤儿院），那里有5—12岁的孤儿14人，由“庐山管理局”负责用公款收养，园长是幼师毕业的胡安德女士。宋美龄在儿童乐园频频弯下腰对孩子们嘘寒问暖，检查教学设备，还送给孤儿每人3个西瓜，令中外夫人们印象深刻。这次中外夫人茶会，夫人们自然早早前来捧场。宋美龄那晚身穿灰色旗袍，在个性张扬争奇斗艳的夫人们面前，朴素得就像一位灰姑

① 《名人谈蒋介石》，新疆人民出版社1996年版，第60页。

娘，她谦和地站在官邸庭院，亲切接待每一位前来的嘉宾。中央社记者陈香梅该月被派往牯岭采访，正好抓住这个难得的机会，走进官邸，拍下了许多妇孺芬香的场景。

那一年陈香梅21岁，甜甜的微笑，青春、繁忙的身影，引起了宋美龄的注意。她轻声地问秘书这位小姐是谁？秘书笑着说，她也是您请来的客人啊，陈纳德将军心中的玫瑰。

宋美龄意味深长地笑了。她正在静悄悄地培育着蒋介石政府亲密朋友陈纳德的这朵娇艳的红玫瑰。

陈纳德，美国飞虎队指挥官，也是抗战时期宋美龄邀请的中国空军最好的教练和指挥员。宋美龄对他熟悉而钦佩。陈纳德1890年出生在一个美国农民家庭，祖先是法国人，5岁时生母去世，继母是个小学老师，给了陈纳德“同情和爱的教养”。15岁时，继母又去世，幼年的不幸促使陈纳德个性坚强、学习刻苦，考上军事航空学校后，成绩名列前茅，后在航空队任战术教官，喜欢思考，创造了战斗机编队战斗的新技术。可惜他的创新在美国一直没有受到重视。来中国前，陈纳德仅是一个退役的上尉（陈香梅回忆为少校军衔）。1937年5月，陈纳德受到南京国民政府的邀请踏上中国土地，当时宋美龄任国家航空委员会秘书长，请陈纳德担任她的专业咨询顾问。陈纳德参观了杭州笕桥航校。“七七”事变后，日本对上海、南京大轰炸，长江中下游城市纷纷沦陷，陈纳德决定去昆明航校帮助中国训练飞行员。陈纳德在中国3年，直到1941年2月才得到美国罗斯福总统的特许令和美国政府的正式支持，在美国召集了111名飞行员、

1946年夏马歇尔夫人、陈立夫夫人、宋美龄、苏联驻华大使夫人（从左至右）在官邸茶会

150名机械师和一些后勤人员来到中国。1941年8月1日，正式成立中国空军美国志愿大队，下辖3个驱逐机中队，任命陈纳德为指挥官。1941年12月在昆明的空战中首战告捷。后在仰光空战中，捷报频传，被人们爱戴地称为“飞虎队”。1942年中国政府任命陈纳德为驻华空军指挥官，准将军衔。飞虎队在缅甸、泰国、印度支那、中国战斗了7个月，摧毁日机297架，自己仅损失12架，地面丧失60架，飞行员在空战中仅战死3人，创造了空战新纪录。1942年7月，飞虎队被解散。所留人员和飞机归并美国陆军航空队，与派驻中国的第十六战斗机中队组成美国空军驻华特遣队，隶属美军第十四航空队，陈纳德任特遣队准将指挥官。不久，陈纳德与史迪威就驻华空军指挥权产生了矛盾，蒋介石坚决支持陈纳德，陈纳德也为蒋介石赶走史迪威鞍前马后效力。但因种种复杂的人际关系，陈纳德于1945年8月1日被迫离开中国。

■ 1946年夏蒋介石和中外夫人及孩子们在官邸茶会上合影

回到美国的陈纳德因长期与妻子分居，8个孩子早已独立，办了离婚手续。1945年12月他重新回到中国上海。中国，有他的蓝天事业，有他美丽可人的恋人。宋美龄不动声色地笑望着陈香梅瘦小的身影，细心地安排着这对有情人的“不期而遇”。

当晚，中外夫人茶会成功落下帷幕。

9月8日，宋美龄在官邸再次举办了一次美国将军茶会，第七次上庐山的马歇尔偕夫人、美军驻华司令吉伦将军、美国军事顾问团团长鲁克斯将军、海军顾问组组长莫雷中将等均为茶会贵宾。也可能宋美龄觉得抓住了这些美国将军，就抓住了美援，抓住了中国的政权。那晚的宋美龄一袭淡绿色的旗袍，一枚硕大的钻石胸针，高贵典雅，光彩照人，与数日前中外夫人茶会的贤淑低调卓然有别。这次茶会，宋美龄自然吩咐侍从室特别邀请中央社记者陈香梅参加。陈香梅当时还以为是她8月22日在“三青团”大会门前采访第一夫人，获得了宋美龄的注意和好感。当晚，陈香梅活跃的身影穿梭在茶会内外，一口流利的英语也引起了美国将军们的注意和好感。

陈香梅1925年6月出生在北京，她的母亲廖香词和父亲陈应荣都出生于世家大户，双方指腹为婚，均受过欧美教育的熏陶。父亲是牛津大学和哥伦比亚大学的双博士，归国后曾在北京师范大学任教务长兼英美系主任。抗战时，父亲任中国驻美国领事，家人迁徙香港。陈香梅的母亲不幸于1939年病故于香港医院。陈香梅姊妹六朵金花，她排行老二。太平洋战争爆发后的1942年初，陈香梅姊妹离开香港，经历生死逃亡后，来到桂林。恰逢美国十四航空队司令陈纳德受陈香梅父亲陈英荣之托，派人在桂林一处民居里找到他的几个女儿。陈香梅的姊妹都被送去了美国，陈香梅则主动留在大后方。那时候大后方非常缺乏懂英文的工作人员，陈香梅于1944年进入中央社昆明分社做了一名实习记者，经常采访陈纳德和飞虎队。抗战胜利后，陈香梅被中央社派到上海分社做记者，与刚刚从美国归来的陈纳德的跨国恋爱由此浪漫开始。陈香梅在庐山与友人说，一次她得胃病住院，陈纳德每天派他的司机送花篮探望。花篮、花盆堆满了病房和整条走廊。陈纳德来病房看他的恋人，见到满室花丛，

陈纳德和陈香梅的结婚照

故意笑问："是谁送了这么多的花儿？"陈香梅撒娇地开起玩笑："是你的司机呀，我还未死，他就想以花葬我。"陈纳德哈哈大笑。这次在牯岭采访，在官邸茶会看见这么多的美国将军，陈香梅又想到了陈纳德。

就在陈香梅思君恋君之时，9月11日中午，一位高大魁梧的美国汉子突然来到她下榻的胡金芳旅馆，[①]把他心爱的"小宝贝"举了起来。陈香梅激动地连连问："你怎么来的？你怎么来的？"

陈纳德回答："蒋主席和夫人要我来牯岭汇报航空运输公司的运输计划。这公私兼顾的好机会，我能放过吗？"原来陈纳德返回中国后，于1946年8月30日成立了一家中美合作空中运输公司，蒋介石夫妇邀请他上山就是要这家公司负责空运国民党军队和战争物资。

陈香梅哪里会从整个政局考虑这些，而是被宋美龄的关心弄得满脸通红，不好意思地想，蒋夫人已知道她和陈纳德的秘密了吗？！

1947年12月21日，56岁的陈纳德与22岁的陈香梅结婚，婚礼简朴。两人感情甚笃，后生育两个女儿。

5. 四上将庐山行踪

牯岭官邸对美国人的外交，似乎取得了节节胜利，美国的剩余物资和武器源源不断地被送往国民党打内战的前线。可惜，指挥武器的人却在庐山上自个儿刀光剑影，露出种种不祥之兆。

1946年8月4日，参谋总长陈诚上山，立即被蒋介石召见。陈诚当时是蒋介石的红人，也是国民党军内上层争议最大的人。1944年11月，何应钦出任陆军总司令，军政部长一职由陈诚接任。日本投降后，陈诚向蒋介石建议召开整军会议，实施部队整编。当蒋介石把这个问题与当时的副参谋总长白崇禧商量时，白崇禧认为不可。他劝说蒋介石，您记得北伐以后的编遣会议吗？一团和气而来，矛盾重重而去，最终招致了中央与地方之间的连年内战。现在国共谈判正在继续，和平尚

① 吴宗慈主修：《庐山续志稿》，江西省庐山地方志办公室1992年印行，第64页。

1946年陈诚庐山上与王世杰相遇

未实现，深望对此甚加考虑。白崇禧的一席话虽然说的是事实，却揭了蒋介石的伤疤。于是蒋介石不顾白崇禧的意见，全力依靠陈诚，于1945年11月11日至16日在重庆召开复员整军会议，准备对“杂牌部队”进行整编，部署“对共产党全面战争”的作战计划。1946年2月第二次复员整军会议在南京召开，蒋介石特地从重庆飞往南京主持。陈诚拿出方案，决定第一期复员军佐15万人、士兵100万人，并将58个军整编为师，以减少军费。编余军佐，由各省选择适当地点，设立军官总队，予以收训。3月整编开始，陈诚奉蒋介石之命，开始整编军队。陈诚利用这个机会，大肆裁减“杂牌军”。

各军官总队收容的军佐已达16万人以上，80%以上是经历过实战考验一步步提升上来的“杂牌军”军官，并且这个数字仍在日益增长。国民党的军官多为职业军人，平日多以吃士兵空额中饱私囊，一下子被断了财路和生路，怨声载道，后来军官总队与国大代表、立法委员、监查委员被称为捣乱国民党江山的“四大寇”。的确事出有因。1946年6月内战全面爆发，蒋介石又颁布总动员令，对军队官兵朝令夕改，军队上下大为不满，更令人感到忧心和可怕的是，在这军官一减一扩中黄埔系没有经历过战争严峻考验的“天子门生”，霸占了军队上下所有的实缺。看起来，陈诚帮助蒋介石将军队“清一色”了，实际上国民党军队的战斗力又一次大大下降。小诸葛白崇禧对蒋介石不能表示异议，只有对陈诚的谋略深表“遗憾”。

对陈诚的遗憾自然也是对蒋介石的“遗憾”，蒋介石自然有办法对付。1946年5月30日，蒋介石以国民政府主席的名义公布：“为树立现代

■ 1946 年的白崇禧（右）和李宗仁

军制，所有原设之军事委员会及行政院之军政部着即裁撤，改于行政院下设立国防部。”国防部职权的大小，与国民政府主席职权的大小，都有一个通病，就是蒋介石想要它大它就大，想要它小它就小。6月1日，蒋介石特任白崇禧为国防部长，陈诚为参谋总长。白崇禧的国防部长和1932年初林森担任的国民政府主席一样，其职位实等于虚设。因为依据国防部组织纲要，国防部长的职责，只是“审定参谋总长所提关于国防需要之军事预算及人员物资之计划”。他本身不能决定任何问题。而陈诚所任参谋总长，则集大权于一身，直接秉承国民政府主席蒋介石的命令以统率陆海空三军，不受行政院和国防部的节制。白崇禧自然被束之高阁，甚至作战汇报也不被邀请参加。

这次陈诚上庐山向蒋介石汇报各地军事进展，自然就把白崇禧撇开了。

但有人会将白崇禧请上山来。1946年8月22日，“武汉行辕”主任程潜上山。程潜1905年加入同盟会，担任过孙中山领导的广州军政府陆军次长、大元帅府军政部长，北伐中任第六军军长，南京定都后被拘禁，1931年才重入政界。1935年12月任有职无权的参谋总长（那时的参谋总长与陈诚此时的权势熏天正相反）。抗战胜利后，他和李宗仁一样，被蒋介石“挂”在了一个高高在上四面不靠的位置。李宗仁是任北平行辕主任，程潜任武汉行辕主任。武汉夏日炎热，程潜带着几个侍卫上山避暑，想不到在莲花洞哨卡枪支全部被缴。这成什么体统？程潜乃堂堂国民党元老，何时受过这种屈辱？于是心情愤愤，便给小诸葛白崇禧打了一个电话，请他上山。

8月23日下午6时，白崇禧来山。按照常规，他应该首先谒见蒋介石，无奈马歇尔于同一天上山，特使有太多的话要交代给蒋介石，那两天蒋介石的时间几乎都给美国特使占满了，对于白崇禧的一些深思熟虑的看法和建议，蒋介石并没有太多的兴趣。1946年的白崇禧个性已收敛许多，看起来心若止水。庐山方志记载：8月25日白崇禧在山上招待记者，大谈特谈电化国防教育计划。记者请他谈一谈国共战争问题，白部长一语双关地说，那是陈诚参谋总长的职权所在，其他人参议，有僭权之嫌。白崇禧的话直接表示了对陈诚的不满，同时也为李济深说了句公道话。应蒋介石的再三邀请，1946年7月31日，李济深上山，想不到却受到蒋介石的轻慢和冷遇。直至8月9日，官邸才安排李济深与贺国光、李叔明、《申报》发行人陈景韩一起与蒋介石见面。李济深是国民党的元老，是蒋介石南京政府成立的坚决支持者，没有李济深和两广作后盾，就没有南京政府的顺利成立，就没有与武汉政府有效的分庭抗礼，自然也没有蒋介石今天的“国际地位”。在“西安事变”的解决中，如果不是两广坚持和平解决，何应钦亲日派的战争手腕恨不得将蒋介石炸成肉酱。但抗战胜利了，那些忠心报国、秉言直书的人，都被蒋介石晾起来，这就是蒋先生的民

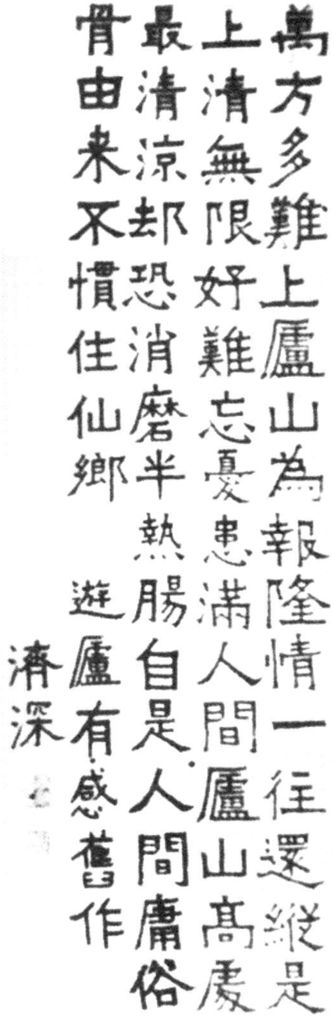

李济深庐山诗手迹

主？白崇禧深为蒋介石的胸襟狭小感到不安或不测。可记者请白将军多谈几句，他又不谈了，以请看电影、招待茶点中止问答。

据说，李济深这次上庐山，曾19次写下《国事意见书》致蒋介石，详陈中国现实问题，指责蒋介石发动内战违背了孙中山先生的政策。李济深在山上曾写下两首诗，表示当时的忧郁和愤慨：

其一：

万方多难上庐山，为报隆情一往还。
纵是上清无限好，难忘忧患满人间。

其二：

庐山高处最清凉，却恐消磨半热肠；
自是人间庸俗骨，由来不惯住仙乡。[①]

李济深于8月中旬下山，白崇禧于8月下旬下山。

在李济深上山前两天，国民政府考试院院长戴季陶、副院长周钟岳也到了山上。此时的戴季陶由于风湿病严重，行动不太方便，加上爱妻于1942年9月16日在重庆病故，心情郁闷，山上处处都是昔日夫妻相偕敬佛的旧影，不能排解。1944年8月太虚法师在重庆轻度中风，抗战胜利后，他辗转于京沪，难以上山。戴

■ 1946年夏戴季陶、蒋介石、邵力子（前左一至左三）等人在庐山合影

① 《李济深全传》，团结出版社2002年版，扉页。

季陶更觉惆怅，便对周钟岳说：“吾此次特来辞行。”似乎看破了许多。驻牯新闻记者问他对时局有何高见。戴季陶回答：“低见都没有，何况高见。”记者又问戴院长近读何书。戴季陶感叹一句：“我是无书可读的。”是指书都被日本人烧光了，还是指其他？信佛的戴季陶句句话都充满禅机。

8月30日国共和谈“五人小组”会议政府代表吴铁城、张厉生等到山。同日，吴忠信上山。

9月1日，首都卫戍司令汤恩伯上山述职。同日，冯玉祥赴美考察水利，临别前在上海《大公报》上发表致蒋介石的一封公开信，再次劝阻停止内战，实现民主和平。

9月5日，陈诚再次抵山，当时“三青团”的“二大”会议即将进入最紧张激烈的时刻。

6.“三青团”“二大”的火并

三民主义青年团第二次全国代表大会是1946年9月1日在庐山图书馆召开的，开幕式气氛隆重而热烈。据“三青团”干事程思远回忆：蒋介石亲临讲话，开门见山地说：青年团不应为了党的利益而牺牲自己的前途。大家都认为要“青年团”组成一个党，与国民党同时并存，因此关于团的性质，就成为大会讨论的中心问题。

蒋经国和CC派斗争也是这次会议博弈的一个焦点。早在“三青团”“二大”举行之前，两党轮流执政之说已经在南京不胫而走。这个建议，据说是革新派何浩提出的。何浩知道蒋介石对CC派控制国民党不满意，乃鼓吹把“三青团”组成新党，两党轮流执政。他主张蒋介石可以一人兼国民党总裁和新党领袖，而新党实际上由蒋经国全权领导。这一建议深合蒋介石既要造成民主的声势，又要有把握传代的考虑，于是开幕式上就把这个问题提了出来。“三青团”“二大”代表约1000人，代表团员约100万人。“三青团”最初的发展是比较缓慢的，1938年下半年，团员只有1034人，1939年底增加到7万4700人，1940年底22万2244人，1941年底发展到36万7391人，抗战胜利后更是在全国范围内得到迅

1946年7月31日，蒋介石在夏令营观看《木兰从军》

猛发展，到1945年底已突破100万人。这次各地推选出来的代表都提前上了庐山，参加了“三青团”组织的夏令营。1946年7月24日上午10时，夏令营在庐山大礼堂正式开幕，蒋介石亲临主持。山上的诸多国民党要员邵力子、顾维汾、顾祝同、梁寒操、王陵基、谷正鼎、卢汉等全部出席，盛况超前。这无疑给“三青团”团员一个巨大鼓舞。7月31日晚，蒋介石再次赴夏令营，观看夏声剧团演出《木兰从军》。夏令营于8月22日结束。

8月10日，蒋经国上山，围绕着“三青团”组党问题认真筹备，办报刊、出小册子，在团内形成了同一声音的强势集团。8月22日，夏令营结业。参加夏令营的600多名成员全部作为出席“三青团”“二大”的代表，占“二大”代表人数的60%以上。8月31日上午10时，“三青团”中央干事监察联席会议在传习学舍举行。“三青团”组党万事俱备。

但蒋经国这次遇到了劲敌。为了反对“三青团”组党，8月12日，陈立夫、陈果夫、李石曾、段锡朋到山。8月18日，吴鼎昌、陈立夫、陈布雷在脂红路别墅举行会议，研究对策。8月底，陈立夫下山到南京搬兵，下午偕CC派大批干将赶上山来。于无声处，磨刀霍霍。

为了加强小蒋的力量，9月5日，“三青团”书记长陈诚奉蒋介石之命上山，给蒋经国以实质性支持。

为了疏通蒋经国与CC派的对立，当天傍晚，蒋介石和陈立夫饭后散步，从官邸一直走到三四里路远的青年团会场巡视。蒋介石在用脚步与陈立夫谈心，表示对两党说的关注和支持。陈立夫本看风使舵之人，焉有不懂的道理。然而政界往往懂是一回事，做又是一回事。

9月6日，“二大”大会专门讨论三民主义青年团性质问题。蒋介石亲自主持会议。要求发言的达90多人。整个上午，几乎清一色“三青团”组党的声音。大会气氛热烈而激动，凡发言人提到组党，掌声如雷，他们所提的理由，不外乎国民党已经腐败到不可救药，不足以担负实现三民主义的重任，青年团必须组成新党，方能复兴中国的革命。会上，谷正纲、任卓宣认为此为大事，应慎重考虑。两种意见众寡悬殊。

下午，继续开会。宋美龄跟随蒋介石第一次出现在大会会场，掌声如雷贯耳。到后半场，一件秘而不宣的“武器”突然爆发了。黄宇人要求发言。蒋经国眉头一拧，就是这位黄宇人，在国民党“六大”上向孔祥熙开炮，使得孔祥熙声名狼藉，最后落到连一个中央执行委员都没有保住的地步。国民党六届二中全会上，也是这位黄宇人，矛头指向陈布雷，说蒋介石宣读的陈布雷起草的会议宣言草案没有“革命性”。陈布雷脸上挂不住，散会后在会场大哭，戴季陶在旁劝解半天。过了几天，蒋介石知道此事后，对黄宇人大骂：“黄宇人到处骂官僚，主张革新，我看他就是一个大官僚。”黄宇人听说后，毫不为之所动，仍我行我素。

黄宇人，黄埔军校第四期学生，曾在国民党中央组织部任事，与陈立夫、黄埔系都有非同寻常的关系。这次，他准备炮打何处呢？黄宇人拿起了话筒，从辛亥革命开始讲国民党光荣的历史，台下的青年不由得热血沸腾，紧接着话锋一转，说：“光荣属于过去，今日国民党的腐败无能，应该由谁来负责。历史说，总裁应负主要责任。因为中央党政大员，都是总裁任命的，他们直接向总裁负责，不受舆论和民意机关的监督，可见总裁所负的责任最大。如果青年团要组成一个实行三民主义的党，必须另选出一位领袖，才能在新环境中发挥其领导才能，否则，我们

1946年9月蒋介石坐轿到“三青团”大会会场

的团长以一身而兼任两个党的领袖，当新党攻击国民党的腐败无能时，他将何以自处？”黄宇人以蒋介石领导的“三青团”之矛攻击他所领导的国民党之盾，清晰而深刻地揭露了蒋介石组织新党的目的，仍是为他的独裁统治效劳，毫无革新之可能。

黄宇人的话音不高，却一语千钧，掷地有声。整个大会要求组党的高温，被一盆冷水浇头，全场默然。这时，黄宇人乘胜追击：年轻的同志，你们想组织新党，就会像共产党已经做的那样，助长反对国民党领导政府的情绪。接着他大声疾呼：“依敝人之见，党与团决不能分开。蒋先生是我尊敬的领袖。如果他认为我说得毫无意义，就请他允许我自杀。我绝不吝惜。我的棺材已经准备好了。”[①]庐山流传黄宇人是请人抬着他的棺材上山的。

台上冷眼看着黄宇人慷慨陈词的蒋介石，随后侃侃而谈地做总结。他将开幕式上讲的青年团组成政党的打算，说成人们误解了他的意向。随即呼应黄宇人的发言，说今后国民党和“三青团”应截然分开，已被选为六届国民党中央委员的青年团干部，这次不应再选入青年团中央机构，团员在5年内不要做官，而应专心致力于社会服务工作。接着，大

■ 1946年9月8日，蒋介石在大会门口点名，左一蒋经国

① 易劳逸：《毁灭的种子》，中国青年出版社1984年版，第130页。

会通过“三青团”中央干事（团中央委员）监察选举办法，明确规定，在国民党已有兼职者，必须声明辞去兼职，否则不能做候选人。

9月7日中午，蒋介石前来参加青年团大会聚餐，席间简短致训。

■ 1946年夏，蒋介石夫妇和英、苏、加拿大等国大使夫妇合影

9月8日上午，蒋介石再次来到会场，亲自点名青年团大会代表，在门外进行列队检阅，并召见边疆代表艾沙等10余人，了解边疆“三青团”活动的情况和当地少数民族风俗。

9月11日，“三青团”“二大”全体会议选举中央干事，直到午夜，开票工作仍没有结束。最后只得由蒋介石定夺。

9月12日上午，蒋介石亲自到大会宣布选举结果。不少兼职者仍然被宣布为“三青团”中央干事。大会随之在热烈的掌声中闭幕。下午，蒋介石邀请吴绍澍、黄宇人等到官邸面谈，对黄宇人关心党国之举表示肯定，并就“三青团”团务相关工作有所指示。当然更多的是安抚。

9月13日上午，“三青团”第二届干事举行首次全体会议，蒋介石前往主持，选举中央常务干事。蒋经国获得高票，名列榜首，其他要人黄少谷、倪文亚、袁守谦、刘健群、贺衷寒、程思远等国民党六届中央委员也名列其间，即使他们提出不愿兼职“三青团”的职务；至于原任“三青团”中央常务干事的陈立夫、段锡朋、梁寒操、谷正纲等CC派要员虽均没有声明放弃兼职，但在这次的常务名单中均“榜上无名”。

9月21日上午9时，蒋介石由山南下山，乘坐美龄号到南昌。

下午1时，宋美龄和马歇尔夫人离山，乘坐马歇尔的“五星座专机”飞沪。

1946年夏天，蒋介石在庐山整整“驻节”70天，接见了美国、英国、苏联、加拿大、挪威、比利时、阿富汗、巴西等国大使。

8月27日，蒋介石在官邸曾召见西北联大教授华罗庚，询问访苏见闻。9月4日，召见教育部长朱家骅、湖南省政府主席王东原听取有关学潮的报告。下午，蒋介石与中正大学校长肖蘧一起前往海会察看中正大学校址，在原庐山军官训练团旧址，蒋介石政府准备修建一所以中正（蒋介石名中正，字介石）命名的政治大学。9月7日，蒋介石与云南大学校长熊庆来谈话，志得意满地垂询边陲教育发展计划。

第十三章　夏去秋来的祈祷

1. 魏德迈牯岭会晤

1946年9月蒋介石下山后，内战就像一座装满火药的战车，从东北驰向华北、陕西、鲁北，紧紧拖住了蒋介石夫妇次年歇夏的步履。1947年直至7月24日，蒋介石夫妇才来到牯岭。蒋介石迫不及待地从会客厅走到阳台，深深地吸了一口气。极目望去，层层叠叠的松绿好像一张巨大的国共交战军事图。

一年了。蒋介石1945年9月21日下山。9月29日上午9时国民党军队向中共军队占领的张家口市大举进攻。9月30日周恩来致蒋介石函，同时交给马歇尔一份备忘录，要求国民党停止其军事行动，否则将认为政府业已公然宣告国共谈判全面破裂，政府最后放弃政治解决的方针。10月2日，蒋介石在给马歇尔的备忘录中对这次进攻只字不提，相反对中共提出新的要求。10月8日，马歇尔和司徒雷登发表联合声明，虽然迫使国民党停止进攻张家口市（国民党称张桓）10天，但又袒护国民党提出的新谈判条件。马歇尔主持的国共谈判一次次陷入死胡同。马歇尔不由得想起他的原部下，被蒋介石“赶走”的抗战后期美军驻华参谋长史迪威。史迪威在得知他出使中国时，说过一句名言：“马歇尔不能在水上行走呀！”

10月11日，国民党军队占领张家口市，自以为掐断了共军关内外的联系。同一天，南京国民政府宣布一个月后召开国民大会，中共拒绝参加，除非他们及其盟友能有足够的席位可以阻止通过他们不同意的议案。军事对抗永远带着鲜明的政治目的。

1946年10月12日，史迪威将军在美国莱特曼陆军医院逝世。蒋介石不得不在南京私人宅邸举行了一个规模很小的基督教仪式，来悼念这位十分看不起他的美国将军。

1947年1月8日，马歇尔带着调停失败的惆怅离开中国。当然，马歇尔代表美国政府已从蒋介石那里获得了美国在中国的实际利益。1946年9月18日，蒋介石为换取美国价值8亿余万元大洋的二战剩余物资，与美国签订30年船坞秘密协定。即美舰30年内可在中国沿海船坞中任意停泊修理。11月4日，国民政府与美国签订《中美友好通商航海条约》，共30条。11月20日，国民政府与美国政府签订《中美空中运输协定》。中国的领海、领空和内地河流都向美国敞开了大门。蒋介石还再三恳请马歇尔留下来，将国民政府部队的指挥权全部交送给马歇尔，以获取美国的进一步支持，打赢这场战争。至于在这种“交换”中，国家利益和民族利益的损失，蒋介石已毫不顾忌。马歇尔出于种种考虑，予以回绝，1947年1月7日，回国担任了杜鲁门政府的国务卿。1月29日，美国政府宣布退出三人会议与军事调处执行部。

中国的内战越打越烈，共产党的队伍越打越厉害。1947年2月的莱芜战役，共产党的军队共消灭蒋军7万6千余人。3月，胡宗南部虽占领延安，却是一座空城。5月的孟良崮战役，国民党号称“五大主力”之首的整编七十四师3万余人被歼。据共产党宣布的数字，至1947年夏天，已消灭国民党军队有生力量100多万……全国学生反饥饿、反内战、反迫害游行，扩大到60多个城市。这是继1946年12月24日北平发生美军强奸北大女学生沈崇事件引发全国学生抗议的继续。更可怕的是物价的暴涨。2月1日，国民政府法币币值惨跌，上海交易所挂牌，美元与法币的比值从1946年8月的1：3350上涨到1：7700，翻了一番。1947年2月11日起，国统区金价、物价暴涨，法币币值暴跌。上海物价指数达12000倍。蒋介石将所有的责任都推向宋子文，谴责宋子文要对“金潮”负全部责任。3月1日，批准宋子文辞去行政院院长，由蒋介石兼任。李宗仁、张治中多次公开说，总裁的兼职太多，不利于本党。蒋介石听不进去。3月19日，中央训练团将官班400多名失业军官在中山陵哭陵，哭得社会慌慌、人心惶惶。夏季物价涨幅更是呈几何倍数。学生、市民都想“造反”。6月1日，国民党对学生实行大逮捕。各地有2000多名学生被抓。6月25日，国民政府最高法院发布“平字1906号训令”，通缉中共领袖毛泽东。

6月30日，蒋介石主持国民党中常会决定撤销三青团，实行党团合并。7月4日，国民政府委员会通过全国总动员令决议，宣布中国共产党对国民政府公然进行叛乱，并要求全国人民贡献力量以利戡乱。用美国官方的话说，“这样就结束了开始于1937年的国共关系，在这个很长的一段时间内，和谈与军事冲突更番交替着，中国政府现在放弃它一向公开表示的政治方式觅致解决共产党问题的政策”。

7月6日，司徒雷登大使向蒋介石递交了美国国务卿马歇尔表示对中国政局担忧的信件。

蒋介石站在阳台上，像标枪一样的身板突然转过来，他看见宋美龄手执一柄绢绣团扇，正在他身边扇着风。庐山的气候是不用扇子的，宋美龄是在用这个特别的动作，表示她的关心和担忧吧。“马歇尔将军的信带来了吗？我再听听。”

马歇尔的信是用英文写的，宋美龄驾轻就熟地做着转译工作：

“我们曾密切注意着中国的局势，并且为了因战争扩大而招致的经济情况的恶化感到困扰。我们确切明了中国的需要，委员长也彻底熟悉我的观念中的一般旨趣。就我们的地位来讲，我未敢擅自对你如何处理满洲的特殊情势提出劝告。我必须极坦白地指出：对于目前的严重困难，大多数你曾被提醒过，并被劝告过注意采取防止的办法。分析到最后，中国问题的基本的和永久的解决，必须由中国人自己作出。美国不能发动并执行这些问题的解决，而只能在条件发展到可以有良好结果时，加以协助。请向委员长保证我个人对中国事态的不断的深切的关心，和我对于觅取有益的途径所抱的恳挚愿望。”①

什么是“条件发展到可以有良好结果时”，这和司徒雷登送交马歇

---

① 《美国与中国的关系》，美国国务院出版品第3573号远东丛书第30号，1949年8月发布，中国现代史资料编辑委员会1957年翻印，第204页。

尔信件时强调的“国民政府要扭转战局，必须大规模的全面改革”是一个东西吗？美国需要的中国是将中国彻底改变成由美国支配同时又打着民主独立招牌的国家。

魏德迈就是带着美国这种愿望重新来到中国的。1947年7月9日杜鲁门给魏德迈的训令是：“即刻前赴中国，就中国现在及未来的政治、经济、心理和军事的情况，作一个估量。在你考察期间，你应与该地区美国外交及军事官员保持联系。在与中国居负责地位的官员和领袖们讨论时，你要表明你所负的是调查情况的使命，并表明只有中国政府能够提出令人满意的证据，证明其能采取有效办法以趋向中国元气的恢复，美国政府才能考虑援助复兴的计划。再则任何可能提供的援助，必须由美国政府的代表监督的情形下面，予以利用。”[①]杜鲁门在此特别强调的是，任何可能的美援，必须由美国政府派人监控。

魏德迈是蒋介石的老朋友了。在史迪威被蒋介石“赶”回美国后，魏德迈继其职任蒋介石的军事顾问兼中国战区参谋长。他接受了史迪威

■ 1947 年 7 月，宋美龄、魏德迈、蒋介石、司徒雷登合影

① 《美国与中国的关系》，美国国务院出版品第3573号远东丛书第30号，1949年8月发布，中国现代史资料编辑委员会1957年翻印，第208页。

的教训，对抗战后期国民党军队的无能腐败睁只眼闭只眼，与蒋介石的合作自然愉快许多。

蒋介石侧脸问宋美龄，昨天（7月23日）与魏德迈将军相逢，感到他与过去一样，很谦和。“夫人的看法呢？”

蒋介石一到关键时刻，就习惯问一问宋美龄的直觉。宋美龄的看法与蒋介石有所不同。她幽幽地说：“在抗战后期，是美国有求于中国，怕我们与日本人妥协。现在是我们有求于美国，希望争取到更多的美国武器和美援。两者有本质的区别。一有区别，立场就不同了。魏德迈还会不会为我们说话，现在还不知道。不过，魏德迈转一圈回来，一切都明白了。”

7月底蒋介石夫妇下山。8月1日，宋美龄在南京出席了全国妇女慰劳战士会总会成立大会，并致开幕词。当天召开首次执委会议，发表《告全国妇女书》。8月中旬，蒋介石去延安视察。

8月19日，蒋介石夫妇再次上庐山。与此同时，魏德迈使团经考察南京、北平、沈阳、济南、汉口、青岛、台湾等地，“与许多人谈了话，这些人有在朝的，在野的，代表各种见解和利益，他们又与美国和其他国家的商人及官员谈过话”。魏德迈掌握不少第一手资料后，于8月20日上庐山。

蒋介石、宋美龄像1946年迎接马歇尔一样站在别墅门口，魏德迈步履沉重地走进官邸客厅坐了下来。他没有寒暄，而是开门见山地向蒋介石通报了与各界的晤谈。其中有民盟的黄炎培、章伯钧、罗隆基、张东荪，社会贤达莫德惠，青年党的曾琦、周谦冲等。魏德迈说，他曾专程去陈立夫的私邸拜访，感到国民党自身的问题比战争症结还要可怕。政府官员普遍贪污腐化，贪污现象几乎渗透到全国经济政治所有的生活中。官员方面裙带风、拉帮结派无所不在，巧取豪夺，天天发生。打败仗和闹事的地方，都是政府官员贪污无所顾忌的地方。整个中国，人与人之间没有任何平等，即使是表面上的平等。一个突出的现象是征兵制。有钱人的儿子花了钱免征，富家子弟纷纷被派送出国留学，而不留在国内共赴时艰。被征兵（“抓壮丁”）的都是穷人的儿子。“还有许多对政治犯或其他罪犯惩处不当和滥用权力的事例。”魏德迈“着重指责

■ 1947 年 8 月，蒋介石（左五）亲临胡宗南部攻下的延安

的是那些在行为上以贪婪渎职闻名，或两者兼而有之的一大群人”。包括蒋介石的拜把子兄长许崇智，如某汉奸被抓，家人以多少金条找到许又求蒋介石，明说“弄几个钱花花”，蒋介石竟看在昔日大哥的面子上，答应放人。许崇智拣了几十根金条，救了一个汉奸。

魏德迈深深感到国民党无处不在的官员腐败和军事无能。他在庐山官邸认真地向蒋介石建议，从东北撤军，将东北全部精锐部队撤至华北，固守华北。1947年6月，陈明仁刚刚取得四平胜利，林彪后撤“数百里”，蒋介石对魏德迈的意见不能理解，坚决不同意。魏德迈陈述他的“依据”：他在东北、华北都和一些重要军官谈了话，和陈诚是谈了一整夜。归纳多方面的意见，他得出的结论如下：

一是东北幅员很大，但国军占的地盘不大，并一个个被共军包围。长期下去必然是瓮中之鳖。

二是东北军心不稳，特别是军官们意见很大。高层军官对他们的指挥官就有意见。魏德迈指名道姓，先批评熊式辉，后提到杜聿明、陈诚，说派陈诚到东北去太迟，而且相互矛盾太深。有人说，陈诚到东北就是捞政治本钱。蒋介石顿时想到CC派的报告，熊式辉对陈诚去东北，感到是对他的整治和戏弄。抗战一结束，熊式辉挂东北行辕主任被派往沈阳，以杜聿明为东北保安司令，从共产党手中抢夺了一些大中城市。1947年7月7日蒋介石发布戡乱令，杜聿明去北平开刀住院。7月12日，陈诚到沈阳，召集东北军事会议，并到铁岭视察授勋。熊式辉从1947年4月就意识到陈诚将来势必来东北接他的职务，连上蒋介石七封辞职信，蒋介石多次复信挽留。最后一封挽留信还是7月中旬以后的事。熊式辉气愤地对杜聿明说："我历来认为蒋是一个权谋家，但未料到会这样整我，以后谁再为他卖命？你看我四月间得到的消息不错吧，我原来就防蒋这一手而未防到。陈诚是想在东北出风头打几个胜仗，以挽回他在蒋介石面前失掉的信任。东北共军不是陈诚所想的那样容易打。陈一到东北就撤换四平街守将陈明仁，这使东北将领很寒心。你等着看陈诚的好戏吧！"高级军官尚且不能同心同德，这个仗是很难打下去的。[①]

三是奖罚不明。委员长常常以陈诚为大公无私整治整编的代表人物，但这样的人物在国军中太少了。即使这样的人，魏德迈也听到不少对他的抨击。美援装备，多偏重给他的嫡系十八军等部队，提拔干部也多是第十八军和黄埔军校故旧，这样下去国军和政府都丧失了和中共对峙的力量。只能以缩短战线，把拳头收回来为宜。

蒋介石仍是摇头。和马歇尔临行前他们三小时的晤谈一样，他固执地说：他可以打败东北的共军，他需要的是美国一如既往的援助，当然也包括建议和批评。

魏德迈不解地问蒋介石，既然陈明仁那么能打仗，为什么撤他的职？

蒋介石回答：据报告，陈明仁在组织四平街抵抗时，曾贪污许多大豆。陈诚正是根据美国要我们吏治改革的建议，认真查处的。[②]

魏德迈薄薄的嘴唇绽开了微笑。

笔者2004年12月专访过陈明仁长子陈阳钊。关于此事，陈阳钊仰天长叹一声，告诉笔者，四平一战陈明仁的第七十一军从6月11日固守到7月1日，战事异常激烈，最后国民党军队撤至四平火车站内，仍坚持

---

① 杜聿明：《辽沈战役亲历记》，文史出版社1985年版，第2页。

② 参见《中央日报》《申报》1947年7月8日。

■ 1947年夏，魏德迈（中）在大陆调查

战斗。只好用火车站铁轨两旁来不及运走的大豆做掩体，而这些大豆正是当地官僚购置囤积准备发战争财的。当杜聿明一住院这些官吏即向陈诚打小报告，说陈明仁贪污了这些大豆。陈诚为了打击杜聿明，在东北建立自己的威信，遂拿陈明仁开刀。蒋介石刚刚为陈明仁颁发勋章，马上又将他撤职。偏听偏信，奖罚颠倒，这样的政府焉有不亡之理。陈明仁当年的参谋姚奠基仍在世，现住长沙，也向笔者证实了陈阳钊的相关回忆。

李宗仁生前曾分析陈诚撤办陈明仁，罪名是利用大豆做护墙工事，乘机贪污。其实在“嫡系”将领中，贪污的何止千百人，陈明仁何以被撤职查办呢？可能与他和白崇禧亲近有关。

魏德迈和美国代表团是没有时间也不可能深入中国社会基层的，也不会真正关心国民党的命运。此时听见蒋介石小心翼翼地以美国吏治改革意见为进退，顿时感到庐山的气候似乎比东北还要凉爽。庐山的风光自然比山下的喧闹更让魏德迈留恋，他决定在山上小憩。

数日后，蒋介石夫妇同魏德迈一起下山，前往南京。一幕意味深长的“好戏”随之上演。

8月22日上午，蒋介石在南京黄埔路官邸召开座谈会，邀请了魏德迈“遵照委员长的意见，在国府委员会及国民政府全体部长的联席会议发表演说。这次会议，委员长和蒋夫人以及美大使出席”。魏德迈将军在讲演中，着力批评了政府的军事努力、各级政府普遍的贪污和缺乏效率。他指出：国民政府在实质上不能用武力击败共产党，只能立即改善政府经济情况，以赢得中国人民的忠诚、热情和现实的支持。他强调，有效率和及时进行这些改善与否，将决定国民政府的成败。

魏德迈的讲话在联席会上没有获得应有的掌声。司徒雷登向美国的报告中提到其原因是“出席会议的人——大多是旧式的士大夫阶级——普遍地认为魏德迈的讲话是一种傲慢，显然也触犯了蒋主席”。

8月22日晚6时，魏德迈在司徒雷登大使官邸客厅内及草坪上举行了“盛大的鸡尾酒会”。出席的政府官员有张群、于右任、曾琦、王云五、张厉生、俞鸿钧、吴铁城、陈立夫、俞大维、白崇禧、谷正纲等，名流学者有于斌、吴贻芳、陈裕光等，暨各国使节女眷百余人。[①]

8月24日，魏德迈代表团离华。临行前，在南京发表了一个声明，重申他的意见：

“在今天的中国，我发现许多方面消沉而麻木。他们不寻求解决当前的问题办法，却花费大量时间和精力于责备外界的影响和寻求外界的援助。中国虽因连年战争和革命，受到削弱和破坏，但仍拥有为其自身之恢复所需的大部分物质资源。这种恢复有待于令人振奋的领导和道德及精神上的新生，而这只能来自中国内部……只要撤除目前在政府中占据许多负责地位的不称职和贪污的人——不仅是在中央政府中如此，在省市政府中更其如此——现中央政府就能赢得和保持大部分中国人民专一热情的支持……要重获人民的信任，中央政府必须立即实行激烈的、远大政治经济的改革。诺言已经是不够了，实践是绝对需要的。应该承认，光靠军事力量是消灭不了共产主义的。”[②]

魏德迈的声明引起轩然大波，也引发了国民党上层的失望、怨恨和怀疑，蒋介石甚至诘问司徒雷登的秘书傅泾波：美国是否在逼他退休和改职？

---

① 《中央日报》1947年8月23日。

② 《美国与中国的关系》，美国国务院出版品第3573号远东丛书第30号，1949年8月发布，中国现代史资料编辑委员会1957年翻印，第210页。

面对魏德迈的指责，国民政府的要员关心的是个人的地位、美元的资助，没有任何力量出面关心魏德迈牯岭提议放弃东北的真正目的。

当年魏德迈离华后，在朝鲜做了一个短促的访问，即返华盛顿，于9月19日向杜鲁门总统提交了他的秘密报告。

据美国国务院档案披露，在该报告的建议中，有一条要求联合国立即采取行动，把满洲交给包括苏联在内的“五强”管理或由联合国“托管”。总统和国务卿认为，任何建议若在那时予以公布，将大大激起中国怀疑，认为侵犯中国的主权，并将使中国政府显得无能治理中国领土的样子。他们认为，这种建议无疑将遭到中国政府的反对，因为这在某种意义上表示至少是局部割裂中国领土，交给包括苏联在内的一批国家。无论如何，他们相信要把责任放在联合国的身上，让它来采取执行这样一种建议的行动，很可能会严重地危害在那时就已经遭遇其他严重和紧迫问题的这个组织的前途。国务卿曾机密地告诉委员长，这个建议妨碍报告的发表。对此，委员长没有提任何意见。

报告主张，经济情况通过美国援助而获得改善，应为将来由进出口银行、国际银行和货币基金会等现存机构以及中外私人资本做进一步建设性扶助。在军事方面，报告建议把军事顾问及监督范围扩大到野战部队、训练站以及后勤部门。该报告亦认识到：“虽然上面所说的顾问确实间接到对作战部队给予指导，但这种指导还是应该在作战地区之外进行，以免人家批评美国人员积极参与同室操戈的内战。”

魏德迈的报告还提到了一些别的建议作为美国援助的前提：

“中国有效利用它自己的资源，从事经济重建，推行健全的财政政策使预算赤字减少。”

“中国应继续不断地证明是在实行急迫需要的政治和军事改革。”

“中国接受美国顾问，使他们以美国负责代表的资格，在特定的军事和经济方面，帮助中国按预定目的利用美国援助。”①

---

① 《美国与中国的关系》，美国国务院出版品第3573号远东丛书第30号，1949年8月发布，中国现代史资料编辑委员会1957年翻印，第212页。

世界上没有免费的午餐，更没有不要政治回报的援助。杜鲁门的代表魏德迈1947年夏天的中国之行，不仅希望中国的东北是另外一个版本的地图，而且希望通过美援，使美国的整体利益渗透到中国的政治、经济、军事等各个领域。可惜，国人能够痛恨汪精卫，却对美国这种不带硝烟的经济、军事援助的渗透，缺乏清醒和足够的认识。

2. 正街丁亥新闻

魏德迈秘密报告的基本精神，当年的蒋介石是心知肚明的。但1947年的国民政府就像一个白血病人，须臾离不开美国政府的输血。哪怕输的血液中带有病毒，也在所不惜。正是怀着这种心境，蒋介石夫妇1947年8月31日再上庐山，也可能故意要对国内外媒体传递一种美国政府喜欢听的声音。

这次跟随蒋介石上山的，有国民党中央执行委员、国民政府参军处军务局局长俞济时、“三青团”中央干事曹圣芬中将、国民政府文官处秘书施觉民以及国防部第三厅厅长、作战科科长等人，显然不像一种单纯的避暑之行。

在牯岭日程安排上，蒋介石确实与往年有不同的地方，当晚蒋介石前往河东路6号，探望来庐山疗养多日的陈布雷。河西路陈布雷的私人老宅已被日本飞机炸得破烂不堪。1946年后，令陈布雷上山均住在励志社安排的此处别墅。长期的紧张伏案工作，令陈布雷用脑过度，精神衰弱到了非常严重的地步。他不能多看书，多月不能写作，痛苦至极。见到蒋介石特来问候，陈布雷更感惭愧之至。“布雷先生，你好好休息，一切都很好。”在蒋介石的下属中，蒋介石一直对陈布雷称先生，使这位传统的淡泊文人长思知遇之恩。陈布雷一生自律很严，小心翼翼，站不挺胸，在大庭广众中，总是走在旁边或轻轻侧身而过，遇事总是息事宁人，唯恐有所得罪。蒋介石的原侍从室秘书汪日章对陈布雷比较了解，感到陈布雷对政治不太感兴趣，也不愿从政，一直希望回到教育界或新闻界重操旧业。但从陈布雷为蒋介石撰写的文章上看其意趣，又言不由衷。其议论国计民生在理论上头头是道，哪里是一个能脱离政治的人呢？抗战时，蒋介石特许供应陈布雷“三五牌”纸烟，他一支接一支地呕心写作，加重了病体。后来有时不能执笔，便请程沧波代笔，张季鸾参加起草蒋介石文稿。到国共再次分裂，文字工作更感困难，陈布雷神经衰弱日趋严重，天天吃安眠药才能入睡。

陈布雷是个旧文人，颇具古风。重庆时期他和张治中一起在侍从室工作，关系融洽。每遇陈布雷头痛不已，张治中就逗他笑，帮他“调整调整”。一次有闲，张治中领陈布雷去吃小馆子，逛街头公园，坐小茶馆，听四川人摆龙门阵，又看了一场电影，说说笑笑，大半天过去了，陈布雷的脑袋也不痛了。现在，张治中奉命到新疆任主席去了，还有谁能帮陈布雷调整调整神经痛呢？陈布雷也矜持地不愿向其他人说，包括蒋介石。看起来很复杂的病，有时也是很简单的，犹如中国当时的战局。1947年夏天的陈布雷再也不可能像1946年夏在庐山那样谈笑风生了。

在探视陈布雷的第二天，蒋介石带着幕僚和侍卫来到正街。1947年夏天，蒋介石已不是第一次巡视正街了。被一场大火吞噬的残垣断壁早已被清理，但一种挣扎后的失意和萧条大写在牯岭街头的每一个角落。庐山管理局局长吴仕汉被安排此时向委员长汇报。这种殊荣令微微发胖的吴局长诚惶诚恐。庐山管理局成立于1926年，此前庐山只有警察局，下辖清丈局。最初，庐山管理局属九江市政府管辖。1930年改隶江西省政府。庐山管理

■ 1946年夏陈布雷（右二）、邵力子（右一）、张伯苓（左一）等在庐山欢宴

局局长也是一个不大不小的官员了。庐山管理局第一任局长刘一公，第二任局长蒋志清，第三任局长谭炳训，吴仕汉是第四任局长。此时他毕恭毕敬地对蒋介石说：

“1947年4月16日这场火灾，是民国十四年春牯岭火灾后最大的一次。这是我们的失职。

那夜11时许，下街45号失慎，延烧下街及正街，火灾面积较大。计毁店屋达262栋，受灾人数1667人，管理局及本山商民共同组织‘牯岭四·一六火灾善后救济委员会’，分电中央、省府及各方面报告灾情请赈。江西省政府王陵基主席亲自来山指导善后。中央暨省府各拨款3000万元大洋，本山募款600余万元大洋，行政院江西善后救济分署亦拨给面粉、乳粉、衣服、帐篷等有差，办理急赈。现在各灾户基本有了着落。”

蒋介石微微颔首。吴仕汉见蒋介石没有太多的责怪，立即将新定的一套远景规划，作为近期计划向蒋介石做了汇报。

吴仕汉说，蒋委员长，管理局对于恢复牯岭区繁荣拟定了一个计划：

一是园林化。避免市区尘俗之普通建筑，重新布置为园林化商业市场。于牯岭进口处改建公园形式，可以远眺。

二是集体化。新的店铺集建于指定地点，以联合营造为原则，注重美观、卫生、经济之条件。并且计划在新街、正街路宽一律拓为七公尺半，用方石板铺砌，铺户建筑必须整齐。在新街西向一面及正街北向一面，准许建筑永久式商店，其门面式样由管理局统一制图规定。对面沿街一律建筑石砌栏杆，植行道树，街沿下建筑护土石墙。下街、后街不准私人重建，其土地由政府征购，划作公园区另行设计，布置梯田式公园，开辟圆形广场一所，约40市亩。为顾全被禁重建区各铺户的营业，拟另择地点，兴建集体商场二处，采取二层楼永久式，共容100户。商场全部建筑费由管理局筹付。

这是多大一个手笔，在战争年代弄得不好就是天方夜谭。但蒋介石听得很认真，也可能一个字都没有听进去。他笑着问老百姓对这个计划满意吗？

■ 蒋介石流连庐山一草一木

吴仕汉大声说："当然满意，不要自己出钱就有新房子住。"庐山管理局局长胖乎乎的脸上挂满了笑容。下面的话吴局长就说不下去了，各地捐款虽多，可几个月来法币贬值太快，原来可以盖一座房子的钱现在已经只能盖半座了。

蒋介石又向正街一家古玩店走去。民国时期，牯岭正街文化设施比较齐全，唐宋文物、古玩店都占据一席。古玩店的物品看起来琳琅满目，蒋介石看上了一幅古画，古色古香，给人的感觉若即若离，和宋美龄勾勒的溪口雪窦山犹如一个意境，于是顿感亲切，询问："何价？"老板是一个40多岁的汉子，一下子被问倒了。如说低了，真品成了赝品，如说高了，自然得罪了蒋大人，紧张之余，报了一个略有保留的实价，400万元大洋。蒋介石一听，摇摇头说："太贵了，我买不起。"

400万元大洋听起来似乎是个庞然大数，但在当时，这个数字就太保守了。牯岭本来地方就不大，商店集中，蒋主席在古玩店询问画价的事情，顿时在牯岭街上传开了，后来又被大小报纸宣扬。一时间，蒋介石庐山廉洁亲民的形象成了反击魏德迈批评的一张时髦的盾牌。

9月3日，庐山各界举行庆祝"九·三抗日战争胜利纪念大会"，蒋介石偕宋美龄出席，宋美龄那天在深色的旗袍外面套了一件黑西服，紧身而别致。蒋介石再次对牯岭火灾表示慰问。蒋介石说："我和诸位兄弟姐妹，相隔又已一年。此来得与诸位见面，甚感快慰。牯岭大火，我非常挂念。同胞因此遭受很多困难，我同夫人常想念各位同胞的痛苦，曾派人前来救济。”蒋介石此时的宁波话说得很慢，也很动听。[①]

牯岭，在蒋介石的心目中，如同他的第二故乡，是他要用全部心血打造的地方，这场大火，让他感到彻心之痛，如同东北一蹶不振的战局。

国民党中央六届四中全会定于9月9日召开，9月8日蒋介石偕宋美龄匆忙赶回南京。

3. 十月紧急军事会议

国民党中央六届四中全会是和三民主义青年团中央的联席会议，开了4天,9月13日结束。会议通过了《中国国民党当前组织纲领》和《统一中央党部团部组织案》，决定将三民主义青年团并入国民党，凡“三青团”中央干事、候补干事、中央监察和候补监察，均转为国民党中央执、监委和候补中央执、监委，在中央党部中增设青年部，与一年前在庐山召开的“三青团”“二大”鼓噪以团组党向腐败的国民党作斗争似乎有天壤之别。

无独有偶，9月22日，中共刘少奇、朱德、冯文彬（时任中共中央青年工作委员会书记）致电中共中央报告在河北西柏坡召开的全国解放区青年工作会议情况，建议在全国解放区范围内正式成立新民主主义青年团，并提出建团工作计划。10月2日，中共中央复电同意。

这种此起彼伏的态势，在战局上也以1947年秋季为转折点。8月3日至9月30日，国民党集中了6个整编师、20个旅，组成胶东兵团，以陆军副总司令范汉杰为总指挥，向胶济路东段和胶东解放区大举进攻。8月6日占领胶县，沿途直下，9月30日占领烟台。这是国民党所标榜的“夺取延安”后的又一“重大胜利”。但随之而来的是各大战场共产党部队的全面反攻。

在东北战场，东北民主联军发起秋季攻势，首先向国民党兵力薄弱的南线发动进攻，调动北线兵力南线打“援”，歼灭国民党暂编第二十二师、第四十九军一部，全歼第五十三军一一六师、一三〇师一团、第

① 参见《新闻天地》1947年第28号。

五十七师一团、第五十二军二十五师一团，打得蒋介石10月8日亲自飞往沈阳调整部署，并从华北调兵东北，以“沈阳外围决战”，对陈诚面授机宜。不过，这种部署使东北战事更快走向死局。9月14日至11月5日，东北民主联军发动秋季攻势，歼敌7万，控制了东北大部分铁路。

在西北战场，彭德怀率第一、第三纵队及两个旅10月上旬发起延川、清涧战役，攻歼国民党军8000余人，俘获整编第七十六师中将师长廖昂等。

山东战场，10月上旬华东野战军发动胶东战役，共歼国军1万余人，俘获国军第四十五师少将旅长张志中等。

华北战场，晋察冀野战军主力10月20日发起清风店战役，激战至22日，全歼国军第三军军部、第七师及六十六团，俘中将军长罗历戎、中将副军长杨光钰等及以下官兵1万余人。随后开始攻打石家庄。

10月下旬，晋冀鲁豫野战军从大别山挺进到广济一带，使蒋介石六十大寿期间不得不召开紧急军事会议。

10月27日，国民政府发言人在南京发表“主席为厉行节约，免除浪费，故飞庐避寿”的消息，下午1时，蒋介石偕宋美龄在国民政府参军处军务局局长俞济时等人的陪同下飞往九江，江西省政府主席王陵基在机场迎接，下午4时到达小天池。以党团合并一跃而成为国民党中央常委的蒋经国、刚从美国归来的外交部部长王世杰、国防部长白崇禧、第五绥靖区司令官张轸、第八绥靖区司令官夏威、第三兵团司令欧震、第七兵团司令区寿年、整编第二十三军军长李良荣等均已提前到达牯岭迎接。

蒋介石下榻牯岭官邸后，立即在二楼客厅召开紧急军事会议。迎候的军政大员除王世杰另有安排外，一律与会，江西省政府主席王陵基也出席了会议。

蒋介石请白崇禧介绍晋冀鲁豫共军的情况。蒋介石虽与桂系有隙，但对白崇禧谋略出众、摆兵布阵知己知彼还是心许的。故，北伐战争中他一再邀请白崇禧任总司令部副总参谋长，抗日战争中仍请白崇禧任副总参谋长，实际履行参谋总长职责。抗战胜利后，虽以陈诚任参谋总长，但1947年后陈诚的职权已逐渐缩小，国防部的职权扩大。陈诚到东北兼任行辕主任后，白崇禧实际在履行参谋总长的最高参谋职责。

烟云弥漫的白崇禧庐山别墅和庭院（中五路老101号）（作者摄）

白崇禧面对大幅军事地图，比较全面地介绍了晋冀鲁豫野战军的近期走向。晋冀鲁豫野战军由刘伯承、邓小平率领13个旅12万余人，6月底从山东阳谷至菏泽一带8个地段突破国军的黄河防线，转入国统区。7月中下旬在鲁西南打了第一仗，国军继续“围剿”。8月17日，刘邓野战军越过黄泛区。24日，强渡汝河，27日强渡淮河，进入大别山地区潜伏。共军这支部队10月初开始出击，8日、10日分别在李家集等地与国军整编五十六师第十七旅、五十二师一个营相遇，动作都不大。他们远离后方，按照常规，国军完全有击败他们的军事力量和经济实力。但不可捉摸的是昨日（1947年10月26日），晋冀鲁豫大部队出动，在高山铺与国军交火，据报人数众多，兵指何处，如何堵截，还需委座和诸位高论。

蒋介石请在座的补充发言。各位司令目光游移，情况如此紧急，共军神出鬼没，个个怕说不到点子上，唯唯诺诺。蒋介石避寿上山，原意是想以一种好心情来面对一切，可此时心情怎么能好起来。他的无名火被下属们发言的推诿挑起来了。他站了起来，大声训示，并粗鲁地带上“娘西匹”的“国骂”。声音将正在一楼休息的宋美龄“请”到了楼上，她请侍从们给委座和与会者每一位都续上茶水，蒋介石顿时明白了夫人的提醒，向宋美龄点点头，“国骂”收敛了。蒋介石像在六届四中全会上一样，再一次将局势变差的责任全部推向在座者。

白崇禧显然是听不下去了，打断了蒋介石没完没了的责怪：“委座，眼前的情况是判断这些共军的下一步，要抢其先，才能做下一个口袋。”蒋介石这才言归正传，说到他的判断，他认为刘邓大军是要在强渡黄河、汝河、淮河后，再强渡长江，出其不意地使国军“围剿”陕北的军队、东北的军队南撤解围。

蒋介石的这个判断在会议上如灿烂的霞光照耀着每一张乌云密布的脸，瞬间云开雾散，各路司令一致赞颂蒋介石的英明判断。蒋介石不禁问道：“白部长，你看如何？”会议上蒋介石一律以职务称谓。

白崇禧对蒋介石的判断有点儿不以为然或没有把握，出语道：“到目前为止，尚没有共军准备过江的痕迹。”

“等有迹象时，就迟了。”张轸、夏威等人纷纷说道。中国的官场，也可能由于封建势力的沿袭，与会者随时随地都容易成为更高职权者的拥护者。欧震等人也可能是为了早一点儿从蒋介石咄咄逼人的阵势中解放出来，也都纷纷肯定蒋介石的说法。本来蒋介石只是一个并没有十分把握的提议，一见所说被捧为英明判断，对白崇禧的异议自然不用在意，随即布置调兵计划，急调整编第四十师和第五十二师第八十二旅进至蕲春一带，并调后继部队拦截。各路司令领下紧急任务，晚上具体商定作战计划。

就在牯岭紧急军事会议紧张进行之际，中共中央在同一天发出“必须将革命进行到底”的指示，毛泽东提出要揭露美蒋反动派策动“和平统一”的政治阴谋，做好争取团结各民主党派的工作，反对一切不彻底的资产阶级妥协思想或改良主义。居高临下，居安思危。

1947年10月27日，国民党下令解散中国民主同盟。

4. 外交部部长牯岭汇报

10月28日，南京国民政府外交部部长王世杰来到庐山官邸，向蒋介石汇报了他的美国之行。这次参加联合国会议期间，王世杰与美国国务卿马歇尔分别于1947年9月14日、10月9日、10月14日多次密谈，还拜访了杜鲁门总统，又多次与美国远东司官员会晤。王世杰兴奋地告诉蒋介石，美国的对华政策将改变“袖手旁观”的态度，准备供应中国运输机、枪支弹药，并在做银行的说服工作，争取1亿3千万美元的抵押贷款。至于作战飞机，尚在考虑。美国现在正倾向于改变它的对华政策，军用物资的禁购禁运“禁令”也全面松动。大批经济援助即将到来。

王世杰在他的详细汇报中，披露了两个至今多被忽略的问题，一个是东北局势与当时中苏美关系的博弈；另一个是美国对国民党政府的援助和贷款，主要是以日本无主劫物中的中国份额为担保。

1947年10月9日王世杰与马歇尔长谈是以东北局势步步深入的。他谈到了东北的严重局势，原因在于缺乏弹药（所需弹药中国不能制造，在东北的中国军队以前是由美国训练和装备的，因此要靠美国补充所需的弹药）。他回顾了在美国的建议下，中国和苏联曾于1945年签订条约，那个条约的唯一目的是收复东北。他说，中国东北的严重局势，必然是中美两国共同关心的问题。王世杰接着回顾了巴特沃思在他离南京来美国时，要求他带口信给马歇尔，大意是虽然有些中国领袖声称如果得不到美国的帮助，中国将自东北撤退，但巴特沃思本人则认为美国不要卷入中苏纠纷。

马歇尔说：他记得那个口信。

王世杰再次谈到了在东北作战的中国军队急需弹药，但他说，在（正式）提出要求之前，他首先愿意知道美国政府能否同意此种性质的要求，提供更多的弹药。

马歇尔说：他一直在有些惶惑地或者毋宁说是有些深入地考虑，在这方面帮助中国，会不会给中苏关系带来更多的麻烦，而不是对中国有所帮助。

■ 1947年王世杰外长在美国的外交活动

王世杰说：他理解国务卿所担心的问题，正因为这样，目前中国才没有请求美国增加在中国的军队或补充顾问团成员。但就东北的局势而言，比过去更糟了，而且中国政府决心尽一切力量扭转它。王世杰提出：迫切需要的是美国训练的各师的装备，还有0.50口径的子弹和其他炸弹，等等。

马歇尔说：他不清楚此事现在到底如何，但他将交给波伦，并请他向华盛顿国务院查明实际情况再答复王世杰。

此后不到一个星期，即10月14日晚上，在纽约皮埃尔饭店王世杰的房间里，王世杰再次和马歇尔会谈。马歇尔由波伦陪同。

这次马歇尔首先提出了以日本无主劫物中的中国份额为担保的贷款问题。他说：波伦一直在办，当天早上他收到有关此事的备忘录，但由于措辞费解，他已要求把它简化，以便他能看懂，然后他将送交王世杰带回中国。他已得知总额没有王世杰想的那么大。他听说有价值1亿3千万至1亿5千万美元的黄金原属日本。掠夺品总额则约为3千万至5千万美元。借款如何安排，还在商讨之中。

至于武器弹药问题，马歇尔说，他将先办1000万发0.50口径子弹。他已从陆军部查明，可以向中国提供此数，条件是中国日后予以补还。他知道中国已向奥林公司订货，但保密是非常重要的。他要王世杰保证中国方面严守机密。他知道美国方面不是总能轻易做到保密的，尤其是在安排运输时不易保密。但可能在菲律宾有库存，可用来运往中国。那样办，可以很快运达中国，也容易保密。①

过去总宣传美国是蒋介石的“运输大队长”，其实蒋介石是美国二战后剩余军用物资的“冤大头”购买商，这种购买不仅要附带中国多种主权条件，还要用巨大的日本归还中国的战争份额作补偿。

但此时的蒋介石，用美国人批评他的话说，是“为了个人的权力”，已到了利令智昏、饥不择食、有奶便是娘的地步。他听了王世杰的汇报，高兴地连说几个好。

当然，王世杰的汇报也有令蒋介石不愉快的地方。王世杰说：在华盛顿他又会见了魏德迈。魏德迈再次对委员长的用人准则提出了“异

① 《顾维钧回忆录》第6册，中华书局1988年版，第246页。

议”。魏德迈说：委员长在使用和任命人员方面，基本上考虑的总是此人是否可靠、是否无愧于他的信任，以及能否执行他的命令，并在任何情况下都效忠于他。这是首要标准，是委员长自己说的，说了不止一次，对魏德迈说过，对马歇尔也说过。因此，如果接受这种观点，自然就很难说在当时情况下还有什么其他办法。当美国将军们提出国军的司令官不完全是最称职的人时，委员长的答复总是“我必须用我相信的人，危难时刻尤其如此”。美国人的意见是，重要职位，不论文武，都必须由能胜任工作的人担任，否则，即使忠贞不渝，也达不到派去掌管一省一市的主要目的。[①]王世杰也同意这种看法，才用心转达给蒋介石。

魏德迈的看法在美国驻华人员中早已存在。王世杰向蒋介石转交了从华盛顿带回的美国沈阳总领事1947年5月30日呈报美国国务院的一份东北军事报告，上面清楚地陈述：

过去两月，政府军的士气已加速衰颓，许多方面（包括与各种中国人的接触、联总制院、刚从吉林返沈的美国人以及间接地从东北作战指挥部所获消息）已向我们证实他们士气衰颓的严重情势，并已成为众所周知的事情和谈话的题材。它反映在军事防御部队的惴惴不安，力图避免征调，冷淡、怨愤和失败主义情绪在国军士兵中迅速扩展，造成投降与逃亡现象。造成这种情况的主要原因是共军数量上的优势（这是由于共军大量使用民兵、地下工作人员和朝鲜部队的援助而产生）不断扩大。国军士兵因为不能获大增援而对前途表示灰心丧气，而共军则更加团结一致，有更好的作战精神。国军既遭损失又感到筋疲力尽，国军军官的豪华与士兵饷金和生活菲薄，待遇间的不均引起的愤恨日增，以及他们毫无兴趣在远离乡背井的异乡与不友好的人民为伍作战，而共军大部分是本地人，处于为乡土作战的地位上。

这并不是说满洲即将崩溃。可是，它却确实意味着：国军士气已经低落到这样的地步，即无论如何共军欲攻取满洲，整个满洲可能突然的溃散，任由共军占取。政府不能适当地运用美国训练的与装备的军

---

① 《顾维钧回忆录》第6册，中华书局1988年版，第300页。

队，这些军队经调派至满洲，实较任何共军部队为优越。这说明了，在这一特定地区，错误的指挥与低落的士气所造成的恶果，远比较旺盛的活力与优势的装备所能发生的效力为大。[1]

蒋介石再次看了王世杰一眼。

不管美国人对自己怎么不满，政治上、军事上却是全力支持自己的，想到这里，蒋介石感到自己的生日过得有点儿意思了。自然，王世杰这份“寿礼”是送得最及时的。

就在王世杰牯岭汇报的同一天，《中央日报》全文刊登了《中美救济协定》全文：

第一条，物资之供应；

第二条，在华救济物资之分配；

■ 20世纪30年代担任南京国民政府教育部长的王世杰

第三条，出售美国物资所积存资金之利用；

第四条，有效之生产、粮食之征集及资源之利用，以减少救济之需要；

第五条，美国代表，其中乙款特别强调，“中国政府准许美国代表有监察美国救济物资之分配，以及履行视察及报道与本协定任何有关事项之自由，并于各方面予以便利”；

第六条，美国新闻及广播事业代表观察与报道之自由；

第七条，报告统计及情报，其中乙款特别强调，“中国政府依

① 《美国与中国的关系》，美国国务院出版品第3573号远东丛书第30号，1949年8月发布，中国现代史资料编辑委员会1957年翻印，第261页。

美国代表之请求，将迅速供给关于足以影响人民救济需要之任何物资之生产、使用、分配、输入及输出之现有情报”；

第八条，关于美国援助之宣传；

第九条，救济援助之终止，第四款特别强调：“美国救济物资或当地所产或自国外输入之同样物资，由中国输出或移出时，美国政府于无论何时，认为因其他情势所必要，得停止或改变其援助之计划”；

第十条，协定之日期，1947年10月27日即日生效。[①]

《中美救济协定》以帮助国民党政府的面目出现，以扼杀中国各业，独占中国市场，控制中国整个未来为目的。对于这一纸协定，南京政府主席蒋介石看到的是希望和喜悦，有良知的国人看到的则是深重的民族危机。朱自清等大学教授“饿死不吃救济粮”的民族气节，很快激起国统区人民对美国救济物资的清醒抵制。

5. 六十寿辰黄龙游

1947年10月28日，蒋介石仍抱着对美国政府“救济”的喜悦和希望，迈入他60周岁的第一天。

60年前的这一天，农历丁亥年九月十五（公历1887年10月31日），蒋介石出生在浙江宁波溪口中街玉泰盐铺楼上。60年后的这一天晚上，蒋介石在牯岭官邸举行家宴，于右任等故旧赶上山来参加。据庐山老人回忆，有人送一米多高的西式生日蛋糕，从街上敲锣打鼓地送进官邸，沿途不少人围观，好不热闹。

翌日，10月29日，星期三。恭送寿礼的队伍一大早就等候在长冲河对岸。蒋介石夫妇一律谢绝，实在回避不了的，由侍从室接待。夫妻双双自往黄龙寺游玩。蒋介石身穿棕色新长袍，头戴鸭舌呢帽，手拄文明棍；宋美龄则一身黑呢子外套，白色长绒围巾，依偎在腰板笔挺的蒋介石身边，走到哪里都像一幅中西合璧的人物画。来到黄龙寺，蒋介石虔诚地拜了拜寺里的菩萨。突然，他悲喜交加地对宋美龄讲起了他的“家史”。

① 《中央日报》1947年10月28日。

宋美龄随蒋介石回溪口老家多次，蒋家祖上的历史，她也断断续续听说一些，但由蒋介石本人六十自述，自有不同的意蕴，特别是在这么一个非常时期、非常地点。

蒋介石对宋美龄说，根据蒋氏族谱记载，他是溪口蒋姓的28代子孙，属周字辈，故原名蒋周泰。溪口蒋姓，唐时由台州迁到奉化三岭，传至5代的后梁，出了一个名叫蒋宗霸的，笃信佛教，拜布袋和尚为师，口中常念“摩诃般若波罗蜜多”，被称为“摩诃居士”，后离家出走，在宁波东乡小盘山筑庵静修，死后葬于小盘山，他就是溪口蒋家著名的“摩诃太公”。蒋家老宅附近，建造一所“摩诃殿”，就是纪念他的。在元代，蒋家的16代太公蒋士杰，从三岭迁至武岭，该地位于剡溪之口，故名溪口。又过了10代，到他曾祖蒋祁增，蒋家五房中的第三房分为新三房和老三房，祁增是新三房的祖宗。

父亲蒋肃庵娶过三房妻子，原配徐氏，溪口镇五华里上白村人。徐氏生下一女一子，女名瑞春，子名锡侯，又名介卿。瑞春比蒋介石大13岁，嫁了溪口任宋村一个叫宋周运的农民。宋周运是个老实农民，非常节俭。蒋介石早年回家，这位老实巴交的姐夫对蒋说：“买一双布鞋只要大洋4角，从溪口到宁波买汽车票来回要大洋1元多，可买4双布鞋，

1947年10月28日蒋介石在庐山举行生日宴会，右一于右任

乘车太不上算。”他到宁波经常是步行往返。蒋经国在赣南时曾把他接去住。蒋介石和他姐姐瑞春感情很好，每次回乡，总要去看看她。有一次，在去任宋村路上相遇，蒋介石急忙下轿，请姐姐上座，自己步行随轿到姐姐家，后面跟着大批警卫和侍从。路上的人看到都很惊奇。1946年姐姐蒋瑞春在任宋村去世，蒋介石特派蒋经国赶回去奔丧。蒋介石对长兄蒋锡侯的感情一般。因蒋父死后，蒋锡侯为家产事对母亲王氏不敬，因此，兄弟间的感情受到影响。但兄弟终究血浓于水，仍然让蒋锡侯当过一任英德县县长、浙江省府委员、宁波海关监督。蒋锡侯比蒋介石大10岁，1877年生，死于1936年农历十二月二十七日。原来“西安事变”那天，蒋锡侯正好在溪口武山庙看戏，电报传来，大吃一惊，高血压发作，不久一命呜呼。蒋锡侯有一子一女。子名国炳，曾留学日本学军事，回国后向叔父要官做，蒋介石只给了他一个连长当，他非常不满，加上婚姻刺激，精神失常，此后即无法做事。女名华秀，嫁与白崇禧的外甥广西人韦永成。韦永成曾任安徽省财政厅长、立法委员，成为桂系的一个要人。

蒋介石还有一个关系最密切的舅舅孙琴风。徐氏死后，蒋父继娶离溪口20华里肖王庙镇的孙氏。不久，溪口时疫流行，孙氏染病死去，没有孩子。孙氏的弟弟孙琴风非常喜欢和看重蒋介石。他在宁波开了一家新顺木行，小有资本，蒋介石外出读书和谋职，颇得这位舅父的资助。蒋介石在日本和广东来往信件电报也由新顺木行传递。二次革命失败后，袁世凯到处缉拿革命党人，蒋介石也是其缉拿对象，他只好躲到肖王庙镇舅父家里，得到掩护。不久，孙琴风卖掉20亩田，送蒋介石逃亡日本。

生母王采玉生育过4个子女。蒋介石为长，下面依次为长女瑞莲、次女瑞菊、幼子瑞青。瑞莲比蒋介石小3岁，1937年去世，只活了47岁。瑞莲的丈夫竺芝珊原来是玉泰盐铺的学徒，以后靠蒋介石的关系，担任过中国农民银行的常务董事。瑞菊比蒋介石小5岁，瑞青比蒋介石小7岁，均在幼年夭亡。瑞青小时候比较聪明，蒋介石对宋美龄说，他还清楚地记得他的样子，和纬国小时候样子差不多，母亲十分疼爱。瑞青死后，给他找了一个王姓夭折的幼女，作为冥配。蒋介石亲自写了一篇祭文，过继经国给瑞青做嗣子。同胞兄弟一场，人世黄泉情深。

蒋介石话语深切，宋美龄深情地望着她的“达令”。民国时期传有一则笑话，军阀孙殿英听说宋美龄叫蒋介石“达令”，想来那是一个很了不得的尊称，一次被蒋介石召见，张口也来了一个“达令”，蒋介石怒斥：“达令是你叫的吗？！”孙殿英灰头灰脑地滚出门，向人请教，才知“达令”是宋美龄叫蒋介石“亲爱的”英文昵称，顿时傻眼。

转眼间，蒋介石夫妻20年了。古人云：每逢佳节倍思亲。蒋介石是人逢寿辰亲满怀（不过，蒋介石的亲情只能是恪守传统礼仪的“小亲”，作为胸怀天下民族气概气节的一国之君的“大亲”大略，在他六十寿辰之日，则另有别论了）。

1947年10月10日，民国三十六年国庆纪念日，国民党元老张继发表《发挥辛亥革命精神戡乱救国》一文。邹鲁，当年西山会议派的领军人物，也洋洋洒洒写出长篇《民国三十六周年纪念颂词》，大笔一挥“后期革命，戡乱尤急”，将与共产党的战争标榜为国民党的后期革命标志，这也是西山派对蒋介石20年来所作“贡献”的肯定。不过与同一天中共中央提出“打倒蒋介石，解放全中国”的战略口号，在民族宗旨和气势上，前者显然不能相比。这是蒋介石生日流连黄龙寺，想起来就五心不安的事。走出黄龙寺，蒋介石神色黯淡，宋美龄笑着“絮叨”半月前她前往杭州参加世界女青年会的趣闻。

宋美龄依挽着蒋介石的手臂，兴致勃勃地问蒋介石，你知道我1947年10月14日一下飞机，去的第一个地方是哪里吗？

这倒是蒋介石应该关心却因战事烦心未及问的，便顺口答道：当然是开会会址了。当晚不是要请你发表演说吗？

宋美龄笑着说：No，我去了膺白私邸。

膺白，黄郛字。黄郛生前在杭州盖了一座豪华别墅，收藏有不少名人字画，但未来得及住一天即命归西天。其妻沈亦云将这栋别墅送给南京国民政府作黄郛纪念馆。抗战胜利后，黄郛纪念馆整修一新，重新挂上黄郛当年追悼陈其美的两副挽联：

其一：

百战吊河山，何物鉏麑，竟促英雄完大节。

十年共薪胆，尚余秦鹿，誓修矛戟报同仇。

其二：

忆昔日建牙沪渎，我非景略，谬许谈兵，
际兹大义复伸，方期重赋同仇，永安华厦。
痛今朝撒手尘寰，世无鉏麑，竟贼民主，
所幸人心未死，誓当灭此朝食，上慰英灵。

宋美龄深情地对蒋介石说："想当年，你们结拜三兄弟，大哥英士31年前就为国捐躯，二哥膺白抗战前夕病故，剩下你继续为党国效力。你是三兄弟中唯一过了花甲之年的人。就像杭州是中国城市中唯一埋葬两位伟大的爱国女性的城市一样。那天晚上，我在世界女青年会的宴会上发表演说，特别提到中国伟大的爱国母亲岳母，还有国民党人的爱国先驱秋瑾。'秋风秋雨愁煞人'，国民党先辈那样的艰难岁月都过来了，现在我们还有什么难关过不去的。"[①]

■ 1947 年 10 月蒋介石夫妇游览仙人洞

蒋介石一生对陈其美、黄郛都极其尊重。蒋介石与黄郛在意识形态方面有太多的同一性。宋美龄绘声绘色的漫谈和自我认同，犹如一阵和风驱散了蒋介石脸上的阴霾。

然而，历史上空的云翳岂是语言能驱散的。陈其美、秋瑾和同盟会的光荣已属于历史，后继者

① 《中央日报》1947年10月15日。

■ 宋美龄画的南京莫愁湖

■ 宋美龄画的溪口春早

要继承“光荣”，必先继承“奉献”，舍弃自我和任何小集团的私利。忘记这些，任何自我认同和索取，都会一步步重蹈“渔夫和龙女”的寓言。

又一天过去了。10月30日，牯岭为蒋介石祝寿的典礼在社会服务处“自发”地举行。据《民国日报》记载，当天，礼堂布置得极为庄严，陈设礼品中，以江西政府主席王陵基自南昌运来的清康熙年间香炉花瓶最引人注目，而蒋介石收到的最心仪的“礼物”，是宋美龄画的两幅油画：一幅是南京的莫愁湖，湖水清清，冰雪融融，小船依依，情意浓浓。另一幅是溪口春早，家乡民居，依山傍水，炊烟袅袅，桑榆郁郁。

两幅画各自立意，又互为表里。似乎是：冬天来了，春天还会远吗？宋美龄对蒋介石的祝寿和安慰意味深长。

1947年10月31日上午，九江、庐山各机关的官员和各保甲长，“自发”地来到牯岭传习学舍礼堂，为蒋介石祝寿。人们不由得回忆起民国二十五年10月31日，庐山各界在“庐山图书馆”为蒋委员长五十寿辰（虚岁）举行庆祝大会的情景，公推管理局谭局长炳训为主席。中外各界300余人，同时举行祝福典礼，并由中外商民赠献江西名产瓷品。闭会后，谭局长招待中外人士茶会，答谢盛意。新路口及图书馆前各搭彩坊，河东、河西两路悬灯数百盏，与万国旗交相辉映，为庐山空前盛况。有人回忆，蒋主席50周岁时，南昌举行盛大的庆典仪式，几十架飞机在空中表演，其中有湖北捐献的5架、江苏捐献的9架、江西捐献的11架。湖南、上海，甚至陕西，当年都捐机庆寿。言下之意，这次蒋介石的寿辰“今不如昔”了。

1947年11月1日，“避寿”结束，蒋介石夫妇返回南京。

第十四章　蒋氏夕阳西下

1. 春节牯岭赏雪

三个月后，1948年2月8日，农历丁亥年腊月二十九。蒋介石清晨起床后在南京黄埔路官邸召见白崇禧，布置了近期军事防务。

上午11时30分，蒋介石夫妇、俞济时等一行乘“美龄号”飞抵九江，当晚下榻牯岭官邸。临行前，《中央日报》发布消息：“主席偕夫人利用春节假期上庐山观赏雪景。”

2月9日，腊月三十。蒋介石像平常一样早上6时起床，洗漱后站在客厅窗前。因为寒冷和雾雪，窗户的玻璃看上去像磨砂冰砖，蒋介石打开客厅门走向凉台。雪花犹如一片片洁白的羽毛漫天飞舞。要过年了。1927年春节，蒋介石是在仙岩饭店，面对庐山的银色世界，一样白雪皑皑的山峦，一样红红火火的欧式壁炉，一样两军对垒的危急时刻。那一年，蒋介石因迁都问题与国民党中央和武汉国民政府水火不容，“新军阀”的帽子不大不小地扣在他的头上。怎么办？向国民党左派俯首称臣？不。山上等候的黄郛、张静江、张群帮助蒋介石出谋划策，不到三个月时间，他以血腥镇压共产党和工农运动为前导，斩断了国民党左派的左右手。接着，蒋介石将国民党元老胡汉民、谭延闿请上台前，成立了与武汉国民政府分道扬镳的南京国民政府，从此，蒋介石在国民党紧握政军权柄。其后，虽然国民党内、军内“反蒋”活动从未停止，但他一次次化险为夷。

但这一次不同了。共产党手中不仅有自己庞大的军队，后面还有声势浩大的工人运动、学生运动、土地改革。共产党的兵源和素质正是建立在亿万穷苦人解放的基础上，这是面对庐山大雪的蒋介石怎么都不能理解的。

他只是深切地感到当年真心辅佐他的股肱大臣一个个都离他而去。南京国民政府第一任主席胡汉民1931年2月底被蒋介石软禁在汤山，12月重获自由后处处对蒋介石持批评态度。1936年5月胡汉民病故在广州；南京国民政府第二任主席谭延闿1930年9月22日病故。1931年9月4日举行国葬，蒋介石专程从汉口赶回南京执绋。胡汉民书写挽联："景星明月归天上，和气春风生眼中。"章太炎为其写了两副挽联，其中一副既挖苦又形象："显达历三朝，有清公子兼翰林。容共武汉主席，反共南京主席；椿萱跨四位，乃父制军又总理。干母卢太夫人，生母谭如夫人。"成为一时笑谈。

对蒋介石忠心耿耿的黄郛，反共反俄最坚决的黄郛，1927年2月在仙岩饭店的声音犹在耳边："苏联顾问太专制了，共产党太可怕了，使国家观念很重的国民党感觉不安，必须离俄清党。"1936年8月，黄郛诊断出肝癌，住上海医院。蒋介石夫妇推荐解甲太乙村的滇军将领范石生独有专攻，经庐山管理局局长谭炳训介绍，沈亦云从庐山请来范石生为黄郛开了药方，病一度好转。那时，蒋介石每天或隔日电报问候，关心备至。1936年12月6日，黄郛病故。南京政府颁发褒扬令，极尽哀荣。"二兄"去天国11年了，沈亦云过得还好吗？

当年在仙岩饭店等候的张静江也离开了。张静江的离开，竟与黄郛和蒋介石自己颇有关联。

南京国民政府成立后，张静江成为新朝元老重臣。1928年11月，张静江任浙江省政府主席。他在莫干山建有静逸别墅（各取夫妻名中一字）。那时张静江经常住莫干山，与黄郛为邻。张静江是个生意人，满脑子生意经，他一心想把莫干山建成一个繁荣热闹之地，委派姻亲俞则民为莫干山管理所所长。为了吸引游客，计划在莫干山修建电缆车。经浙江省建设厅有关部门设计，拟向德国西门子、美国慎昌洋行洽谈购买。莫干山在盛夏期间，周末从上海等地来的游客常在万人以上，常住避暑人家也有3万人。估计电缆车平均每月收费七八万元，暑期3个月即可收回成本1/3。如将票价定为4角，仅为坐轿价格1/10，一两年内可将投资全部收回。张静江见有利可图，决定立即举办。黄郛在莫干山居住，需要静养，一向反对把莫干山建成繁华热闹之地，对张静江用生意眼光设立莫干山管理所，置民、财、建、教各科及警察所、卫生院等机构已感多余，认为添置电缆车无必要。黄郛对人说："避暑原来是有钱人的事。大好避暑胜地，弄得猫狗都来！现在上海的'印度阿三'，每礼拜也来凑热闹了，还有什么意思！静江还要造电机，这里要变成上海大世界了。我坚决反对！"张静江不顾黄郛的反对，1929年深秋开始施工。黄郛一看此事非言辞所能奏效，立决联合当地土豪，鼓动莫干山附近以抬轿为生农民数千人，他亲自带队，将施工现场全部砸毁，施工人员驱逐出境。黄郛当众声言，打出事来，由他担当。那时莫干山管理所在山脚，驻有警察10余人，见黄郛亲自出马，不敢过问。事后，张静江极愤恨，终因黄郛与蒋介石的关系，无可奈何。建造上山电缆车之举，只好作罢。

张静江以生意人的头脑做浙江省政府主席时间不长，得罪要员不少。这些要员纷纷向蒋介石诉苦。蒋介石无奈，只好请人带话让张静江辞职。张静江不同意，1930年跑到蒋介石督战的河南。当时中原大战犹酣，蒋介石把张静江晾在一旁，半天才出来相见。张静江气极了，说："过去我见总理随到随见，也没见这么大的架子。"传说蒋介石当时也说了气话，大意是收拾北方后再来收拾浙江。张静江只得辞职，逢人就说："年轻人不要做官，官没有做头。"遂和蒋介石产生了隔阂。

据国民党中央医院医师黄厚璞回忆：在日本侵华之前，国民党元老张静江坐车在汤山路上发生了交通事故，右腿重伤，送到中央医院救治，经过一系列外科手术处理之后，转到理疗科。张静江清晨7时左右开始治疗，一个小时后睡觉休息。蒋介石常在清晨7时30分来看望张静江，张静江平卧病床上两眼直盯着蒋介石，蒋介石站立在床前面对着张静江，二人面对面相顾无言。张静江的治疗是隔日一次，蒋介石的探视是三天两头。有一天，蒋介石忽然问医生："你们在此地给他做什么？"回答："进行电疗。"蒋又问："有什么用处？"答："加速愈合，其次是放松疼痛。"蒋再问："那么能不能也把他那两只膝盖治好？"答："他那两膝是膝闭锁症形成瘫痪痼疾，膝骨质已有变化，过于年久无能为力。如果是在早期，还是有办法的。”蒋介石听后没说什么。

蒋介石和张静江政治上推心置腹的“友谊”荡然无存，唯有张群依然在身边。有人说张群是蒋介石的怀刀，有人评价张群犹如中药里的甘草。遇事永远是“原则同意，技术研究”，等于没说。不过，张群对蒋介石，倒真的是贴心好用。张群曾坦然形容他和蒋介石的关系：“我只是个厨子，主人喜欢吃什么菜，我做什么菜。”而喜欢提意见的辛亥元老李烈钧也于1946年2月在重庆病故。

现在蒋介石需要什么“菜”，才能化险为夷呢？丁亥除夕清晨，蒋介石仰望苍天，其遗憾地感到自己就像窗外的雪花，那么快被不少人或多或少地抛弃了。1948年1月1日，国民党革命委员会在香港正式成立，宋庆龄是名誉主席，1927年4月从广东赶来上海参加“清共”会议的李济深担任主席。在北伐中给他最大支持的冯玉祥、陈铭枢、蔡廷锴等人都是副主席，民革明确提出“当前之国民任务为推翻蒋介石卖国独裁政权，实现中国之独立、民主与和平”，主张联合中共及其他民主党派，反对美国反动派干涉中国内政。提法上是非常高妙的，不是反对美国政府，而是讲的美国反动派。这和共产党提出打倒国民党反动派，不提打倒国民党，等待国民党的自我分化是一个道理。共产党的政治厉害呀！……蒋介石不得不对20年前的老对手刮目相看。

■ 1948年2月蒋介石在含鄱口

1948年2月10日，戊子年正月初一，庐山雪霁，展现给世人好一个冰雕玉凿的童话世界。蒋介石心情复杂地邀请宋美龄一起去探望美国学校。牯岭美国学校素有盛名，它和早年英美在中国庐山的侵略势力相消长。1947年，美国学校才计划恢复“夏季学校”。美国学校房屋没有什么破坏，唯有学校运动场变为菜园，只好重新整修。美国学校校长热情地接待蒋介石夫妇，邀请这对尊贵的夫妇在设有暖气管道的学校礼堂一起唱《赞美诗》第八十一篇。

无奈我的民不听我的声音，以色列全不理我。

我便任凭他们心里刚硬，随自己的计谋而行。

蒋介石心事重重地在听，嘴唇微微在动。一年半以前，蒋介石夫妇和马歇尔将军在庐山做祷告，似乎也唱过这首诗。国事今非昔比，战事今非昔比。菩萨和耶稣都没有保佑这位前半生信佛后半生信基督的信徒。

从美国学校出来，蒋介石夫妇前往含鄱口。夏天飘烟浮云的太乙峰，今日素雪珠丽，倒映山下鄱阳湖如一面晶莹剔透的明镜。远方隐隐传来天籁的音乐：“甚愿我的民肯听从我，以色列肯行我的道。”还是刚才唱的那首《赞美诗》……

宋美龄温暖的小手紧紧拽住蒋介石冰凉的大手，她想用这个亲昵的动作传递她的鼓励或喜欢吗？

宋美龄和蒋介石都爱雪，尤爱庐山的雪。

蒋介石是个政治人物，他爱庐山的雪，在很大程度上是一种政治情怀。逆境中，他需要追怀1927年2月那场庐山大雪给他带来新的政治生命，需要庐山的雪带给他新的政治灵感或机遇。宋美龄爱庐山的雪，更多的是一种唯美情怀：“玉山聊可望，瑶池岂难即”。

雪花的生命是短暂的，但它的生命深入土地而永存。望着庐山雪景，蒋介石可能会想到东北林海雪原的战事。此时中国辽阔的国土上，下雪的地方很多，国军打败仗的地方也很多。年前，侍从室简报中特别摘录了毛泽东1947年12月《目前形势和我们的任务》书面报告中的一句话“人民解放军已转入了全国规模的进攻，这是一个历史的转折点，这是蒋介石的二十年反革命统治由发展到消灭的转折点。这是一百多年以来帝国主义在中国的统治由发展到消灭的转折点”，提供给最高统帅蒋介石参考。

从含鄱口归来，正月初一当晚，蒋介石接到卫立煌从东北打来的电话。卫立煌临危受命。此前陈诚被东北解放军打得一败涂地，以病重之名逃回南京，卫立煌于1948年1月17日到达沈阳，对东北战局开始新的调整。正月初一的电话中，卫立煌遗憾地报告委座，东北解放军四纵、六纵在2月6日攻克辽阳后，现正围困鞍山，鞍山告急。

2月12日，正月初三，蒋介石在庐山正式任命卫立煌兼任东北行辕主任一职，争取最后一搏。卫立煌是一位国民党军队内公认的资深历久、军事经验丰富的高级将领，时年51岁。1912年，他15岁只身去武昌找革命军，1915年南下跟随孙中山，1917年被选派到孙中山卫队，直接为孙中山服务。后参加东征北伐，在龙潭与孙传芳大战立有殊功，晋升为第十四师师长。1935年11月，当选为国民党中央第五届执行委员。1936年6月，兼任徐海绥靖分区司令官。9月，被授予上将军衔。西安事变时与陈诚等人一起被扣。1937年1月，蒋介石任命卫立煌为第五路军总司令，辖4个师的兵力，集结于商洛一带。卫立煌在抗战时期与共产党合作较好，受到蒋介石怀疑，多年未让他领兵。缅甸战急，卫立煌才得以起用，再次立功。这次东北事急，蒋介石想起卫立煌，盼望他再创奇迹。

■ 1948年1月卫立煌（右二）到达沈阳，左一马占山、左二张作相

2. 郑洞国上山呈情

2月19日，正月初十，蒋介石在庐山接到东北最新战报，鞍山被攻克，第五十二军二十五师被歼。解放军三纵、十纵攻占法库，陈诚的新编第六军暂编六十二师被歼。蒋介石气得满脸通红，在官邸客厅坐立不安。

东北一直是蒋介石的心病。远的不说，张作霖、张学良父子在东北自成一体，日本的强占，国人的怒吼，仅说战后国共两党对东北的争夺，1946年国民党在东北和热河作战的军队有新一军、新六军、第五十二军、新七十一军、第十三军、第九十三军、第六十军7个精锐军，再加上特种兵和地方武装，总兵力洋洋可观。从1946年12月下旬至1947年4月上旬，东北国民党军队4次进攻临江，接连损兵折将，均遭惨败，实力大为削弱，其“先南后北，南攻北守”作战方针宣告破产。此后，国民党军队再也无力在东北向解放军发动大规模的战略进攻，东北的军事形势发生了实质性变化。1947年5月，郑洞国曾奉杜聿明之命到南京请求增兵，蒋介石说：“东北固然重要，南京更为重要，现在各个战场的兵力都不够用，我不但不能给你们增加两个军，就是从东北调到华北的第五十三军也不能调回。”说完，蒋介石起身踱到地图前，端详了半晌，又说：“根据目前情况，我军在东北应当采取收缩兵力，重点防御，维持现状的方针，将来再待机出动。”

1947年东北解放军发动夏季攻势，6月围四平，陈明仁坚决抵抗，6月30日，郑洞国率第五十三军、第九十三军解围。蒋介石先后授予陈明仁、周福成、廖耀湘等高级将领青天白日勋章。但在解放军持续50天的夏季攻势中，国民党有8万余人被歼，失去县以上城市40余座，解放军已将南满、北满根据地连成一片，国民党仅剩十余个战略据点。1947年7月杜聿明病重离职，保安司令一职由郑洞国代理。

1947年8月陈诚飞临沈阳，接替熊式辉担任东北行辕主任职务，撤销东北保安司令长官部，规定作战指挥由行辕直接掌握，独揽了东北党政军大权，郑洞国改任行辕挂名副主任，许多事都由另一名副主任，即陈诚的亲信原十八军第二任军长罗卓英将军办理。

陈诚，在国民党高级将领中是一个褒贬不一、见仁见智的人物。美国特使马歇尔、魏德迈对陈诚比较肯定，在李宗仁、白崇禧、杜聿明、郑洞国等人的回忆录中，陈诚踌躇满志，大言“六个月消灭东北共军”，实际是东北战场上贻误太多，花架子太多。陈诚的整军是将保安、交警、炮兵等扩充为新三军、新五军、新七军、新八军四个军，把骑兵支队扩编为骑兵师（辖三个旅），青年军二〇七师扩编为第六军，但原部队的建制被打乱，加上排斥异己，任用私人，兵力强弱搭配未有提高，有的甚至降低了战斗力。陈诚到东北不久，以贪污等罪名撤换了辽宁省主席徐箴、第七十一军军长陈明仁、第五十二军军长梁恺、副军长刘玉章等人，但东北的贪污、走私、任用私人等弊端则更加严重。陈诚把前任以及东北籍人士一律作为推卸责任的对象，东北一时怨声载道。在1947年解放军的秋季攻势中，国民党的军队又损失近7万人，丢失城市17座，剩下的据点完全处于被分割的状态，兵源、粮源及煤电来源都十分困难。陈诚的东北恢复战略计划破产，北宁路及长春到沈阳的火车都难以通行，威信下降。当地四处传唱讽刺陈诚的歌谣：“陈诚真能干，火车南站通北站。”陈诚被迫采取“重点防守、保持军力、保住东北”的作战计划，但很快又被解放军的冬季攻势所打破。且新五军被围，陈诚下突围命令不果断，命令新六军救援不坚决，令国民党精锐新五军全军覆灭，七十九师、二十六师纷纷被歼。

1948年1月10日，蒋介石飞赴沈阳，召开紧急会议。会议一开始，蒋介石大发脾气。痛责东北将领指挥无能，作战不力，他愤愤地责怪众人：“你们当中绝大多数都是黄埔学生，当年的黄埔精神哪里去了？简直是腐败！像这样下去，要亡国了！”蒋介石的浙江口音本来就有点儿尖细，气愤中带着颤音，在场的人吓得大气都不敢出。骂了十几分钟，蒋介石转头批评廖耀湘和李涛，切责他们不服从陈诚的命令，拥兵自保，对新五军见死不救。谁知两将军起立申辩说，没有接到陈诚下达援救新五军的指示。陈诚说叫罗卓英给他们打过电话，两将军则说没有此事，会上争吵不休，不了了之。这也是东北战事中的一大奇闻。

危急之中，蒋介石在沈阳作出重要决定，成立东北“剿匪”总部，在锦州成立冀辽热边区作战机构，联结华北、东北两个战区。1948年1月17日，卫立煌被任命为东北行营副主任兼“剿匪”总司令，郑洞国、范汉杰为副司令。卫立煌1月22日到达沈阳。快一个月过去了，卫立煌并没有什么高招抵挡得住东北解放军的冬季进攻。

下一步怎么办?

蒋介石在官邸想起半年前魏德迈的劝告：东北犹如一个孤零零伸出的拇指，放弃东北，把主要兵力抽到华北，就握紧了拳头。1947年10月王世杰庐山贺寿，再次转达了美国人这个形象的比喻。马歇尔对中国的东北，一开始不主张国民党放弃，后来也改变为可放弃东北。美国人的一切考虑主要是从二战后美国与苏联的抗衡、争夺出发。

1948年2月20日清晨，正月十一，经过一夜的思考，蒋介石在庐山下达指令，专派国防部第三厅厅长罗泽闿、副厅长李树正飞到沈阳与卫立煌协商，提出仅留第五十三军及二〇七师驻守沈阳，其余主力应尽快从沈阳撤至锦州。事后分析蒋介石这一指示，从主观上看无疑是对的。但关键是看有没有“机会”，会不会创造机会。当时关外国军士气已低落到极点，这种机会根本不可能存在。蒋介石在知兵知将、知己知彼方面确实远不如中共领袖。

1948年2月宋美龄在庐山

但蒋介石的自我感觉不错。这几天他偕宋美龄漫步庐山如银的雪地，那种“白雪苍松含笑迎人”[①]的感觉，令他恍惚回到1927年初春的庐山。

1948年2月23日，正月

① 《中央日报》1948年2月9日。

十四，南京打来电话，说东北“剿匪”司令部副司令郑洞国与罗泽闿、李树正同机到达南京，明日准备上山有要事向委员长呈请。

2月24日，郑洞国心情复杂地行进在上山的路上。

郑洞国时年45岁。湖南石门人，黄埔一期学生，与共产党井冈山部队的王尔琢既是亲戚、石门中学同学，又是一同报考黄埔军校的好友。郑洞国在东征、二次北伐、“剿共”、抗战血战昆仑关、反攻缅北战役中都立过功。1946年2月，应东北保安司令杜聿明的邀请，来到东北任东北“保安副司令”。对东北战事的来龙去脉比较清楚，也自有看法。

东北战事如此紧张，当然是民心所失，大势所趋。但蒋介石派陈诚来东北主持军政大计，对国民党政权来说，乃是一个用人失当的严重错误。陈诚那时无论在国民党内还是军队内部，都很不得人心，加上他本人军事才能平平，又专断独行，实难独当大任。只因其与蒋介石关系密切，其妻是谭延闿的爱女，又是蒋介石夫妇保的媒，所以备受器重，每每被委以重任，却往往事与愿违。蒋介石政府从上到下任人唯亲，裙带风盛行，大让东北上下失望。陈诚1948年2月5日离开东北后，东北军人代表“杀陈诚以谢国人”的呼声从东北一直喊到南京和上海。这个时候怎么可能边打边撤到锦州？国民党军队中的腐败、行贿、自保，就像冬日松花江上的冰块，陈陈相因。卫立煌感到蒋介石的命令就像痴人说梦，即安排郑洞国前往庐山陈述一切。

据郑洞国回忆：他们一行从沈阳飞到南京，再飞九江上山，来到蒋先生的寓所，深感景致幽静而秀美，同冰雪覆盖、烽火连天的东北大地截然成了两个世界。一行人刚在楼下的客厅里坐定，身着长袍的蒋先生便从楼上走了下来，大家慌忙起立行礼。也许是经过几天休息的缘故，蒋先生的气色比前两次在南京见到时好多了。他表情十分严肃，示意大家落座，然后用目光在众人脸上扫了扫，轻轻咳嗽两声，便问道：“郑副司令，罗厅长他们已经把我的意见转达了吧？卫总司令如何打算，你说说看。”

郑洞国想了想，便将卫立煌准备暂时固守沈阳的意图做了陈述。蒋介石听后皱紧眉头，不假思索地说：“大兵团靠空运维持补给是自取灭亡，回去与卫总司令商议，还是想办法向锦州打出来吧。”郑洞国又谈到解放军已占领锦州至沈阳要隘沟帮子，巨流河、大渡河已解冻，大兵团行李很多，很难通过。郑洞国实际上是想说：军队士气低落，一出沈阳就可能被解放军消灭。但蒋介石连行李多之类的话都听不进去，他不耐烦地挥挥手，用很不高兴的腔调责备说："北伐前，樊钟秀带几千人，由广州穿过几省一直打到河南，难道你们这些黄埔学生连樊钟秀都不如吗？唉！"

蒋先生的这种责备难以让郑洞国服气。他心里说，抗战胜利后，国民党内部腐败日甚，早年的朝气和革命精神已经丧失殆尽，对手共产党人，上下廉洁奉公，深得人心，比蒋介石认识的强大得多。如果在作战指挥上不考虑这些，一味凭主观来支配计划，军事上焉有不失败之理？但这些想法，郑洞国当时是不敢表达的。

客厅中众人沉默不语。蒋介石站起身来，说："你们先回去吧，郑副司令，你回去告诉卫总司令，叫他不要再迟疑了，赶紧准备由北宁路打往锦州，否则以后会后悔不及的。"[①]

郑洞国只好起身告辞，随众人怏怏下山，飞返沈阳。

郑洞国担忧：1947年夏，中长铁路的沈长段已被解放军截断，同年冬，北宁铁路的沈锦段亦被解放军截断。由秦皇岛和葫芦岛进来的国民党军所有物资，必须暂存锦州，而后再向长春和沈阳两地空投、空运（1948年夏，长春机场已被解放军控制，乃改空运为空投），为了物资，在东北的国民党军队内部很容易产生矛盾，对这一切蒋介石当时均没有认真地全盘考虑。

1959年12月31日，胡适和他的弟子胡颂平有段关于东北战事的对话：胡颂平说："听说三十四年日本无条件投降之后，戴季陶认为东北问题是个国际问题，收复东北，不可操之过急。他极力主张把美式配备的部队留在关内，保守河北，以后可能不至于这样的惨败。"胡适说："这是政府很难处理的一件大事：对日抗战的起因是为东北，那时战事结束了，政府不能不收回东北，政府出兵东北的处置是不错的；不过精锐部队在东北被个别消灭了，实在是个无可讳言的致命损失。""关

---

① 《郑洞国回忆录》，团结出版社1992年版，第475—477页。

苦守長春糧盡彈絕
鄭洞國壯烈成仁
所屬官兵三百全體殉職

鄭將軍略傳

包頭及鄭州

■ 之后郑洞国投诚被国民党宣传为殉职

麟徵、孙立人等的部队在东北损失了，实在是政府失败的主要原因。”[①]

这个致命的失败，从蒋介石派出杜聿明的第一天就开始撒网，陈诚到东北加重了灾难，等到卫立煌去东北，已至强弩之末之境。但在当时，有太多假象。

1948年2月20日，蒋介石在牯岭的第13天，《中央日报》第七版忧心忡忡地发表了这样一则通讯《难产的美国援外贷款》：对美国杜鲁门总统宣布的1948年7月至1949年6月的援外贷款，中国每月仅得贷款2000万美元，表示怨愤，并比喻美国援华贷款有如“迟迟不下楼的高阁小姐，只听脚步声，不见人下来”。

2月24日，正月十五元宵节，大红的灯笼挂在晶莹剔透的树梢，灯光一照，好一番火树银花的景象。庐山龙灯队敲锣打鼓走向官邸，蒋介石从小至老都喜欢看玩龙灯，官邸打开大门请龙灯队在花灯高照的大院舞了起来，蒋介石夫妇脸上是庐山人熟悉的笑容。

2月26日，蒋介石夫妇自牯岭下山返抵南京。[②]

3. 牯岭金圆券密会

1948年2月27日，蒋介石在南京亲临主持国务会议，对各地战事进行了新的布置，对东北再次强调主力向锦州靠拢，与卫立煌的兵力集结沈阳针锋相对，后在卫立煌的要求下，蒋介石虽口头上让了步，实际上

① 参见胡颂平编《胡适之先生晚年谈话录》，中国友谊出版公司1993年版。

② 《中央日报》1948年2月27日。

又越级指挥，将东北军队指挥权分别置于副司令范汉杰和兵团司令廖耀湘手中，卫立煌几乎成了光杆司令。东北这种越级指挥现象，也经常发生在华北、山东、中原战场。李宗仁曾对蒋介石这种“习惯”有段中肯的分析，说：蒋介石缺少基层军事指挥员磨砺，又远离现场，他一下达指示，往往是错误的，又偏要下面执行，往往造成一片混乱。当时国民党各级军事指挥员，多是黄埔军校“天子门生”，不少人缺少基层一层层经过战争展现才能选拔的过程。过去那些会打仗的人，往往是没有读过黄埔和陆军大学的，后在陈诚抗战胜利后的整编中都成了编余人员。这些“天子门生”指挥官一遇到共军，就退避三舍，什么相互支援也没有，行动慢吞吞，临阵脱逃。1947年下半年国民党军队整师的被歼和投降，1948年升级为整军的被歼、投降和起义。东北精锐已成瓮中之鳖，西北宜川战役胡宗南部刘勘所指挥的5个师3万多人被歼，中原豫东战役区寿年兵团6个师和黄伯韬兵团一部9万多人被消灭。大厦将倾，人心已散。但国民政府总统、副总统照样在1948年4月搞“选举”，灯红酒绿；五院各部照样各就各位，歌舞升平。南京官场上与过去唯一不同的是，李宗仁不顾蒋介石反对，竞选副总统成功，张群从行政院院长下来，蒋介石执意推举翁文灏做了行政院院长。南京政府似乎在一声声“改革”的标榜中换汤不换药地重新运转起来。

国民党在军事上除了吃败仗还是吃败仗，经济上除了通货膨胀就是物价飙升。

1948年7月下旬，蒋介石夫妇前往莫干山避暑。7月29日，电召行政院院长翁文灏、外交部部长王世杰、财政部部长王云五、中央银行总裁俞鸿钧等上山，4人和财政次长徐柏园、美援运用会委员严家淦等于29日傍晚6时30分抵达莫干山，晚8时被召见，并共进晚餐，商谈有关物价管制问题。晚10时许，一行辞出。[①]

在全盘崩溃前夕，1948年8月上旬，蒋介石在南京国防部大礼堂召集了最后一次重要军事会议，参加者有何应钦、顾祝同、白崇禧、刘斐、桂永清、范汉杰、杜聿明、宋希濂、黄维、孙立人、刘峙、胡宗南

① 《中央日报》1948年7月30日。

■ 1948 年的蒋介石和行政院院长翁文灏（左二）

的代表20余人，加上国防部一些主要负责的厅长、署长等，共120余人。会议由蒋介石、何应钦、顾祝同3人轮流主持。蒋介石在会议开幕时，神气沮丧地说：我们在军事力量上本来大过“共匪”数十倍，制空权、制海权完全掌握在政府手中，论形势较过去在江西“围剿”时还要有利。但由于在接收时许多高级军官大发接收财，奢侈荒淫，沉溺于酒色之中，弄得将骄兵逸，纪律败坏，军无斗志。可以说：我们的失败，就是失败于接收。

但蒋介石的话没有引起与会者的共鸣。前线指挥官们一个个争相反映困难和问题。有的说前线部队充满厌战和悲观情绪，几乎所有的官兵都不知道为什么打这个仗，共产党不是和我们一起打日本吗？师出无名，这个仗怎么打？有的责怪：陈诚胡吹几个月消灭共产党主力，鼓动委座（不敢直接指责蒋介石）发动这场战争，弄得鸡飞蛋打。更多的人叫苦，说发的军饷几万元法币抵不上一块大洋，物价一天几个价，老百姓叫苦连天，士兵吃不饱，穿不暖，许多中下级军官每月所得，不能维持家属最低限度的生活，自杀者有之，卖淫者有之，弃儿卖女者有之。这怎能维系军心英勇作战呢？与会的宋希濂建议，既然总统说现政府还有基金9亿多美元，自8月起，所有官兵的副食费都改发现洋，自每人每月5—30元不等。这个发言立即获得了与会者的同情和赞同。这自然也使蒋介石心情更加沮丧。法币是到该被彻底抛弃的时候了。[①]

① 参见《文史资料选辑》第13辑和杜聿明《辽沈战役亲历记》，文史出版社1985年版。

会议结束后，1948年8月9日下午，蒋介石偕宋美龄再上庐山。他要在牯岭召开一次小型会议，作出一个重要决定。

小型会议于8月10日上午在蒋介石下榻的牯岭官邸一楼客厅举行。与会者是三位重量级人物：国民党中央执行委员、行政院长翁文灏，财政部部长王云五，国民党中央执行委员中央银行行长俞鸿钧。

翁文灏自1932年上庐山为蒋介石讲课后，渐渐介入政界，抗战中主持开发西部石油，一时名重。这次“大选”，他又被蒋介石力劝接任行政院院长。新中国成立后，翁文灏写过回忆录，自述了相关往事。王云五，时称理财奇才。20世纪20年代在张元济的推荐下，他在商务印书馆任所长、经理多年，数次在商务印书馆遭遇危难时令其起死回生。他发明的四角号码检字法为商务印书馆赚了好多钱。抗战胜利后，他曾任行政院副院长，负责政府预算，渐渐熟悉了政府财政问题。1948年翁文灏执掌行政院后，推荐他执掌财政部。此时的财政部已成了印钞部。几个月来他冥思苦想，思忖要以一种新币（金圆券）代替江河日下的法币。具体如何进行，秘不宣人。7月蒋介石在杭州澄庐，王云五和翁文灏一起专门前往汇报过此事。蒋介石回答，此事重大，要多斟酌。

但财政部无钱的窘境，迫使王云五再次提出此问题。也可能国防部军事会议的叫苦对蒋介石有所触动，也可能是美国大使一再提出国民政府要全面改革，这一次蒋介石没有丝毫怠慢，吩咐相关人士到庐山，以避喧嚣和泄密，进行专题讨论。

1948年7月在莫干山开会的俞鸿钧、翁文灏、王世杰、王云五（前排从左至右）

王云五原是个文化人，在抛出新币

方案前，他分析了旧币法币的现状和崩溃的原因。法币是国民政府1935年11月开始发行的、宣称这是以国库存放美元英镑为抵押的不兑换纸币。1937年抗战前夕，法币发行总额14亿元。不久借口“国难”，法币的发行放开禁令，1945年8月抗战胜利时发行额达5000亿元。1947年4月，法币发行额达16万亿元以上。1948年8月，法币发行额已至660万亿元，等于抗战前夕发行额的47万倍，物价上涨了3492万倍。

法币为什么一泻千里呢？王云五提出了业内人士的一些看法。一个是政府在进行一场没有经济准备的战争（内战）。另一个是对外贸易政策的失当。王云五聪明地请中央银行俞鸿钧再讲一讲。

俞鸿钧是CC派“利用第二次黄金案”打压下宋子文后上台的中央银行行长。中央银行是南京政府的国家银行。1928年成立后，初由宋子文政府财政部部长、中央银行行长一肩挑。因江西“剿共”军费，蒋介石屡屡和宋子文发生争执。蒋介石先将中央银行行长交由孔祥熙担任。1933年宋子文再次与蒋介石为军费超支互不相让，一气之下要求辞职。蒋介石在宋霭龄的穿针引线下，以孔祥熙接替宋子文任财政部部长。孔祥熙在抗战中大发国难财，1943年CC派背后挑起的“第一次黄金案”，迫使孔祥熙辞职。抗战胜利后，宋子文以他能借到20亿美元的大借款卷土重掌行政院。中央银行等国家金融要害部门负责人自然是清一色的宋子文人马。在金融和国家经济政策中，宋子文很自然地从过去的英美化转向美国一边倒。这些情况众人皆知，是不用俞鸿钧介绍的。

俞鸿钧说什么好呢？中国官场陋习，什么事情都以别人的话为挡箭牌。俞鸿钧也不例外。他引用别人的话，说宋子文当行政院长时，为了向美国人借款，对进口美货毫无限制，出口则无力恢复。1946年3月以后，每月入超多达1100亿元，少则800亿元。到1947年以后，每月入超达3000亿元至5000亿元。外汇损失巨大，犹如无底之洞。其中进口货物主要为美棉、汽油、煤油、化学用品、纸张及各种奢侈品，美货占60%—70%。当年只要有美国货物进口，市场黄金美钞就有一度高涨，因为这些进口美货，不是用美元外汇而是在市场炒购黄金美钞来抵偿货款的。后来20亿美元大借款泡了汤，美国又以自由贸易政策压制中国，限制进口。美籍经济顾问杨格极力主张变更外汇官价，调高汇率。美国在华农业顾问团也公开指责中国外汇汇率不当，主张立即变动。宋子文此时仍没有放弃向美国贷款的希望，不敢得罪美商，只好在1947年8月17日下午宣布汇率从1：20元调高到1：3350元（即1美元等于法币3350元），引起黄金暴涨，美国得以进一步倾销战争剩余物资和套购中国廉价原材料。应该由美元结算的美军机场建设费和二战期间我国供应美军的各项巨额用品，1945年初只由美国折合2亿5千万美元，拨充外汇基金，当时汇率上我国已吃亏很大，若按官价外汇计算还款，应合美元25亿5000万元。从1945年至1946年8月底，中国对美国垫付各项费用达1300余亿元，美国全部用二战剩余物资作抵，而且这些美国遗留在太平洋岛屿的剩余物资，还要中国出资由美轮运输，运输费、保险费昂贵，美国又赚了中国一笔。黄金美钞飞涨，1946年12月中央银行抛出几千根金条无济于事，1947年1月又抛出1万多根，被内部上下其手，自己套购。1947年2月，宋子文困兽犹斗，颁布“出口津贴，进口征费”，首先遭到美国的反对而寿寝，中国当时的进出口已被美国所垄断。中国的金融市场也被大量美钞游资冲得像放闸的洪水。

但更可怕的是，当时国民政府上下仍把美国当作救星和菩萨。翁文灏忧心忡忡地对蒋介石说：清朝就是被英国以鸦片的入超整垮经济的。下面的话翁文灏留着蒋介石自己去想，现在的美国也可以用他们的武器和剩余物品整垮南京国民政府的经济。翁文灏担任行政院长后才知道，打内战大部分武器都是中国用外汇购买的，小部分用战争赔款抵押购买，两年过去了，还未有运送。美国卖给中国的飞机和武器不少都是过时的和旧的。而子弹、配件都是专用的，中国必须长期向美国购买，而运输费昂贵，时间又没有保证。1946年美国答应中国的军援9月被禁运，1948年3月才被美国两院认可，6月才最后确定为“4亿元”，并且明文规定只有1亿2千多万元可用来买武器。而不是外传的5亿多元军援。[①]但直至1948年8月，仍没有任何军援物资谈妥。蒋总统派去的希望以美国军援购置武器的军事代表团（以杨继曾为团长）1948年5月初就到了美国，但至今尚未见任何成果。美国干什么都讲程序，这就需要时间。

① 《顾维钧回忆录》第6册，中华书局1988年版，第370页。

现在国民党不是被共产党而是被美国逼到死胡同去了。所以，翁文灏呈请政府这次币制改革要依靠自己。

接下来，王云五细谈新币方案。王云五的情绪是乐观的，他从新币的名称谈起："新币改法币名为金圆券，将美金与银圆两大优势结合起来。金圆券应有十足准备金。""现在哪能有十足准备金，总统不要以为我在说大话。十足的其中四成是以接收汪伪政权储备银行的黄金，以及现政府银行的黄金、白银、外币为基础，其他就是国有铁路、厂矿、公有土地为担保。发行额不能超过20亿元。这一点很重要。"

蒋介石或许受到王云五情绪的影响，眉宇舒展认真倾听。王云五接着一点点将方案细化，特别是谈到禁止任何人手中持有黄金、白银、外国币券，限期兑换金圆券，如不兑换，不仅没收，还要法办……

蒋介石打断王云五的解释，不放心地问：历史上有这样的情况吗？

王云五回答：明朝末年有的，崇祯皇帝没有军饷发，劝募皇亲大臣们捐献，但捐得很少。后来李自成进北京，刘宗敏把那些人抓起来一拷打，黄金白银装了几百车。紫禁城皇帝自家的小金库里金子银子也够发军饷的，但都舍不得拿出来。

1948年8月，蒋介石在庐山未偕夫人出游

新中国成立后翁文灏写了一部回忆录，追忆了他行政院长任上这件大事。

蒋介石自然听懂了王云五的潜台词。1947年8月魏德迈使华，曾尖锐地指出，南京政府喊叫经济困难要美援，但政府官吏私人有多少亿美元存在外国银行，数字远远超过美援。其实在国内，大小官吏贪污侵占的物资都"捐献"出来，也不会这么通货膨胀。“国家就是被这些人搞垮的。”蒋介石深深叹息了一声。

王云五不管这些，继续描绘新币的蓝图，非常乐观地说：新的国家预算是36亿金元，约等于9亿美元。他说，预算的1/3要靠发行流通债券和贷款（军事开支约占预算的70%），按照最近3个月的平均价格，而不是按前一年的价格改革盐税和其他税项的收税方法，会增加税收金额。他希望将税收提高为国家预算的2/3，那么就有希望做到收支基本平衡。这个计划纸上谈兵的成分太多，竭泽而渔，铤而走险，明眼人一看就一清二楚。西汉末年王莽改制，就是在困难之际推行新币，第二年就迅速垮台了。但1948年的蒋介石已无暇顾忌这些了。

蒋介石竟然鼓励道：此事势在必行。技术细节这几天再详加研究。

8月11日晨，蒋介石在牯岭首次独自出游，《中央日报》记者当年写下一篇形象生动的报道：

夫人在官邸未外出，总统于九时一刻徒步出官邸，肩舆及侍从十余人随行，沿河东路正街，西街，慧远路而登橄榄山，是时知者甚少，路人见总统经过，咸鞠躬致敬，总统脱帽点首答礼，面现愉快之笑容。总统御深灰蓝色绸长衫，青袜，布鞋，戴灰色软木帽，步行街头时，状极潇洒。橄榄山石级颇高，总统登级后，微觉燥热，遂在半山石凳小坐休息，亦脱去长衫，仅着白布衫裤。时赣主席胡家凤（1948年4月，原江西省政府主席王陵基调川，任四川省政府主席）管理局局长王作民闻讯，乘舆赶到，登山后陪侍。总统旋登松光岭，向岭外眺望约十分钟之久，然后下岭。是时居民咸知总统出游，伫候道左，总统下山时意态安闲，仍未乘舆，胡金芳旅社门前聚集之民众最多，总统行经该处，民众鞠躬鼓掌，白须白发之胡金芳领先高喊“蒋总统万岁”，总统答礼微笑。行至西街见一自来水水龙头未关闭，乃告侍从人员，将龙头关妥，以珍物力。途中民众，几咸鞠躬，总统时时脱帽回礼，至十时三十五分始返官邸。[①]

① 《中央日报》1948年8月12日。

能在公众面前掩饰焦虑，安闲自若，蒋介石倒也显示出一个政治家的心理素质。

紧张的工作布置早已拉开序幕。回到官邸，蒋介石虚晃一枪，报界当天以头版消息宣布：蒋总统“邀请副总统李宗仁赴牯商谈一切”。李宗仁时在北平，准备近日飞往南京上庐山。蒋介石电召行政院院长翁文灏、财政部部长王云五、中央银行总裁俞鸿钧等前来牯岭，掩盖三人已在庐山的真相。

4. 迎送司徒雷登一行

这几天，翁文灏、王云五等人在庐山紧张研究新币“细节”，8月13日午后，庐山下了一场阵雨，旋即万里无云。

下午5时30分，美国大使司徒雷登由国府秘书游建文陪同到达牯岭。同行者有司徒雷登的私人顾问傅泾波、美国西太平洋舰队司令白吉尔夫妇。蒋介石特派武官陈书麟到莲花洞迎候，陪同上山。宋美龄提前到马歇尔1946年上山下榻的河西路40号迎候。老朋友相见，一一握手，自然一番寒暄。傅泾波对牯岭报界宣称：司徒雷登这次上山系应蒋介石邀请前来消夏，白吉尔夫妇临时决定，随来一睹庐山风光。

庐山依旧，宾主却发生了不少变化。仅仅两年时间，从宋美龄的目光看来，司徒雷登憔悴多了，中国的战事打乱了他职业教育家的安宁。1948年四五月，上海的学生运动发展起来，并与工人运动结合起来，大张旗鼓地提出“美军撤出中国”等口号。司徒雷登利用在中国办教育40年的声望，在报上发表了一篇带劝告、威胁性质的声明，想把学生运动“劝”下去，结果适得其反，激起全国学生一片怒吼，连燕京大学的不少学生也起来反对他，说他是“伪君子”和“文化侵略者”，这使“七十而耳顺”的司徒雷登，痛苦不堪。对蒋夫人宋美龄，司徒雷登带有几分怜爱地看过去，昔日高贵坚定的目光变得游移闪烁，甚至流露出一种“眼巴巴”的神情，不禁从心里叹息：一个人也好，一个国家也罢，什么时候都不能仰他人鼻息。司徒雷登礼貌地对宋美龄表示，8月13日晚在行馆休息，次日中午拜访总统先生。蒋介石在1948年3月的

“国大”中被“选举”为总统，因此美国大使也改称蒋主席为“蒋总统”。宋美龄盛情邀请司徒雷登共进午餐。

来庐山前，司徒雷登于1948年8月10日代表大使馆检讨造成中国当时形势的军事、经济和心理因素之后，向美国国务院提出如下意见：

在令人沮丧与充满灾难的几个月里，中国政府不仅经由直接的接触，而且采取公开的对外宣传方式，更加努力地觅取更多的美国援助。美国大使馆和美国国务院都感到有这样一种日益增长的需要，检讨美国政策并且决定如果有必要，则更应作何种改变，提出了三种可能，一个支持点：

（1）鉴于世界其它地区中此类联合政府的历史和事实，在中国，“美国应该致力于阻止一个包括共产党在内的联合政府的组成”，而为着达到这个目的，继续或者增加对国民政府的支持是一种最好的办法，虽然这种办法可能太晚了；

（2）如果形势发展的结果，是对中国共产党举行某种的和解，“就应该利用美国的影响，在一个十分松弛的联合的基础上来安排停战，并在划分领土时尽可能留出一片广大的中国地区，保存着一个或者几个没有共产党参加的政府”；

（3）如果中国回到地方割据的状态，美国的经济援助应该用以加强地方政府，“使中国人民的反共的基本特质能够继续坚持，并相应地削弱对于共产党的同情”。

两天后，即8月12日，国务卿马歇尔列出以下各点，作为对于大使馆的一般指导：

（1）美国政府不可做出任何直接或间接的表示，以支持、鼓励或接受有共产党参加的中国联合政府；

（2）美国政府无意再度担任中国的调解人。[①]

---

① 《美国与中国的关系》，美国国务院出版品第3573号远东丛书第30号，1949年8月发布，中国现代史资料编辑委员会1957年翻印，第226—227页。

美国政府从1945年支持、鼓励国民党政府或接受共产党参加中国联合政府到现在不支持国民党政府接受共产党参加联合政府。这一点很重要。美国政府对中国共产党领导的中国不支持、不接受，其实早在1948年已作为美国的国策确立下来。美国甚至不惜支持地方割据势力，分裂中国。

司徒雷登抱着这样的目的，8月14日对蒋介石进行礼节性拜访，双方很快进入主题，南京国民政府当时太需要美援了。

蒋介石极为重视美国政府的对华态度。据驻美大使顾维钧分析，直至1948年初，尽管有某种援助的姿态，但毫不夸张地说，中美关系仍处于非常困难的时期。顾维钧感到："华盛顿对援华仍在故意拖延，而马歇尔对于提供援助远不像中国那样急切。他对于向当时掌权的中国政府提供有效援助一事似乎另有想法。"[①]因为1946年马歇尔调解失败后，美国对中国一度实行武器禁运，在8个月内初步撤销军援，他们认为可以迫使蒋介石合作。到1948年，他们不愿进行军援主要是2月20日华盛顿听证会上的反映，他们相信任何军援对贪污腐败成风的南京国民政府都是浪费，除非对中国进行武装干涉，而这当时受到美国国情和国策制约，根本做不到。

1948年3月，美国参议院外交委员会在南京政府以及驻美大使馆的努力下，决定对华提供经援3亿6300万美元，另外1亿美元则由美国总统根据他的意愿拨给中国，用于中国认为适合其目的和需要的方面。换句话说，这笔钱可以用于军事装备，只是没有明说罢了。这显然是一种顾全国务院和白宫面子的做法，因为他们曾在美国和世界进步舆论呼吁下，表示坚持不提供任何军援给中国。后又增加1亿美元。这就是至今不少大事记和教科书写的5亿7千万美元的依据。但6月情况有变，最后核定4亿美元，并要求像援助希腊和土耳其一样，进行援助资金的全面监督，援助期限一会儿由12个月改为15个月，一会儿又改为12个月，最后定为12个月。

6月15日，陈立夫以立法院副院长的名义率代表团前往考察学习美国的民主体制情况，7月中旬与马歇尔有一次晤谈。马歇尔有些话说得

---

① 《顾维钧回忆录》第6册，中华书局1988年版，第291页。

1948年，美国太平洋舰队司令白吉尔（右）和南京政府海军司令桂永清（左）

很有意思。

谈到民主，马歇尔说：主要条件之一是要有反对派，并需要丰富的经验来从事这项工作。英国、美国都有两党制的政府，在法国则有许多党派。中国是一个古老的国家，具有古老的文化，但缺乏民主政治的经验，可能需要一些时间才能建成民主政府。但作为开端，需要有一个反对党对执政党进行监督，监督其政策，防止其极端行为。

他在中国时建议把共产党纳入中国政府，原因在此。有共产党在内的联合政府会给中国树立一个有效的对立面，有助于实行民主政治。

马歇尔还说：蒋委员长曾和他争论说共产党一心要摧毁政府攫取政权。但我说那是毫无疑义的。因为每一个政党都以取得政权和掌握政权为目标。不过，在没有反对党的情况下，每个政党很容易不明智地行使他的权力。

马歇尔断定：就中国而言，他仍然相信把共产党纳入政府中使其在会议桌上争论问题，比将其留在外面，为实现其目的而诉诸武力要好得多。可见，马歇尔个人还是倾向于中国走向民主，吸纳共产党参加联合政府的。但作为一种国家政策，杜鲁门一直坚决反对共产主义势力的扩张。特别是在美苏二战胜利后分歧越来越严重的情况下，他更持这种立场。

1948年3月11日，杜鲁门总统在回答关于1945年12月5日发表的中国政策声明是否仍然适用的问题时说："如果我们能够办得到的话，我们不希望在中国政府里或任何其他地方有任何共产党人。"故马歇尔给司徒雷登8月12日的指示与口头上的漫谈是另外一种面孔和声音。[①]

① 《顾维钧回忆录》第6册，中华书局1988年版，第379—384、414—415页。

美国政府不支持、不接受中国共产党参加政府，1948年对南京国民政府也改变了政策。1948年5月杨继曾将军率领中国军事代表团到美国，目的是按照美国政府3月已通过的援华法案获得的军援1亿2500万美元进行采购，但直至1948年8月5日，也就是司徒雷登在庐山拜访蒋介石时，援华具体方案仍未定。何应钦指示急需2000万美元的汽油和飞机燃料费，也没有着落。

为汽油问题，1948年7月26日蒋介石亲自给驻美大使顾维钧发电报，说中国现有的空军航空汽油只能维持10天，此后，如无新的供应，整个中国现有的空军只好停留在地面上。他说那将不堪设想。蒋介石指示顾维钧，向美国政府和民众提出紧急呼吁，促使美国政府同意售与中国急需的航空汽油。但直至开会的8月10日，航空汽油仍由于配额、商务部有人提出中国有人囤积大量汽油卖高价，迟迟不签发出口许可证，即使顾维钧与马歇尔直接交涉，也迟迟未能解决。[①]

蒋介石带着几分期待、几分不解地讲出具体要求，司徒雷登一一

■ 1948 年 8 月蒋介石夫妇在庐山宴请司徒雷登（右一）一行

① 《顾维钧回忆录》第6册，中华书局1988年版，第379—384、414—415页。

表示理解和同情，答应回到华盛顿后一定向政府和国务卿汇报。

接着，蒋介石谈到了发行新币金圆券的方案，提出虽然保证新币发行成功的技术要求并未完全具备，但法币通货膨胀严重，迫使政府必须采取果断措施。去年中国政府也提出这一点。司徒雷登点头，他显然知道顾维钧和中国技术代表团曾和马歇尔晤谈时，提出中国货币平衡希望美国支助保证金问题，但美国政府迟迟没有搭理这件事。

这一次，货币改革势在必行，蒋介石希望美国政府能够给予道义上的同情和支持（再也不敢或“不便”提出保证金问题），把这项措施看作中国政府为贯彻中美双边援助协议精神而决心自助的证明。美国政府对中国所做努力的任何同情、赞许的表示，都会在中国产生巨大的心理影响，从而有助于促进改革的成功。

司徒雷登频频点头，仍没有一句明确的回答。

其实蒋介石也知道，美国政府内部对中国问题当时有两股力量在角逐。一方面，“民主”势力在抵御中国极右势力的嚣张，如陈立夫赴美迟迟不被杜鲁门接见。蒋介石通过了解，知道这是被国务院内部的“民主势力”压住了陈立夫所呈请的要求。汽油出口许可证的情况也大同小异。另一方面，美国内部还有一种想分裂中国内部的势力，如美国香港总领事在1948年7月不经南京国民政府允许和同意，就直接签证西藏代表团作为独立代表团到美国，美国总统已准备接见，后经中国驻美大使馆努力做工作才作罢。种种迹象表明，美国政府内这股政治势力一直兴风作浪，其最终目的不是帮助中国成立联合政府走向民主，而是

■ 1948年南京政府战略委员会代主委龙云（右）和友人

希望中国分裂成不相融合的各种势力、各种板块，美国好坐收渔翁之利。这也是8月10日报告中特别提出的“如果中国回到地方割据的状态，美国的经济援助应该用以加强地方政府”的基本出发点。

但此时的蒋介石政府在经济、政治上已被美国政府所控制，即使感到美国政府一边在复兴日本，一边在榨干、耍弄中国，也要紧紧相随和依附。1948年8月5日，南京国民政府与美国政府正式签约《中国农村复兴联合委员会协定》，协定规定该会有权“拟定”和“督察”实行各项农业计划，该会的美国委员及美国职员享受治外法权、免税法等特权。[①]

8月14日，就在蒋介石牯岭会晤的同一天，东北人民解放军进行整编，成立东北野战军司令部，东北军区司令员兼政委林彪兼任东北野战军司令员，军区第一副政委罗荣桓兼任野战军政治委员，一场“关门打狗”的辽沈战役已万事俱备。

8月15日，南京国民政府立法院院长孙科、战略委员会代主委龙云、民社党主席张君劢等一行抵达牯岭。

8月16日中午，蒋介石夫妇在官邸邀请孙科等人。中政会秘书长陈布雷、江西省政府主席胡家凤等参加。孙科与1926年冬第一次上庐山相比，发福了许多；与1936年夏上庐山相比，又沉稳了许多。在蒋介石面前，他再也没有昔日的“太子”派头了。张君劢是脱离了民盟唯一参加“国大”改换身份的名流。1948年初曾去美国，受到美国国务院官员的亲切接见。这一顿饭自然吃得和和气气，又带有几分做戏。

8月16日下午，蒋介石召见了刚从南京飞来的国防部次长郑介民等人，听取了最新战事的情况汇报，作了有关军事布置。

8月16日傍晚，宋美龄邀请在牯岭的中外贵宾赴天池寺吃野餐，参加者有司徒雷登大使、傅泾波顾问、白吉尔中将夫妇、孙科院长、郑介民次长、陈书麟武官、游建文秘书以及民社党主席张君劢等10余人。一行于晚6时许分别出发，宋美龄陪同美国客人先行，蒋介石和孙科等人在后，抵大林路后，下轿步行，晚上7时15分抵佛手岩，转仙人洞，一

① 《中央日报》1948年8月6日。

起坐轿登天池寺。天池寺建于宋嘉定年间，元明清迭遭兵火之灾，故一直残破荒凉。寺前天池泉，泉水长流不绝。西有文殊台，寺僧见贵宾到来亲出相迎，蒋介石双手合十，殷殷相询修复此寺相关事宜。清晖皎皎，宋美龄以女主人的殷切，兴致勃勃地为朋友们布置野餐。皓月当灯，山野为桌，七八豪客，把酒当歌，谁说不是人生惬意之事。蒋介石手指文殊台，讲他第一次来庐山的故事，还背诵了他最喜欢的王阳明写的《文殊台夜观佛灯》：

> 老夫高卧文殊台，拄杖夜撞青天开。
> 撒落星辰满平野，山僧尽道佛灯来。①

司徒雷登第一次发现，蒋介石除了固执狭隘的一面，也有他感情细腻的地方。不过，作为一国领导人，他的职责，首先是对国家利益、国家主权竭尽全力地维护和贡献。而这正是蒋介石的不足之处。司徒雷登想起某个民主人士马一浮对蒋介石的评价："此人英武过人，而器宇

■ 1948 年夏蒋介石夫妇和美国客人在庐山野餐

① 《申报》1948年8月17日。

褊狭，乏博大气象。举止庄重，杂有矫揉，乃偏霸之才，偏安有余，中兴不足，方之古人，属刘裕、陈霸先之流人物。”默然一笑。

司徒雷登一行于8月17日晨下山。蒋介石夫妇步出大门相送。

司徒雷登回南京后，在给马歇尔的报告中这样写道：“我和委员长在牯岭共度周末，并做了几番交谈。他对世界共产主义阴谋渗入中国相信到了如此顽固的地步，以致他决计与共产主义决一雌雄。不管有无美国的支持，也不管结局如何。他坚信，中国共产主义的兴衰成败对整个东南亚产生深远影响，现时的一切和谈不合时宜，因为共产党人必须趁机抬价……他怀疑美国领导人能否全面理解他致力的事业及其推动力以及这场斗争中美国利益的真正所在。他重申他一直坚信美国的理想，并在共同的威胁面前寻求富有成效的紧密合作。”

1948年的蒋介石，为了不遗余力地反共，竟单方面可悲地将美国国家利益贯彻到他的“事业”中，就像牯岭被迫镶嵌在庐山顶上一样。

5. 蒋宋最后的流连

送走司徒雷登的当天上午，蒋介石偕宋美龄乘轿从大月山、五老峰右侧的中正路石阶，穿行险道，来到海会寺旁的“中正大学”工地。自1946年夏他准备在庐山军官训练团基础上兴建“中正大学”，至今两年过去了，由于内战，“中正大学”建建停停，未见规模。蒋介石带有几分遗憾地扫视着、思索着。庐山军官训练团，原是国民党各系各派军官集训之地，1933—1937年，蒋介石数次来到这里给军队干部训话，把孔夫子的思想、王阳明的思想、戚继光的思想按照实用的理解，集多年“剿匪”之经验，编了一本“剿匪手册”，人手一册，早晚背诵，结业必考。可共产党是越“剿”越多。在智慧和实力的对比中，在大众和名流的博弈中，蒋介石无疑在走下坡。蒋介石不会忘记马歇尔谈东北战事时的概括：共产党是用军事手段消灭不了的……

军官训练团旧址上面200米处就是海会寺，1926年12月8日他与陈洁如拜佛的海会寺。旧址旁边500米处就是观音桥行辕，他在国民党内形势最危急时来过这里。11年后的1937年12月，也是8日，他和宋美龄来到这里，静心凝听南京的沉沦与奋起。又是一个11年过去了，今天，他和宋美龄重新回到这里，看着记忆中无限亲切的一草一木、一寺一庐，他不知自己是不是最后一次到此，向这些有象征意义的地方告别。

1948年8月18日，蒋介石离开庐山时题写的“美庐”石刻（作者摄）

回到官邸，蒋介石将早已在山上等候的“第五绥靖区司令官”张轸召来，对中原战场即将来临的决战做了布置。

8月18日，蒋介石等不及李宗仁赴牯岭，要提前下山了。当时李宗仁已从北平飞抵南京准备上山，只好取消。

侍从室抬出了轿子，蒋介石突然有种难以割舍的情愫萦怀：庐山，这座千古名山，给了他“霸业”的成功，“民族领袖”的桂冠，给了他不可一世的狂妄，也给了他从巅峰坠地的煎熬。蒋介石在最后一刻终于找到近月来苦思冥想的“哲学问题”的症结和答案。他走近写字桌，提笔写下“美庐”两字，然后署上“戊子八月、中正题”。

蒋介石临行前，题写“美庐”意味着什么？现在有多种说法，一般都以为蒋介石在赞美美丽的庐山、美丽的牯岭官邸，还有夫人美龄。对这些美的东西，表示无限的眷念。这可能多是以一般人的心境和阅历来解读蒋介石了。蒋介石终究是指挥过百万兵马的军事统帅，血与火的战场厮杀，生与死的思考磨砺，都促使其在终极哲学问题上无师自通。

在中国哲人中，蒋介石崇尚王阳明。他爱读王阳明的书，喜欢与学者探讨王阳明。对此，胡适、殷海光等人的回忆中都有相关记载。在下山前两天，蒋介石夫妇陪同司徒雷登野餐的地方就是王阳明诗作“夜观佛灯”的大天池，蒋介石背诵其诗，自有意蕴。在国共决一雌雄的非常时刻，王阳明的诗和其哲学境界很有可能促使蒋介石有所领悟。蒋介石这次上庐山前，1948年8月上旬在南京召集过一次军事会议，与会者宋希濂曾著文回忆：蒋介石在开幕讲话中特别提到近来他在思考一些哲学问题，与会人多感到莫名其妙，甚至感到蒋介石在故弄玄虚。也可能蒋介石正是在思考王阳明学说中所揭示的如何以心力对待胜与败、骄与馁等哲学命题。蒋介石崇拜曾国藩的屡败屡战，是一种战争哲学；欣赏王阳明“夜观佛灯”，也是一种坚忍不拔、心想事成的唯心境界。这在蒋介石心目中也是一种“美”，是蒋介石各大战场频频告败后仍不放弃的一种心境。故，蒋介石临别庐山时，题写的第一个字是“美”。

蒋介石感悟的庐山，集山川峰峦之精华与坚忍不拔的战争哲学于一体为“美”；美到极点、美到巅峰，回归自然、回归本质为“庐”。《诗·小雅》曰：“中田有庐。”田中小屋，一望无际，自然古朴。故临行之前，蒋介石写下这富有深蕴的“美庐”两个字，蒋介石自忖经历了人世的飞黄腾达，再重新回到本来的基点，失败了也没有什么。我从平民来，回到平民去。蒋介石自以为大彻大悟，临行前却仍以一个胜利者自居。

8月18日下午4时30分，蒋介石写下“美庐”这充满玄机的两个字，依依不舍地上轿。“夫人及陈布雷均送至官邸门前，孙科、俞济时、石祖德等随行者同时登舆，孙科在先，总统乘舆继之”，“5时50分抵达莲花洞”，下山的轿子走得好快。

■ 宋美龄画的庐山油画

宋美龄没有陪同蒋介石下山，她留在牯岭，对外宣称等待蒋介石几天后归来。“当晚7时30分由官邸外出，沿河东路向正街散步，进一家瓷器店内选购甚久，才徐步返回官邸。”[①]

---

① 《申报》1948年8月19日。

南京。8月19日艳阳高照，喇叭声声。行政院举行临时会议，通过了《财政紧急处分方案》。蒋介石与翁文灏、王云五、俞鸿钧密谋于牯岭官邸以金圆券收兑民间黄金白银外币的“币制改革”终于浮出水面。同日，财政部规定8月20日至21日银钱业临时休息两天。8月22日下午5时，原拟蒋介石亲自主持的记者招待会，临时改变由行政院新闻局局长童熙光代替，发表了蒋介石的书面讲话，主题是“彻底执行财经改革，保障戡乱供给。戡乱乃抗战之延长，本质上为民族战争”。“图私利者视同奸匪，各地大学潜伏‘匪谍’，决不姑息予以清除”云云，一片喧嚣混乱。

牯岭。“在总统下山后第二天，天气便转坏了，大雾迷漫。一连六天阴雨。”宋美龄在牯岭官邸对着一幅自画的庐山长冲河油画，细细地品味着、思索着。

“8月24日下午，雨止雾散，天空上浮云流动，阳光时隐时现，被雾窒息的人们总算透了一口气。”宋美龄穿着风衣戴着丝巾和私人秘书陈小姐一起，去正街儿童公园送米和点心，恰好遇见在此等待多日的记者群，便在儿童公园召开了一个简单的记者招待会。

记者的提问，从宋美龄对牯岭儿童公园14名女孤儿的关爱，很快转到世人关心的时政。有人单刀直入地问：“币制改革后，经济会安定下来，军事上无问题，总统和夫人是不是有意到国外走一走？”宋美龄略犹豫

1948年8月24日黄昏，宋美龄（右三）步出庐山儿童乐园时留影，右二为秘书陈小姐、右四为戴太太、右五为儿童乐园胡院长

了一下，说：“我不知道，我不能答复这问题。但币制改革后经济是否安定，要看人民是否有信心，一心一德来支持。抗战八年终于打败日本，就是由于全国人民一致。如果人民无信心，不全力支持新币制，到后来吃苦的还是人民自己。”一位记者向她提出了“豪门资本”问题，宋美龄听后似乎有点儿激动，说：“豪门资本是共产党喊出来的口号。”她认为要富人拿出钱来，可以由政府规定很重的税，但不能“敲竹杠”。

宋美龄最后说：“我准备明日下山了。”“总统不来了吗？”“他太忙，恐怕不能来。”宋美龄脸上流露出亲切而无奈的神色。

8月25日夕阳西下，暮霭伴送着宋美龄的轿子下山，她满脸愁容。陈布雷夫妇乘舆随行。

在九江机场，宋美龄若有所思地看着美国赠送的“美龄号”专机，转过头来，几分深情几分伤感地又看了一眼灰蒙蒙的庐山，或许自语：下山的轿子走得太快……

■ 1948年8月25日，宋美龄满脸愁容地下山

后　记

历史是一条河，亦是一座山。山在险峻逶迤，史蕴悠远起伏。庐山集山川之绝色，聚民国重大事件之风云，辛亥缘起、北伐分合、“安内攘外”、战和纷争、抗战焦点、美使调解、国共决战；汇集了民国“大人物”治国安邦诸多重大决策和关键取舍。俯瞰庐山，国家利益、集团利益、百姓利益的博弈犹如历代山川运动，生生不息，斑痕累累。当领衔抗日，举国家利益、集团利益、百姓利益相对一致时，万众拥护；当举国之策置集团于国家利益、百姓利益之上，背离了国民革命初衷时，毒瘤顿生，腐败蔓延；官僚资本、外国资本互为引导吞噬国脉，民权民生画饼充饥，人民被欺骗被蹂躏，也许暂能容忍于一时，但最终群而愤起，驱背离者永诀庐山。

历史长河迂回向前，逝者如水，史鉴若山；温故如水，知新若山。在庐山历史的开掘中，从研究毛泽东到研究蒋介石，光鲜无情的岁月使我感到历史如山如水倒映为明镜，它挥洒着时光的神明，演绎着国共两党的利益取舍和正误。我孜孜以求，用历史的目光聚焦原型原貌，在回眸探索中，呈上一名史学工作者的忧患之识。

在拙著付梓之时，深深感谢散居在北京、广州、九江、长沙、沈阳、慈溪等地的国民党高官后裔及亲属口述经历；感谢庐山讲述亲闻的各位老人和提供帮助的同人；感谢庐山图书馆、档案馆，国家图书馆，中国第二历史档案馆，江西、湖北、福建、上海、宁波等省市图书馆和九江市各文史单位。

拙著如深山拾宝，多有散失和遗憾，敬请方家读者给予批评指正。

马社香

2021年6月